BELICE
HONDURAS
NICARAGUA
EL SALVADOR
GUATEMALA
COSTA RICA
PANAMÁ
Lago de Managua

MAR CARIBE

80° 75° 70° 65° 60°

Maracaíbo Caracas
Barranquilla
Cartagena
San Cristóbal
Medellín
VENEZUELA
Río Orinoco
Lago de Maracaibo

Georgetown
Paramaribo
GUAYANA
SURINAM
Boa Vista
Cayena

ATLÁNTICO

10°

★ Bogotá
Cali
COLOMBIA

GUAYANA
FRANCESA

ECUADOR

5°

ISLAS GALÁPAGOS

★ Quito
ECUADOR
Guayaquil Cuenca
Iquitos

LOS ANDES

Río Amazonas

A M A Z O N A S

0°

PERÚ

5°

BRASIL

Lima ★
Machu Picchu
Ayacucho
Cuzco
BOLIVIA
★ La Paz
Santa Cruz
Lago Titicaca

Brasilia ★

10°

Sucre
Potosí

CHILE
LOS ANDES
PARAGUAY
Asunción
Río Paraná

Río de Janeiro
São Paulo

15°

20°

Iguazú

OCÉANO ATLÁNTICO

25°

Córdoba

Río Uruguay

URUGUAY
Montevideo

30°

OCÉANO PACÍFICO

Viña del Mar
Valparaíso
Santiago
Concepción

Buenos Aires
ARGENTINA
Bahía Blanca

Río de la Plata

35°

40°

Viedma

AMÉRICA
DEL SUR

45°

0   250   500   750   1,000 MILLAS
0   500   1,000   1,500 KILÓMETROS

50°

ISLAS MALVINAS (Br.)

Estrecho de Magallanes
TIERRA DEL FUEGO

110°   100°   90°   80°   70°   60°   50°

NIGERIA

ÁFRICA
15°

Malabo ★
GUINEA ECUATORIAL

CAMERÚN

ÁFRICA

GABÓN

0   MILLAS   500
0   KILÓMETROS   750

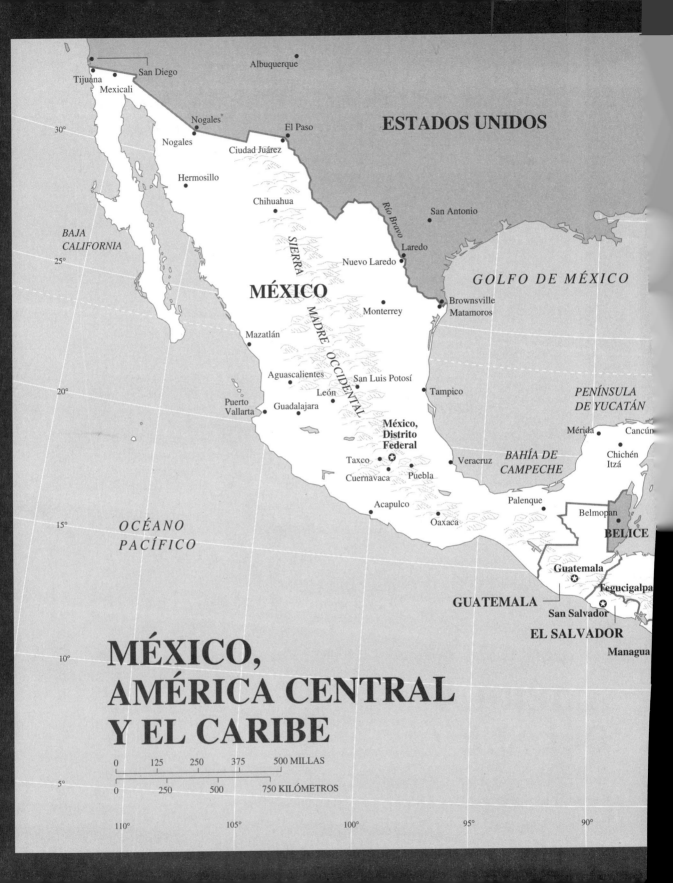

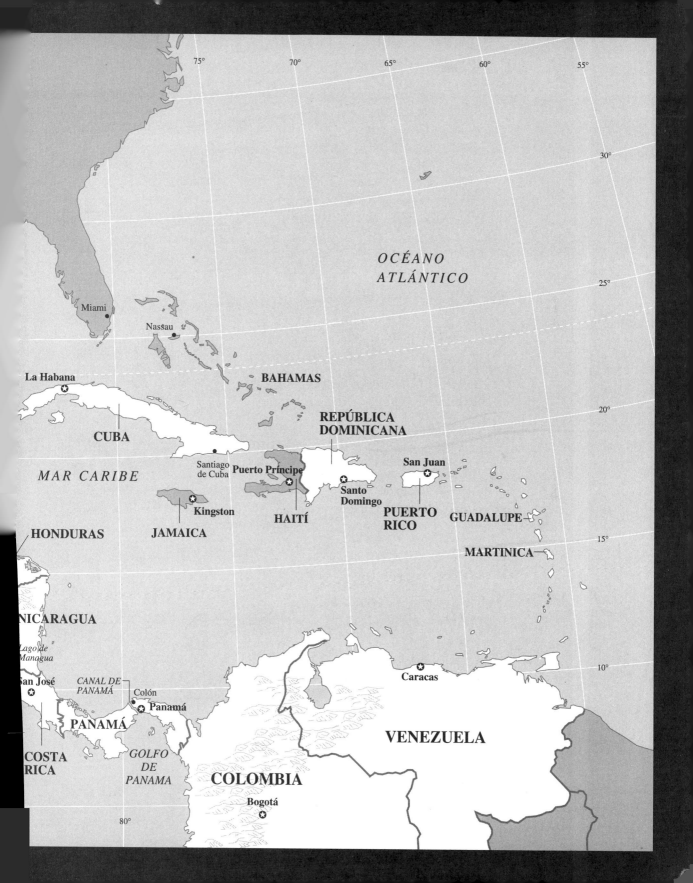

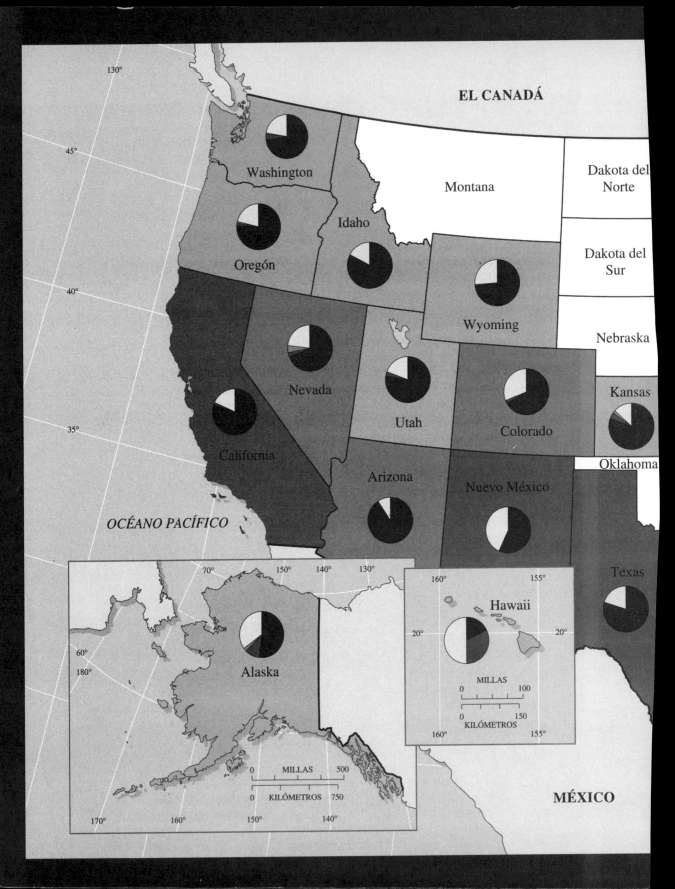

EL CANADÁ

Washington

Dakota del Norte

Montana

Dakota del Sur

Oregón

Idaho

Nebraska

Wyoming

Nevada

Kansas

Utah

Colorado

California

Oklahoma

Arizona

Nuevo México

OCÉANO PACÍFICO

Texas

Alaska

Hawaii

MILLAS
0   100

KILÓMETROS
0   150

MILLAS
0   MILLAS   500

KILÓMETROS
0   KILÓMETROS   750

MÉXICO

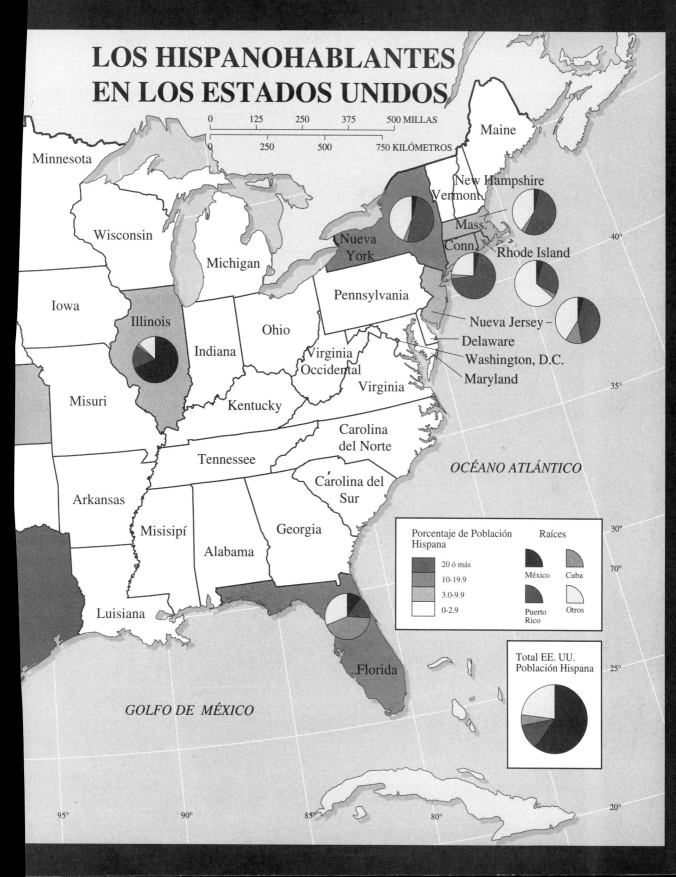

LOS HISPANOHABLANTES EN LOS ESTADOS UNIDOS

0   125   250   375   500 MILLAS

0   250   500   750 KILÓMETROS

Maine

Minnesota

New Hampshire

Vermont

Wisconsin

Mass.

Michigan

Nueva York

Conn.

Rhode Island

40°

Iowa

Pennsylvania

Illinois

Ohio

Indiana

Virginia Occidental

Nueva Jersey

Delaware

Washington, D.C.

Maryland

35°

Misuri

Kentucky

Virginia

Arkansas

Tennessee

Carolina del Norte

Carolina del Sur

OCÉANO ATLÁNTICO

Misisipí

Georgia

Porcentaje de Población Hispana

Raíces

30°

Alabama

20 ó más

10-19.9

México

Cuba

70°

Luisiana

3.0-9.9

0-2.9

Puerto Rico

Otros

Florida

Total EE. UU. Población Hispana

25°

GOLFO DE MÉXICO

95°   90°   85°   80°

20°

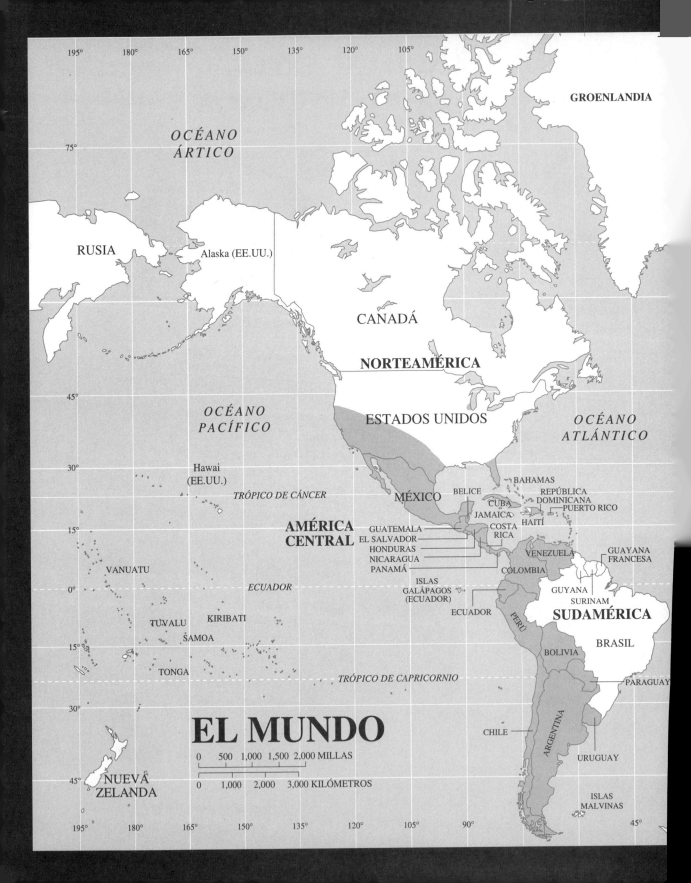

GROENLANDIA

OCÉANO
ÁRTICO

75°

RUSIA   Alaska (EE.UU.)

CANADÁ

NORTEAMÉRICA

45°

OCÉANO
PACÍFICO   ESTADOS UNIDOS   OCÉANO
ATLÁNTICO

30°
Hawai
(EE.UU.)
TRÓPICO DE CÁNCER   BAHAMAS
MÉXICO   BELICE   REPÚBLICA
DOMINICANA
CUBA   PUERTO RICO
AMÉRICA   JAMAICA
15°   CENTRAL   GUATEMALA   COSTA   HAITÍ
EL SALVADOR   RICA
HONDURAS   GUAYANA
NICARAGUA   VENEZUELA   FRANCESA
VANUATU   PANAMÁ   COLOMBIA
ISLAS   GUYANA
0°   ECUADOR   GALÁPAGOS   SURINAM
(ECUADOR)   SUDAMÉRICA
ECUADOR
TUVALU   KIRIBATI   BRASIL
15°   SAMOA   BOLIVIA

TONGA   TRÓPICO DE CAPRICORNIO   PARAGUAY

30°

EL MUNDO   ARGENTINA

0   500 1,000 1,500 2,000 MILLAS   CHILE

URUGUAY
0   1,000   2,000   3,000 KILÓMETROS
45°   NUEVA
ZELANDA   ISLAS
MALVINAS

195° 180° 165° 150° 135° 120° 105°   90°   45°

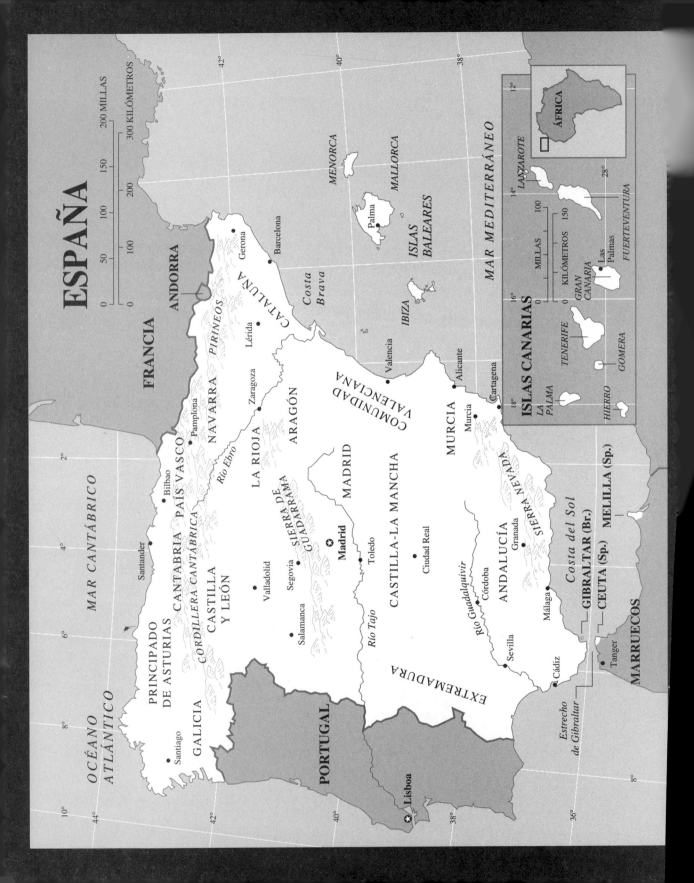

ESPAÑA

OCÉANO ATLÁNTICO

MAR CANTÁBRICO

FRANCIA

ANDORRA

200 MILLAS
300 KILÓMETROS

PRINCIPADO DE ASTURIAS

GALICIA

Santiago

Santander

Bilbao

PAÍS VASCO

CANTABRIA

CORDILLERA CANTÁBRICA

CASTILLA Y LEÓN

Valladolid

Salamanca

NAVARRA

Pamplona

Río Ebro

LA RIOJA

PIRINEOS

Zaragoza

Lérida

CATALUÑA

Gerona

Barcelona

Costa Brava

ARAGÓN

SIERRA DE GUADARRAMA

Segovia

MADRID

Madrid

Toledo

PORTUGAL

Lisboa

EXTREMADURA

Río Tajo

CASTILLA-LA MANCHA

Ciudad Real

COMUNIDAD VALENCIANA

Valencia

Alicante

MURCIA

Murcia

Cartagena

ANDALUCÍA

Río Guadalquivir

Córdoba

Sevilla

Granada

SIERRA NEVADA

Málaga

Costa del Sol

Cádiz

GIBRALTAR (Br.)

CEUTA (Sp.)

MELILLA (Sp.)

Estrecho de Gibraltar

Tánger

MARRUECOS

MAR MEDITERRÁNEO

MENORCA

MALLORCA

Palma

ISLAS BALEARES

IBIZA

ÁFRICA

ISLAS CANARIAS

LANZAROTE

FUERTEVENTURA

Las Palmas

GRAN CANARIA

TENERIFE

GOMERA

LA PALMA

HIERRO

MILLAS
KILÓMETROS

NUEVAS FRONTERAS
Gramática y conversación

Third Edition

Nancy Levy-Konesky
Brandeis University

Karen Daggett
Boston College

Lois Cecsarini
Foreign Service

Holt, Rinehart and Winston
Harcourt Brace College Publishers

Fort Worth Philadelphia San Diego New York Orlando Austin San Antonio
Toronto Montreal London Sydney Tokyo

Publisher	Rolando Hernandez
Senior Acquisitions Editor	Jim Harmon
Developmental Editor	John Baxter, Harriet Dishman, Elm Street Publications
Project Editor	University Graphics Production Services
Senior Production Manager	Kathleen Ferguson
Art Director (cover)	Sue Hart
Book Design	University Graphics Production Services
Photo Editor	Shirley Webster
Illustrator	Dusty Crocker
Cover Image	Painting by Ruby Aranguiz, "Con Con," pastel, 28 x 32"

Address editorial correspondence to:
Harcourt Brace College Publishers, 301 Commerce St., Suite 3700
Fort Worth, TX 76102

Address orders to:
Harcourt Brace & Company, 6277 Sea Harbor Dr., Orlando, FL 32887
1-800-782-4479 or 1-800-433-0001 (in Florida)

ISBN 0-03-013399-8

Library of Congress Card Number: 95-49574

Printed in the United States of America

1 2 3 4 016 9 8 7 6 5 4

Preface

Nuevas fronteras: The Program

Nuevas fronteras, Third Edition, is an integrated intermediate Spanish instructional program whose primary goal is to help students acquire language proficiency while reviewing and broadening the grammar foundation attained in elementary Spanish. The program includes three main components: a core grammar text with accompanying listening cassette, a literary/cultural companion also with listening cassette, and a workbook/laboratory manual. The intermediate videotape program *Videomundo* is directly integrated into *Nuevas fronteras.* Combined, these features offer a complete and in-depth presentation of Spanish grammar, an overview of Hispanic literature and culture, and an abundance of exercises and activities to stimulate conversation.

The three components make the *Nuevas fronteras* program very manageable for both students and instructors. These elements are designed to give the instructor flexibility to choose the activities that most motivate and challenge students and are most compatible with the instructor's methodology. *Nuevas fronteras* incorporates many successful techniques of foreign-language teaching, including open-ended exercises and the functional approach to language use. Drawings and realia are used actively as a means of reinforcing grammar points and cultural themes while providing opportunities for students to personalize the material and express their opinions in a creative and enjoyable manner.

Nuevas fronteras is divided into eight units, each one containing several lessons based on a common theme. Vocabulary as well as grammar points and themes are coordinated in all three components.

Nuevas fronteras: Literatura y cultura

Each unit contains three to five readings of various genres that reflect the diversity of the Hispanic world and foster awareness and appreciation of the rich cultural legacy of Hispanic peoples. A listening cassette with selections recorded by native speakers from each author's country of origin helps bring the literature to life while allowing students to practice and improve aural comprehension skills. Although this component may be used independently, the readings, activities, and vocabulary correspond thematically to the two other texts. Selections include articles, poems, interviews, short stories, and legends, some of which are adapted for students of intermediate Spanish.

Nuevas fronteras: Cuaderno de ejercicios / manual del laboratorio

The workbook / laboratory manual is used in conjunction with the core grammar text to strengthen the four-skills approach. The exercises offer ample opportunities for students to review grammar and vocabulary presented in the grammar text. Accompanying the lab manual is a complete set of laboratory cassettes.

Nuevas fronteras: Gramática y conversación

Nuevas fronteras: Gramática y conversación offers clear, concise grammar explanations within a contextualized cultural framework that facilitates students' acquisition of competence in communication. Although emphasis is placed on Spanish-language acquisition for oral proficiency, students also practice listening, reading, and writing skills.

   Nuevas fronteras: Gramática y conversación is divided into eight units, with each unit consisting of three lessons. Each lesson is structured as follows:

1. **Para comenzar...**
   Drawings that introduce the lesson theme are followed by questions and immediately involve the student in conversation.
2. **Lectura**
   Short, provocative cultural and historical readings, interviews, and dialogues include unit vocabulary and grammar points and reflect the cultural theme of the unit. All *Lecturas* are accompanied by an audio cassette for use in class to help students practice pronunciation and hone their aural comprehension skills while exposing them to various speech patterns from the Hispanic world. The *Lecturas* are followed by *Conversemos*—post-reading exercises that help to ensure comprehension while providing opportunities for students to personalize the material and expand on the themes.
3. **Vocabulario**
   High-frequency vocabulary words and expressions follow each reading. The vocabulary presentations are accompanied by numerous contextualized

and culturally rich exercises and activities that often incorporate authentic materials from the Spanish-speaking world. The exercises progress from highly structured to personalized and open-ended activities, and they include individual, partner, and group activities that reinforce the vocabulary in a stimulating and interactive manner. An important feature of this section is the integration of previously presented grammar structures in the vocabulary exercises. This spiraling technique prevents the isolation of vocabulary from grammar and provides opportunities to review further and practice important language structures.

4. Gramática

Clear, concise grammar presentations are followed by numerous class-tested exercises. The exercises are graded according to difficulty and are contextualized to give meaning to the practice, to reinforce the vocabulary, and to emphasize Spanish as a means of real communication rather than as an isolated textbook exercise.

Each unit also contains the following elements:

1. Así se dice

A presentation of Spanish expressions, idioms, and colloquialisms helps students function and respond authentically in a variety of everyday situations. Students learn practical information such as how to write a letter, talk on the telephone, or express their feelings, while they develop cross-cultural awareness and appreciation. The exercises that follow this section provide opportunities for students to interact with one another in real-life situations.

2. Palabras problemáticas

This end-of-unit additional vocabulary section provides definitions and clarification of Spanish words that are frequently misused by English-speaking students. The exercises that follow provide practice with these words and phrases.

3. Y en resumen...

This end-of-unit section combines and reinforces the structural, lexical, and cultural aspects of the three lessons from the unit, as well as structures from previous units. Exercises vary and include individual, partner, and group activities, role-plays, and authentic Hispanic materials to further encourage students to interact with one another in Spanish.

4. Videocultura

The *Videocultura* sections found at the end of each unit tie directly into selected video segments from the *Videomundo* intermediate Spanish video program. The *Videocultura* sections offer pre-viewing exercises as well as post-viewing comprehension exercises. Students practice individually and in groups as they improve their aural comprehension skills and oral proficiency while expanding their vocabulary and knowledge of Hispanic culture. Video selections reflect the vocabulary, themes, culture, and grammar of the corresponding units.

Videomundo is an all-new video program, created and produced by the authors, designed to showcase various aspects of the Hispanic world, present authentic language and culture, and serve as a springboard to communication in the Spanish language.

New to the Third Edition

- Several grammar presentations have been enhanced, and many exercises have been added or revised to maximize effectiveness.
- The chapter vocabulary sections have been reorganized and are now presented in a single location, thus making vocabulary acquisition more efficient.
- The three *Y en resumen...* sections of each unit have been consolidated into one end-of-unit package that offers exercises, skits, debates, pair and group activities, reading comprehension selections, realia-based exercises, and cultural information. These activities combine the concepts presented in the three lessons of the unit, allowing the students the opportunity to connect, digest, and assimilate these structures and skills. Thus, the *Y en resumen...* section now serves as a type of mini-workbook designed both to promote the mastery of this material and to involve students in communication in Spanish.
- The readings have been updated and reworked to include more of the grammar presented in the lesson and are now culturally and geographically balanced. Several readings have been replaced with more appealing selections.
- The alphabetization style in the vocabularies observes the recent simplification guidelines: words beginning with **ch** are listed under **c**, and words beginning with **ll** are listed under **l**.
- *Videomundo*, an all-new video program, was created and produced by the authors and designed to showcase various aspects of the Hispanic world, present authentic language and culture, and serve as a springboard to communication in the Spanish language.

Nuevas fronteras extends the approach of the first-year text *Así es, Second Edition*. Both language programs reflect a similar pedagogy—proficiency-oriented instruction with a marked emphasis on cultural understanding by learning the language in a culturally accurate context. Both programs offer totally integrated video programs that reflect the grammar and culture of the corresponding lessons. Both programs promote meaningful interaction among students and facilitate the mastery of practical functions. Both texts encourage the complete and constant use of the target language by offering maximum opportunities for students to converse and communicate and to circumlocute when vocabulary is unknown. Finally both programs present an eclectic approach to language instruction, thus offering maximum flexibility for individualized learning and teaching styles, and a smooth transition from one level to the next.

VIDEOTÉCNICAS

Video-viewing exercises in the *Videocultura* sections are directly tied into selected segments from the *Videomundo* intermediate video program, which is available upon request. These segments complement the unit themes and cultural presentations. There are many techniques you can use to maximize the students' video exposure. Some include:

1. **Sound off.**
   Turn the sound off and have students view the tape. Have them create original dialogues or narration to match the video image they see. Then turn the sound on and compare their versions to the original.

2. **Cloze exercises.**
   Give students a transcription of the dialogue or narrative with words or phrases missing. Have them fill in the missing segments before they view the video. Then let them see the video and compare and correct their versions.

3. **Prediction.**
   Have students view a portion of the video. Stop the tape and discuss what will happen next. Write all of the possible answers on the board. The class can vote on the most popular "plot." View the rest of the episode.

4. **Freeze-frame.**
   Use the tape to point out various grammar structures, vocabulary, descriptions, and gestures. Use the pause (freeze-frame) button on your VCR frequently. Have students describe what they see. You can direct their descriptions by asking: *¿De qué color es la falda de María? ¿Es más alto Juan o Carlos? ¿Dónde está el libro rojo?*

5. **Mission statement.**
   Always give students a mission before you begin the segment. Have them look and listen for particular structures, expressions, gestures, or physical surroundings before the segment starts.

6. **Know your equipment.**
   Most importantly, familiarize yourself with your video equipment. Know how to use the pause, the fast-forward, and the reverse buttons. Know how to mute the sound. Video viewing should always be active, interactive, and reactive. Students must know that this is different from the passive viewing they are used to doing in front of their own television sets.

Acknowledgments

We wish to express our appreciation to the entire editorial staff at Harcourt Brace College Publishers, whose joint effort has helped to fine-tune this text. Many thanks to Shirley Webster, for her efficient, capable handling of, and many contributions to, the photo program, and for being such a pleasure to work with. At Elm Street Publications, we wish to thank Harriet C. Dishman and Lois Poulin for their careful copyediting and quick, efficient turnaround. We would also like to thank Sandra Gormley, Barbara Merritt, and the staff at University Graphics for their hard work.

A special thank you to Frank Konesky, Steve Audette, Stephen Coren, and Jeffrey Spence for an exceptional video component: *Videomundo*.

Finally, we are grateful to the following people for their helpful reviews and suggestions for the revision of *Nuevas fronteras*: Isolde Jordan, *University of Colorado–Boulder*; Diana Luna, *Seattle University/U.W.*; Ximena Moors, *University of Florida*; Newell T. Morgan, *Northwest Nazarene College*; Teresita J. Parra, *University of North Carolina–Wilmington*; and Alvin F. Sherman, Jr., *Idaho State University*.

N.L.-K.
K.D.
L.C.

TO THE STUDENT

Developing Your Listening and Video-Viewing Skills

There are two different ways to listen—actively and passively. Passive listening is what you commonly do when you view a television commercial, when you listen to the radio while you do your homework, or when you overhear a conversation in a restaurant. You hear portions of conversations, perhaps certain words or expressions. This listening is not directed. You are not listening with the purpose of learning a particular fact or piece of information. Active listening involves much more than just hearing. When you listen actively you also:

1. process the information you hear.
2. relate it to knowledge you already possess.
3. decide if it is meaningful for you.
4. retain or reject it.

Listening in a foreign language is more complex because you must first decode what you are hearing (rephrase the information into terms with which you are already familiar) before you can assimilate it. When you are beginning to learn a foreign language, a form of translation commonly occurs. Problems arise when you try to understand every word that is spoken and you get stuck on an unfamiliar word. Rather than immediately glossing over the unknown term and following the speaker to the next thought, you dwell on that one word and get further behind. Soon you become so lost that you simply stop listening.

Keep in mind that just as you need not know the meaning of every word spoken to you in English in order to understand the essence of a sentence, neither do you need to be familiar with each word in Spanish. You can guess the meaning of many words from the context of the sentence or from the intonation or gestures of the speaker. A good example of this can be found in Lewis Carroll's Story *Alice Through the Looking Glass*: " 'Twas brilling and the slithy toves did gyre and gimble in the wabe." Although we do not know many of these words, we can guess from the context and sentence structure that *gyre* and *gimble* are verbs and the *slithy* is an adjective, modifying the noun *tove*. This same technique works very effectively in understanding foreign languages. The following are listening and video-viewing tips that will help you to understand more effectively.

1. **Relax.** Do not give up if you get stuck on a word, an expression, or even a whole sentence. Instead, listen for words you know and familiar cognates.
2. **Watch** the speaker carefully. Body language, gestures, and intonation can tell you a lot about the content. Is the speaker giving instructions? Asking a question? Praising? Is the speaker happy? Angry?
3. **Listen** to the rhythm of the language. Listen to the different accents. Do all of the speakers sound alike?

4. **Have a mission.** Always watch the videos with a specific purpose, such as to discover some cultural or linguistic fact. Each video section in this text begins with a vocabulary exercise or video-viewing suggestion. Your instructor may also give you little missions to help you actively focus on the language and cultural content of the videos.

5. **Raise your hand** if you discover that you are hopelessly lost. Ask your instructor to repeat, rephrase, or to replay the video. Your classmates will probably thank you for it.

Contents

U n i d a d **3**

Así paso el día   115

U n i d a d **_4_**

De viaje   175

U n i d a d **_5_**

Hoy en las noticias   227

U n i d a d   **7**

Mujer, adelante   341

APPENDICES

**Harcourt
College Publishers**

Where Learning Comes to Life

TECHNOLOGY

Technology is changing the learning experience, by increasing the power of your textbook and other learning materials; by allowing you to access more information, more quickly; and by bringing a wider array of choices in your course and content information sources.

Harcourt College Publishers has developed the most comprehensive Web sites, e-books, and electronic learning materials on the market to help you use technology to achieve your goals.

PARTNERS IN LEARNING

Harcourt partners with other companies to make technology work for you and to supply the learning resources you want and need. More importantly, Harcourt and its partners provide avenues to help you reduce your research time of numerous information sources.

Harcourt College Publishers and its partners offer increased opportunities to enhance your learning resources and address your learning style. With quick access to chapter-specific Web sites and e-books . . . from interactive study materials to quizzing, testing, and career advice . . . Harcourt and its partners bring learning to life.

Harcourt's partnership with Digital:Convergence™ brings :CRQ™ technology and the :CueCat™ reader to you and allows Harcourt to provide you with a complete and dynamic list of resources designed to help you achieve your learning goals. You can download the free :CRQ software from www.crq.com. Visit any of the 7,100 RadioShack stores nationwide to obtain a free :CueCat reader. Just swipe the cue with the :CueCat reader to view a list of Harcourt's partners and Harcourt's print and electronic learning solutions.

http://www.harcourtcollege.com/partners

De la educación
a la profesión

Lección 1

El primer día de clases

PARA COMENZAR...

1. Con la ayuda del vocabulario en las págs. 5-6, describa Ud. el dibujo.
2. ¿Cuál es la fecha en el dibujo? ¿Cuándo empiezan las clases en los Estados Unidos? ¿Es hoy el primer día de clases en su universidad? ¿Cómo se siente Ud. ahora (nervioso[a], tímido[a], confundido[a], etc.)? ¿Por qué?

3. Refiriéndose al dibujo, ¿qué preguntas les hace la señora a los estudiantes? Hágale Ud. las mismas preguntas a un(a) compañero(a) de clase.
4. ¿Conoce Ud. a la persona que está sentada a su lado (*side*)? ¿Cómo se llama él (ella)? ¿De dónde es?
5. ¿Cuándo es necesario hacer cola? ¿Cómo se siente Ud. cuando tiene que hacer cola por mucho tiempo? ¿Qué hace Ud. para pasar el tiempo?

 ## El primer día de clases

Iliana es una estudiante puertorriqueña que asiste a la Pontífica Universidad Católica en Lima, Perú.

Lima, 3 de abril de 1996

Queridos papás,

¡Aquí estoy, recién ingresada° a la Facultad de Letras de la P.U.C.! Ya tenemos los resultados° del examen de ingreso.° ¡Graciela y yo estamos entre los diez primeros nombres de la lista! Pero no tenemos clases todavía; nos pasamos todo el día haciendo cola en diferentes oficinas para matricularnos en las clases. Una de las diferencias con nuestro país es que aquí cada universidad tiene un examen de ingreso y en la Católica hay tres diferentes para Letras, Ciencias y Artes.

    recién... *a newly enrolled student*
resultados *results*
examen... *entrance exam*

¿Saben una cosa? Voy a tener Práctica de Matemáticas... ¡los sábados a las siete de la mañana! Y es una clase obligatoria, así es que° no puedo escaparme. Los otros cursos que tenemos que seguir el primer semestre parecen más interesantes: Lingüística, Historia Universal e Introducción a las Ciencias Sociales. En fin, dicen que el profesorado de la Católica es bastante bueno.

    así... *therefore*

Esta noche la familia de Graciela quiere celebrar nuestro ingreso. Bueno, me tengo que preparar. Abrazos y besos de su

Iliana

CONVERSEMOS

Refiriéndose a la lectura anterior, conteste Ud. las preguntas.

1. ¿Dónde estudia Iliana? ¿Qué diferencias hay entre la P.U.C. y la universidad de Ud.? ¿Cuáles son algunas semejanzas (*similarities*)?

2. ¿A qué hora empieza Práctica de Matemáticas? ¿Qué piensa Ud. de una clase a esa hora? ¿de asistir a clases los sábados? ¿de las asignaturas obligatorias? ¿Prefiere Ud. tener clases por la mañana o por la tarde? ¿Por qué?

3. ¿Piensa Ud. estudiar en otro país algún día? ¿Dónde? ¿Cuándo? ¿Qué espera aprender de la experiencia?

VOCABULARIO

PARA CONOCERNOS

¿Cuál es su { apellido? / domicilio? / fecha de nacimiento? / nombre? }

What is your { last name? / address? / date of birth? / name? }

EN LA UNIVERSIDAD

la asignatura   *subject*
el bachillerato   *high-school degree*
la beca   *scholarship*
el (la) catedrático(a)   *university professor*
el curso   *course*
el (la) decano(a)   *dean*
el doctorado   *doctorate*
la enseñanza   *teaching*
la facultad de   *the school (department) of*
  arquitectura   *architecture*
  derecho   *law*
  filosofía y letras   *liberal arts*
  ingeniería   *engineering*
  medicina   *medicine*
los gastos   *expenses*
gratuito   *free of charge*
el horario   *schedule*
la licenciatura   *bachelor's degree, master's degree*
la maestría   *master's degree*
la matrícula   *tuition*
el profesorado   *faculty*

VERBOS Y EXPRESIONES

charlar   *to chat*
dar una conferencia   *to give a lecture*
escribir a máquina   *to type*
especializarse en   *to major in*
esperar   *to wait (for), hope*
estar en el primer (cuarto) curso
  (año)   *to be in the first (fourth) year*
firmar   *to sign*
hacer cola   *to wait in line*
hacer (seguir) la carrera   *to study*
  a major
ingresar   *to enter a school*
matricularse (inscribirse)   *to register*
prestar atención   *to pay attention*
seguir (i) un curso   *to take a course*
tomar asiento   *to take a seat*

LOS ESTUDIOS   *(Studies)*

el bolígrafo (boli)   *ballpoint pen (pen)*
el (la) compañero(a) de clase   *classmate*
el escritorio   *desk*
la lectura   *reading*
el ordenador (la computadora)   *word processor (computer)*

LOS LUGARES   *(Places)*
el aula (*f.*)   *classroom*
la biblioteca   *library*
el campo deportivo   *sports field*
el centro estudiantil   *student center*
el edificio   *building*
el estadio   *stadium*

el gimnasio   *gymnasium*
la librería   *bookstore*
la residencia estudiantil   *dormitory*

SALUDOS Y PRESENTACIONES
(Refiérase a las págs. 17-18.)

REPASEMOS EL VOCABULARIO

A. ¿Cuál no pertenece? Subraye (*Underline*) Ud. la palabra que no está relacionada con las otras y explique por qué.

1. catedrático	decano	facultad	profesorado
2. ingeniería	arquitectura	derecho	maestría
3. matricularse	ingresar	especializarse	inscribirse
4. escritorio	residencia	librería	estadio
5. bachillerato	licenciatura	curso	doctorado

B. Lugares y actividades. ¿Qué hace Ud. en... ? Nombre tres actividades que Ud. hace en cada lugar. Forme frases completas.

1. el centro estudiantil   **3.** el gimnasio   **5.** la residencia estudiantil
2. el campo deportivo   **4.** la biblioteca   **6.** la librería

C. Acciones en la universidad. Refiriéndose a los verbos y expresiones, llene Ud. el espacio con la forma correcta del verbo apropiado en el tiempo presente, o con la palabra correcta.

1. Como quiero trabajar en un hospital, yo me _____ en medicina.

2. Pablo no tiene ordenador y por eso él _____ a máquina todas sus composiciones.

3. Tú siempre hablas en clase y nunca _____ atención.

4. En la cafetería necesito hacer _____ porque hay muchas personas delante de mí.

5. Los estudiantes entran en el aula y _____ asiento.

6. El profesor Ringel va a dar una _____ sobre los mayas hoy.

D. El recién ingresado. Suponga que Ud. está en el cuarto curso y habla con Arturo, un estudiante recién ingresado en la universidad. ¿Qué recomendaciones le da Ud. sobre...

1. el profesorado?   **4.** la tarea?
2. las residencias estudiantiles?   **5.** los otros estudiantes de la universidad?
3. los gastos?

E. **En parejas.** Inventen Uds. un diálogo entre el (la) decano(a) de la universidad y un(a) estudiante que quiere conseguir una beca. El (La) estudiante debe darle al (a la) decano(a) por lo menos cuatro razones por las cuales merece (*deserves*) una beca.

GRAMÁTICA

Subject Pronouns (Pronombres personales)

FORM

SINGULAR	PLURAL
yo	nosotros(as)
tú	vosotros(as)
él, ella, usted	ellos, ellas, ustedes

Tú, the familiar singular form of *you*, is used with family members, people we call by their first names, colleagues, and children.[1]

Usted (abbreviated **Ud., Vd.**) is the formal singular form of *you*. It is used either with people we don't know, or know only superficially, or to designate respect (with professors, a boss, an elder, etc.).

Vosotros is the familiar plural form of *you*. Although it is not used in Latin America, it is used in most parts of Spain.

Ustedes (**Uds., Vds.**) is used in Latin America whether referring to close friends or to strangers. It is used in Spain as the plural form of **usted**.

USE

1. The subject pronoun is often omitted because the verb ending indicates the person who is doing the action. When it is used, it emphasizes or clarifies the subject of a sentence.

Hablo español.	*I speak Spanish.*
Visita España.	*You (He, She) visit(s) Spain.*
Yo soy el jefe.	*I am the boss.*
Él no quiere venir pero **ella** viene.	*He doesn't want to come, but **she** is coming.*

---

[1] **Vos** is used instead of **tú** in some regions of certain Latin American countries such as Argentina, Costa Rica, Uruguay, and Paraguay. It requires a different conjugation. For example: **Vos tenés mis discos, ¿verdad?** Although commonly used, it is not considered standard Spanish.

2. In a question, the subject pronoun can precede or follow the verb.

¿Tú vas a la cafetería? }
¿Vas tú a la cafetería? }   *Are you going to the cafeteria?*

3. In Spanish, the pronoun *it* is rarely expressed as the subject.

Es necesario estudiar.   *It is necessary to study.*
Es verdad que mañana hay un examen.   *It is true that there is a test tomorrow.*
Nieva. Llueve.   *It's snowing. It's raining.*

The Present Indicative Tense (El presente del indicativo)

FORM   REGULAR VERBS

hablar *(to talk)*		**comprender** *(to understand)*		**escribir** *(to write)*	
hablo	hablamos	comprendo	comprendemos	escribo	escribimos
hablas	habláis	comprendes	comprendéis	escribes	escribís
habla	hablan	comprende	comprenden	escribe	escriben

PRÁCTICA

A. Contrastes. Cambie Ud. el verbo según el nuevo sujeto y termine la frase según el modelo.

MODELO   Yo estudio francés. (ella / historia)
         Yo estudio francés pero ella estudia historia.

1. Tú lees libros de psicología. (nosotros / ingeniería)
2. Ella asiste a clase los lunes. (Uds. / viernes)
3. Nosotros llevamos lápices a clase. (tú / bolígrafos)
4. Uds. viven en una residencia. (yo / apartamento)
5. Ellas compran bolígrafos en la librería. (ellos / tienda)

B. En la residencia. Algunos estudiantes de la escuela secundaria quieren saber qué pasa en una residencia estudiantil de la universidad. Haga preguntas y un(a) compañero(a) va a contestar.

MODELO   comer en la cafetería
—¿Comen Uds. en la cafetería?
—Sí, comemos en la cafetería.

1. escribir muchas cartas
2. asistir a conferencias
3. hablar mucho por teléfono
4. estudiar a veces en la biblioteca
5. charlar hasta muy tarde por la noche
6. ver películas en la residencia

Ahora, invente Ud. más preguntas.

C. **¿Se conocen?** Escoja Ud. un sujeto y un verbo y termine la frase de una forma original, según el modelo.

MODELO   Mi mejor amiga estudia ingeniería.

yo	estudiar
mi compañero(a) de cuarto	tomar
los estudiantes	vivir
mis padres	asistir
mi mejor amigo(a)	mirar
mi profesor(a)	comer

D. **Traducciones.** En general.

1. It's raining.
2. It's a good idea.
3. It's not important.
4. Is it snowing?
5. It's necessary to study.
6. It's late.

Stem-Changing Verbs (Verbos con cambios en la raíz)

FORM

There are three classes of stem-changing verbs:

1. Verbs that end in **-ar** and **-er**. In this case, the stressed **e** changes to **ie** and the stressed **o** changes to **ue**. Note that there is no stem change in the **nosotros** and **vosotros** forms.

pensar *(to think)*		**volver** *(to return)*	
pienso	pensamos	vuelvo	volvemos
piensas	pensáis	vuelves	volvéis
piensa	piensan	vuelve	vuelven

Other verbs in this category are:

cerrar *to close*	devolver *to return*
comenzar *to begin*	encontrar *to find*
empezar *to begin*	llover *to rain*
entender *to understand*	mostrar *to show*
negar *to deny*	probar *to try, test*
nevar *to snow*	recordar *to remember*
perder *to lose*	rogar *to beg*
querer *to want*	soler *to be in the habit of (+ infinitive)*
almorzar *to have lunch*	sonar *to ring*
aprobar *to pass*	soñar *to dream*
contar *to tell, count*	volar *to fly*
costar *to cost*	

NOTE   The verb **jugar** (*to play*) changes **u** to **ue** (**juego, juegas...**).

2. Verbs that end in **-ir**. In this case, the stressed **e** changes to **ie**, and the stressed **o** changes to **ue**.

sentir *(to feel)*		**dormir** *(to sleep)*	
siento	sentimos	duermo	dormimos
sientes	sentís	duermes	dormís
siente	sienten	duerme	duermen

Other verbs in this category are:

consentir *to consent*
convertir *to convert*
herir *to wound*

3. Verbs that end in **-ir**. In this case, the stressed **e** changes to **i**.

pedir *(to ask for)*	
pido	pedimos
pides	pedís
pide	piden

Other verbs in this category are:

competir *to compete*	elegir *to elect*	repetir *to repeat*
conseguir *to obtain*	impedir *to prevent*	seguir *to follow*
corregir *to correct*	medir *to measure*	servir *to serve*

Irregular Verbs in the Present Tense (Verbos irregulares en el presente)

FORM

1. Verbs with spelling changes in the first person singular (**yo**).

a. Verbs that end in **-cer** and **-cir** change **c** to **zc** for **yo**.

conocer *(to know)*		**conducir** *(to drive)*	
cono**zc**o	conocemos	condu**zc**o	conducimos
conoces	conocéis	conduces	conducís
conoce	conocen	conduce	conducen

Other verbs in this category are:

agradecer *to thank*	merecer *to deserve*	parecer *to seem*
crecer *to grow*	obedecer *to obey*	producir *to produce*
(des)aparecer *to (dis)appear*	ofrecer *to offer*	traducir *to translate*
establecer *to establish*		

b. Verbs that end in **-ger** and **-gir** change **g** to **j** for **yo**.

escoger *(to choose)*		**dirigir** *(to direct)*	
esco**j**o	escogemos	diri**j**o	dirigimos
escoges	escogéis	diriges	dirigís
escoge	escogen	dirige	dirigen

c. Verbs that end in **-guir** change **gu** to **g** for **yo**.

seguir *(to follow)*	
si**g**o	seguimos
sigues	seguís
sigue	siguen

Other verbs in this category are:

conseguir *to get, obtain*
distinguir *to distinguish*

2. Other verbs with irregular forms in the first person singular (**yo**).

caber° *quepo*	poner *pongo*	traer *traigo*	*to fit*
caer° *caigo*	saber *sé*	valer° *valgo*	*to fall / to be worth*
hacer *hago*	salir *salgo*	ver *veo*	

3. Irregular verbs in the present tense.

decir	*digo, dices, dice, decimos, decís, dicen*
estar	*estoy, estás, está, estamos, estáis, están*
haber	*he, has, ha, hemos, habéis, han*
ir	*voy, vas, va, vamos, vais, van*
oír	*oigo, oyes, oye, oímos, oís, oyen*
ser	*soy, eres, es, somos, sois, son*
tener[2]	*tengo, tienes, tiene, tenemos, tenéis, tienen*
venir[2]	*vengo, vienes, viene, venimos, venís, vienen*

Use of the Present Indicative (El uso del presente del indicativo)

1. The present indicative is used to narrate an action that is occurring, continues, or happens regularly in the present.

Estudio en la biblioteca con Marta.   *I study (am studying, do study) in the library with Marta.*

2. The present indicative is also used to express an action that will take place in the immediate future.

Mañana doy el informe.   *Tomorrow I will give the report.*
Esta tarde estoy en mi oficina.   *This afternoon I'll be in my office.*

---

[2] Verbs formed by adding a prefix to these root verbs are conjugated in the same way: **posponer — pospongo, mantener — mantengo, prevenir — prevengo**, and so forth.

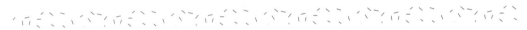

PRÁCTICA

A. Nosotras también. Teresa y sus compañeras de cuarto descubren que tienen mucho en común. Siga el modelo.

MODELO   almorzar a las doce
Teresa Yo almuerzo a las doce.
Elena Juana y yo almorzamos a las doce también.

1. aprobar los exámenes siempre
2. dormir la siesta por la tarde
3. soñar con hombres guapos
4. volver tarde a la residencia
5. jugar al vólibol
6. preferir café por la mañana

B. Horarios. Inés y Luisa hablan de sus horarios para el semestre. Complete su conversación con la forma correcta de los verbos entre paréntesis.

INÉS: Tengo un horario difícil. (Seguir) _____ cuatro clases y tres son de francés.

LUISA: Eso no es nada. Con las cinco clases que tomo y con mi empleo, no (volver) _____ a la residencia hasta las once de la noche.

INÉS: ¿(Mantener) _____ tú un promedio de «A» con tanto trabajo?

LUISA: Pues, sí. Además, como mi hermano y yo nunca les (pedir) _____ dinero a mis padres, hay que trabajar. Yo (preferir) _____ conseguir dinero trabajando en la biblioteca.

INÉS: Oye, nosotras (almorzar) _____ juntas como el año pasado, ¿verdad?

LUISA: Sí. Tú (poder) _____ contar conmigo. La cafetería (servir) _____ el almuerzo a la una. Yo (jugar) _____ al tenis con Jorge al mediodía y si nosotros no (perder) _____ tiempo conversando, estoy allí a la una y cuarto.

INÉS: A propósito (*By the way*), ¿tú (recordar) _____ cuánto (costar) _____ los libros para la clase de psicología?

LUISA: No, pero si (encontrar) _____ mi recibo (*receipt*), te lo digo.

C. Tradiciones escolares en España. Llene Ud. el espacio con la forma correcta del verbo entre paréntesis en el tiempo presente, o el infinitivo.

LA TUNA

Si Ud. (ir) _____ a España, (encontrar) _____ en todas las universidades a un grupo de estudiantes que se (llamar) _____ la tuna. Este grupo (tener) _____ su origen en el siglo (*century*) XII, y el término tuna (venir) _____ de la palabra «tunante», que (significar) _____ pícaro (*rogue*). Todos los tunos (saber) _____ cantar o tocar un instrumento musical. (Recorrer) (*Travel*) _____ las calles, (entrar) _____ en los restaurantes, bares y hoteles y (entretener) _____ a la gente con sus guitarras, panderetas (*tambourines*) y canciones alegres. También, (dar) _____ serenatas y (cantar) _____ en fiestas y otras ocasiones. Todos se (vestir) _____ de una capa (*cape*) negra decorada de medallas (*medals*) y cintas (*ribbons*) multicolores. Cada año las tunas de todas partes del país se (reunir) _____ para (participar) _____ en un gran concurso (*contest*) musical.

Los tunos (deber) _____ pasar por una serie de pruebas para comprobar que realmente (poder) _____ ser tunantes. Por ejemplo, es común (ver) _____ a los miembros veteranos bombardear a un futuro hermano con tomates y huevos en una fuente en el centro de la cuidad. Aunque los miembros (soler) _____ ser hombres, hoy día las mujeres (querer) _____ participar en esta costumbre. En el norte del país (existir) _____ una tuna de mujeres pero el grupo no (ser) _____ muy popular entre los estudiantes universitarios.

Conteste Ud. las preguntas.

1. ¿Por qué cree Ud. que las tunas son tan populares?
2. ¿Hay una organización semejante (*similar*) en las universidades de este país? Descríbala y explique las semejanzas y diferencias.
3. Suponga que Ud. va a formar un grupo como la tuna de España. Descríbalo según el criterio siguiente.

   a. filosofía
   b. miembros
   c. pruebas
   d. vestuario (*clothing*)
   e. actividades o diversiones principales

D. **La vida universitaria.** Describa Ud. los dibujos, utilizando por lo menos cinco verbos diferentes en el tiempo presente para cada uno.

Acabar de, ir a, volver a

1. The expression **acabar de** followed by the infinitive means *to have just done something*.

Acabo de comer.   *I have just eaten.*
Acabamos de leer la novela entera.   *We have just read the entire novel.*

2. The expression **ir a** followed by the infinitive is used to express an action that will take place in the future.

¿Qué vas a comer esta noche?   *What are you going to eat tonight?*
Vamos a leer la novela entera.   *We are going to read the entire novel.*

3. The expression **volver a** followed by the infinitive means *to do something again*.

Vuelvo a comer.   *I eat again.*
Volvemos a leer la novela entera.   *We read the entire novel again.*

PRÁCTICA

A. ¿Otra vez? Repita Ud. la frase, empleando la expresión **volver a** + infinitivo.

    MODELO   Estudio la lección otra vez.
                  Vuelvo a estudiar la lección.

1. Mi compañera charla con su novio otra vez.
2. Escribo la composición otra vez.
3. Consultan el horario otra vez.
4. Pierdo mi libro de español otra vez.
5. Haces la tarea otra vez.
6. Contesta la pregunta otra vez.

B. Ahora, no. Con un(a) compañero(a) de clase, forme una pregunta y él (ella) la va a contestar de una manera original usando la expresión **ir a** + infinitivo.

    MODELO   María Luisa / venir a clase hoy
                  —¿Viene María Luisa a clase hoy?
                  —No, va a venir a clase mañana.

1. la librería / cerrar a la una
2. tu familia / visitar la universidad hoy
3. tú / asistir al concierto esta noche
4. el maestro / pasar lista esta mañana

5. nosotros / jugar en el estadio el lunes
6. Carlos / seguir trabajando ahora
7. el profesor / dar una conferencia hoy
8. tú / pedir una beca este año

C. **En parejas.** Un(a) estudiante va a hacer una pregunta y el (la) otro(a) va a contestar según el modelo.

MODELO   comer / tú
—¿Vas a comer?
—No, acabo de comer.

1. pagar la matrícula / tus padres
2. asistir a la conferencia / María
3. escribir la tarea / tú
4. comprar bolígrafos / nosotros
5. hacer cola en la librería / tu amigo

D. **Sugerencias.** Ud. está muy aburrido(a). Su compañero(a) le da algunas ideas. Con un(a) compañero(a), conteste las sugerencias que él (ella) hace con la expresión **acabar de** y un verbo apropiado, según el modelo.

MODELO   ver un programa de televisión
—¿Por qué no ves un programa de televisión?
—No, acabo de ver un programa de televisión.

1. leer un libro
2. comer unos bombones
3. hacer la tarea
4. visitar un museo
5. tomar un refresco
6. mirar un partido de fútbol
7. dormir la siesta
8. ver una película

E. **Traducciones.** En la universidad.

1. Hi. Has the class just started?
2. No, it's going to begin now.
3. Good. I've just waited in line for an hour to register for next semester.
4. Oh no! Is the professor explaining the lesson again?

ASÍ SE DICE

Saludos y presentaciones

1. The following are common forms of greeting in Spanish:

¡Hola!	*Hello! Hi!*
Buenos días.	*Good day. Good morning. Hello.*
Buenas tardes. ⎫	
Buenas. ⎭	*Good afternoon.*
¡Qué alegría verlo(la, los, las, te)!	*So nice to see you!*

2. If you want to know how someone is or how things are going, you might ask:

¿Cómo estás? / ¿Cómo está Ud.? ⎫
¿Qué tal (estás)?   ⎬   *How are you?*

¿Cómo te va? / ¿Cómo le(s) va?   *How's it going?*
¿Qué hay de nuevo?   *What's new?*
¿Qué hay?   ⎫
¿Qué cuentas?   ⎬   *What's up?*
¿Qué pasa?   ⎭

3. Responses to *How are you?* vary widely. Some of the most frequent answers are:

Bien, gracias, ¿y Ud.?	*Fine, thanks, and you?*
De lo más bien.	*Just fine.*
Regular, ¿y tú?	*All right, and you?*
Así así.	*So-so.*
¡Fenomenal!	*Great! Fantastic!*
¡Fatal!	*Terrible!*

4. In most cultures, forms of greeting vary according to the situation and the people involved. In Spanish, formal and informal greetings usually correspond to the use of **Ud.** and **tú.**

5. To introduce someone you would say:

Quisiera presentarle a...	*I would like to introduce you to . . . (formal)*
Déjame presentarte a...	*Let me introduce you to . . . (familiar)*
Ésta es..., una amiga mía.	*This is . . . , a friend of mine. (fem.)*
Éste es..., un amigo mío.	*This is . . . , a friend of mine. (masc.)*
Quiero presentar a un amigo.	*I want to introduce a friend.*

6. After meeting someone, you should reply:

Mucho gusto en conocerlo(la).	*Nice to meet you.*
¡Encantado(a)!	*Delighted!*
¡Tanto gusto!	*It's a pleasure!*

PRÁCTICA

A. Las siguientes personas se saludan. En grupos, inventen un diálogo de cuatro líneas, empleando las expresiones apropiadas para cada situación.

1. Carlitos y su maestra de escuela
2. Pilar y su compañera del año pasado
3. el presidente de los Estados Unidos y el rey de España

4. el señor Moreno y una cliente de su tienda

5. tú y el decano de la facultad

B. Reacciones. Conteste Ud. las preguntas siguientes de una manera diferente cada vez, dando una corta explicación de su respuesta.

MODELO   ¿Cómo estás, Juana?

     ¡Fenomenal! ¡Acabo de sacar un «sobresaliente» en el examen!

1. ¿Cómo le va, señor Barrera?   **4.** ¿Cómo está Ud., señorita?

2. ¿Qué tal, Elena?   **5.** ¿Qué hay, Paco?

3. ¿Qué pasa, Manolito?

 C. En la fiesta. Manuel está en una fiesta con su tía Marta Gutiérrez, que acaba de llegar de Colombia. Ve a Tomás Calderón, su jefe de trabajo. Escriba Ud. un diálogo, empleando expresiones apropiadas y su imaginación. Represéntelo delante de la clase.

Lección 2

Son muchos los requisitos

PARA COMENZAR...

1. Con la ayuda del vocabulario en la pág. 22, describa el dibujo. ¿Es típica esta escena? ¿Puede ser su universidad? ¿Por qué?
2. ¿Por qué duerme el estudiante en la biblioteca? ¿Por qué bosteza el otro estudiante? ¿Duerme Ud. en su biblioteca? ¿Por qué sí o no? ¿Qué técnicas puede emplear Ud. para no dormirse (*fall sleep*) mientras estudia en la biblioteca?
3. ¿De qué hablan las tres muchachas? ¿Cómo se siente el chico? ¿Qué hace cuando los otros chicos hablan y Ud. quiere estudiar?
4. ¿Qué hace Ud. cuando no quiere estudiar?

Son muchos los requisitos

Lima, 15 de mayo de 1996

Siempre recordados viejitos[1]

¿Qué cuentan? Hace mucho tiempo que no me escriben. Yo estoy preparándome para mi primer examen de historia. Felizmente Graciela y yo tomamos muy buenos apuntes en clase. Los profesores, por lo general, no dan texto° y los libros que necesitamos consultar no están en las librerías o son demasiado caros° para los alumnos. La solución al problema es estudiar en grupo. Cada uno de nosotros lee un libro o un capítulo diferente y luego intercambiamos° los apuntes.

Me gusta mucho nuestro catedrático de Lingüística pero no es fácil hablar con él después de la clase porque siempre está rodeado° de chicos. No hablamos mucho con nuestros «profes». En las prácticas de los sábados, como estamos divididos en grupos, hay más oportunidad de hablar con los instructores. La mayoría de ellos son estudiantes de años superiores. Hay un ambiente° muy simpático en la universidad. Lo único° que me molesta es que aquí está permitido fumar en clase.

Bueno, papitos, vuelvo al descubrimiento de América. Hasta la próxima semana. Reciban miles de besos de su

no... give no required text
expensive

exchange

surrounded

atmosphere
Lo... The only thing

Iliana

CONVERSEMOS

Refiriéndose a la lectura anterior, conteste Ud. las preguntas.

1. ¿Por qué estudian en grupo Iliana y los otros alumnos? Describa la relación entre los profesores y los alumnos en la P.U.C. ¿Qué piensa Iliana del ambiente en la universidad?
2. Nombre Ud. dos ventajas de estudiar en grupo y dos de estudiar solo(a). ¿Cuáles son dos alternativas a tomar apuntes en clase?
3. Describa Ud. la relación que tiene con sus profesores. Cuando Ud. visita a sus profesores durante sus horas de consulta, ¿de qué hablan Uds.?

---

[1] **viejitos:** término cariñoso para referirse a los padres.

4. Comente Ud. sobre el ambiente en su universidad. ¿Qué piensa Ud. de los estudiantes que comen, beben o mascan chicle (*gum*) en clase? ¿Qué opinan los profesores?

VOCABULARIO

ASIGNATURAS *(Subjects)*
la biología *biology*
las ciencias de computadora *computer science*
las ciencias políticas *political science*
las ciencias sociales *social sciences*
la contabilidad *accounting*
la economía *economics*
la física *physics*
el idioma extranjero *foreign language*
las matemáticas *mathematics*
la psicología *psychology*
la química *chemistry*
la sociología *sociology*

VERBOS
aprobar (ue) *to pass*
ausentarse *to be absent*
bostezar *to yawn*
corregir (i) *to correct*
elegir (i) *to elect, choose*
entregar *to hand in*
faltar a (una clase) *to miss (a class)*
graduarse *to graduate*
molestar *to bother*
repasar *to review*
requerir (ie) *to require*
sobresalir *to excel*
suspender (fracasar) *to fail*
susurrar *to whisper*

SUSTANTIVOS
la asistencia *attendance*
el (la) bibliotecario(a) *librarian*

el estante *bookcase*
el examen *test*
el promedio *average*
la prueba *quiz*
el requisito *requirement*
el semestre *semester*

ADJETIVOS
aplicado *studious*
obligatorio *obligatory*
perezoso *lazy*
sobresaliente *outstanding*
trabajador *hard-working*

EXPRESIONES
aprender de memoria *to learn by heart*
cumplir con los requisitos *to fulfill the requirements*
dejar una clase *to drop a class*
pedir prestado (sacar) un libro *to check out a book*
sacar buenas (malas) notas *to get good (bad) grades*
salir bien (mal) *to do well (poorly)*
tomar apuntes *to take notes*
tomar una decisión *to make a decision*

HABLANDO POR TELÉFONO
(Refiérase a la pág. 35.)

REPASEMOS EL VOCABULARIO

A. **¿Cuál no pertenece?** Subraye Ud. la palabra que no está relacionada con las otras y explique por qué.

1. fracasar	suspender	enseñar	sacar malas notas
2. química	biología	sociología	física
3. asistir a	aprobar	salir bien	sobresalir
4. ausentarse	entregar	faltar	no asistir
5. perezoso	obligatorio	trabajador	aplicado

B. **¿Cuál es la palabra?** Llene Ud. el espacio con la palabra apropiada de la lista de vocabulario.

1. Antes de un examen es buena idea _____ los apuntes.

2. Como yo no entiendo la materia, voy a _____ la clase.

3. La clase de ciencia _____ mucho tiempo porque debo pasar seis horas en el laboratorio.

4. Si José no cumple con los requisitos, él no va a _____ en junio.

5. Su _____ bajó porque suspendió el último examen.

6. La profesora siempre me _____ cuando yo pronuncio mal las palabras.

7. Hay muchas asignaturas obligatorias. Sólo podemos _____ una clase.

8. Julia sacó la nota más alta de la clase. Es _____.

C. **Queremos saber.** Diga Ud. ...

1. cuatro características de un(a) estudiante aplicado(a).
2. tres razones buenas para faltar a una clase.
3. dos técnicas que Ud. utiliza para prepararse para un examen.
4. una decisión importante que Ud. va a tomar este año.

D. **En grupos.** Hagan Uds. un debate. Algunos creen que las asignaturas siguientes deben ser obligatorias para todos los estudiantes universitarios. Otros creen que deben ser sólo para los que estudian en la facultad de filosofía y letras.

1. idiomas extranjeros   **2.** historia   **3.** sociología   **4.** filosofía

E. **Pequeño y útil.** Para ayudarlo(la) a Ud. con sus estudios, sus padres le van a regalar la mini-computadora illustrada en la página siguiente. Lea Ud. el artículo y conteste las preguntas.

PARA EL SIGLO XXI

The Wizard, (Sharp), El mago, es un computador de bolsillo*que incluye calendarios diario y semanal, con capacidad hasta de 200 años. Se pueden escribir citas y direcciones con números de teléfonos y fax, nombres de personas y compañías. También guarda hasta 16 páginas de información, y da el tiempo actual en más de 200 ciudades del mundo. Con adicionales programas de circuito integrado, The Wizard puede convertirse en un manager de tiempo, un diccionario con más de 45,000 palabras y 500,000 sinónimos y un traductor de ocho lenguas para viajeros. También se puede conectar a un impresor*(también de bolsillo) o a un computador personal. ◆

pocket

printer

El mago

DORF & STANTON COMM., INC.

1. ¿Para qué asignatura(s) va a usar El Mago y por qué?
2. ¿Qué va a incluir en las páginas para información?
3. ¿Qué aspecto del diccionario es útil para Ud.?
4. Para Ud., ¿cuál es el mayor beneficio de esta mini-computadora y por qué?

GRAMÁTICA

The Present Progressive Tense (La forma progresiva del presente)

FORM

> **Estar** + the present participle

HABLAR
habl + **ando**
estoy hablando

COMPRENDER
comprend + **iendo**
estoy comprendiendo

ESCRIBIR
escrib + **iendo**
estoy escribiendo

1. **-Ir** stem-changing verbs change **e → i** and **o → u** in the stem.

   sentir — s**i**ntiendo   dormir — d**u**rmiendo   pedir — p**i**diendo

2. When the root of an **-er** or **-ir** verb ends in a vowel, the **i** of the present participle ending changes to **y**.²

   caer — ca**y**endo   leer — le**y**endo   oír — o**y**endo

USE

1. The present progressive tense indicates that an action is "in progress." It is used to emphasize the fact that the action is occurring *right now*. Compare the following:

   Estudio para mi clase.
   $\begin{cases} \text{\textit{I study (often, every day, tomorrow, now)}} \\ \text{\textit{for my class.}} \\ \text{\textit{I am studying (now) for my class.}} \\ \text{\textit{I do study (emphasis) for my class.}} \end{cases}$

   Estoy estudiando para mi clase.   *I am studying (right now) for my class.*

2. Other verbs that can be used with the present participle are **continuar, andar, ir, venir,** and **seguir.**

   Sigo leyendo.   *I continue reading.*
   Vienen corriendo.   *They come running.*
   Anda cantando.   *She goes around singing.*

PRÁCTICA

A. **Sugerencias.** Adela siempre tiene sugerencias para Susana, pero Susana tiene otras ideas. Con un(a) compañero(a) de clase, representen los papeles de las dos amigas.

MODELO   estudiar inglés
      Adela   ¿Por qué no estudias inglés?
      Susana Porque estoy estudiando francés.

1. escuchar las cintas
2. comprar otro cuaderno
3. escribir un poema
4. asistir a la conferencia
5. leer el capítulo
6. hacer la tarea
7. repasar la pronunciación
8. pedir una limonada

---

² The present participles of **poder (pudiendo)** and **ir (yendo)** are rarely used.

B. **Hablando por teléfono.** Raúl está estudiando en la biblioteca y cuando llama a su compañero de cuarto, Felipe, se entera de que hay una fiesta en su apartamento. Felipe quiere saber qué está pasando en la biblioteca, y Raúl quiere saber qué está pasando en la fiesta. Con un(a) compañero(a), siga el modelo.

MODELO **Raúl** yo / buscar información
Yo estoy buscando información para un tema.
Felipe nosotros / celebrar cumpleaños
Nosotros estamos celebrando el cumpleaños de María.

RAÚL
1. Manuel / dormir
2. el profesor / corregir
3. Sandra / leer
4. Carmen y Elena / charlar
5. Teresa / traducir

FELIPE
1. Oscar / pedir pizza
2. las chicas / escuchar discos
3. Marta / servir la sangría
4. algunas personas / bailar
5. Susana / ver una película

C. **Cuando el gato no está, los ratones hacen fiesta.** (When the cat's away, the mice will play). Alicia es una maestra practicante (student teacher) en una clase de biología en un colegio, y hoy la directora no está. Mire Ud. el dibujo y describa cómo la clase está portándose (behaving).

VOCABULARIO ÚTIL

víbora	snake	peinarse	to comb one's hair
rana	frog	pintarse	to put on make-up
cajón	drawer		

Ser and estar

Although in English there is only one verb *to be*, in Spanish there are two: **ser** and **estar**.

USE

Ser is used:

1. to express the hour, the day, and the date.

    Es la una. Son las tres.   *It's one o'clock. It's three o'clock.*
    Hoy es martes. Es el tres de marzo.   *Today is Tuesday. It's March third.*

2. to express place of origin.

    Soy de Colombia pero mi amiga es   *I'm from Colombia, but my friend is*
       de España.   *from Spain.*

3. to indicate possession.

    ¿De quién es el libro? Es de José.   *Whose book is it? It's José's.*

4. with predicate nouns.[3]

    Susana es profesora.   *Susana is a professor.*
    Este señor es mi vecino.   *This gentleman is my neighbor.*

5. to express nationality, religion, or political affiliation.

    Los García son católicos.   *The Garcías are Catholic.*
    El gobierno es comunista.   *The government is Communist.*

6. to describe the material from which something is made.

    Mi bolígrafo es de plástico.   *My pen is plastic.*

7. with certain impersonal expressions.

    Es necesario asistir a clase.   *It is necessary to attend class.*
    Es importante tomar apuntes.   *It is important to take notes.*

---

[3] A predicate noun explains or renames the subject of the sentence.

8. with adjectives to express qualities or characteristics inherent in a person or thing.

María es trabajadora y muy simpática. María is hard-working and very nice.
José es alto, delgado y guapo. José is tall, thin, and handsome.

9. to tell where an event is taking place.

La conferencia (reunión, fiesta) es en The lecture (meeting, party) is at Juan's
casa de Juan. house.

> **Estar** is used:

1. to express geographic or physical location.[4]

¿Dónde estás? Estoy en el gimnasio. Where are you? I'm in the gymnasium.
Málaga está en España y está en la Málaga is in Spain, and it is on the coast.
costa.

2. with the progressive tenses.

Estamos contestando las preguntas. We're answering the questions.

3. with adjectives to express a state or condition.

Él está ausente (pálido, contento). He is absent (pale, content).
La sopa está fría. The soup is cold.

4. with certain expressions.

estar de acuerdo   to be in agreement   estar de pie   to be standing
estar de buen (mal) humor   to be in a   estar de vacaciones   to be on vacation
good (bad) mood   estar de viaje   to be on a trip

Adjectives That Change Their Meaning with ser or estar
(Adjetivos que cambian de sentido con **ser** o **estar**)

ADJETIVO	SER	ESTAR
aburrido	boring	bored
alegre	happy (temperament)	feeling happy
bueno	good	well
cansado	tiresome (dull)	tired
enfermo	sickly (person)	ill
grande	big	big for one's age
guapo	handsome	looking good

---

[4] With permanent locations, the verb **quedar** may be used in place of **estar**. ¿Dónde está (queda) la calle **José Antonio?** (Where is José Antonio street?)

ADJETIVO	SER	ESTAR
listo	*clever*	*ready*
loco	*crazy* (person)	*foolish*
maduro	*mature*	*ripe*
malo	*bad*	*ill*
rico	*rich* (prosperous)	*delicious*
seguro	*safe*	*certain*
verde	*green*	*unripe*
vivo	*lively*	*alive*

PRÁCTICA

A. ¿Ser o estar? Conteste Ud. las preguntas siguientes, empleando el verbo **ser** o **estar**, según el contexto. Explique su decisión. Siga el modelo.

MODELO   ¿Ud.? ¿cansado?
Sí, estoy cansado.

1. ¿Carlos y yo? ¿estudiando?
2. ¿La clase? ¿en esta aula?
3. ¿Ellos? ¿hispanos?
4. ¿Papá? ¿de mal humor?
5. ¿Los apuntes? ¿en la mesa?
6. ¿El cálculo? ¿difícil?
7. ¿Tú? ¿de Caracas?
8. ¿El escritorio? ¿de metal?

B. Decisiones. Escoja Ud. las respuestas correctas y explique por qué son correctas. (Hay más de una respuesta para cada pregunta.)

1. Son...
   a. las diez.   b. de vacaciones.   c. de María.   d. estudiando en casa.

2. Están...
   a. cansados.   b. conmigo.   c. contentos.   d. de oro.

3. ¿Cómo está...
   a. la paella?   b. la clase de francés?   c. Ud.?   d. el Museo del Prado?

4. ¿Dónde es...
   a. Colombia?   b. tu cuaderno?   c. la reunión?   d. la clase?

5. Es...
   a. de Bolivia   b. necesario.   c. jueves.   d. aquí con nosotros.

6. Somos...
    a. estudiantes.   **b.** guapos.   **c.** inteligentes.   **d.** simpáticos.

C. Diferencias importantes. Llene Ud. el espacio con la forma correcta del verbo **ser** o **estar** según el contexto, y explique por qué.

1. ¿Cuándo termina esta clase? Yo _____ aburrido porque el tema de hoy _____ aburrido.

2. Si tú _____ listo, vamos al partido. Ya _____ tarde y yo _____ seguro que el gimnasio ya _____ lleno de gente.

3. El profesor tiene que ausentarse porque _____ enfermo.

4. Carlos _____ un estudiante muy listo pero no _____ muy aplicado. Hoy, por ejemplo, _____ durmiendo en vez de asistir a clase.

5. La comida en la cafetería _____ horrible. Pero hoy la carne _____ muy rica y los vegetales _____ bien calientes. No sé qué pasa. _____ una sorpresa buena.

6. ¿Dónde _____ Elena hoy? _____ muy mala y se queda en cama. _____ una lástima porque nosotros _____ planeando un viaje y si ella no _____ mejor, no puede ir.

D. Una fiesta para la historia. Usando los verbos **ser** y **estar**, mire el dibujo y describa la fiesta.

E. **Veinte preguntas.** Piense Ud. en un personaje famoso y los otros estudiantes tienen que adivinar (*to guess*) quién es a través de preguntas que se pueden contestar con **sí** o **no**.

MODELO   ¿Es viejo? ¿Es actor? ¿Está vivo? ¿Está en Washington ahora?

The Use of hay (El uso de hay)

Hay is an irregular form of the verb **haber**, and it means *there is* or *there are*. It should not be confused with the verb **estar**. Compare the following sentences.

Hay un niño aquí.	*There is a child here.*
Un niño está aquí.	*A child is here.*
Hay seis estudiantes en el aula.	*There are six students in the classroom.*
Seis estudiantes están en el aula.	*Six students are in the classroom.*

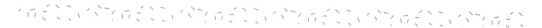

PRÁCTICA

A. **Una carta de Puerto Rico.** Susana está estudiando en Puerto Rico. Le escribe una carta a su hermana que vive en Boston. Llene Ud. el espacio con **hay** o una forma de **estar**.

Mi querida Luisa,

¡Fotos de bebé! Ay, qué bello. _____ grande el niño. Es verdad que tengo un sobrino (*nephew*) hermosísimo. Acabo de recibir una carta de mamá y ella escribe que ella y papi _____ bien, pero _____ problemas en la oficina. ¡Pobrecito de papá! Siempre _____ algo.

Tú me preguntas si _____ feliz. Pues, sí. En la universidad _____ mucho que hacer: fiestas, bailes, la playa y, claro, las clases. _____ más de cincuenta estudiantes en mi clase de sociología. En general yo _____ muy contenta con las clases este año.

Voy a llamarte el día de tu cumpleaños si las líneas no _____ ocupadas. Bueno, no

_____ nada más que contar por ahora. Saludos a todos y besitos para el bebé. Con el cariño de siempre.

Susana

B. Una tarea interesante. Carmen necesita escribir un tema para su clase de historia. Como tiene mucho interés en las ciudades antiguas de la América del Sur, decide escribir sobre algunos lugares de interés en el Perú. Llene Ud. los espacios con **hay** o con una forma de **ser** o **estar**.

Cuzco _____ la ciudad más grandiosa de las ciudades americanas precolombinas, y _____ una mezcla de las civilizaciones inca y española. _____ situada en la sierra sur del Perú a 3.400 metros sobre el nivel del mar. El clima de Cuzco _____ frío, y _____ necesario usar abrigos.

_____ mucho que ver y hacer en esta ciudad museo. _____ plazas pintorescas, fortalezas antiguas y vistas espléndidas. El corazón de la ciudad _____ la Plaza de Armas, y entre las construcciones principales _____ la catedral. En esta famosa iglesia barroca, _____ un altar de plata y una valiosa colección de arte.

Los arqueólogos _____ interesados en las ruinas incaicas que se encuentran en las afueras de Cuzco. Machu Picchu, a 112 kilómetros de la ciudad, _____ la antigua ciudad de los incas. Allí, los científicos todavía _____ investigando esta civilización fascinante. Todos los que visitan Machu Picchu _____ de acuerdo en que _____ una experiencia inolvidable.

C. ¿Qué hay... ? Nombre por lo menos cinco cosas que hay...

1. en una residencia estudiantil.
2. en la cartera (*wallet, purse*) del (de la) profesor(a).
3. en un centro estudiantil.
4. en su aula.
5. en sus bolsillos (*pockets*).
6. en una librería.

Hacer *and* llevar *In Time Expressions* (Hacer y llevar con expresiones de tiempo)

There are three basic ways to express the length of time an action has been taking place.

1. | **Hace** + time + **que** + (**no** +) verb in the present tense |

Hace un año que estudio español.   *I have been studying Spanish for one year.*

¿Cuánto tiempo hace que trabaja aquí?   *How long have you been working here?*

Hace dos años que no voy a Europa.   *I haven't gone to Europe for two years.*

2. | (**No** +) verb in the present tense + **desde hace** + time |

Estudio español desde hace un año.   *I have been studying Spanish for one year.*

¿Desde hace cuánto tiempo trabaja aquí?   *How long have you been working here?*

No voy a Europa desde hace dos años.   *I haven't gone to Europe for two years.*

3. a. | **Llevar** in the present tense + time + present participle |

Llevo un año estudiando español.   *I have been studying Spanish for one year.*

¿Cuánto tiempo lleva trabajando aquí?   *How long have you been working here?*

b. In a negative sentence, a different construction is required.

| **Llevar** in the present tense + time + **sin** + infinitive |

Llevo dos años sin ir a Europa.   *I haven't gone to Europe for two years.*

PRÁCTICA

A. Tiempo. Siguiendo el modelo, diga cuánto tiempo hace que las personas hacen las actividades siguientes.

> MODELO   José / charlar con el profesor / dos horas
> José lleva dos horas charlando con el profesor.
> Hace dos horas que José charla con el profesor.
> José charla con el profesor desde hace dos horas.

1. yo / trabajar en el laboratorio de lenguas / seis meses
2. su hermana / estudiar en España / tres años
3. tú / cantar en el coro universitario / un semestre
4. Uds. / hacer la tarea / media hora
5. ellos / comer en la cafetería / poco tiempo
6. Mario / asistir a una universidad privada / más de un año

B. No lo creo. Los amigos de Pedro exageran mucho. Él nunca cree lo que dicen.

> MODELO   **Enrique**   Hace quince horas que estudio para la prueba de español.
> **Pedro**   ¿Llevas quince horas estudiando para la prueba de español?
> ¡No lo creo!

1. Hace una semana que mi compañero de cuarto duerme.
2. Hace tres días que mi novio(a) no come.
3. Hace diez horas que papá lee el periódico.
4. Hace seis años que Gerardo sale con Silvia.
5. Hace un mes que no voy a la biblioteca.

C. En parejas. Ud. va a entrevistar a las siguientes personas para el periódico estudiantil. Con un(a) compañero(a) representen los papeles. Siga el modelo pero incluya más información también.

> MODELO   Antonio Acevedo / profesor / literatura española
> —¿Cuánto tiempo lleva Ud. enseñando aquí?
> —Llevo un año.
> —¿Qué enseña Ud.?
> —Enseño literatura española. Ahora estoy enseñando la poesía romántica.

1. Juan González / jugador / béisbol
2. Gloria Estefan / cantante / música popular
3. Salvador Dalí / pintor / obras surrealistas
4. Narciso Yepes / músico / guitarra
5. Alicia Alonso / bailarina / danza clásica

ASÍ SE DICE

Hablando por teléfono

1. The word for *hello* when meeting people is **hola**. In answering the telephone, the word for *hello* varies with the country or region. The most common words are:

¿Diga? ¿Dígame?   España
¿Bueno?   México
¿Aló? ¿A ver?   Colombia
¿Aló? ¿Hola?   Puerto Rico

2. Other useful questions and answers in initiating phone conversations are:

¿Quién habla?	*Who's calling? Who's this?*
Habla Juan. (Soy Juan.)	*This is Juan.*
Soy yo.	*It's me.*
Habla él (ella).	*This is he (she) speaking.*
¿Está Elena, por favor?	*Is Elena there, please?*
Un momento, por favor.	*One moment (Just a moment), please.*
No está en este momento.	*He's (She's) not here right now.*
¿De parte de quién?	*Who's calling?*
¿Quiere volver a llamar más tarde?	*Do you want to call back later?*
Vuelvo a llamar más tarde.	*I'll call back later.*
¿Quisiera dejar un recado?	*Would you like to leave a message?*
¿Podría dejar un recado?	*May I leave a message?*
Dígale que _____.	*Tell him (her) that _____.*
Está equivocado de número.	
Se equivoca de número.	*You have the wrong number.*
Están comunicando.	
Está ocupada.	*The line is busy.*
¿Oiga?	*Hello?* (when the connection is bad or you want the operator back)

3. Some useful verbs and expressions for **la compañía telefónica** *(the telephone company)* are:

marcar el número	*to dial a number*
hacer una llamada (de larga distancia, de cobro revertido)	*to make a call (long distance, collect)*
contestar	*to answer*
colgar (ue)	*to hang up*
aceptar los cargos	*to accept the charges*

PRÁCTICA

A. Circunstancias. ¿En qué circunstancias...

1. hace Ud. una llamada de cobro revertido?
2. cuelga Ud. el teléfono?
3. acepta Ud. los cargos?
4. deja Ud. un recado?

 B. La llamada. Julio intenta llamar a su novia, Gabriela. Escriba Ud. la conversación.

1. Primero, él llama directo.
2. Ahora, él llama a la operadora.

 C. Invente Ud. Escriba una conversación (seis a ocho líneas) entre las siguientes parejas.

1. un muchacho sin dinero en Boston / su papá en Los Ángeles
2. una estudiante colombiana en Nueva York / su hermana en Bogotá
3. Ud. / la mamá de su novio(a)
4. Ud. / un agente de la compañía telefónica

D. La telefónica. Mire Ud. el anuncio siguiente y haga las actividades.

1. Nombre tres ocasiones en las que Ud. llama para recordar. ¿Qué es lo que recuerda?
2. Invente tres lemas (*slogans*) originales para la compañía telefónica, sustituyendo la palabra «recordar» por otra palabra. Explique por qué sus versiones son mejores que el original. «Llamar es...»

Lección 3

¿Hay trabajo para mí?

PARA COMENZAR...

1. Con la ayuda del vocabulario en las págs. 39-40, describa el dibujo.
2. ¿Cuáles son las carreras más populares para un niño y una niña de ocho años? ¿de dieciocho años? ¿Quiénes son los modelos típicos para los niños cuando piensan en su futura profesión?
3. ¿Cuáles son los trabajos tradicionales para un hombre? ¿para una mujer? ¿Está cambiando eso hoy día en este país? Explique.
4. ¿Cuándo tiene que tomar una decisión acerca de su carrera un estudiante de este país? ¿Es difícil cambiar de carrera a los cuarenta años? Explique. ¿Es común hoy día? ¿Por qué razones cambia una persona de carrera?
5. ¿Qué es más importante para Ud., ser próspero(a), célebre o feliz? ¿Por qué? ¿Cómo define Ud. el éxito?

 ¿Hay trabajo para mí?

Lima, 20 de julio de 1996

¿Qué tal, mamita?

Gracias por tu larga carta. Yo también tengo bastante que contarte. Voy a pasar las fiestas Patrias[1] con los García en Trujillo. En estos momentos hace frío en Lima y unas vacaciones en el norte me van a venir muy bien.° El hijo mayor de los García termina Ingeniería en diciembre y como su papá está muy bien relacionado,° ya tiene un trabajo seguro después de graduarse. En general, los ingenieros y los de profesiones técnicas tienen muchas oportunidades, pero los pobres alumnos que nos especializamos en historia o en literatura no tenemos mucho futuro. Aquí no tienes que escribir muchos «résumés» ni tampoco presentarte a muchas entrevistas. Si alguien de tu familia o algún amigo conoce al jefe, entonces hay más posibilidad de conseguir un trabajo. Y los diplomas no cuentan mucho; la experiencia es lo que abre más puertas.

Es el fin de un buen semestre, pero ¡hurra por el sol de Trujillo del que pronto voy a disfrutar!° Te besa tu

Iliana

me... will do me good

está... has good contacts

enjoy

---

[1] **fiestas Patrias:** La independencia del Perú se celebra el 28 de julio. Es también época de vacaciones escolares.

CONVERSEMOS

Refiriéndose a la lectura anterior, conteste Ud. las preguntas.

1. ¿En qué mes están? ¿Por qué hace frío? ¿Por qué no va a tener problemas el hijo de los García en conseguir trabajo? Explique por qué Iliana sí va a tener problemas.
2. ¿Cuál abre más puertas en los Estados Unidos, la educación o la experiencia? Explique. ¿Es importante estar muy bien relacionado en los EE.UU.? ¿Por qué sí o por qué no? ¿Cuáles son los pasos necesarios para conseguir un trabajo en los EE.UU.?
3. ¿Qué planes tiene Ud. para su futuro? ¿Cree Ud. que la universidad lo (la) está preparando para encontrar un buen trabajo después de graduarse? Explique. ¿Qué aplicación tienen sus asignaturas en la vida práctica?

VOCABULARIO

PROFESIONES

LAS ARTES

el bailarín (la bailarina)   *dancer*
el (la) escritor(a)   *writer*
el (la) fotógrafo(a)   *photographer*
el (la) músico   *musician*
el (la) pintor(a)   *painter*

LAS CIENCIAS

el (la) astronauta   *astronaut*
el (la) científico(a)   *scientist*
el (la) cirujano(a)   *surgeon*
el (la) enfermero(a)   *nurse*
el (la) farmacéutico(a)   *pharmacist*
el (la) médico(a)   *doctor*
el (la) (p)sicólogo(a)   *psychologist*
el (la) (p)siquiatra   *psychiatrist*
el (la) químico   *chemist*

LOS NEGOCIOS

el (la) banquero(a)   *banker*
el (la) cajero(a)   *cashier*
el (la) contador(a)   *accountant*
el (la) dependiente(a)   *clerk*

el (la) ejecutivo(a)   *executive*
el hombre (la mujer) de negocios
   businessman (woman)
el (la) gerente   *manager*
el (la) programador(a)   *programmer*
el (la) vendedor(a)   *sales representative*

EL SERVICIO PÚBLICO

el (la) abogado(a)   *lawyer*
el (la) bombero(a)   *firefighter*
el (la) consejero(a)   *counselor*
el (la) juez   *judge*
la mujer policía   *policewoman*
el policía   *policeman*
el (la) político   *politician*

OTROS TRABAJOS Y PROFESIONES

el (la) arquitecto(a)   *architect*
el (la) atleta   *athlete*
el (la) carpintero(a)   *carpenter*
el (la) electricista   *electrician*
el (la) ingeniero(a)   *engineer*
el (la) periodista   *journalist*
el (la) plomero(a)   *plumber*
el (la) trabajador(a)   *worker*

PALABRAS RELACIONADAS

el beneficio *benefit*
la compañía *company*
célebre *famous*
el currículum (vitae) *résumé*
los deportes *sports*
la entrevista *interview*
exitoso(a) *successful*
impresionar *to impress*
jubilarse *to retire*
montar un negocio (una empresa) *to start a business*

próspero *prosperous*
renunciar *to quit*
solicitar *to apply (for a job)*
la solicitud *application*
soñar (ue) con *to dream about*
tener éxito *to be successful*

PALABRAS PROBLEMÁTICAS
(Refiérase a la pág. 52.)

REPASEMOS EL VOCABULARIO

A. ¿Cuál no pertenece? Subraye Ud. la palabra que no está relacionada con las otras y explique por qué.

1. pintor	músico	contador	bailarín
2. cajero	farmacéutico	médico	enfermero
3. plomero	electricista	carpintero	ingeniero
4. psiquiatra	psicólogo	científico	consejero
5. entrevista	solicitud	currículum	negocio

B. Profesiones. Conteste Ud. las siguientes preguntas.

1. ¿Quién...

    a. ayuda a los clientes en una tienda?
    b. escribe los planes para construir un edificio?
    c. ayuda a las personas con sus impuestos (*taxes*)?
    d. trabaja con computadoras?

2. ¿Qué profesión u oficio... (*Explique sus respuestas.*)

    a. requiere mucha disciplina personal?
    b. ofrece oportunidades para viajar?
    c. tiene mucho prestigio?
    d. ofrece beneficios muy buenos?

3. ¿Cuál es la diferencia entre...

    a. renunciar y jubilarse?
    b. un psiquiatra y un psicólogo?
    c. un pintor y un fotógrafo?
    d. un médico y un enfermero?

C. Dos caras de la moneda. (*Two sides of the coin.*) Escoja Ud. cinco profesiones y nombre un aspecto negativo y un aspecto positivo de cada una.

D. Impresiones. Lea Ud. el artículo siguiente y haga el ejercicio que sigue.

Cómo impresionar «superbien» en una entrevista para solicitar empleo

La manera en que Ud. se comporta• en una entrevista para solicitar empleo es muy importante. Según el informe Endicott, hay aproximadamente setenta preguntas básicas que hacen los entrevistadores• de la mayoría de las compañías. Las respuestas que Ud. les da pueden determinar el éxito en la entrevista. Vamos a analizar algunas de las preguntas y cómo debe contestarlas.

behave

interviewers

EJERCICIO: Analice Ud. las preguntas en la primera columna. Busque en la segunda columna el verdadero significado de las preguntas y en la tercera columna, busque la respuesta apropiada para las preguntas. Luego póngalos en el orden correcto.

I LAS PREGUNTAS

1. ¿Qué puede ofrecerle a la empresa?

2. ¿Por qué dejó su empleo anterior?

3. ¿Cómo se describe a sí mismo(a)? (*yourself*)

II EL SIGNIFICADO

1. ¿Cuánto valora su trabajo?

2. ¿Es flexible; se lleva (*get along*) bien con los demás (*others*); puede adaptarse al ambiente de trabajo de esta compañía?

3. ¿Por qué debemos contratarlo(la) a Ud. y no a otra persona?

III LAS RESPUESTAS

1. Antes de hablar de dinero, me gustaría saber más sobre en qué consiste mi trabajo.

2. Soy organizado(a); trabajo bien bajo presión; me gusta tratar con la gente.

3. A veces dedico demasiado tiempo a mi trabajo.

I LAS PREGUNTAS	II EL SIGNIFICADO	III LAS RESPUESTAS
4. ¿Cuáles son sus puntos débiles?	**4.** ¿Qué clase de empleado(a) es Ud.?	**4.** No había oportunidades de avanzar y decidí buscar un trabajo con más estímulos.
5. ¿Cuánto aspira a ganar?	**5.** ¿Es capaz de ser objetivo(a) en sus juicios? (*judgments*)	**5.** Mis contactos pueden dar nueva clientela a la empresa.

E. En parejas. Inventen Uds. una entrevista en la cual el (la) candidato(a)...

1. causa una impresión positiva.
2. causa una impresión negativa.
3. se siente muy incómodo(a).

GRAMÁTICA

The Noun (El sustantivo)

1. Masculine nouns include:

a. most nouns that end in **-o**.

el maestro   *the teacher*
el libro   *the book*

COMMON EXCEPTIONS   la mano, la radio, la foto, la moto.

b. those that refer to males, regardless of the ending.

el presidente   *the president*
el dentista   *the dentist*
el policía   *the policeman*

c. some nouns that end in **-ma**, **-pa**, and **-ta**.

el idioma   *the language*
el mapa   *the map*
el planeta   *the planet*

d. days, months, and seasons.

el lunes   *Monday*
el octubre pasado *last October*
el verano   *the summer*

EXCEPTION   la primavera.

e. names of rivers, oceans, seas, and mountains.

el Amazonas
el Pacífico
los Andes

EXCEPTIONS   la Sierra Nevada, la Sierra Madre.

2. Feminine nouns include:

a. most nouns that end in **-a**.

| la pluma | *the pen* |
| la tinta | *the ink* |

EXCEPTION   el día.

b. those that refer to females, regardless of the ending.

la mujer	*the woman*
la joven	*the young girl*
la actriz	*the actress*
la gerente	*the (female) manager*

c. most nouns that end in **-ión**, **-umbre**, **-tud**, **-dad**, **-tad**, **-ie**, and **-sis**.

la especialización	*the major*
la lumbre	*the light*
la actitud	*the attitude*
la universidad	*the university*
la facultad	*the department*
la serie	*the series*
la tesis	*the thesis*

EXCEPTIONS   el paréntesis, el análisis, el avión, el camión.

3. Other common gender rules:

a. Masculine nouns that end in **-or**, **-n**, and **-és** and refer to people become feminine by adding **-a**.

el profesor — la profesora	*the professor*
el alemán — la alemana[2]	*the German man, woman*
el inglés — la inglesa[2]	*the Englishman, Englishwoman*

---

[2] It may be necessary to add or drop a written accent mark when creating the feminine form or the plural form. For example: **inglés — inglesa — ingleses**; **joven — jóvenes**. See Appendix A.

b. Nouns ending in **-e** can be either masculine or feminine.

la llave, la gente	*the key, the people*
el valle, el baile	*the valley, the dance*

c. Some nouns do not change. Their gender is determined by the article.

el pianista — la pianista	*the pianist*
el modelo — la modelo	*the model*
el estudiante — la estudiante	*the student*
el músico — la músico	*the musician*

d. Some nouns have only one form to refer to both genders.

el ángel — Marta es un ángel.	*Marta is an angel.*
la persona — Pablo es una persona fascinante.	*Pablo is a fascinating person.*
la víctima — José es la víctima.	*José is the victim.*

4. Nominalization: Most adjectives can be used as nouns.

a. The gender is determined by the definite article.

la vieja	*the old woman*
el joven	*the young man*

b. Lo + the masculine singular adjective is sometimes used to express an abstract idea.

Lo importante es que todos vienen.	*The important thing is that everyone comes.*
Lo mejor es comer en un buen restaurante.	*The best part is eating in a good restaurant.*

5. Plural forms of nouns:

a. Add **-s** to a noun ending in a vowel.

el librero — los libreros	*the bookseller—the booksellers*
la página — las páginas	*the page—the pages*

EXCEPTIONS   Those ending in **-í** and **-ú** add **-es**: el rubí — los rubíes.

b. Add **-es** to nouns ending in a consonant. Note that you may need to add or drop a written accent to maintain the original stress.[3]

la lección — las lecciones	*the lesson—the lessons*
el origen — los orígenes	*the origin—the origins*

---

[3] See Appendix A.

c. If a noun ends in **-z**, it changes to **-ces**.

el lápiz — los lápices   *the pencil—the pencils*

d. Nouns ending in **-s** in an unstressed syllable remain the same.

el paraguas — los paraguas   *the umbrella—the umbrellas*
el lunes — los lunes   *Monday—Mondays*

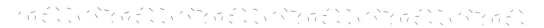

PRÁCTICA

A. Plurales. Combine Ud. las siguientes pares de palabras y cambie de la forma singular a la forma plural según el modelo.

MODELO   fiesta / divertido
         una fiesta divertida, unas fiestas divertidas

1. decisión / difícil	**5.** examen / oral	**8.** semestre / duro
2. día / feliz	**6.** isla / tropical	**9.** lumbre / brillante
3. tesis / doctoral	**7.** crisis / económico	**10.** idioma / extranjero
4. tema / interesante		

B. Géneros. Escriba Ud. seis frases creativas, incorporando todos los sustantivos posibles de esta lista y el artículo definido apropiado.

MODELO   casa
         La casa del artista está en la ciudad.

1. mano	**4.** día	**7.** costumbre	**10.** miércoles
2. ciudad	**5.** estudiante	**8.** artista	**11.** papel
3. sistema	**6.** canción	**9.** amistad	**12.** crisis

C. Características de las profesiones. Usando las estructuras siguientes, escriba una frase completa sobre las profesiones. Siga Ud. el modelo.

MODELO   lo bueno / enfermero
         Lo bueno de ser enfermero es que puedo ayudar a muchas personas.

1. lo interesante / juez	**5.** lo mejor / gerente
2. lo fascinante / astronauta	**6.** lo peor / periodista
3. lo importante / psicólogo	**7.** lo maravilloso / músico
4. lo malo / médico	**8.** ??? / contador

The Adjective (El adjetivo)

FORM

1. Gender of adjectives:

   a. Adjectives that end in **-o** are masculine. To form the feminine, the **-o** changes to **-a**.

   guapo — guapa   *handsome—pretty*

   b. Adjectives that end in **-án, -ín, -ón,** and **-or** are masculine. To form the feminine, **-a** is added.

   trabajador — trabajadora   *hard-working*
   alemán — alemana   *German*

   EXCEPTIONS   **mejor, peor, mayor, menor, exterior, interior, inferior, superior.** These adjectives do not change.

   c. Most adjectives that end in **-e** or in a consonant other than **-n** or **-r** maintain the same form for masculine and feminine.

   un hombre elegante — una mujer elegante   *an elegant man—an elegant woman*
   un chico ágil — una chica ágil   *an agile boy—an agile girl*
   un estudiante cortés — una estudiante cortés   *a courteous student*
   un tigre feroz — una leona feroz   *a ferocious tiger—a ferocious lioness*

   EXCEPTIONS   This does not include adjectives of nationality: **inglés — inglesa.**

   d. Adjectives that end in **-ista** maintain the same form for the masculine.

   realista   *realistic*
   socialista   *socialistic*

2. Plural forms of adjectives:

   a. Add an **-s** to adjectives that end in a vowel.

   agradable — agradables   *pleasant*
   aplicado — aplicados   *diligent*

   b. Add **-es** to adjectives that end in a consonant.

   azul — azules   *blue*
   irlandés — irlandeses   *Irish*

c. For an adjective that ends in **-z**, the **-z** changes to **-c** in the plural.

capaz — capaces   *capable*
feliz — felices   *happy*

3. Shortening of adjectives:

a. Some adjectives drop the final **-o** before a masculine singular noun. These include **uno**, **primero**, **tercero**, **bueno**, **malo**, **alguno**, and **ninguno**.

un buen maestro — un maestro bueno   *a good teacher*
el primer examen — el examen primero   *the first exam*

NOTE   **Alguno** and **ninguno** require written accents in their shortened forms: **algún** and **ningún**.

b. Grande becomes **gran** (meaning *great*) before a masculine or feminine singular noun.

un gran empleo   *a great job*
una gran oportunidad   *a great opportunity*

c. Ciento becomes **cien** before a noun, before a number greater than itself, or when used by itself as a noun.

cien libros   *a hundred books*
cien mil personas   *a hundred thousand people*
¿Cuántos tienes? Tengo cien.   *How many do you have? I have a hundred.*

d. Santo becomes **san** before a masculine singular name, unless the name begins with **Do-** or **To-**.

San Luis   *Saint Louis*
Santo Tomás   *Saint Thomas*

Position of Adjectives (Posición de adjetivos)

1. Adjectives that precede the noun include:

a. those of number or quantity.

algunos *some*	muchos *many*
cada *each*	numerosos *numerous*
¿cuántos? *how many?*	pocos *few*
cuatro *four*	tanto *so much*
más *more*	unos *some*
menos *less*	varios *various*

b. demonstrative adjectives and the short form of the possessive adjectives.

aquellas lecciones   *those lessons*
mi trabajo   *my work*

c. a descriptive adjective used to express an inherent characteristic or a quality of the noun usually taken for granted.

la blanca nieve	*the white snow*
los altos picos	*the high peaks*

2. In general, descriptive adjectives follow the noun. They differentiate a person, place, or thing from the rest of the group.

un juez justo	*a just judge*
una artista talentosa	*a talented artist*

3. Some adjectives can be placed before or after the noun but change their meaning depending on their placement.

ADJECTIVE	BEFORE THE NOUN	AFTER THE NOUN
antiguo	*former*	*ancient*
cierto	*certain, specific*	*sure, definite*
gran(de)	*great*	*big*
mismo	*same*	*him(her, it)self*
nuevo	*another*	*new*
pobre	*unfortunate*	*poor (financially)*
puro	*whole*	*pure*
único	*only*	*unique*

El testigo dice la pura verdad.	*The witness tells the whole truth.*
No hay agua pura en este pueblo.	*There is no pure water in this town.*

4. When two adjectives are used to modify the same noun:

a. They may be joined with **y** and placed after the noun.

Es un ejecutivo próspero y célebre.	*He is a prosperous and famous executive.*

b. The shorter or less distinguishing adjective may precede the noun.

La joven chica italiana habla bien el inglés.	*The young Italian girl speaks English well.*

Agreement of Adjectives (Concordancia de adjetivos)

1. The adjective agrees in number and gender with the noun it modifies (**la casa blanca, el dormitorio pequeño**), except in the following cases:

a. When the adjective modifies two nouns of different genders, the masculine plural form is used if the adjective follows the noun.

los lápices y las plumas nuevos	*the new pencils and pens*

b. When the adjective precedes two nouns of different genders, it will agree with the closest noun.

¿Cuántos negocios y casas? *How many businesses and houses?*
¿Cuántas casas y negocios? *How many houses and businesses?*

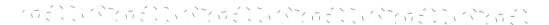

PRÁCTICA

A. **Una visita.** Isabel y Luisa Martínez visitan a su sobrino (*nephew*). Le cuentan las noticias del pueblo. Luisa es mucho más descriptiva que su hermana. Según el modelo, cambie Ud. las siguientes oraciones.

> MODELO **Isabel** Su hermana María compró un *coche*. (pequeño / alemán)
> **Luisa**   Su hermana María compró un pequeño coche alemán.

1. Juan hizo su *viaje* a Europa. (tercero / estudiantil)
2. Tus *amigos* Juan y Susana ya son arquitectos. (viejo / universitario)
3. El *perro* sufre de artritis. (pobre / viejo)
4. El profesor Ramos publicó una *novela*. (grande / histórico)
5. Ya hay *hospitales* en el pueblo. (dos / nuevo)
6. La tía Paula es la *contadora* de la compañía. (único / bilingüe)
7. Papá estableció el *banco* en la ciudad. (primero / federal)
8. Tu hermanito Raúl está saliendo con *chicas*. (guapo / español)

B. **El jefe malo.** El jefe de Carolina trata muy mal a todos en la oficina. Ella lo describe en el párrafo siguiente. Escoja Ud. de la lista la forma correcta del adjetivo apropiado.

pocos(as)	ningún(a)	primer(o)	doscientos(as)
malo(a)	gran(de)	personal(es)	nuevo(a)
largos(as)	antipático(a)	inhumanos(as)	

Me llamo Carolina Sanvalle y soy contadora en la Oficina de Servicio de Investigaciones. Es una oficina _____, con más de _____ empleados. Acaban de emplear a un gerente _____ y, ¡qué _____ suerte! El señor Angulo es un jefe estricto. Yo no puedo trabajar bajo estas condiciones _____. En _____ lugar, él es un hombre muy _____.

Él no tiene _____ sentido de humor. Este señor nos hace trabajar _____ horas y por

_____ beneficios. Tiene la costumbre de escuchar mis conversaciones _____ cuando

hablo por teléfono. No nos gusta nada este señor.

C. Traducciones. La entrevista.

1. I have my first interview with the Italian company.
2. It's a very old company with numerous international offices.
3. I understand that the new executives there have many good ideas.
4. Do you remember José, my old friend from college? He works at the same place.
5. He has an interesting and difficult job.

D. Descripciones. Describa a las personas o las cosas siguientes.

1. una clase que Ud. está tomando ahora
2. una persona que respeta mucho
3. un coche que quiere comprar
4. un libro que acaba de leer
5. un(a) compañero(a) de clase
6. un día bonito de la primavera o del otoño

The Personal a (La preposición personal a)

USE

1. The personal **a** is not translated in English. It is used before the direct object in the following cases:

   a. with a definite person or persons, a domestic animal, or anything personified, except after an indefinite concept or usually after **tener**.

Veo **a** María.	*I see María.*
Llevo **a** mi amigo a su clase.	*I take my friend to his class.*
BUT Tengo tres hermanas.	*I have three sisters.*
Necesito una secretaria.	*I need a secretary.*

   b. with the indefinite pronouns **alguien** and **nadie**, and with **alguno** and **ninguno** when they refer to people.

No conozco **a** nadie aquí.	*I don't know anyone here.*

c. with **quién** or **quiénes** when the expected answer requires the personal **a**.

¿**A** quién llevas a la conferencia?   *Whom are you taking to the lecture?*
¿**A** quiénes vas a visitar hoy?   *Whom are you going to visit today?*

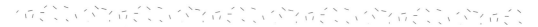

PRÁCTICA

A. El negocio. Llene Ud. el espacio con la preposición personal **a** si es necesario.

Hoy mi esposo Roberto y yo vamos a renunciar _____ nuestros trabajos porque

queremos montar _____ un negocio. Voy a llevar _____ Roberto al banco para pedir

un préstamo (*loan*). Quiere impresionar _____ la banquera y por eso él lleva _____

un traje gris, muy elegante y formal. Nosotros conocemos _____ tres personas que

quieren trabajar en nuestra tienda, y ya tenemos _____ un secretario. Necesitamos

_____ un cajero y buscamos _____ un contador. Hoy yo necesito ver _____ mi ger-

ente para explicarle la situación. Creo que Roberto y yo vamos a tener éxito.

B. ¿Qué? ¿A quién? Con un(a) compañero(a), formen Uds. preguntas y respuestas, según el modelo.

MODELO   esperar   ¿Qué esperas, José?
             resultados / médico   Espero los resultados de la operación.
                                      ¿A quién esperas?
                                      Espero al médico.

1. esperar

    a. autobús / conductor
    b. cartas / cartero
    c. cheque / banquero

2. mirar

    a. mesa / carpintero
    b. cuadro / pintor
    c. cámara / fotógrafo

3. buscar

    a. decisión / gerente
    b. coche / mecánico
    c. informe / secretario

4. escuchar

    a. música clásica / pianista
    b. conferencia / profesor
    c. cuento / cómico

PALABRAS PROBLEMÁTICAS

Estudie Ud. las palabras siguientes. Son palabras que los estudiantes norteamericanos de español suelen confundir.

1. la conferencia   *lecture*
   la lectura   *reading*
   la reunión   *meeting*

Mañana el profesor va a dar una <u>conferencia</u> sobre El Salvador.	*Tomorrow the professor will give a lecture on El Salvador.*
Esta noche deben leer la <u>lectura</u> en la página 31.	*Tonight you should read the reading on page 31.*
Tengo una <u>reunión</u> con el decano.	*I have a meeting with the dean.*

2. el dormitorio   *bedroom*
   la residencia   *dormitory*

Prefiero estudiar en mi <u>dormitorio</u>.	*I prefer to study in my bedroom.*
Hay 250 estudiantes en <u>la residencia</u>.	*There are 250 students in the dormitory.*

3. la cuestión   *matter, issue*
   la pregunta   *question*

Es <u>cuestión</u> de tiempo.	*It's a matter of time.*
Quiero hacerle una <u>pregunta</u> a la maestra.	*I want to ask the teacher a question.*

4. el colegio   *primary or secondary school*
   la universidad   *university*

Después del <u>colegio</u>, María va a asistir a la <u>Universidad</u> de Barcelona.	*After high school, María is going to attend the University of Barcelona.*

5. la obra   *artistic work, deeds*
   el trabajo   *work, occupation, toil*
   la tarea   *homework assignment, task*

Este semestre vamos a leer varias <u>obras</u> de Cervantes.	*This semester we are going to read various works by Cervantes.*
Él espera conseguir un <u>trabajo</u> con esa compañía.	*He hopes to obtain work with that company.*
El profesor Rivera siempre da mucha <u>tarea</u>.	*Professor Rivera always gives a lot of homework.*

PRÁCTICA

Escoja la palabra apropiada según el contexto.

1. Voy a escuchar (una lectura, una conferencia) sobre la situación política en Chile.
2. Susana tiene (una reunión, una conferencia) con su consejero a las ocho.
3. Mi (dormitorio, residencia) no es grande. Sólo caben la cama y un escritorio.
4. Raúl no quiere vivir en (el dormitorio, la residencia). Prefiere vivir en un apartamento.
5. No es (pregunta, cuestión) de dinero. José es muy rico.
6. Mari Luz siempre le hace (cuestiones, preguntas) al maestro.
7. José sacó su licenciatura (de la universidad, del colegio) el año pasado.
8. Quiero ir al cine pero tengo demasiada (obra, tarea) que hacer.

Y EN RESUMEN...

A. Un examen más. Fernando tiene sólo un examen más para terminar la carrera. En esta carta que le escribe a su amigo, llene Ud. el espacio con **hay** o una forma de **ser** o **estar**, según el contexto.

Querido Paco,

Perdona por no escribirte antes, pero _____ en Sevilla y _____ preparándome para mi último examen. Dicen que el examen _____ el 15 de enero. Aunque ya no _____ clases, yo _____ pasando horas en la universidad o en la biblioteca repasando la materia.

Yo _____ como loco. _____ mucho que estudiar y el catedrático me tiene nerviosísimo. No _____ cuestión de tener que estudiar demasiado. Me gusta estudiar. _____ estos exámenes orales que me _____ matando. Bueno, vamos a ver lo que pasa. Si apruebo en enero, yo _____ en la gloria y si me suspenden, yo _____ perdido. Pues, _____ tarde. Me voy corriendo.

Fernando

B. La Universidad de Valencia. Refiriéndose al formulario, conteste Ud. las preguntas siguientes.

1. ¿Cómo se llama esta estudiante? ¿Qué estudia? ¿Qué nota tiene en esta clase? ¿Cuál es el equivalente más o menos en el sistema norteamericano? ¿Quiénes tienen que firmar este documento? ¿Va a graduarse pronto o acaba de empezar sus estudios esta estudiante? Explique.
2. ¿Qué carrera sigue esta estudiante? ¿Qué otras asignaturas cree Ud. que ella toma? ¿Qué trabajo va a conseguir después de recibir el título?

```
              UNIVERSIDAD  DE  VALENCIA
          E. U. FORMACION PROF. E.G.B.

                LENGUA  Y  LITERATURA  FRANCESA , I
ASIGNATURA ........................................................................

                    10117      OFICIAL
CODIGO ASIGNATURA ..........................................................

           REMEDIOS          N.EXPE 26031
NOMBRE .................................................................................

        GINER SEGRELLES
APELLIDOS ..........................................................................

            86        87                   PRIMERO
AÑO ACADEMICO 19 ........ 19 ........        CURSO ............................

                 JUNIO                      SEPTIEMBRE
CONVOCATORIA ..............................

CALIFICACION   SOBRESALIENTE

    EL PROFESOR DE LA ASIGNATURA            EL SECRETARIO DEL TRIBUNAL
```

C. La biblioteca. Conteste Ud. las preguntas en la pág. 55, refiriéndose al documento.

```
|  F O T O  |   Colegio Oficial de Arquitectos de Valencia
           |   Delegación de Valencia      BIBLIOTECA
           |
           |   Tarjeta Lector núm.            Año 19____
           |
           |   Nombre _____
           |
           |   _____con domicilio en_____
-----------
calle _____ n.° _____ tel. _____
estudiante de Arquitectura Superior.

        Valencia _____ de _____ de 19____
                              El Lector,



   Esta  tarjeta  deberá  ser  presentada  para  su  acceso  a  la  Biblioteca.
```

1. ¿Para qué sirve el documento? ¿Qué estudian los alumnos de este colegio? ¿En qué ciudad se encuentra el colegio? ¿Qué información pide el documento? Ahora, llene Ud. el documento con la información apropiada.
2. ¿Qué documentos necesita Ud. para usar la biblioteca de su universidad o colegio? ¿Tiene Ud. que llenar una tarjeta (*card*) para pedir un libro? Explique. ¿Lee Ud. los libros en la biblioteca o puede llevárselos (*take them with you*) a casa? ¿Por cuánto tiempo puede Ud. llevarse los libros? ¿Hay libros que Ud. no puede sacar? ¿Cuáles? ¿Por qué?

D. Hablando en público. Use Ud. la forma correcta de los verbos entre paréntesis o escoja la respuesta correcta, según indicado.

¿(Reconocer) _____ Ud. esta escena? Ud. (es, está) _____ en un (gran auditorio, auditorio grande) _____. (Es, Está) _____ listo para dar (un, una) _____ presentación oral. El corazón le palpita fuerte y tiene la boca muy seca. Ve que (hay, está) _____ temblando mucho. Los apuntes no (servir) _____ para nada porque Ud. (es, está) _____ demasiado nervioso para leerlos. Ud. no es la (persona única, única persona) _____ que (sentir) _____ la ansiedad ante la idea de hablar en público. ¿Qué estudiante no se (morir) _____ un poco cuando el profesor le (pedir) _____ hablar delante de la clase? Aquí (es, hay) _____ algunas recomendaciones.

En (primer lugar, lugar primero) _____ ponga Ud. los apuntes en (un, uno) _____ solo papel. Si (hay, están) _____ más, pueden caerse. También, debe evitar (*avoid*) (el, la) _____ tentación de leer los apuntes. Debe aprender de memoria el (primero, primer) _____ párrafo. Esto ofrece (cierto sentido, un sentido cierto) _____ de seguridad. Y, muy importante, siempre debe mirar (a, _) _____ su público.

E. ¿Por qué trabajamos? Hay muchos motivos, pero ¿cuál es más importante? Ponga los siguientes motivos en orden de importancia para Ud. y explique por qué. Compare los resultados con un(a) compañero(a).

1. ganar mucho dinero
2. mejorar la condición humana
3. ser creativo(a)
4. conocer a gente importante
5. tener mucha seguridad
6. tener vacaciones largas
7. vestirse bien
8. tener prestigio

F. Los negocios. Escoja Ud. la palabra correcta o use la forma correcta del verbo entre paréntesis en el tiempo presente.

Muchas empresas extranjeras no (tener) _____ éxito en los negocios en (los, las) _____ países de habla española debido a una falta de sensibilidad hacia la cultura hispánica. Por ejemplo, una compañía telefónica estadounidense intentó introducir sus servicios a través (del, de la) _____ televisión. El anuncio mostró (a, _) _____ una señora pidiéndole a gritos a su esposo que llamara a sus amigos por teléfono para decirles que iban a llegar un poco tarde a su casa para cenar. La compañía fracasó porque en la mayor parte del mundo hispánico no (es, hay) _____ una (grande, gran) _____ preocupación por el tiempo y (el, la) _____ puntualidad.

En las empresas hispánicas, (las, los) _____ relaciones (soler) _____ (ser, estar) _____ más formales que en los EE.UU. (Está, Es) _____ muy común usar el título de una persona. Las personas que (trabajar) _____ bajo el ingeniero Tomás Moreno no lo (llamar) _____ «señor Moreno» ni «Tomás» sino «ingeniero». (El, La) _____ costumbre (mostrar) _____ cierto grado de respeto y (establecer) _____ una distancia profesional.

G. El éxito en la entrevista. La preparación es su mejor técnica para quedar bien con cualquier entrevistador. Una idea muy buena es tratar de anticipar las preguntas y tener respuestas ya preparadas. Aquí se ofrecen algunas posibles preguntas. Con un(a) compañero(a) hagan los papeles del (de la) entrevistador(a) y del (de la) candidato(a). Añadan Uds. tres preguntas originales no incluidas en la lista que sigue.

1. ¿Por qué quiere Ud. trabajar con nuestra empresa?
2. ¿Por qué dejó Ud. su empleo anterior?
3. ¿Qué puede hacer Ud. para contribuir al éxito de esta compañía?

H. Los anuncios clasificados.

1. Conteste Ud. las preguntas basándose en los anuncios siguientes.

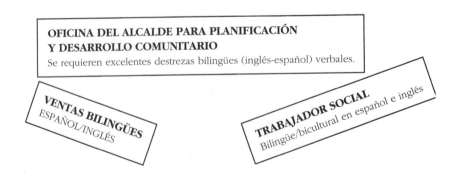

OFICINA DEL ALCALDE PARA PLANIFICACIÓN Y DESARROLLO COMUNITARIO
Se requieren excelentes destrezas bilingües (inglés-español) verbales.

VENTAS BILINGÜES
ESPAÑOL/INGLÉS

TRABAJADOR SOCIAL
Bilingüe/bicultural en español e inglés

a. ¿Cuáles son las ventajas de combinar el estudio del español con otra especialización?

b. ¿Cuáles son las posibles oportunidades de trabajo? ¿de viaje?

2. Escoja Ud. una de las ofertas de empleo que siguen y con un(a) compañero(a) o en grupos, hagan las actividades siguientes.

COMPAÑÍA INTERNACIONAL DE ELECTRÓNICA

PRECISA

SECRETARIA BILINGÜE

NECESITAMOS:
● Inglés hablado y escrito.
● Edad, 23-30 años.
● Taquigrafía en español.
● Varios años de experiencia.

OFRECEMOS:
● Remuneración según aptitudes.
● Jornada Laboral de 8.30 a 17.30 horas.
● Grato ambiente de trabajo.

EMPRESA INTERNACIONAL DE PRODUCTOS MÉDICOS

precisa para Madrid

CONTABLE

FUNCIONES:
● Confección de balances, cuentas de resultados, consolidaciones, etcétera. Sobre la base de las normas generales del Plan Contable y disposiciones legales vigentes.
● Nóminas y Seguros Sociales.

SE REQUIERE:
● Titulado medio superior. Estudios especializados contables-financieros.
● Experiencia mínima 3 años en puesto similar.
● Dominio del inglés.
● Edad deseable, 25-35 años.

SE OFRECE:
● Retribución sobre 1.800.000 pesetas, pudiendo superarse según valía.
● Contrato indefinido.
● Oficinas centrales.

SOCIEDAD EXTRANJERA

precisa para
INCORPORACIÓN INMEDIATA

JEFE ECONÓMICO-ADMINISTRATIVO

Perfil del candidato:
● Titulación licenciado C. Empresariales o similar.
● Experiencia probada en Jefatura Departamento Administrativo.
● Amplios conocimientos en Contabilidad General, Auditoría Interna, Gestión de Stocks, Resolución Impagados y Mecanización Administrativa.
● Espíritu ambicioso, con dotes de organización y con dedicación exclusiva.
● Edad, de 28 a 40 años.

---

a. Ud. está muy interesado(a) en el puesto y decide mandarles un currículum vitae. ¿Qué experiencia, aptitudes, etc., puede incluir para indicar que Ud. es el (la) perfecto(a) candidato(a) para este trabajo?

b. Dramatice la entrevista para el puesto que Ud. solicita. ¿Qué preguntas se le hacen a Ud.? ¿Qué le pregunta Ud. al (a la) entrevistador(a)?

c. El (La) entrevistador(a) lo (la) llama a Ud. por teléfono y le ofrece el trabajo, pero Ud. ya no está interesado(a). ¿Por qué?

I. La *televisión didáctica*. Lea Ud. el dibujo y conteste las preguntas en la próxima página.

1. ¿Está Ud. de acuerdo con Garfield cuando dice que la televisión debe ser más didáctica? ¿Por qué sí o no? En su pueblo o ciudad, ¿hay un canal (*channel*) que se dedique a programas educativos? ¿Qué tipo de programas muestran? ¿Mira Ud. esos programas?

2. ¿Qué tipo de programas mira Ud.? ¿Cuál es su programa favorito? ¿Aprende Ud. algo cuando lo mira? ¿Qué aprende? ¿Cuál debe ser el papel (*role*) de la televisión?

3. ¿Qué podemos aprender de la televisión? ¿Usa su profesor(a) la televisión en clase? ¿Cree Ud. que la televisión va a reemplazar al (a la) profesor(a) algún día? ¿Por qué?

J. Conversemos.

1. ¿Cuáles son las ventajas y las desventajas de estudiar en una universidad privada o en una universidad estatal (del estado)?

2. ¿Cuál es su clase favorita? ¿Por qué? ¿y la menos favorita? ¿Qué cosas influyen en su selección de una clase?

3. ¿Cuáles son sus actividades extraescolares? ¿Por qué son importantes? ¿Cuánto tiempo dedica Ud. cada semana a estas actividades?

4. ¿Cuáles son los problemas más graves de su universidad? ¿Qué sugiere Ud. como solución?

5. ¿Vive Ud. con su familia, en una residencia o en un apartmento? ¿Cuáles son las ventajas y las desventajas de cada uno?

 ### K. Minidrama.

1. Un(a) estudiante del último año en la universidad está encargado(a) (*in charge*) de acompañar a un grupo de tres estudiantes de primer año a visitar el campus. El (La) guía trata de contestar las miles de preguntas que le hacen y de señalar (*to point out*) los sitios de más interés.

2. Ud. es reportero(a) y está escribiendo un artículo sobre la vida estudiantil en su escuela. Prepare diez preguntas que Ud. puede usar para entrevistar a los estudiantes. Luego, con un(a) compañero(a) representen los dos papeles.

3. En grupos, escojan una de las siguientes situaciones y represéntenla delante de la clase. Todas las situaciones tienen lugar durante una entrevista para un trabajo.

   a. La entrevistada es una mujer muy capacitada con un doctorado en negocios de la Universidad de Harvard. El hombre que hace la entrevista cree que ella puede ser una buena secretaria.

   b. El entrevistado es el cuñado (*brother-in-law*) del jefe y no está muy bien capacitado.

   c. La persona que hace la entrevista tiene mucha prisa y es evidente que no quiere estar allí.

   d. La persona que hace la entrevista pregunta cosas muy personales, lo cual no debe hacer.

L. Composición. Escriba Ud. una breve narración sobre uno de los temas siguientes.

1. ¿Qué significa la educación para Ud.?
2. Imagínese que Ud. hubiera decidido (*had decided*) no asistir a la universidad después de la escuela secundaria. ¿Cómo es su vida ahora? ¿Qué espera para el futuro?
3. ¿Cuáles son las ventajas o las desventajas de asistir a una universidad grande o pequeña? ¿Cuál prefiere Ud.? ¿Por qué?
4. Escríbale una carta al (a la) decano(a) de su universidad pidiéndole que cambie su horario porque Ud. no puede asistir a una clase a las 8:00 de la mañana.

VIDEOCULTURA 1:
De la educación a la profesión

2:12:08-
2:17:51

PROGRAMA DE INTÉRPRETES EN EL HOSPITAL MASSACHUSETTS GENERAL

El Hospital Massachusetts General.

El campo de la medicina ofrece muchas posibilidades profesionales, desde médico hasta intérprete. Vamos a visitar un hospital en Boston, Massachusetts que ofrece un programa muy especial. Haga las actividades preparativas, mire el video y haga las actividades que siguen.

Vocabulario útil

entrenar   *to train*
disculpar   *to forgive*

Preparativos

¿Cuáles son algunos problemas que puede tener una persona en un hospital en los EE.UU. si no habla inglés? ¿Cómo se pueden resolver estos problemas?

Comprensión y discusión

A. Descripciones. Describa Ud. a las personas en el video, incorporando los adjetivos apropiados de la lista que sigue. Forme frases completas con el verbo **ser** or **estar** y la forma correcta de los adjetivos. Puede usar un adjetivo más de una vez.

MODELO   La paciente está nerviosa.

nervioso	sentado	hispanoparlante
sincero	norteamericano	bilingüe
enérgico	capaz	moreno
dedicado	guapo	enfermo
sensible *(sensitive)*	delgado	agradable
rubio	alto	mexicano

1. la voluntaria   **3.** la coordinadora de intérpretes
2. el médico   **4.** la paciente

B. Nombre Ud. ... Llene Ud. las columnas con la información siguiente. Dé por lo menos tres respuestas.

¿Qué hace Stephanie en el hospital?	¿Con quiénes trabajan los intérpretes?	¿Cuáles son los síntomas de la paciente?
1.		
2.		
3.		

C. En grupos. Formen grupos de 3–4 personas y representen una escena en el hospital. Incluyan a algunas de las siguientes personas.

1. médico(a)   **2.** intérprete   **3.** paciente(s)   **4.** enfermero(a)

D. ¿Qué piensa Ud.? Conteste las siguientes preguntas.

1. ¿Debe haber intérpretes en los hospitales? Explique.
2. ¿Por qué es importante conocer la cultura de un paciente y no sólo el idioma? Dé ejemplos de la cultura de Ud. y el papel que juega el médico o el personal *(staff)* del hospital.
3. Descríbale los siguientes conceptos a un extranjero.

   a. el sistema médico norteamericano
   b. el papel del médico en la vida de una familia
   c. cómo se compra medicina en los EE.UU.
   d. la función de la compañía de seguros médicos

4. ¿En qué otras situaciones son necesarios los intérpretes?

Memoria y recuerdos

Lección 4

Padres y parientes

TÍO PEPE

TÍA CONCHITA

PAPÁ

LA COMADRE

EL COMPADRE

ROSITA

LOS ABUELOS

MAMÁ

PABLITO

PARA COMENZAR...

1. Con la ayuda del vocabulario en las págs. 67-68, describa lo que pasa en el dibujo.
2. ¿A quién se parece Ud. en su familia? Explique.
3. ¿Conoce Ud. a un(a) niño(a) travieso(a)? ¿Quién es? ¿Cómo se comporta? Describa el comportamiento de un(a) niño(a) mal educado(a). ¿Cuál es la edad apropiada para comenzar a enseñarle a un(a) niño(a) los buenos modales?

65

4. ¿Por qué lloran los niños? Dé Ud. tres razones. ¿Llora Ud.? ¿Qué es lo que le hace llorar?

 Padres y parientes

Larissa Ruiz es una estudiante graduada que se especializa en los estudios latinoamericanos. Ella nos cuenta de su juventud en la República Dominicana, un país que comparte con Haití, la isla caribeña de la Española.

Mi infancia en la República Dominicana fue una llena de amor y cariño, rodeada° de toda mi familia. En mi casa solamente vivimos cuatro personas, mis padres, mi hermano mayor y yo. Sin embargo, tengo muchos primos y primas de ambos lados de la familia. Especialmente durante los días feriados o los fines de semana no había por qué sentirse solo porque la familia se reunía para almorzar o cenar y compartir juntos.

Recuerdo particularmente cuando cumplí los doce años que me hicieron una fiesta con algunos amigos y muchos primos. Siempre recuerdo ese cumpleaños porque escogí hacerlo al estilo vaquero.° Mi mamá consiguió sombreros vaqueros y todos nos vestimos con mahones°, botas y camisas vaqueras. Mi bizcocho° fue hecho en forma de una herradura°. Aunque el tema era vaquero, bailamos y escuchamos merengue toda la tarde como era la costumbre en todas las fiestas, y comimos quipes° y pastelitos° al estilo muy dominicano.

surrounded

cowboy

jeans / cake
horseshoe

Arabic fritter popular in the Dominican Republic / little pies

CONVERSEMOS

Refiriéndose a la lectura anterior, conteste Ud. las preguntas.

1. Describa la infancia de Larissa. ¿Cuántos hermanos tiene Larissa? ¿Cómo era su familia? ¿Cuándo se reunía su familia?

2. Describa Ud. la fiesta de cumpleaños de Larissa al cumplir doce años. Describa Ud. un cumpleaños memorable. ¿Cuál fue el tema? ¿Qué actividades hicieron en su fiesta?

3. ¿Tiene Ud. una familia grande? ¿Cuántos hermanos tiene? ¿En qué ocasiones suele Ud. reunirse con todos los parientes? ¿Qué suelen Uds. comer? ¿hacer?

VOCABULARIO

LOS FAMILIARES   *(Family members)*
el (la) abuelo(a)   *grandfather(mother)*
los abuelos   *grandparents*
el (la) antepasado(a)   *ancestor*
el bebé   *baby*
el (la) bisabuelo(a)   *great-grandfather(mother)*
el compadre (la comadre)   *close family friend, godfather(mother)*
el (la) cuñado(a)   *brother(sister)-in-law*
la esposa (señora, mujer)   *wife*
el esposo (marido)   *husband*
el (la) gemelo(a)   *twin*
el (la) hermano(a)   *brother (sister)*
el (la) hijo(a)   *son (daughter)*
el (la) hijo(a) único(a)   *only child*
los hijos   *children*
la madrastra   *stepmother*
la madre (mamá)   *mother (Mom)*
la madrina   *godmother*
el (la) nieto(a)   *grandson (granddaughter)*
el (la) niño(a)   *boy (girl)*
los niños   *children*
la nuera   *daughter-in-law*
el padrastro   *stepfather*
el padre (papá)   *father (Dad)*
los padres   *parents*
el padrino   *godfather*
el (la) pariente   *relative*
el (la) primo(a)   *cousin*
el (la) sobrino(a)   *nephew (niece)*
el (la) suegro(a)   *father(mother)-in-law*
el (la) tío(a)   *uncle (aunt)*
el yerno   *son-in-law*

ADJETIVOS
bien (mal) educado (criado)   *well (poorly) brought up (behaved)*

estrecho   *close, narrow*
íntimo   *close, intimate*
joven   *young*
junto   *together*
mayor   *older, oldest*
menor   *younger, youngest*
mimado   *spoiled*
travieso   *naughty*
viejo   *old*

VERBOS
casarse con   *to marry*
castigar   *to punish*
(com)portarse bien (mal)   *to behave well (badly)*
confiar en   *to confide in, trust*
crecer   *to grow*
criar   *to raise*
cuidar de   *to take care of*
cumplir... años   *to be . . . years old*
llevar una vida (alegre, dura, etc.)   *to lead a (happy, hard, etc.) life*
llevarse bien (mal) con   *to get along well (badly) with*
llorar   *to cry*
morir(se) (ue)   *to die*
nacer   *to be born*
parecerse a   *to resemble*
recordar (ue)   *to remember*
reír (i)   *to laugh*

PALABRAS RELACIONADAS CON LA FAMILIA
la adolescencia   *adolescence*
el (la) anciano(a)   *old person*
el (la) criado(a)   *servant*
el cumpleaños   *birthday*
la infancia (la niñez)   *childhood*

la juventud *youth*
los modales *manners*
la muerte *death*
el nacimiento *birth*
la niñera *nursemaid, baby-sitter*
la niñez *childhood*

el (la) soltero(a) *single person*
la vejez *old age*
el (la) viudo(a) *widower (widow)*

¡DE NINGUNA MANERA!
(Refiérase a las págs. 76-77.)

REPASEMOS EL VOCABULARIO

A. ¿Cuál no pertenece? Subraye Ud. la palabra que no está relacionada con las otras y explique por qué.

1. niñera	madrina	comadre	abuela
2. nuera	suegra	prima	cuñada
3. anciano	niño	joven	adolescente
4. cumpleaños	muerte	criado	nacimiento
5. nieta	esposa	mujer	señora

B. Parientes. Complete Ud. las frases siguientes con la palabra correcta.

1. La hermana de mi madre es mi _____.

2. El padre de mi padre es mi _____.

3. Yo soy el (la) _____ de mi suegra.

4. Los padres de mi abuela son mis _____.

5. Yo soy el (la) _____ de mis tíos.

6. Los hermanos de mi esposo(a) son mis _____.

7. Yo tengo diecisiete años y mi hermano tiene doce. Él es mi hermano _____.

8. La hija de mi tío es mi _____.

C. Queremos saber. Diga Ud. ...

1. qué es lo que le hace reír.
2. un aspecto positivo de la vejez.
3. una característica de un(a) niño(a) mimado(a).
4. un momento muy feliz que recuerda de su niñez.
5. en quién confía más y por qué.

D. ¿Armonía familiar? Describa Ud. la relación de las personas en cada dibujo de esta página y la siguiente, y explique por qué no se llevan bien en este momento.

E. En su opinión. *¿Cuál es el secreto de...*

1. llevar una vida feliz?
2. casarse con la pareja ideal?
3. tener armonía familiar?

GRAMÁTICA

The Preterite Tense (El pretérito)

FORM

1. Regular verbs take the following endings:

hablar		comprender	
habl**é**	habl**amos**	comprend**í**	comprend**imos**
habl**aste**	habl**asteis**	comprend**iste**	comprend**isteis**
habl**ó**	habl**aron**	comprend**ió**	comprend**ieron**

escribir	
escrib**í**	escrib**imos**
escrib**iste**	escrib**isteis**
escrib**ió**	escrib**ieron**

2. Stem-changing verbs in the preterite change as follows:

   a. First-class stem-changing **(-ar, -er)** verbs do not change in the preterite tense. For example: **pensé, pensaste, pensó,** etc.
   b. Second-class stem-changing **(-ir)** verbs that change **e → ie** and **o → ue** and third-class stem-changing **(-ir)** verbs that change **e → i** have an **e → i** or **o → u** vowel change in the third person singular and plural.

dormir		pedir	
dormí	dormimos	pedí	pedimos
dormiste	dormisteis	pediste	pedisteis
d**u**rmió	d**u**rmieron	p**i**dió	p**i**dieron

3. Irregular verbs in the preterite are as follows:

a. When an **i** appears between two vowels in the third person singular and plural of **-er** or **-ir** verbs, the **i** changes to **y**.

leer: leyó, leyeron   caer: cayó, cayeron   oír: oyó, oyeron

Other verbs in this category: **creer, construir, contribuir, poseer.**

b. To preserve the sound of the infinitive, verbs ending in **-car, -gar,** and **-zar** have spelling changes in the first person singular **(yo).**

c → qu buscar: bus**qu**é	colocar: colo**qu**é	tocar: to**qu**é
g → gu castigar: casti**gu**é	llegar: lle**gu**é	pagar: pa**gu**é
z → c abrazar: abra**c**é	comenzar: comen**c**é	empezar: empe**c**é

c. Other irregular verbs in the preterite:

andar: **anduv**
caber: **cup**
estar: **estuv**
haber: **hub**
poder: **pud**   + e iste o imos isteis ieron
poner: **pus**
querer: **quis**
saber: **sup**
tener: **tuv**
venir: **vin**

conducir: **conduj**
decir: **dij**
producir: **produj**   + e iste o imos isteis eron[1]
traducir: **traduj**
traer: **traj**

ir, ser		**dar**		**hacer**	
fui	fuimos	di	dimos	hice	hicimos
fuiste	fuisteis	diste	disteis	hiciste	hicisteis
fue	fueron	dio	dieron	hizo	hicieron

USE

1. The preterite tense is used to describe or relate a completed action or a series of completed actions in the past.

Mi familia llegó a tiempo.
José abrazó a su abuela y le dio un beso.

My family arrived on time.
José hugged his grandmother and gave her a kiss.

2. It is used when a past action occurs a specific number of times.

Yo visité a mi prima tres veces.   *I visited my cousin three times.*

---

[1] Note the absence of **i** after a **j**.

3. It is used to indicate a change in a physical, emotional, or mental state at a specific time in the past.

> Después de haber llorado tanto, el niño se sintió mejor.　　*After having cried so much, the child felt better.*

4. It is also used to state the beginning or the end of an action.

> Empezó a llover a la una y cesó a las dos.　　*It began to rain at one, and it stopped at two.*

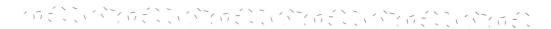

PRÁCTICA

A. **Cuentos.** Antes de acostarse, Paquito y su abuelo suelen pasar tiempo juntos. Esta noche, el abuelito habla de su juventud y cuenta los sucesos mundiales de esa época. Complete Ud. las siguientes frases con la forma correcta del verbo en el pretérito.

1. Lindbergh (cruzar) _____ el Atlántico en avión.

2. La abuelita y yo (conseguir) _____ el primer televisor del pueblo.

3. Babe Ruth (batear) _____ sesenta jonrones en un año.

4. Muchas películas de Clark Gable (salir) _____.

5. La Segunda Guerra Mundial (empezar) _____ cuando Alemania (invadir) _____ Polonia en 1939.

6. El señor Truman (llegar) _____ a ser presidente en 1945.

7. Yo (ir) _____ a las Filipinas y allí (luchar) _____ por dos años.

8. El presidente Roosevelt (morir) _____ antes de acabarse la guerra.

9. Frank Sinatra (hacer) _____ popular la canción «Three Coins in the Fountain».

10. Pero el suceso más importante (ser) _____ el nacimiento de mis hijos.

Paquito le pregunta a su abuelo más sobre su vida. Utilice Ud. los verbos siguientes en el pretérito y escriba la historia de la vida del abuelo.

nacer, íntimo, crecer, cumplir... años, juventud, criar, casarse con, morir

B. **Pues yo, aún mejor.** *Juanita y su prima Julia no se llevan muy bien. Julia siempre se jacta (boasts) de todo. Cambie Ud. las frases al pretérito, según el modelo.*

> MODELO **Juanita** Mi papá me compra una bicicleta nueva.
>
> **Julia** Pues mi papá me compró una bicicleta ayer.

1. Vamos a California este verano.
2. Cumplo seis años en noviembre.
3. Mis papás me hacen una fiesta de cumpleaños.
4. La abuelita viene a visitarnos mañana.
5. Ella me trae una sorpresa.
6. En mi barrio construyen una piscina muy grande.
7. Mi hermano mayor me enseña a nadar.

C. **En el pasado.** *Conteste Ud. las siguientes preguntas.*

1. ¿Dónde estuvo Ud. esta mañana a las seis?
2. ¿Adónde fueron Ud. y sus amigos el sábado?
3. ¿Qué hizo Ud. el verano pasado?
4. ¿Vinieron sus padres a verlo(la) la semana pasada?
5. ¿Qué trajo Ud. a clase hoy?
6. ¿Leyeron Uds. el periódico el domingo?
7. ¿Llegó Ud. tarde a clase?
8. ¿Cuántas horas durmió Ud. anoche?

D. **Ayer todo fue diferente.** *Complete Ud. cada frase de una manera original usando el pretérito, según el modelo.*

> MODELO Hoy visito a mi tío pero ayer... **fui a clase**.

1. Mañana voy al cine pero ayer...
2. El martes vamos a una fiesta pero ayer...
3. Hoy llueve mucho pero ayer...
4. La semana que viene Jorge cena conmigo pero ayer...
5. Esta tarde tú vienes a mi casa pero ayer...
6. Esta noche Uds. juegan al tenis pero ayer...

E. **¿Qué pasó en 2004?** *Imagínese que es el año 2030 y Ud. ya es abuelo(a). ¿Qué sucesos les va a contar Ud. a sus nietos?*

> MODELO En 2004 Homer Simpson llegó a ser presidente.

F. **Castigos.** *Lea Ud. el dibujo y conteste las preguntas.*

—A mi también me abrazó° ya cinco veces. Deberíamos° buscar por casa qué es lo que pueda haber roto.°

(«Ici Paris.

he hugged me too / we should he might have broken

1. ¿Qué sospechan los padres? ¿Por qué? ¿Cuántos años tendrá el niño en el dibujo? En su opinión, ¿qué tipo de castigo le corresponde a un niño de esa edad?

2. ¿Cuál fue el peor castigo que Ud. recibió? ¿Qué hizo Ud. para merecerlo? ¿Alguna vez lo (la) castigaron sus padres sin provocación? ¿Cómo los convenció de su inocencia? ¿Lo (La) creyeron?

Hace To Mean "Ago" (**Hace** para significar **ago**)

In Spanish, the following constructions are used to express the idea of *ago.*

1. | **Hace** + period of time + **que** + verb in the preterite |

Hace un año que estuve en España.   *I was in Spain a year ago.*

2. | Verb in the preterite + **hace** + period of time |

Estuve en España hace an año.   *I was in Spain a year ago.*

These two constructions are interchangeable.

PRÁCTICA

A. ¿Hace cuánto tiempo? Hoy es viernes, el 27 de marzo. Son las dos. Los señores Hernández vuelven de un viaje y la niñera les dice cuándo ocurrieron los siguientes acontecimientos (*incidents*).

> MODELO   las doce / Cristina (comer) una torta entera
> Cristina comió una torta entera hace dos horas.
> Hace dos horas que Cristina comió una torta entera.

1. la una / yo le (dar) bicarbonato a Cristina
2. el 26 / la maestra de Manolo (llamar) por teléfono
3. las nueve / (empezar) a llover
4. el 24 / nosotros (ir) al zoológico
5. el miércoles / Manolo (romper) el televisor

B. Clase de historia. Emplee Ud. una expresión con **hace** y el pretérito para decir cuándo ocurrió lo siguiente.

> MODELO   descubrir América / Colón (1492)
> Colón descubrió América hace quinientos años.

1. andar en la luna / los astronautas (1969)
2. cambiar Coca-Cola / la compañía (1985)
3. empezar / la Segunda Guerra Mundial para los EE.UU. (1941)
4. ganar el derecho al voto / las mujeres en los Estados Unidos (1920)
5. ser presidente / Millard Fillmore (1850)

 Ahora, piense Ud. en más hechos históricos y practique con un(a) compañero(a) de clase.

ASÍ SE DICE

¡De ninguna manera!

1. There are several ways to emphasize a negative response when permission is requested or a suggestion is made.

¡De ninguna manera!	*No way! Not a chance!*
¡Ni hablar!	*Not a chance! (Don't even mention it!)*
¡Ni soñarlo!	*Not a chance! (Don't even dream it!)*
¡Ni loco!	*I'd have to be crazy! (Not in a million years!)*
¡En absoluto! (¡De ningún modo!)	*Absolutely NOT!*

2. To express an unfavorable opinion or to respond negatively, you might use:

Claro que no.	*Of course not.*
Está(s) equivocado(a).	*You're mistaken.*
No es cierto (verdad).	*That's not true.*
No estoy de acuerdo.	*I disagree.*
No me convence.	*I'm not convinced.*

3. Stronger reactions may be expressed by the following:

¡Mentira! ¡No es posible!	*That's a lie! That's impossible!*
¡Qué ridículo (absurdo)!	*That's ridiculous (absurd)!*
¡Qué va!	*Oh, go on! No way!*

4. A few negative expressions are used in special cases:

Me dice Juan que no te gustó la película.
  Al contrario, me encantó.   *On the contrary, I loved it.*
Así que Ud. no habla alemán, ¿y francés?
  Tampoco.   *Not (that) either.*

PRÁCTICA

A. Siempre ¡no! Los niños siempre les piden permiso o favores a sus padres y muchas veces les dicen ¡no! Forme Ud. preguntas correspondientes a las siguientes situaciones. Luego, un(a) compañero(a) le da una respuesta negativa y una explicación razonable.

MODELO   un helado
—Mamá, ¿nos compras un helado?
—De ninguna manera. Vamos a cenar en seguida.

1. ir a ver una película
2. mirar un programa de televisión a las once de la noche
3. comprar una bicicleta
4. visitar a un amigo

Ahora, siga Ud. con otros ejemplos.

B. Clarificaciones. Corrija Ud. los siguientes datos con una frase lógica.

MODELO   Dicen que le salvó la vida cuando cayó al río.
¡Mentira! No sabe nadar.

1. Dicen que mañana no hay clases.
2. Dicen que tienen doce hijos.
3. Dicen que recibiste una mala nota.
4. Dicen que su papá fue presidente.
5. Dicen que el libro de español es aburrido.

Lección **5**

Mi rinconcito

PARA COMENZAR...

1. Con la ayuda del vocabulario en las págs. 80-81, describa el dibujo.
2. Compare Ud. su alcoba en casa con la de su residencia estudiantil. ¿Cuál prefiere Ud.? ¿Por qué? De niño(a), ¿compartía su alcoba con un(a) hermano(a)? Describa la experiencia.
3. ¿Con qué frecuencia arregla Ud. su alcoba? ¿Le importa mucho si está en desorden? ¿Por qué sí o por qué no?
4. Describa a la persona más ordenada que Ud. conoce. ¿Quién es la persona más desordenada? Descríbala. ¿Prefiere vivir con alguien con características similares a las suyas? ¿Por qué sí o por qué no?

  ## Mi rinconcito

Larissa habla de su casa y de la de sus abuelos.

Mi casa en Santo Domingo tenía muchas ventanas. El aire fresco entraba y salía todo el día. Al llegar la noche mis padres las cerraban antes de acostarse. En mi casa las ventanas tenían telas metálicas° que nos protegían de los mosquitos y otros insectos. La casa de mis abuelos no tenía nada en las ventanas. Cuando me quedaba en su casa dormía bajo un mosquitero° que se tendía° sobre la cama para evitar que los mosquitos me molestaran. Me gustaba dormir bajo el mosquitero aunque a veces me enredaba° en él cuando me despertaba durante la noche.

    Ambas casas tenían un balcón. El balcón de mi casa era uno de mis lugares favoritos. Si me sentía aburrida o si hacía mucho calor, salía al balcón para ver a la gente pasar. Siempre había algo o alguien interesante pasando por la calle, quizás un limpiabotas° o un vendedor de frutas.

    La cocina era otro de mis cuartos favoritos por sus olores°. Antes de comer yo intentaba adivinar° qué estaban cocinando antes de ir a ver por mí misma. Solía decir, «¡deja ver, huele a° plátanos°, y sí ya sé, es mangú,° pero espero que me hayan hecho el mío con plátanos maduros porque los verdes no me gustan!» Después del juego de adivinanzas corría a la cocina a ver si me dejaban picar° antes de comer.

screens

mosquito net / spread

got caught

shoeshine

smells
to guess
it smells like
plantains / Dominican dish

munch

CONVERSEMOS

Refiriéndose a la lectura anterior, conteste Ud. las preguntas.

1. ¿Cómo era la casa de Larissa? En la casa de sus abuelos, ¿por qué tenía que dormir bajo un mosquitero? ¿Tiene la casa de Ud. telas metálicas? ¿Duerme Ud. bajo un mosquitero? ¿Por qué sí o no?
2. ¿Cuál era el lugar favorito de Larissa? ¿Qué hacía allí? ¿Tiene la casa de Ud. un balcón?
3. ¿Qué es lo que Larissa trataba de adivinar cuando era niña? ¿En qué habitación hacía eso?
4. De niño(a), ¿cuál era su cuarto favorito? ¿Por qué? ¿Qué hacía Ud. allí? ¿Recuerda Ud. algunos olores especiales que salían de la cocina? ¿Cuál era su comida favorita?

VOCABULARIO

LA CASA
la alcoba (el dormitorio)   *bedroom*
la cocina   *kitchen*
el comedor   *dining room*
el cuarto (la habitación, la pieza)   *room*
el cuarto de baño   *bathroom*
el desván   *attic*
el garaje   *garage*
el hogar   *home*
el jardín   *garden*
el ladrillo   *brick*
la madera   *wood*
el patio   *patio, yard*
la sala   *den, family room*
el salón (la sala de estar)   *living room*
el sótano   *basement*
el techo   *ceiling*
el tejado   *roof*
la vecindad (el barrio)   *neighborhood*
el (la) vecino(a)   *neighbor*

VERBOS
amueblar   *to furnish*
bañar(se)   *to bathe (oneself)*
barrer   *to sweep*
cocinar   *to cook*
ducharse   *to shower*
ensuciar   *to get (something) dirty*
fregar (ie)   *to scrub, wash*
lavar(se)   *to wash (oneself)*
mojar(se)   *to wet (to get wet)*
pasar la aspiradora (a)   *to vacuum*
planchar   *to iron*
secar(se)   *to dry (oneself)*

ADJETIVOS
(des)arreglado   *neat (messy)*
(des)ordenado   *(dis)orderly*
limpio   *clean*
sucio   *dirty*

MUEBLES Y ACCESORIOS   *(Furniture and accessories)*
la alfombra   *rug*
el armario (el ropero)   *clothes closet*
la bañera   *bathtub*
la calefacción   *heating*
el calentador   *heater*

el cartel *poster*
la cortina *curtain*
el cuadro *picture*
la escoba *broom*
el espejo *mirror*
la estufa *stove (heater)*
el fregadero *(kitchen) sink*
el horno *oven*
la lámpara *lamp*
el lavabo *washbasin, (bathroom) sink*
la lavadora *washing machine*
la luz *light*
la mecedora *rocking chair*
la mesa del centro *coffee table*
la mesita de noche *night table*

la pared *wall*
la pintura *painting*
la plancha *iron*
la ropa *clothing*
la secadora *(clothes) dryer*
la silla *chair*
el sillón (la butaca) *armchair*
el sofá *sofa*
el suelo *floor*
el tocador *dressing table*
el wáter (el retrete) *toilet*

¡CLARO QUE SÍ!
(Refiérase a la pág. 88.)

REPASEMOS EL VOCABULARIO

A. **¿Cuál no pertenece?** Subraye Ud. la palabra que no está relacionada con las otras y explique por qué.

1. techo	suelo	pared	sótano
2. tejado	comedor	sala	dormitorio
3. mecedora	sillón	mesita	silla
4. amueblar	barrer	fregar	lavar
5. habitación	horno	cuarto	pieza

B. **La tarea doméstica.** Escoja Ud. el objeto que corresponde al verbo apropiado. Luego, escriba una frase original con las dos palabras.

MODELO   Pienso <u>amueblar el cuarto</u> con los muebles que me dio mi abuela.

1. barrer
2. pintar
3. sentarse en
4. pasar la aspiradora
5. bañarse en
6. fregar

a. la pared
b. la alfombra
c. la bañera
d. el lavabo
e. la mecedora
f. el suelo

C. Cuartos. Nombre tres actividades que Ud. hace en las siguientes habitaciones.

    MODELO   En el baño me lavo los dientes, me ducho y me seco.

1. la cocina   **4.** la alcoba
2. el sótano   **5.** la sala de estar
3. el comedor   **6.** la sala

D. En grupos. Carlos y Sandra acaban de casarse y quieren amueblar su apartamento. Tienen un presupuesto (*budget*) muy limitado y también tienen ideas muy diferentes sobre qué muebles son los más necesarios. Inventen un diálogo de por lo menos ocho líneas entre Carlos y Sandra.

E. Un ambiente bonito. Lea Ud. el artículo y haga los ejercicios.

Luz y color para crear ambiente

Sentirse a gusto en una habitación, depende en buena medida de la luz y el color. Los tonos cálidos, del rojo al amarillo, son estimulantes, y los fríos —verdes, morados y azules— crean ambientes apacibles. El blanco evoca la claridad y es el más adecuado para espacios que cuentan con poca luz natural, porque la refleja y la amplía. La iluminación debe ser equilibrada en el recibidor, potente en las salas de estar y tenue en las habitaciones. Para leer es necesario un foco detrás del lector, al igual que para ver la tele.

1. Busque Ud. en el artículo los sinónimos de las palabras siguientes.
delicado   fuerte   ardiente   tranquilo   excitante   apropiado   extiende

2. Según el artículo, ¿qué puede hacer para...

    a. producir un ambiente tranquilo?
    b. amplificar la luz natural?
    c. poder leer sin dañar los ojos?

3. Mire Ud. el dibujo y diga por qué es un cuarto ideal para...

    a. una fiesta infantil.
    b. una fiesta de adolescentes.
    c. una noche de recreo familiar.

GRAMÁTICA

The Imperfect Tense (El imperfecto)

FORM

1. Regular verbs take the following endings:

hablar		comprender	
hablaba	hablábamos	comprendía	comprendíamos
hablabas	hablabais	comprendías	comprendíais
hablaba	hablaban	comprendía	comprendían

escribir	
escribía	escribíamos
escribías	escribíais
escribía	escribían

2. There are only three irregular verbs in the imperfect. These are:

ir		ser		ver	
iba	íbamos	era	éramos	veía	veíamos
ibas	ibais	eras	erais	veías	veíais
iba	iban	era	eran	veía	veían

USE

1. The imperfect tense is used to express an action or event whose beginning or ending is not indicated. It also expresses an action that used to happen, was happening, or happened repeatedly in the past, such as a habitual action.

En la reunión todos comían, bailaban y charlaban.

At the party everyone was eating, dancing, and talking.

Mi nieto siempre me visitaba los sábados.

My grandson always used to visit me on Saturdays.

2. It is used to express time in the past.

Era tarde. Ya eran las dos.   *It was late. It was already two o'clock.*

3. It is used to describe things or people in the past and to express age.

Pedro era joven, alto y muy guapo.   *Pedro was young, tall, and very handsome.*

Tenía dieciocho años cuando se graduó del colegio.   *He was eighteen when he graduated from school.*

4. It is also used to describe a physical, mental, or emotional state or a desire in the past that is an ongoing condition.

Yo creía que tu primo estaba enfermo.   *I thought that your cousin was ill.*
La niña le tenía miedo al monstruo.   *The child was afraid of the monster.*

PRÁCTICA

A. En Chile. Anita nació y se crió en Chile. Tiene recuerdos muy bonitos de su juventud. Cambie Ud. los verbos entre paréntesis al imperfecto.

Cuando yo (ser) _____ niña, (vivir) _____ en Santiago de Chile. Nosotros (tener) _____ una casa grande y (haber) _____ una enorme reja de hierro *(iron fence)* que (rodear) *(surrounded)* _____ toda la casa. Cerca de mi casa (estar) _____ la casa de mi amiga más íntima, Luz María. Todos los días Luz María y yo (reunirse) _____ a las diez de la mañana e (ir) _____ al parque. Allí (jugar) _____ al escondite *(hide and seek)* por horas y horas. Después, (regresar) _____ a mi casa, donde mi mamá nos (esperar) _____ con una sopa caliente y un sándwich de queso.

B. La clase de 1987. Muchas cosas han cambiado desde que la clase de 1987 se graduó del colegio hace diez años. Siga Ud. el modelo.

MODELO   Carmen / leer / novelas románticas
Antes, Carmen leía novelas románticas.
Ahora lee comentario político.

1. Hugo / jugar / cartas
2. el edificio / ser / rojo
3. las chicas / llevar / faldas
4. Juanita / salir con / Jorge
5. tú / ser / delgado
6. yo / tener / pelo largo
7. las muchachas / estudiar / economía doméstica
8. nosotros / comer / papas fritas

C. De niño(a). *Conteste Ud. las siguientes preguntas.*

1. ¿Veía Ud. la televisión con frecuencia?
2. ¿Cómo iba Ud. a la escuela?
3. ¿Qué hacía su familia los domingos?
4. ¿Cómo pasaba Ud. los veranos?
5. ¿Recibía Ud. dinero de sus padres? ¿Cuánto?
6. ¿Tenía Ud. que ayudar en la casa? ¿Qué hacía?
7. ¿Dónde comía Ud. cuando salía con amigos? ¿Qué comían Uds.?
8. ¿Qué hacía Ud. con sus amigos por la noche?

D. Recuerdos. *Basándose en las siguientes preguntas, hágale Ud. una entrevista a un(a) compañero(a) de clase.*

1. ¿Cómo eras cuando tenías diez años? ¿Dónde vivías? ¿Cómo era tu casa o apartamento?
2. ¿Tenías hermanos? ¿Cuántos? ¿Con quién(es) jugabas? ¿Qué hacían Uds.? ¿Qué programas de televisión veías? ¿Quién era tu amigo(a) más íntimo(a)? ¿Cómo era? ¿Todavía te comunicas con esa persona? Explica.
3. ¿Tenías una mascota? ¿Qué tenías? ¿Cómo se llamaba? ¿Qué hacías con él (ella)?
4. ¿Te gustaba asistir a la escuela? ¿Cómo ibas a la escuela? ¿Qué hacías después de las clases? Describe a tu maestro(a) preferido(a).

Ahora, resuma la información que Ud. consiguió en la entrevista y escriba un pequeño párrafo sobre su compañero(a).

E. Cuando yo era pequeño(a). *Termine Ud. la frase de una forma original en el imperfecto.*

1. Por las mañanas...
2. Mi padre siempre...
3. Antes de ir a la escuela...
4. Mis hermanos y yo...
5. Toda mi familia...
6. En esa época yo...
7. Mi vecino...
8. Por la tarde...

F. Descripciones en el pasado. *Describa Ud. las siguientes cosas.*

1. su primer viaje en avión
2. su primera maestra
3. su película favorita de niño(a)
4. su primera visita al dentista
5. la primera casa que Ud. recuerda
6. su primer día en la universidad

Hacer and llevar in the Imperfect Tense (Hacer y llevar en el tiempo imperfecto)

The following constructions are used to express an action that had been taking place. It is generally understood that the action had been taking place when something else occurred in time to interrupt that action.

1. | **Hacía** + time + **que** + (**no** +) verb in the imperfect tense |

Hacía una hora que barría el suelo cuando Marta llegó.

I had been sweeping the floor for one hour when Marta arrived.

¿Cuánto tiempo hacía que leías cuando sonó el teléfono?

How long had you been reading when the telephone rang?

Hacía cinco horas que no comía cuando José me trajo un sándwich.

I hadn't eaten for five hours when José brought me a sandwich.

2. | (**No** +) verb in the imperfect tense + **desde hacía** + time |

Barría el suelo desde hacía una hora cuando Marta llegó.

I had been sweeping the floor for one hour when Marta arrived.

¿Desde hacía cuánto tiempo leías cuando sonó el teléfono?

How long had you been reading when the telephone rang?

No comía desde hacía cinco horas cuando José me trajo un sándwich.

I hadn't eaten for five hours when José brought me a sandwich.

3. a. | **Llevar** in the imperfect tense + time + present participle |

Llevaba una hora barriendo el suelo cuando Marta llegó.

I had been sweeping the floor for one hour when Marta arrived.

¿Cuánto tiempo llevabas leyendo cuando sonó el teléfono?

How long had you been reading when the telephone rang?

b. In a negative sentence, a different construction is required:

| **Llevar** in the imperfect tense + time + **sin** + infinitive |

Llevaba cinco horas sin comer cuando José me trajo un sándwich.

I hadn't eaten for five hours when José brought me a sandwich.

PRÁCTICA

A. Hacía una hora... ¿Qué hacían las siguientes personas cuando sonó el teléfono? Siga Ud. el modelo.

MODELO   yo / dormir
Hacía una hora que yo dormía cuando sonó el teléfono.
Dormía desde hacía una hora cuando sonó el teléfono.
Llevaba una hora durmiendo cuando sonó el teléfono.

1. el abuelo / contar un cuento
2. el vecino / cortar el césped
3. la niñera / vestir a los niños
4. el pintor / pintar el comedor
5. José / barrer su dormitorio
6. el plomero / arreglar el baño

B. ¿Cuál es la pregunta? Escriba Ud. las preguntas que corresponden a las respuestas siguientes.

1. Hacía una hora que yo barría el suelo cuando el gato corrió por la cocina.
2. Llevábamos tres horas cocinando la cena cuando los invitados llegaron.
3. Tú planchabas la ropa desde hacía dos horas cuando yo salí para el cine.
4. Hacía cinco minutos que papá fregaba el lavabo cuando sonó el teléfono.
5. Susana llevaba media hora pasando la aspiradora cuando el perro ensució la alfombra.
6. Juan dormía desde hacía diez horas cuando Marta lo llamó por teléfono.

Acabar de in the Imperfect Tense (Acabar de en el imperfecto)

The expression **acabar de** used in the imperfect tense and followed by the infinitive means *had just done* something.

Yo acababa de lavar los platos cuando
Jorge me llamó.

I had just washed the dishes when Jorge called me.

PRÁCTICA

Siempre pasa algo. ¿Qué acababa de pasar cuando mamá volvió? Forme Ud. una frase usando la expresión **acabar de** en el tiempo imperfecto más el verbo indicado. Traduzca las frases al inglés, según el modelo en la página siguiente.

MODELO Papá / comer el sandwich
Papá acababa de comer el sandwich cuando mamá volvió.
Dad had just eaten the sandwich when Mom returned.

1. la criada / fregar el suelo
2. los niños / arreglar el cuarto
3. el abuelo / sentarse en el sofá
4. los vecinos / visitar
5. Luis / pintar la pared
6. mis primos / cocinar la cena
7. José / planchar los pantalones
8. la madrina / entrar en el salón

ASÍ SE DICE

¡Claro que sí!

1. There are many ways to respond affirmatively to a question or a request:

¡Cómo no!   *Of course! (you may)*

¡Claro que sí!
¡Por supuesto!   *Of course!*
¡Desde luego!

¡Correcto! (¡Exacto! ¡Precisamente!)   *Exactly! (Precisely!)*
¡Eso es! (¡Eso sí que es!)   *That's it! (Exactly!)*
¡Ahí va! (¡Cierto!)   *You've got it!*

2. Other expressions show agreement or a lack of preference:

(Estoy) de acuerdo.   *I agree. (That's fine with me.)*
Como quieras.   *As you wish. (Whatever.)*
Así es.   *That's right.*
Me da igual.
Me da lo mismo.   *I don't care. (It's all the same to me.)*
¡Ya lo creo!   *I believe it!*
¡Con razón!   *With good reason! (You were [He or she was] right!)*

3. To encourage a speaker to continue, or to show attention and affirmation, you would say:

¡Sí!... Sí... sí...   *Yep! . . . Uh huh. . . . sure. . . .*
¡Claro!... Claro... claro... *Sure! . . . Sure. . . . right. . . . yeah. . . .*

PRÁCTICA

A. Los buenos vecinos siempre hacen favores. Forme Ud. preguntas y respuestas para las siguientes situaciones. Puede contestar en el afirmativo o el negativo.

MODELO   cuidar a los niños

—¿Puede Ud. cuidar a los niños esta tarde?

—¡Cómo no! (¡Por suspuesto!)

—¡Qué pena! No puedo. Tengo que trabajar todo el día.

1. prestar una taza de azúcar
2. vigilar la casa por una semana
3. cortar el césped
4. ayudar a pintar la casa

Ahora, siga Ud. con otros ejemplos.

B. Las preferencias. Forme Ud. preguntas para sugerir las siguientes actividades. Luego, exprese Ud. su opinión.

MODELO   ir al teatro / al cine

¿Prefieres ir al teatro o al cine? Me da igual.

1. tomar un café / un té
2. ir en mi coche / tu coche
3. leerle un cuento a tu hermano / jugar al tenis
4. hacer un viaje a Europa / quedarte en casa
5. comer tacos / ensalada

Lección 6

Cuando yo era pequeño...

PARA COMENZAR...

1. Con la ayuda del vocabulario en la pág. 92, describa Ud. el dibujo.
2. ¿A Ud. le gusta hacer camping? ¿Por qué? ¿Prefiere ir a un camping público o privado? ¿al mar o a las montañas? Explique.
3. ¿Qué consejos tiene Ud. para la persona que va a hacer camping por primera vez? ¿Qué equipo y actividades de recreo recomienda Ud.? ¿Prefiere Ud. llevar todas las comodidades modernas? ¿Cuáles?

4. ¿Cuáles son las condiciones ideales para hacer camping? Describa Ud. una experiencia memorable (buena o mala) que tuvo.

 ## Cuando yo era pequeño...

Larissa habla de sus excursiones a la playa.

Los fines de semana, especialmente durante el verano, eran días de excursiones a la playa. Cuando mis padres decían que íbamos a ir a la playa el domingo, me levantaba muy temprano y aunque sabía que no nos íbamos a ir hasta el mediodía, me ponía el traje de baño tempranito. Ir a la playa requería un proceso de preparación bastante largo. Llevábamos sillas y mesas (una mesa de dominós para mi papá y mis tíos no podía faltar), comida ya preparada y una parrilla° para cocinar la carne. Mi mamá pasaba toda la mañana sazonando carne y pollo para por lo menos diez o doce personas porque nunca íbamos a la playa solos.

grill

Un día fuimos con mis primas de Puerto Rico que estaban visitando, y una de ellas pisó° un errizo°. Al principio me asusté° cuando la vi porque mis tíos la sacaron del agua cargada°. Luego me enojé porque mis padres nos prohibieron volver al agua. Sólo podíamos sentarnos en la arena como cuando acabábamos de comer y había que hacer la digestión. A mi prima se le hinchó° el pie y tuvo que pasar una semana sin andar. Ella no volvió al agua sin mirar bien por donde iba porque uno nunca sabe lo que está debajo de la superficie.

stepped on / sea urchin / got scared / carrying her

swelled

CONVERSEMOS

Refiriéndose a la lectura anterior, conteste Ud. las preguntas.

1. ¿Qué hacía la familia de Larissa los fines de semana? ¿Cómo se preparaba Larissa? ¿Qué hacía su madre? ¿Qué cosas llevaban a la playa y por qué? ¿Quiénes los acompañaban?

2. ¿Qué le pasó a una de sus primas? ¿Por qué se enojó Larissa?

3. De niño(a), ¿solía Ud. y su familia hacer excursiones? ¿A dónde? ¿Qué hacían Uds. para prepararse?
4. Describa Ud. un suceso *(event)* que le pasó una vez en una excursión.

VOCABULARIO

ACTIVIDADES

el acuario *aquarium*
el circo *circus*
coleccionar *to collect*
el cuento de hadas *fairy tale*
enfermarse (ponerse enfermo[a]) *to get sick*
hacer autostop *to hitchhike*
el jardín zoológico *zoo*
jugar (ue) *to play*
pelearse *to fight*
la rayuela *hopscotch*
regañar *to quarrel*
reñir (i) *to dispute, scold*
respetar *to respect*
soñar (ue) despierto *to daydream*

EMOCIONES

la alegría (alegre) *happiness (happy)*
la depresión (deprimido) *depression (depressed)*
la desilusión (desilusionado) *disappointment (disappointed)*
el enojo (enojado) *anger (angry)*
la felicidad (feliz) *happiness (happy)*
la melancolía (melancólico) *melancholy (melancholic)*
la molestia (molestado) *annoyance (annoyed)*
la tristeza (triste) *sadness (sad)*

EL CAMPING

acampar (hacer camping) *to camp*
el árbol *tree*
el camping *campsite, campgrounds*
descansar *to rest*

entre *between*
escalar montañas *to climb mountains*
la hamaca *hammock*
la mochila *knapsack*
pescar *to fish*
el pez *fish*
el repelente de insectos *insect repellent*
el río *river*
el saco de dormir *sleeping bag*
la tienda de campaña *tent*

ANIMALES

el elefante *elephant*
la foca *seal*
la hormiga *ant*
el mono *monkey*
el oso *bear*
el pájaro *bird*
el pato *duck*
la rana *frog*
la serpiente (la culebra) *snake*
el tiburón *shark*
el tigre *tiger*

LA NATURALEZA

el bosque *forest*
el campo *country*
la estrella *star*
la flor *flower*
la luna *moon*
el mar *sea, ocean*
el paisaje *countryside, landscape*

PALABRAS PROBLEMÁTICAS
(Refiérase a las págs. 103-104.)

REPASEMOS EL VOCABULARIO

A. ¿Cuál no pertenece? Subraye Ud. la palabra que no está relacionada con las otras y explique por qué.

1. circo	acuario	mar	jardín zoológico
2. mochila	saco de dormir	foca	tienda de campaña
3. depresión	alegría	melancolía	desilusión
4. respetar	reñir	pelearse	regañar
5. pájaro	hormiga	oso	rayuela

B. Lugares para niños. Nombre cuatro cosas que Ud. encuentra en...

1. un circo   **3.** un acuario
2. un bosque   **4.** un jardín zoológica

Cuando era niño(a), ¿a qué lugar prefería ir y por qué?

C. ¿De qué color es? Nombre una emoción que Ud. asocia con los colores siguientes.

1. amarillo   **3.** azul   **5.** gris   **7.** rosado
2. rojo   **4.** negro   **6.** blanco   **8.** verde

Ahora escoja Ud. el color que mejor representa su personalidad y explique por qué.

D. La vida es así. Haga Ud. las actividades siguientes.

1. Todo el mundo sueña despierto de vez en cuando. ¿Con qué sueña...

    a. un niño de diez años?   **c.** una madre de niños pequeños?
    b. una niña de diez años?   **d.** un hombre anciano?

2. También es común pelearse. ¿De qué se pelea(n)...

    a. dos amigos?   **c.** dos vecinos?
    b. un matrimonio?   **d.** un(a) jefe(a) y su empleado(a)?

3. Naturalmente todo el mundo se enferma. Cuando está enfermo(a), ¿cómo se comporta...

    a. su mejor amigo(a)?   **c.** una persona estoica?
    b. un(a) hipocondríaco(a)?   **d.** Ud.?

E. Más recuerdos. Cuando Ud. era niño(a),...

1. ¿a quién respetaba mucho? ¿Por qué?
2. ¿con quién se peleaba? ¿De qué?

3. ¿qué coleccionaba? ¿Por qué?
4. ¿quién le reñía? ¿Por qué?

GRAMÁTICA

The Use of the Preterite and Imperfect (El uso del pretérito e imperfecto)

In many sentences, it is gramatically correct to use either the preterite or the imperfect. It is the speaker who decides which tense to use, depending on what he or she wishes to convey to the listener. If the speaker wants to call attention to the beginning of an action or to the fact that the action has ended, the preterite will be used. However, if the speaker wishes to focus on a past action in progress or a habitual action, he or she will choose the imperfect. The imperfect in Spanish is sometimes translated in English as "*was* + verb ending in *-ing*" (*was talking, was eating*, etc.) or "*used to* + verb" (*used to walk, used to eat*, etc.).

To understand the use of the preterite and imperfect better, it is helpful to compare their uses in similar contexts.

Ayer **escalé** la montaña.

*Yesterday I **climbed** the mountain. (completed action)*

Ayer **escalaba** la montaña cuando empezó a llover.

*Yesterday I **was climbing** the mountain when it began to rain. (action in progress)*

De niña, **escalaba** montañas cada verano.

*As a child, I **used to climb** mountains every summer. (habitual action)*

1. The preterite and imperfect may be used in the same sentence. One action is in progress (imperfect) when it is interrupted by another action (preterite).

Yo dormía cuando el perro empezó a ladrar.

I was sleeping when the dog began to bark.

2. However, when two actions occur simultaneously in the past, the imperfect is used.

Yo leía mientras los niños dormían.

I was reading while the children were sleeping.

3. The preterite emphasizes a change in thoughts and emotions or physical states. The imperfect describes thoughts or emotions without emphasizing their beginning or ending.

Estuve enfermo ayer.	*I was sick yesterday (but am better now)*
Estaba enfermo ayer.	*I was sick yesterday (was feeling ill all day long).*
Al ver su bicicleta nueva, Pedro estuvo muy contento.	*Upon seeing his new bicycle, Pedro was (became) very happy.*
Estaba muy contento de poder celebrar su cumpleaños con sus amigos.	*He was (feeling) very happy to be able to celebrate his birthday with his friends.*

4. Some verbs have different meanings depending upon whether they are used in the preterite or the imperfect. Note that in each case, the preterite expresses a completed action while the imperfect expresses an action in progress or a condition that does not change.

VERBO	PRETÉRITO	IMPERFECTO
conocer	***to meet*** *(make acquaintance)* Conocí a su marido anoche. *I met her husband last night.*	***to know*** *(be familiar with)* José conocía bien a los Gómez. *José knew the Gómez family well.*
saber	***to find out*** Supo las noticias hoy. *She found out the news today.*	***to know*** *(have knowledge of)* Sabía que José venía. *She knew that José was coming.*
poder	***to manage to*** *(succeed in)* No pudo llegar a tiempo. *He didn't manage to arrive on time.*	***to be able*** *(capable of)* No podía recordar su nombre. *He couldn't remember her name.*
tener	***to receive*** *(to get)*[1] Tuve un telegrama de mi tía. *I received a telegram from my aunt.*	***to have*** *(in one's possession)* Tenía una casa en la playa. *I used to have a house at the beach.*
querer	***to try*** Elena quiso levantar el sofá pero pesaba demasiado. *Elena tried to lift the sofa, but it weighed too much.*	***to want to*** Elena quería ir al circo. *Elena wanted to go to the circus.*
no querer	***to refuse*** Le escribí pero no quiso contestar. *I wrote to him, but he refused to answer.*	***not to want to*** Lo invité pero no quería venir. *I invited him, but he didn't want to come.*

---

[1] **Tener** in the preterite may also mean *to have:* **Tuve problemas con el auto.** *(I had problems with the car.)*

Note the use of the preterite and imperfect in the following selection. Explain their use in each example.

En ese puente <u>me paré</u> un momento porque <u>oí</u> un alboroto allá abajo. <u>Vi</u> que un grupo de muchachos <u>tenía</u> rodeada una rata de agua y le <u>gritaban</u> y <u>tiraban</u> piedras. La rata <u>corría</u> de un extremo a otro pero no <u>podía</u> escaparse y <u>chillaba</u> desesperadamente. Por fin, uno de los muchachos <u>cogió</u> una vara y <u>golpeó</u> la rata. Entonces todos los demás <u>corrieron</u> hasta donde <u>estaba</u> el animal y tomándolo, la <u>tiraron</u> hasta el centro del río. Pero la rata no se <u>hundió</u>.

I <u>stopped</u> for a moment on that bridge because I <u>heard</u> a commotion down below. I <u>saw</u> that a group of boys <u>had</u> a water rat surrounded, and they <u>were shouting</u> at it and <u>were throwing</u> rocks. The rat <u>was running</u> from one extreme to the other, but it <u>couldn't</u> escape, and it <u>was shrieking</u> desperately. Finally, one of the boys <u>grabbed</u> a pole and <u>hit</u> the rat. Then the rest <u>ran</u> to where the animal <u>was</u>, and, taking it, they <u>threw</u> it in the middle of the river. But the rat <u>didn't sink</u>.[2]

————————————

[2] From "Con los ojos cerrados," by Reinaldo Arenas. This selection appears in *Nuevas fronteras: Literatura y cultura* in Unit 2.

PRÁCTICA

A. ¿Qué tal fue el día? Después de cenar, Luisito siempre charla con sus padres y les cuenta las actividades del día. Cambie Ud. los verbos entre paréntesis, según el modelo.

> **MODELO**   Andrés y yo (nadar) _____ en el lago cuando (empezar) _____ a llover.
> Andrés y yo **nadábamos** en el lago cuando **empezó** a llover.

1. Yo (ir) _____ a la escuela cuando (ocurrir) _____ un accidente en la calle.

2. Paco y Felipe (jugar) _____ a rayuela cuando (encontrar) _____ unas monedas.

3. Angelita (andar) _____ en bicicleta cuando (ver) _____ un robo en la farmacia.

4. Papá, tú (dormir) _____ en el sillón cuando (llamar) _____ la tía por teléfono.

5. Mamá (estar) _____ de buen humor cuando yo (volver) _____ de la escuela.

¿Qué más le pasó a Luisito? Forme Ud. cinco frases más.

B. Mi héroe. Manolo está en el sexto grado y sueña con ser astronauta. Un astronauta famoso visita su escuela y Manolo le hace muchas preguntas. Cambie los verbos al pasado. Luego imagínese que Ud. es el (la) astronauta y conteste las preguntas.

1. ¿Qué (querer) _____ ser cuando Ud. (ser) _____ niño?

2. ¿(Sacar) _____ Ud. buenas notas cuando (estar) _____ en el sexto grado?

3. ¿Cuántos años (tener) _____ cuando (hacer) _____ su primer vuelo *(flight)*?

4. ¿(Estar) _____ nervioso? ¿(Tener) _____ miedo? ¿(Poder) _____ dormir la noche anterior? ¿(Comer) _____ algo?

5. ¿Cuál (ser) _____ la primera cosa que (ver) _____ cuando (llegar) _____ a la luna?

6. ¿(Haber) _____ seres extraterrestres? ¿(Saber) _____ hablar español?

Ahora imagínese que Ud. tiene la oportunidad de entrevistar a su héroe. ¿Qué preguntas le quiere hacer?

C. La lectura. Enrique nos cuenta de su juventud. Llene Ud. cada espacio con la forma apropiada del verbo entre paréntesis en el pretérito o el imperfecto.

Cuando apenas° yo (saber) _____ leer, yo (empezar) _____ a   *barely*
leer los libros de Jules Verne, como *Viaje al centro de la Tierra.* Yo me (comprar) _____
toda la colección. También (leer) _____ las novelas de Dumas, como *Los tres
mosqueteros.* Recuerdo que cuando yo (tener) _____ doce años, (estar) _____ muy
entusiasmado por la aviación. Entre los libros que yo (comprar) _____ (haber) _____
un libro de un escritor francés, Antoine de Saint-Exupéry, que se (llamar) _____ *Vuelo
nocturno.* Me (gustar) _____ tanto ese libro que yo lo (leer) _____ muchas veces y lo
(aprender) _____ de memoria. (Ser) _____ la gran pasión de mi vida y naturalmente
yo (empezar) _____ a buscar otros libros de él.

D. Cenicienta (Cinderella). Llene Ud. cada espacio con la forma correcta del verbo en el pretérito o imperfecto, según el contexto.

(Haber) _____ una vez una niña que se (llamar) _____ Cenicienta. Ella (ser)
_____ muy linda; pero (tener) _____ el vestido viejo y remendado *(patched).* Ella
(vivir) _____ con su cruel madrastra, que le (hacer) _____ fregar los suelos y trabajar
todo el día. Cenicienta (tener) _____ dos hermanastras, que siempre (estar) _____ de
mal humor. Ellas la (envidiar) _____ porque Cenicienta (ser) _____ linda y ellas no.
Todos los días la pobre chica (barrer) _____ y (limpiar) _____ la casa. A veces,
(llorar) _____ porque se (sentir) _____ muy triste. Una mañana, (llegar) _____ una

carta del príncipe, el hijo del rey, invitando a todas a un baile. Las dos hermanas feas (estrenar) *(wear for the first time)* _____ elegantes vestidos. —Tú no puedes ir, Ceni-cienta—, le (decir) _____, y con esto ellas (ir) _____ al baile. Pronto, el hada madrina (aparecer) _____ y con un toque de su varita mágica, (transformar) _____ los harapos *(rags)* de Cenicienta en un precioso vestido, y ella se (ir) _____ al baile. —Pero debes volver a casa a medianoche—, (decir) _____ la madrina.

Cuando Cenicienta (llegar) _____ al palacio, el príncipe (salir) _____ a recibirla. Los dos (bailar) _____ toda la noche, pero de pronto, ella (oír) _____ las campanadas del reloj. (Ser) _____ medianoche. Ella (correr) _____ rápido y (perder) _____ un zapato. El príncipe (estar) _____ muy triste. —¿Quién (ser) _____ aquella chica tan linda?— (preguntar) _____, pero nadie lo (saber) _____. Entonces, él (ver) _____ el zapatito.

A la mañana siguiente, el príncipe (ir) _____ de casa en casa buscando a la dueña del zapatito. (Llegar) _____ a la casa de Cenicienta. Ella se lo (poner) _____ y le (que-dar) _____ bien. El príncipe (alegrarse) _____. Al día siguiente, los dos (casarse) _____ y (vivir) _____ siempre felices.

E. Y tú, ¿qué hacías? Los niños siempre tienen excusas. Explique Ud. qué hacía cuando ocurrieron las siguientes cosas. Un(a) compañero(a) de clase le va a hacer las siguientes preguntas. Siga el modelo.

MODELO   Carlos / gritar
—¿Qué hacías cuando Carlos gritó?
—Yo jugaba tranquilamente con mis amigos cuando Carlos gritó.

1. el perro / salir
2. el alarma / sonar
3. el policía / llegar
4. el profesor / entrar
5. el accidente / ocurrir
6. tu amigo / llamar
7. el ladrón / escapar
8. el bebé / empezar a llorar

F. Un invierno memorable. Termine Ud. la frase de una manera original con el verbo en el preté-rito o el imperfecto, según el contexto.

1. El invierno más memorable fue cuando...
2. porque...
3. Yo era entonces...
4. y yo siempre...

5. Una vez yo...
6. Mi hermano(a)...
7. Pero mis padres...
8. Al final yo...

G. Traducciones. Papá y mamá.

1. My father met my mother when he was camping in the mountains.
2. When he saw her she was resting in a hammock at the campsite.
3. He didn't know that she was part of the same group of campers (*campistas*).
4. He asked his friend Antonio if he knew her or knew what her name was.
5. Antonio tried to remember her name but he couldn't.
6. My father was nervous but he spoke with her and then invited her to fish with him.
7. The next day my mother got sick and they didn't go. Dad was very disappointed.

The Past Progressive Tense (El tiempo progresivo del pasado)

FORM

Estar in the imperfect tense + the present participle[3]

HABLAR
estaba hablando

COMPRENDER
estaba comprendiendo

ESCRIBIR
estaba escribiendo

USE

The past progressive tense indicates an action that was "in progress." It is more restricted than the imperfect tense in that it refers to an action that was occurring at a specific moment in the past. Compare the following sentences.

Yo hablaba con mi tío.

$\begin{cases} \textit{I was speaking with my uncle.} \\ \textit{I used to speak with my uncle.} \end{cases}$

Yo estaba hablando con mi tío.

    I was (in the process of) speaking with my uncle.

---

[3] The preterite progressive (**estar** in the preterite + present participle) is rarely used in Spanish.

PRÁCTICA

A medianoche. Explique lo que Ud. y las siguientes personas estaban haciendo a medianoche.

> **MODELO**   el bebé / dormir en su camita
> El bebé estaba durmiendo en su camita a medianoche pero
> yo estaba durmiendo en el sofá.

1. mi tío / mirar la televisión
2. los jóvenes / bailar en una discoteca
3. la abuela / comer un sándwich
4. tú / leer una novela

5. Miguel / estudiar para sus exámenes
6. los niños / bañar al perro
7. mi sobrina / charlar con mi hermana
8. los gemelos / soñar con chicas guapas

Possessive Adjectives and Pronouns (Adjetivos y pronombres posesivos)

To express possession in English, 's is used. In Spanish, **de** + a noun or pronoun is used.

la hija de Susana	*Susan's daughter*
el vecino del señor Granero	*Mr. Granero's neighbor*
la leche del gato	*the cat's milk*

To question ownership (*whose?*), the following construction is used:

¿De quién es la caña de pescar?	*Whose fishing rod is it?* (literally, *Of whom is the fishing rod?*)

FORM   POSSESSIVE ADJECTIVES

	Simple	Emphatic
my	**mi(s)**	**mío(a, os, as)**
your	**tu(s)**	**tuyo(a, os, as)**
his, her, your, its	**su(s)**	**suyo(a, os, as)**
our	**nuestro(a, os, as)**	**nuestro(a, os, as)**
your	**vuestro(a, os, as)**	**vuestro(a, os, as)**
their, your	**su(s)**	**suyo(a, os, as)**

Like all adjectives in Spanish, possessive adjectives agree in number and gender with the noun they modify.[4]

USE

1. Simple possessive adjectives always precede the noun they modify.

Mi cuarto no es muy grande.	*My room is not very big.*
Nuestro desván está lleno de ropa vieja.	*Our attic is full of old clothes.*

2. Since **su** and **sus** have a variety of meanings, a prepositional phrase (**de** + pronoun) can be used to avoid ambiguity. Whereas **su casa** can mean *his, her, your, their, its house*, **la casa de él** can only mean *his house*.

3. The definite article is used instead of the possessive adjective with parts of the body or clothing when used in conjunction with a reflexive verb or when ownership is clearly understood.

Yo me lavo **la** cara.	*I wash **my** face.*
Yo le pongo **el** suéter a ella.	*I put **her** sweater on her.*

4. Emphatic possessive adjectives always follow the noun they modify. They are used when the speaker wishes to emphasize ownership.

Mi cama es muy cómoda pero la cama tuya es muy dura.	*My bed is very comfortable, but **your** bed is very hard.*

FORM POSSESSIVE PRONOUNS

Possessive pronouns have the same form as emphatic possessive adjectives but are preceded by the appropriate definite article.

mi familia y la tuya	*my family and yours*
tu sueño y el mío	*your dream and mine*

After the verb **ser**, the definite article is usually omitted: **Es mío.** (*It's mine.*)

---

[4] Note that **mi**, **tu**, and **su** have the same masculine and feminine form.

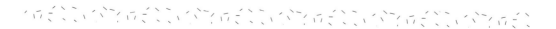

PRÁCTICA

A. Necesidades. Su familia va a acampar, pero cada persona tiene algo especial que siempre necesita llevar consigo a todas partes. Siga el modelo.

> **MODELO**   Linus / manta (*blanket*)
> Linus siempre lleva su manta.

1. mis hermanos y yo / discos compactos
2. yo / juegos electrónicos
3. mi abuelo / motocicleta
4. mis sobrinos / gato

Ahora, ¿qué necesitan llevar las siguientes personas?

5. mi papá
6. tú
7. mi amiga y yo
8. mi mamá

 B. El desván. Ud. y su hermano tienen la tarea de limpiar el desván, pero ya no recuerdan de quiénes son las cosas siguientes.

> **MODELO**   Elena / aspiradora
> ¿Es de Elena la aspiradora?
> Sí, es suya. (No, no es suya. Es de...)

1. la abuelita / los cuadros de Rembrandt
2. los vecinos / el tobogán
3. el tío Pepe / los esquís
4. Papá / los discos
5. Magdalena / los juguetes
6. nosotras / el álbum

 C. ¿Y el tuyo? Hágale las siguientes preguntas a un(a) compañero(a) de clase, quien va a contestar según el modelo.

> **MODELO**   casa / grande
> —Mi casa es grande, ¿y la tuya?
> —La mía es grande también.

1. clases / interesantes
2. cuarto / pequeño
3. cama / cómoda
4. madre / abogada
5. familia / unida
6. hermanos / traviesos
7. sueños / extraños
8. vida / fascinante

PALABRAS PROBLEMÁTICAS

Estudie Ud. las palabras siguientes. Son palabras que los estudiantes norteamericanos de español suelen confundir.

1. levantar   *to raise, lift up*
  criar   *to raise* (children)
  crecer   *to grow, increase*
  cultivar   *to raise, cultivate, grow* (crops)
  alzar   *to raise* (voice, flag, load), *construct*

El joven <u>levantó</u> su dibujo para mostrárselo a su madre.
The boy raised his drawing to show it to his mother.

Murieron sus padres y por eso lo <u>criaron</u> sus abuelos.
His parents died, and therefore, his grandparents raised him.

Los granjeros <u>cultivaban</u> arroz en su finca.
The farmers used to grow rice on their farm.

Muchos pinos <u>crecen</u> en el norte de España.
Many pine trees grow in the north of Spain.

El pueblo <u>alzó</u> una bandera para celebrar la fiesta nacional.
The town raised a flag to celebrate the national holiday.

2. tocar   *to play* (an instrument)
  jugar   *to play* (a game)

Mi primo sabe <u>tocar</u> la flauta.
My cousin knows how to play the flute.

De pequeña, yo siempre <u>jugaba</u> al fútbol.
As a child, I always played soccer.

3. pretender   *to try, attempt*
  fingir   *to pretend*

<u>Pretendemos</u> visitar a la abuela cada semana.
We try to visit Grandmother each week.

Los niños <u>fingieron</u> ser extraterrestres.
The children pretended to be extraterrestrials.

4. embarazoso   *embarrassing*
  avergonzado   *embarrassed, ashamed*
  embarazada   *pregnant*

No podía recordar su nombre. Era una situación muy <u>embarazosa</u>.
I couldn't remember her name. It was an embarrassing situation.

El actor se sintió <u>avergonzado</u> cuando se le cayeron los pantalones.
The actor was embarrassed when his pants fell down.

Susana está <u>embarazada</u> por primera vez.
Susana is pregnant for the first time.

5. poco   *little, small* (referring to quantity)
   pequeño⁵   *little, small* (referring to size)
   joven   *young*
   menor   *younger*

Queda <u>poco</u> café en la cafetera.	*There is little coffee left in the pot.*
La cama es demasiado <u>pequeña</u> para Eva.	*The bed is too small for Eva.*
Mi cuñado es <u>joven</u>. Tiene diez años.	*My brother-in-law is young. He's ten.*
Marta es <u>menor</u> que José.	*Marta is younger than José.*

6. en realidad   *actually, in reality*
   actualmente   *nowadays*
   actual (presente)   *present*
   verdadero (real)   *real, true*

<u>En realidad</u> pasé una niñez feliz.	*Actually, I had a happy childhood.*
<u>Actualmente</u> trabajo en una fábrica.	*I am presently working in a factory.*
La situación <u>actual</u> es muy grave.	*The present situation is very serious.*
La <u>verdadera</u> comida española no es muy picante.	*True Spanish food is not very spicy.*

PRÁCTICA

Escoja la palabra apropiada, según el contexto.

1. Esta semana tengo muy (poco, pequeño) dinero.
2. Mi coche es (poco, pequeño). Sólo caben tres personas.
3. Los niños (fingieron, pretendieron) llegar a clase a tiempo ayer.
4. A José le gusta (pretender, fingir) que es el rey de España.
5. En mi opinión, la (actual, verdadera) paella es la que se hace en Valencia.
6. (En realidad, Actualmente) yo no iba mucho a la playa de pequeño.
7. Los mayas (cultivaban, alzaban) maíz en Guatemala.
8. Alicia tomó la bebida mágica y (crió, creció) mucho.
9. Josefina (levantó, crió) la mano porque sabía la respuesta.
10. El maestro (tocó, jugó) el piano anoche en la fiesta.
11. Fui a pagar la cuenta y descubrí que no tenía suficiente dinero. La situación fue muy (embarazada, embarazosa).

---

⁵ **Pequeño** is used to mean *young* in the context of *when I was young* — **cuando yo era pequeño. De pequeño** or **de niño** may also be used to mean *as a child.*

Y EN RESUMEN...

A. Reflejos de mi pasado. Amalia, ya vieja, recuerda momentos de su juventud. Cambie Ud. los verbos entre paréntesis al pasado o escoja la respuesta correcta. Traduzca las palabras en inglés al español.

Mi familia (ser) _____ muy unida. Yo siempre (tener) _____ una relación íntima con (*my*) _____ hermanos. Una vez mi hermano me (pedir) _____ ayuda en algo que él (ir) _____ a hacer. Aunque yo no (querer) _____, por amor, yo lo (ayudar) _____. Mis abuelos (vivir) _____ en su propia casa hasta que mi abuelo (morir) _____ en 1940. Entonces, la abuela (venir) _____ a vivir (*with us*) _____ y mamá la (cuidar) _____ hasta su muerte. Yo la (respetar) _____ mucho y de ella (aprender) _____ (a, _) _____ apreciar (a, _) _____ mis mayores.

Mis (*godparents*) _____ (servir) _____ de testigo cuando yo (*received*) _____ el bautismo y (el, la) _____ primera comunión y en (otros, otras) ocasiones especiales.

(Una, Un) _____ (gran, grande) _____ variedad de colores (inundar) _____ (*our*) _____ patio y (los, las) _____ plantas, flores y (*trees*) _____ frutales (perfumar) _____ el aire. Allí yo (*used to play*) _____ con mis amigos y (hacer) _____ travesuras desde mi fascinante mundo imaginario.

B. La vuelta. Muchas cosas han cambiado en el vecindario al pasar de los años. Explíquele los cambios a un amigo que vuelve e indíquele cuándo pasaron.

MODELO   —Antes la casa era roja, ¿verdad? (pintar)
         —Sí, pintaron la casa hace un año.

1. Antes los Gómez vivían al lado, ¿verdad? (vender)
2. Antes había un parque cerca de la casa, ¿verdad? (destruir)
3. Antes Uds. tenían dos coches, ¿verdad? (comprar)
4. Antes había un árbol muy grande aquí, ¿verdad? (cortar)
5. Antes Uds. tenían un perro, ¿verdad? (morir)
6. Antes no había un garaje, ¿verdad? (construir)

C. Prefiero los suyos. Siga Ud. el modelo.

MODELO   jugar con / juguetes
         Generalmente yo jugaba con **mis** juguetes pero ayer jugué con **los suyos**.

1. visitar a / abuela   **3.** traer / libros   **5.** ir a / club
2. comer / cena   **4.** almorzar / en casa   **6.** hacer / cama

D. Conducta infantil. Lea Ud. el anuncio siguiente y haga los ejercicios.

**EDADES PARA ENSEÑAR CIERTAS
REGLAS SOCIALES CONCRETAS**
No todos los niños están igualmente preparados para aprender y asimilar las mismas cosas a una misma edad. Recuerde siempre que nunca hay dos niños idénticos, y que todos ellos van desarrollándose mental, emocional y socialmente a su propio ritmo. Sin embargo, aun admitiendo estas diferencias reales, las pautas que ofrecemos a continuación podrán orientarle bastante en lo que respecta a cuál es la mejor edad para ir enseñando a sus hijos ciertas normas y fórmulas básicas de cortesía.

CONDUCTA INFANTIL	**EDAD**
● Saludos y despedidas formales ("¿qué tal?", "¿cómo está usted?", "adiós", "hasta luego")...................................	3 a 4 años
● Frases tales como "por favor", "gracias", "disculpe", "con su permiso", etc...	3 a 5 años
● Buenos modales* en la mesa...................................	4 a 6 años
● Respeto y consideración hacia personas ancianas, enfermas o impedidas (no comentar sobre el problema que aqueja a la persona, ofrecerle ayuda en caso necesario)	4 a 5 años
● Esperar turno para hablar, sin interrumpir a otros en la conversación..	6 a 7 años
● Tacto elemental respecto a otros (evitar comentarios inoportunos, tales como "¡qué flaca es usted!" o "¡qué vestido más feo!")..	5 a 7 años
● Conducta apropiada en sitios públicos (iglesias, tiendas, etc.)...	5 a 6 años
● Conducta apropiada cuando se pasan días invitados en casa ajena	7 a 10 años
● Discreción en asuntos reservados (no hablar delante de extraños acerca de problemas familiares privados; no revelar confidencias, etc.)	8 a 12 años

manners

---

1. Maricarmen, una niña de seis años, está invitada a asistir a la boda de su prima. Según el artículo, ¿cómo debe comportarse ella...

a. en la iglesia durante la ceremonia nupcial?
b. en el banquete cuando se le presentan muchos parientes de todas edades, algunos muy viejos?
c. en la mesa cuando le sirven la comida? ¿cuando quiere charlar? ¿cuando tardan mucho en traer el postre?
d. en la pista de bailar (*dance floor*) cuando ella pisa (*steps on*) el pie de su primo mientras bailan?
e. en la puerta cuando es la hora de irse?

2. En su opinión, para un(a) niño(a), ¿cuál es la edad apropiada para...

    a. empezar a usar una servilleta (*napkin*) como lo hacen los adultos?
    b. respetar las reglas de un juego?
    c. mascar con la boca cerrada?
    d. empezar a no dejar su puesto en la mesa después de terminar de comer sin pedir permiso?

3. En la..., ¿cuáles son las normas básicas de convivencia civilizada?

    a. familia de Ud.
    b. casa, apartamento o residencia donde vive ahora
    c. situación ideal

4. Conteste Ud. las preguntas.

    a. Se dice que «el ejemplo debe empezar en casa». ¿Qué quiere decir esto? Explique y dé ejemplos.
    b. Los tradicionalistas creen que es muy importante tener buenos modales a una temprana edad. Hay quienes creen que no hay que darle mucha importancia a esta cuestión. ¿Qué opina Ud.?
    c. En cuanto a los modales, ¿hay un punto común en todas las culturas? ¿Qué sabe Ud. de los modales en Francia? ¿en China? ¿en España? ¿en otro país?

E. Recuerdos de Enrique. Enrique Oliver, un director de cine cubanoamericano, habla de las diferencias culturales que experimentó al llegar a los EE.UU. Escoja Ud. la palabra apropiada o use la forma correcta del verbo entre paréntesis en el pretérito o el imperfecto. Traduzca las palabras en inglés al español.

(*I think*) _____ que el choque cultural más grande que yo (sufrir) _____ al llegar a este país (ser) _____ la idea de la privacidad. (*To be*) _____ libre y (*to be able*) _____ decidir cuándo tú vas a (*to be*) _____ solo o con alguien (ser) _____ algo nuevo para mí. (El, La) _____ costumbre de llamar por teléfono antes de visitar a alguien (*is*) _____ un concepto que no (existir) _____ en (*my*) _____ casa. En Cuba muchas veces yo (volver) _____ de la escuela y (encontrar) _____ a una vecina en (*our kitchen*) _____, esperando a (*my*) _____ madre. Encontrar a vecinos o amigos en casa cuando nosotros no (estar) _____ era una cosa normal.

Al principio, yo (encontrar) _____ la forma americana de ser más privada muy agradable. Pero de pronto, yo (empezar) _____ a sentirme solo, y (darse) _____ cuenta de que (necesitar [yo]) _____ ese calor y ese cariño de mi familia.

F. Las cosas cambian. Mire Ud. el dibujo siguiente y haga las actividades.

1. ¿Es verdad que después de casarse, los hijos vuelven a casa? ¿Cuáles son algunas posibles razones por las que los hijos vuelven a casa?
2. ¿Quiere Ud. vivir con sus padres después de casarse? ¿Cuáles son dos ventajas y dos desventajas de volver a casa?
3. Cuando Ud. sea madre o padre, ¿quiere que sus hijos vuelvan a casa para vivir? ¿Cuáles son dos ventajas y dos desventajas de vivir con sus hijos y las familias de ellos?
4. En grupos, representen una escena en que un(a) hijo(a) les explica a sus padres por qué quiere volver a vivir en casa con su esposa(o) y cinco hijos.

 G. Escuela de padres. Lea Ud. el anuncio siguiente y haga las actividades.

1. Las siguientes frases son falsas. Basándose en el anuncio en la pág. 109, corríjalas.

   a. En esta clase los padres no tienen la oportunidad de hablar directamente con sus hijos.
   b. El curso consiste en seis lecciones
   c. Hay clases los fines de semana.
   d. Todas las clases son por la mañana.
   e. Este curso fue diseñado para los jóvenes que se llevan muy bien con sus padres.
   f. Ofrecen las clases durante el mes de agosto.

2. Conteste Ud. las siguientes preguntas.

   a. ¿Cuál era su mayor problema de adolescente?
   b. ¿Lo (La) comprendían a Ud. sus padres? Explique. ¿Qué es lo que no comprendían?

c. ¿Era Ud. individualista o conformista? ¿Por qué? Dé Ud. ejemplos de su individualismo o conformismo.

d. ¿Qué tipo de música le gustaba? ¿Qué les parecía a sus padres esa música?

e. ¿Por qué cree Ud. que la adolescencia es una época tan difícil para padres e hijos? ¿Para quién es más difícil? Explique.

LOS PADRES ANTE EL ADOLESCENTE

CURSO BREVE DE "ESCUELA DE PADRES"

* CUATRO LECCIONES DECISIVAS PARA COMPRENDER EL FENÓMENO DE LA ADOLESCENCIA

* HECHO ESPECIALMENTE PARA PADRES QUE VIVEN DÍA A DÍA EL PROBLEMA

* BAJO LA DIRECCIÓN DEL EQUIPO PEDAGÓGICO DE "ESCUELA DE PADRES ECCA" DE VALENCIA

CONTENIDO

1. DIÁLOGO PADRES - HIJOS
2. PUBERTAD Y ADOLESCENCIA
3. LOS PROBLEMAS DE LA SEXUALIDAD EN LOS ADOLESCENTES Y JÓVENES
4. LOS JÓVENES: CRISIS DE IDENTIDAD, INMADUREZ AFECTIVA

SESIONES: EN MARZO

Días: martes   9
       jueves 11
       martes 23
       jueves 25

Horas: De 9'30 a 11'30 de la noche

INSCRIPCIONES Y LUGAR DE REUNIÓN

ESCUELA DE PADRES ECCA   — TEL. 369 37 00
C.E.M.   Alameda, 7   -   VALENCIA - 10

3. Refiriéndose a la descripción del curso, en grupos representen la siguiente escena.

 El (La) profesor(a) está encargado(a) de dar este curso. Algunos de los alumnos son:

a. una madre soltera con un hijo
b. un padre viudo con tres hijas
c. un matrimonio con gemelos

¿Cuáles son las preguntas que le hacen los padres al (a la) profesor(a) y qué les responde él (ella)?

VIDEOCULTURA 2:
Memoria y recuerdos

1:09:55–
1:14:01

CARLOS SANTANA HABLA DE SU CULTURA

Carlos Santana.

Vamos a conocer a Carlos y saber un poco de su niñez. Haga las actividades preparativas, mire el video y haga las actividades que siguen.

Vocabulario útil

abrazar *to hug*
las huellas digitales *fingerprints*
las banderas *flags*

las fronteras *borders, frontiers*
redondo *round*

Preparativos

¿Quién es Carlos Santana? ¿Cuáles son algunas de sus canciones famosas? ¿Qué más sabe Ud. de él?

Comprensión y discusión

A. Años importantes. Escuche bien a Carlos y llene el espacio con el año apropiado.

Yo vine a los EE.UU. en el _____. Viví en Tijuana del _____ hasta el _____

y en el _____ vine a San Francisco. Mi madre nos trajo allí y hemos estado

desde el _____.

B. La vida familiar de Carlos. Basándose en la entrevista con Carlos, diga...

1. dónde nació y cómo es su pueblo natal.
2. por qué vino a los EE.UU.
3. cómo es su madre.
4. qué quería su madre para sus hijos.

C. ¿Latino o hispano? En sus propias palabras explique por qué a Carlos no le gusta ni el término hispano ni el término latino. ¿Qué término prefiere y por qué?

D. El lenguaje poético de Carlos. Escuche bien la entrevista con Carlos y llene el espacio con la palabra correcta de la lista que sigue.

carteras	curarnos	justo	conciencia
familia	tortuga	fronteras	aire

1. No es _____ medir una _____ con la misma vara (*measuring stick*) con que

   mides un águila (*eagle*).

2. Es mejor que todos seamos una _____ y empecemos a _____ y abrazarnos.

3. No me gustan las banderas ni las _____ ni las _____.

4. Agua limpia, _____ limpio, _____ limpia.

E. ¿Qué piensa Ud.? Conteste las siguientes preguntas.

1. Carlos quiere que su música ayude a la gente a bajar barreras. ¿Hay muchas barreras en nuestra sociedad? ¿Cuáles son algunas? ¿Cómo puede Ud. ayudar a bajar barreras?
2. Según Carlos, ¿por qué hizo Dios el planeta redondo? ¿Está Ud. de acuerdo con su filosofía? Explique.
3. Carlos cree que el patriotismo es una forma muy primitiva de ser racista. Comente Ud. esta idea.
4. ¿Qué tipo de persona es Carlos Santana? ¿Cuáles son algunas de sus ideas? ¿Cómo puede una celebridad como Carlos influir a la gente? ¿Hay algunas celebridades que tengan una influencia negativa en la gente joven? ¿Quiénes son y cuáles son los efectos negativos?

1:01:10-
1:04:32

VISIONES DEL PUEBLO: UNA EXPOSICIÓN DEL ARTE FOLKLÓRICO DE LA AMÉRICA LATINA

Visiones del Pueblo es una exposición del arte de la América Latina que refleja la vida cotidiana de la gente que lo produce. Estos objetos artísticos y utilitarios incluyen juguetes de niños, ropa, herramientas y más. Vamos al Museo Mexicano en San Francisco donde podemos ver esta exposición fascinante. Haga las actividades preparativas, mire el video y haga las actividades que siguen.

Vocabulario útil

el siglo *century*   las herramientas *tools*
cotidiano *daily*   el albañil *mason, bricklayer*

Preparativos

¿Qué tipo de arte refleja la vida cotidiana de su pueblo o región? Cuando Ud. piensa en el arte hispánico, ¿en qué piensa?

Comprensión y discusión

A. Los objetos de arte. Lea Ud. la lista siguiente e indique todos los objetos que Ud. ve.

_____ muebles (sillas, mesas)   _____ armas (revólveres, cañones)

_____ ropa   _____ gigantes

_____ animales   _____ zapatos

_____ máscaras   _____ juguetes

_____ barcos   _____ niños

¿Ve Ud. otros objectos?

_____   _____

_____   _____

B. Todo falso. Las siguientes frases son falsas. Corríjalas con frases completas.

1. La colección de objetos de arte incluye sólo el arte precolombino.°
2. Este arte fue creado por artistas profesionales.
3. El arte de esta exhibición sirve sólo por su valor artístico.   *before Columbus*
4. Este arte fue creado para vendérselo a los turistas.
5. Cuatro países de la América Latina participaron en esta exhibición.

C. Visiones de la ciudad. Ud. está encargado(a) de organizar otra exhibición de arte que incluye objetos que representan la vida urbana. En grupos, hagan una lista de diez objetos de arte popular que podemos ver en esta exhibición. ¿Por qué van a incluirlos?

D. ¿Qué piensa Ud.? Conteste las siguientes preguntas.

1. Del arte que Ud. vio en el video, ¿cuáles son algunos de sus objetos favoritos y por qué?
2. ¿Por qué será este arte tan colorido?
3. ¿Cuáles son ejemplos del arte utilitario de los EE.UU.?
4. Cuándo Ud. era pequeño(a) ¿le compraban sus padres los juguetes o los hacían? Explique. ¿Con qué juguetes jugaba? ¿Cuáles eran sus favoritos? ¿Por qué?

Así paso el día

Lección 7

¿Y a qué hora empiezas tú el día?

PARA COMENZAR...

1. Con la ayuda del vocabulario en las págs. 119-120, ¿qué pasa hoy en esta ciudad?
2. ¿A cuáles de estos edificios va Ud. cada semana? ¿Para qué?
3. ¿Es esta ciudad similar a su ciudad? ¿En qué sentido? ¿Cuáles son las diferencias?

4. Imagínese que Ud. es la persona que está en la cabina telefónica. ¿A quién llama? ¿Por qué?

5. Use su imaginación. ¿Quién es el hombre en el restaurante? ¿Por qué está solo? ¿Prefiere Ud. comer solo(a) o con un(a) compañero(a)? ¿Por qué?

6. Según la actividad en el dibujo, ¿qué hora es? ¿Qué día es?

 ## ¿Y a qué hora empiezas tú el día?

Dos amigas hablan. Nancy es de los Estados Unidos y quiere saber algo de la vida diaria de su amiga Ema, quien es de Valencia, España.

NANCY: ¿Cómo es el horario de trabajo y de comida en España?

EMA: Pues mira, se suele empezar a trabajar a las nueve y siempre regresamos a casa para comer sobre las dos porque las distancias son muy cortas. Casi todos vivimos en la ciudad porque es más cómodo.

NANCY: ¿A qué hora volvéis al trabajo?

EMA: Regresamos a las cuatro y terminamos a eso de las siete. Luego solemos pasear o ir a una cafetería para tomar algo. Algunas personas van a una tasca.

NANCY: ¿Cómo? ¿Qué es una tasca? ¿Un tipo de restaurante?

EMA: Eso. Una tasca es un sitio típico donde se bebe vino o cerveza y se toman tapas.° Y después se vuelve a casa para cenar a las diez.

snacks like hors d'oeuvres

NANCY: ¿Se sale mucho a partir de las diez?

EMA: No, salvo° los fines de semana. Generalmente se ve la televisión hasta las doce o doce y media.

except

NANCY: ¿Y cómo es la televisión española? Son populares algunos de los programas de televisión norteamericanos, ¿verdad?

EMA: Pues sí, hay algunos programas de los EE.UU. que son muy populares, como por ejemplo «Los Simpson», «Hospital General», «Murphy Brown», y mi favorito, «Treinta y tantos». Hay concursos° como «La ruleta de la fortuna» y otro que se llama «Los segundos cuentan». A los niños les gusta mirar los dibujos animados «Lolek y Bolek», «Ploom», «Power Rangers», «Los Picapiedra» (*The Flint-stones*) y «Max». Las telenovelas son popularísimas en España,

game shows

como «La gata salvaje» y «La intrusa». Pero también tenemos mucha programación educativa, documentales, programas sobre la salud, noticias, películas y obras teatrales originales. Desafortunadamente, igual que en los EE.UU. hay también la teletienda.°   *home shopping club*

NANCY: Y después de tanto mirar, ¿a dormir?

EMA: Eso es.

CONVERSEMOS

Refiriéndose a la lectura anterior, conteste Ud. las preguntas.

1. ¿De dónde es Nancy? ¿De dónde es Ema? Describa Ud. en breve el horario de trabajo y de comida en España. ¿Qué otras actividades menciona Ema? ¿Qué es una tasca? Describa Ud. la televisión española. ¿Cuáles son algunos programas de los EE.UU. que son populares en España?
2. Compare el horario español con el de los EE.UU. ¿Cuáles son las ventajas y desventajas de cada uno? ¿Cuál prefiere Ud.? ¿Por qué?
3. ¿Por qué cree Ud. que los programas de los EE.UU. son populares en España? ¿Los mira Ud.? ¿Cuáles? ¿Qué puede aprender una persona española de nuestra cultura por medio de estos programas?
4. ¿Qué suele hacer Ud. después del trabajo o de las clases? En este país, ¿hay algo similar a una tasca? Explique.

VOCABULARIO

EDIFICIOS
el almacén *department store*
el ayuntamiento *city hall*
el banco *bank*
la cafetería *café* (Spain)
la catedral *cathedral*
el cine *movie theater*
el correo *post office*[1]

la estación *station*
la farmacia *pharmacy*
el quiosco *newsstand*
la plaza de toros *bullring*
el rascacielos *skyscraper*
el restaurante *restaurant*
la tasca *pub*

---

[1] In Spain, **correos** = *post office*

VERBOS

acostarse (ue) *to go to bed*
caminar (andar) *to walk*
cenar *to have supper*
conducir (manejar) *to drive*
cruzar (atravesar, [ie]) *to cross*
doblar *to turn (a corner)*
estacionar (aparcar) *to park*
levantarse *to get up*
parar(se) *to stop*
regresar *to return*
reunir(se) *to gather (get together)*
soler (ue) *to be used to, in the habit of*
terminar (acabar) *to finish*
tratar de (intentar) *to try*

ADJETIVOS

alto *tall*
ancho *wide*
bajo *short (stature)*
corto *short (distance, measure)*
largo *long*

EN LA CALLE *(On the street)*

la acera *sidewalk*
el alcalde (la alcaldesa) *mayor*
la avenida *avenue*
el centro *center, downtown*
el (la) conductor(a) *driver*
dar una vuelta (pasear[se]) *to stroll, take a walk*

el embotellamiento *traffic jam*
el estacionamiento *parking*
la manzana (la cuadra) *block*
la parada de taxi (autobús) *taxi stand (bus stop)*
el parque *park*
el peatón (la peatona) *pedestrian*
la plaza mayor *main square*
el puente *bridge*
el semáforo (la luz) *traffic light*

OTRAS PALABRAS Y EXPRESIONES

a la derecha (izquierda) *to the right (left)*
a partir de (después de) *after*
bajar del autobús (coche, etc.) *to get off or out of a bus (car, etc.)*
el buzón *mailbox*
derecho *straight ahead*
echar una carta *to mail a letter*
la multa *fine*
el piso *floor, apartment*
pronto *early, soon*
el sitio *place*
subir al autobús (coche, etc.) *to get on a bus (into a car, etc.)*

¿CÓMO? NO COMPRENDO.
(Refiérase a las págs. 129-130.)

REPASEMOS EL VOCABULARIO

A. ¿Cuál no pertenece? Subraye Ud. la palabra que no está relacionada con las otras y explique por qué.

1. correo   manzana   ayuntamiento   rascacielos
2. restaurante quiosco   tasca   cafetería
3. avenida   cuadra   acera   carta

4. soler   bajar   parar   pasear
5. a la derecha   derecho   ancho   a la izquierda

B. **Sinónimos.** Escriba Ud. el sinónimo de las palabras subrayadas.

1. La fiesta comienza a partir de las ocho.
2. Me paseaba por la acera cuando vi el embotellamiento.
3. Cuando la luz está en verde, siga Ud. derecho hasta llegar a la esquina.
4. El policía le dio una multa por atravesar la calle.
5. Mis amigos viven a dos cuadras del ayuntamiento.
6. ¿A qué hora termina el día laboral en España?
7. Voy a intentar estacionar en la calle.
8. Aprendí a manejar cuando tenía quince años.

C. **¿Qué hizo después?** Busque Ud. en la segunda columna la acción que lógicamente sigue la de la primera columna y forme una frase en el pretérito, según el modelo.

MODELO   cenar / acostarse
         Después de cenar, me acosté.

1. bajar del autobús   **a.** tomar café
2. encontrar un buzón   **b.** ir de compras en el almacén Galerías Preciados
3. levantarse   **c.** pagarle al conductor
4. sacar dinero del banco   **d.** caminar dos cuadras y doblar a la derecha
5. subir al autobús   **e.** echar las cartas

D. **Edificios.** Nombre Ud. dos cosas que Ud. hace en...

1. una catedral   5. un ayuntamiento
2. un banco   6. una farmacia
3. una tasca   7. un parque
4. un almacén   8. una cafetería

E. **Definiciones.** Defina Ud. las palabras siguientes. Luego, forme dos frases diferentes sobre cada una.

1. embotellamiento
2. puente
3. rascacielos
4. estación
5. buzón
6. esquina

GRAMÁTICA

Telling Time (Expresando la hora)[2]

¿Qué hora es?	*What time is it?*
Es **la** una. Son **las** dos.	*It's one o'clock. It's two o'clock.*
Es la una y cuarto (media).	*It's one fifteen (thirty).*
Son las tres menos diez.	*It's ten to three.*
Son las seis en punto.	*It's six o'clock sharp (on the dot).*
Es mediodía (medianoche).	*It's noon (midnight).*
Es temprano (tarde).	*It's early (late).*
Son las siete **de** la mañana.	*It's seven **in** the morning.*
por la mañana (tarde, noche)	*in the morning (afternoon, evening) (no specific time mentioned)*
de día (noche)	*in the daytime, by day (by night)*
a eso de las diez	*around (about) ten o'clock*
¿A qué hora... ? A las dos.	*At what time . . . ? At two o'clock.*
Dan las ocho.	*It's striking eight.*

---

[2] In Spain, as in many other countries, the twenty-four-hour time system is frequently used, especially in official schedules. The day begins at midnight, and the hours are numbered 0-23:00. A movie that starts at 16:00 begins at 4:00 P.M.

PRÁCTICA

A. Actividades. Refiriéndose al horario siguiente diga Ud. cómo pasó Carlos el día. Use el pretérito según el modelo.

   MODELO   7:00 / levantarse
   A las siete Carlos se levantó.

1. 7:05 / bañarse
2. 8:22 / perder el autobús
3. 9:08 / llegar tarde a la oficina
4. 12:00 / ir al banco
5. 12:45 / almorzar rápido
6. 1:05 / volver a la oficina
7. 5:00 / salir para la casa
8. 8:00 / ver la tele

B. ¿A qué hora? Pregúntele a un(a) compañero(a) a qué hora hace las siguientes actividades. Luego pregúntele a qué hora las hacía cuando era pequeño(a).

1. levantarse
2. desayunar
3. salir para la escuela

4. almorzar
5. mirar la tele
6. estudiar

7. volver a casa (su cuarto)
8. cenar
9. hablar con los amigos

Interrogative Expressions (Las palabras interrogativas)

FORM

1. The common interrogative words are:

¿Adónde?	*To where?*	¿Dónde?	*Where?*
¿Cómo?	*How?*	¿Qué?	*What? Which?*
¿Cuál? ¿Cuáles?	*What? Which?*	¿Quién? ¿Quiénes?	*Who? Whom?*
¿Cuándo?	*When?*		
¿Cuánto(a, os, as)?	*How much?*		
	How many?		

2. Interrogative words are often located at the beginning of a sentence and are preceded by an inverted question mark. They require a written accent, even when used indirectly.

¿Qué quieres?   *What do you want?*
José quiere saber dónde vives.   *José wants to know where you live.*

3. When a verb requires a preposition in a response, that preposition is also included in the question. It is placed before the interrogative word.

¿Para qué lo quieres?   *For what purpose (Why) do you want it?*
¿Con quién vas?   *With whom are you going?*
¿De dónde es Marta?   *Where is Marta from?*

USE

1. ¿Qué? can be used as a pronoun and as an adjective.

a. As a pronoun, it means *what?* and is used to elicit a definition or an explanation.

¿Qué es un quiosco?   *What is a kiosk?*
¿Qué quiere Ud.?   *What do you want?*

b. As an adjective, **¿qué?** means *what?* or *which?*

¿En qué avenida vives tú?   *On what avenue do you live?*
¿Qué coche cuesta más?   *Which car costs more?*

2. **¿Cuál?** and **¿cuáles?** are mainly used as pronouns to express *what? which one?* or *which ones?*[3] They indicate a selection or choice of possibilities and are commonly used in the following constructions.

a. | **¿Cuál?** + **ser** + noun |

¿Cuál es la fecha? *What is the date?*
¿Cuáles son tus revistas favoritas? *What (Which) are your favorite magazines?*

b. | **¿Cuál?** + verb |

¿Cuál prefieres? *Which do you prefer?*
¿Cuáles quiere Ud.? *Which (ones) do you want?*

c. | **¿Cuál?** + **de** + noun + verb |

¿Cuál de los libros leíste? *Which of the books did you read?*

3. **¿Quién?** and **¿quiénes?** are pronouns that refer to people.

¿Quién es el alcalde de este pueblo? *Who is the mayor of this town?*
¿Quiénes son Uds.? *Who are you?*
¿Quiénes son esos hombres en la esquina? *Who are those men on the corner?*

4. **¿Dónde?** is used to ask for a location. **¿Adónde?** asks about a destination.

¿Dónde está la biblioteca? *Where is the library?*
¿Adónde vas después de cenar? *Where are you going after supper?*

5. **¿Cuánto(a, os, as)?** is used as an adjective or pronoun. It agrees in number and gender with the noun it modifies or replaces.

¿Cuántas librerías hay en esta ciudad? *How many bookstores are there in this city?*
¿Cuánto cuesta el libro? *How much does the book cost?*

6. **¿Por qué?** means *why?* and asks for a cause or reason. **¿Para qué?** means *why?* in the sense of *what for?* It asks for a result, purpose, or use.

¿Por qué compraste esa novela? *Why did you buy that novel?*
La compré porque quiero leerla. *I bought it because I want to read it.*

---

[3] **¿Cuál?** and **¿cuáles?** are also used as adjectives in some places in Latin America. For example: **¿Cuál revista quieres leer?** *(What [Which] magazine do you want to read?)*

¿Para qué compraste esa novela?

La compré para regalársela a María.

What did you buy that novel for?

I bought it to give to María.

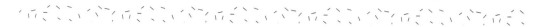

PRÁCTICA

A. Conociendo la ciudad. Conteste Ud. las preguntas siguientes, notando bien la diferencia entre **¿qué?** y **¿cuál?**

1. ¿Qué es un rascacielos? ¿Cuál es el rascacielos más alto de esta ciudad?
2. ¿Qué es un parque? ¿Cuál es el parque más bonito de esta ciudad?
3. ¿Qué es un supermercado? ¿Cuál es el supermercado más grande y moderno?
4. ¿Qué es un autobús? ¿Cuál es el autobús que va al centro?

B. Lo que hizo Ema ayer. Use Ud. la expresión interrogativa apropiada para formar la pregunta correcta.

MODELO   Le escribió una carta <u>a su abuela</u>.

<u>¿A quién</u> le escribió una carta ayer?

1. A las 8:00 de la mañana Ema fue <u>al quiosco</u>.
2. Allí compró <u>revistas y periódicos</u>.
3. A las 9:00 fue a la Cafetería Potro <u>para tomar café</u>.
4. Luego fue a la facultad <u>porque tenía clase</u>.
5. Pasó <u>tres</u> horas en la biblioteca.
6. En la noche, salió <u>con Vicente</u>.

C. El Prado. Dé Ud. una pregunta que corresponda a las respuestas siguientes. Todas las frases se refieren al Museo del Prado. Hay más de una respuesta posible.

MODELO   Es el museo más famoso de España.

¿Qué es el Prado?

1. Está en Madrid.
2. Es grande y antiguo.
3. Tiene más de seis mil obras de arte.
4. Fue construido en 1785.
5. Juan de Villanueva lo diseñó.
6. Se abre a las diez de la mañana.
7. La entrada cuesta cien pesetas.
8. Es el edificio cerca del Hotel Ritz.

D. ¿Qué hay en esta ciudad? Dígale a la clase el nombre de un lugar, edificio o monumento que Ud. conoce. Ahora la clase le va a hacer preguntas referentes al sitio y Ud. tiene que contestarlas.

E. ¿Qué quiere Ud. saber? Forme Ud. tres o cuatro preguntas según la situación.

> MODELO   En la biblioteca. Ud. quiere saber algo sobre la historia de Cuba.
> ¿En qué piso están los libros de historia?
> ¿Dónde está la escalera?
> ¿Por cuánto tiempo puedo sacar los libros?

1. En el correo. Ud. quiere enviar una caja grande al Japón.
2. En el almacén. Ud. quiere comprar el regalo ideal para su novio(a).
3. En la parada de taxis. Ud. quiere ir al Teatro Nacional.
4. En casa. Un(a) amigo(a) lo (la) llama por teléfono para invitarlo(la) a Ud. a una fiesta.

F. La curiosidad. Con un(a) compañero(a) representen los papeles siguientes. ¿Qué le pregunta la primera persona a la segunda, y qué le contesta? Incluya tres posibilidades.

1. el (la) profesor(a) y un(a) estudiante el primer día de clases
2. un(a) extraterrestre y una persona de Nueva York
3. usted y un(a) estudiante extranjero(a)
4. un(a) niño(a) y Santa Claus
5. un policía y la víctima de un robo

Demonstrative Adjectives (Los adjetivos demostrativos)

FORM

	this	**that** *(nearby)*	**that** *(far away)*
masculine			
singular	este	ese	aquel
plural	estos	esos	aquellos
feminine			
singular	esta	esa	aquella
plural	estas	esas	aquellas

USE

1. Demonstrative adjectives point out a person, place, or thing among many. They are normally placed before the noun they modify.

Este edificio es un almacén.   *This building is a department store.*
Ese edificio es una peluquería.   *That building is a beauty shop.*
Aquel edificio es un colegio.   *That (far away) building is a school.*

2. Demonstrative adjectives agree in number and gender with the noun they modify.

Aquel patio está lleno de flores.   *That patio is full of flowers.*
Aquellas flores son claveles.   *Those flowers are carnations.*

3. When demonstrative adjectives follow the noun, they often indicate scorn or derision.

El tipo ese es un sabelotodo.   *That guy is a know-it-all.*

Demonstrative Pronouns (Los pronombres demostrativos)

FORM

	this	**that** *(nearby)*	**that** *(far away)*
masculine			
singular	éste	ése	aquél
plural	éstos	ésos	aquéllos
feminine			
singular	ésta	ésa	aquélla
plural	éstas	ésas	aquéllas
neuter	esto	eso	aquello

USE

1. Demonstrative pronouns have the same form as demonstrative adjectives, but they have written accents to distinguish them from the adjective form.

esta muchacha y ésa   *this girl and that one*
estos niños y aquéllos   *these children and those (over there)*

2. Demonstrative pronouns agree in number and gender with the noun they replace.[4]

este puente = éste   *this bridge = this one*
aquellas plantas = aquéllas   *those plants = those*

---

[4] **Éste** and all its forms can be used to express *the latter.* **Aquél** and all its forms can be used to express *the former.*

Juan y Pepe estudian mucho; éste (Pepe) estudia   *Juan and Pepe study a lot; the latter is studying to be a*
para médico y aquél (Juan) para abogado.   *doctor and the former to be a lawyer.*

3. **Esto**, **eso**, and **aquello** are neuter pronouns. They have no written accents and are used to refer to abstract ideas or situations, or to an unknown object.

Siempre llega tarde. Eso me molesta.　　*He always arrives late. That bothers me.*
¿Qué es esto?　　　　　　　　　　*What is this?*

4. **Eso es** and **eso** are used to express agreement with something that was said or suggested.

Dos y dos son cuatro, ¿verdad?　　*Two and two are four, correct?*
Eso es.　　　　　　　　　*That's right.*
¿Quieres ir al cine?　　　　*Do you want to go to the movies?*
Eso.　　　　　　　　*Exactly.*

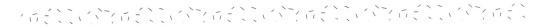

PRÁCTICA

A. Nunca se ponen de acuerdo. Juan y Elena están de visita en Madrid. ¿Qué dicen?

MODELO　visitar / museo
　　　　Juan　¿Quieres visitar este museo?
　　　　Elena　No. Prefiero ése.

1. ver / película
2. comer / tapas
3. subir / calle
4. entrar en / tiendas
5. tomar / taxi
6. comprar / zapatos
7. mirar / programa de televisión
8. pedir / refresco
9. cenar en / restaurante
10. visitar / catedral

B. La ciudad grande. Pedrín va a la ciudad por primera vez. Todo le fascina y se lo comenta a su mamá. Con un(a) compañero(a) siga el modelo.

MODELO　edificios / altos
　　　　Pedrín　¡Qué edificios más altos!
　　　　Mamá　¿Cuáles? ¿Ésos?
　　　　Pedrín　No, aquéllos.

1. flores / hermoso
2. calle / estrecho
3. puente / largo
4. autobuses / antiguo
5. chicas / simpático
6. parque / bonito

C. Preferencias. Explique Ud. sus preferencias según el modelo, empleando el pronombre demostrativo apropiado.

MODELO   ir a / farmacia
          No voy a esta farmacia. Voy a aquélla porque está abierta los domingos.

1. subir a / autobús
2. cruzar / calle
3. entrar en / edificio
4. doblar / esquina
5. visitar / museos
6. hablar con / chicas
7. salir por / puerta
8. comer en / restaurante
9. ver / película

D. ¿Cómo quedamos? (*How shall we leave it?*) Teresa y Alejandro quieren reunirse hoy, pero ¿dónde? y ¿a qué hora? Siga Ud. el modelo.

MODELO   el quiosco / 7:00
          Teresa   ¿Cómo quedamos?
          Alejandro   Pues, nos reunimos a las siete en el quiosco.
          Teresa   ¿Cuál? ¿Ese quiosco?
          Alejandro   No, aquél.

1. la iglesia / 10:00
2. el cine / 6:45
3. la esquina / 4:00
4. la puerta / 12:00
5. la parada del autobús / 1:30
6. el almacén / 11:15
7. la librería / 5:20
8. el apartamento / 7:05

ASÍ SE DICE

¿Cómo? No comprendo.

There are many ways to express lack of comprehension in Spanish. Although some of these expressions may be used only in certain contexts, others are appropriate for a variety of situations.

1. The most common ways to express lack of understanding are:

¿Cómo?	*What?*	¿Perdón?	*Pardon me?*
¿Mande? (México)	*What?*	¿Qué?	*What? Huh?*

¿Qué? is the less polite form, similar to *Huh?* in English.

2. When sounds are indistinguishable or simply not heard, you might say:

No (te) oí.   *I didn't hear (you).*
Hable (Repita) Ud. más alto (más   *Speak (Repeat) louder (more slowly,*
   despacio, lento, claro).   *clearly).*

¿Podría Ud. repetir (hablar más lento, etc.)?	*Could you repeat (speak more slowly, etc.)?*
¿Qué dice? ¿Qué dijo?	*What are you saying? What did you say?*

3. When the meaning of a word or concept is not understood, you could respond:

No comprendo.	*I don't understand.*
No entiendo.	*I don't understand.*
¿Qué quiere decir...?	*What does . . . mean?*
¿Qué significa...?	*What does . . . mean?*

4. To find out if one has been understood or if further explanation is necessary, you might ask:

¿Entiende Ud.? (¿Entiendes?)	*Do you understand?*
¿Me explico?	*Am I making myself clear?*

5. To clarify or further explain a concept, use:

es decir	*that is to say*
o sea	*that is, or rather*
en otras palabras	*in other words*

6. To express understanding after a clarification, you can reply:

Ahora sí (entiendo).	*Now I understand.*
Ya veo. Ya comprendo.	*I understand, I get it.*
¡Ya!	*Got it.*

PRÁCTICA

A. ¿Qué dijiste? En grupos de dos, den una frase que requiera las siguientes reacciones.

1. Más alto, por favor.
2. Ya comprendo.
3. ¿Podría Ud. hablar más despacio?
4. ¿Qué quiere decir...?
5. ¿Cómo?

B. En la fiesta. Escriba un diálogo apropiado para cada una de las situaciones siguientes.

1. Su compañero come mientras habla. La música está muy fuerte.
2. Su amiga le presenta a su novio.

L e c c i ó n 8

Comer sin vino, comer mezquino°

miserably

PARA COMENZAR...

1. Con la ayuda del vocabulario en las págs. 133-134, describa el dibujo.
2. ¿Es ésta una escena común a la hora de comer? Explique. Describa la hora de comer en la casa de Ud., en la casa de una familia grande, en la Casa Blanca.
3. Por lo general, ¿dónde come Ud. las comidas y con quién(es)?
4. ¿Qué opina Ud. de la comida en la cafetería de su escuela? Describa la hora de comer en la cafetería.

 ## Comer sin vino, comer mezquino

Sigue la entrevista entre Nancy, de los EE.UU., y Ema, de España.

NANCY: Háblame un poco más de vuestras comidas. Me parece que coméis mucho.

EMA: Empiezo por el desayuno, que es muy flojo;° sólo café con leche y galletas. A eso de las once tomamos un bocadillo, que es como el sándwich americano pero con pan español o un pastel. Esto lo llamamos el almuerzo. A las dos se hace la comida fuerte del día... un primer plato° como sopa o arroz, luego carne o pescado y después, algo de fiambres° como jamón, queso o chorizo,° con vino. De postre siempre tomamos fruta... plátanos o manzanas. Aquí en Valencia, nos gustan mucho las naranjas. Y a las diez cenamos... huevos con patatas o un poco de carne o pescado con legumbres.

> *light*
>
> *course, dish*
> *cold cuts / pork sausage*

NANCY: Pasáis mucho tiempo sin comer. ¿No tenéis hambre?

EMA: Bueno. Muchos tienen la costumbre de merendar a las 6:00 o a las 7:00 de la tarde. Se reúnen con sus amigos para merendar dulce o salado.

NANCY: ¿Cómo que dulce o salado? No comprendo.

EMA: Pues, los golosos° meriendan dulce. Van a alguna pastelería° o salón de té para tomar un bizcocho,° una torta o algún pastel de chocolate o almendras° con café o té. Los que quieren merendar salado se reúnen en alguna cafetería o tasca y toman tapas. Las tapas son porciones pequeñas de varias comidas. Suelen ser de gambas, croquetas, patatas con salsa, calamares° fritos, cacahuetes,° almejas, chorizo, tortilla° de toda clase y más. Hay también tapas típicas de la región. Se suele tomar vino o cerveza con las tapas.

> *person with a sweet tooth / pastry shop / sponge cake*
> *almonds*
>
> *squid*
> *peanuts / omelette*

NANCY: Huy, ¡qué rico! Me encantan vuestras costumbres. Pero, ¡qué hambre tengo! ¿Vamos a una tasca? Tengo ganas de probar todas las tapas que mencionaste.

CONVERSEMOS

Refiriéndose a la lectura anterior, conteste Ud. las preguntas.

1. ¿Comen mucho los españoles? Explique. En sus propias palabras explique qué significa «merendar dulce». ¿Adónde van los españoles para merendar dulce? ¿Qué significa «merendar salado»? ¿Qué son las tapas? ¿Dónde y cuándo suelen tomarlas los españoles?
2. ¿Prefiere Ud. merendar dulce o salado? Explique.
3. En este país ¿tenemos algo similar a las tapas? Explique. ¿Qué se suele servir en los bares norteamericanos con el vino o la cerveza?
4. ¿Cree Ud. que la idea de merendar puede ser popular en los EE.UU.? ¿Por qué sí o por qué no?

VOCABULARIO

LAS COMIDAS *(Meals)*
el alimento *food, nourishment*
el almuerzo *lunch*
la cena *supper*
la comida *dinner, meal*
el desayuno *breakfast*
la merienda *snack*

CARNES Y AVES *(Meats and fowl)*
el biftec *steak*
el cerdo *pork*
el hígado *liver*
el pollo *chicken*
la ternera *veal*

PESCADO Y MARISCOS *(Fish and shellfish)*
la almeja *clam*
el atún *tuna*
las gambas (los camarones) *shrimp*

la langosta *lobster*
la ostra *oyster*

VERBOS
adelgazar *to lose weight*
derramar (vertir [ie]) *to spill*
encantar *to delight*
engordar *to gain weight*
gritar *to yell*
imaginar *to imagine*
manchar *to stain*
merendar (ie) *to snack*
probar (ue) *to try, taste*
tirar *to throw*
tomar *to eat, drink; to take*

EL CUBIERTO *(Place setting)*
la cuchara *spoon*
el cuchillo *knife*
el mantel *tablecloth*

poner la mesa *to set the table*
la servilleta *napkin*
la taza *cup*
el tenedor *fork*
el vaso *glass*
la vela *candle*

LEGUMBRES *(Vegetables)*
la cebolla *onion*
la lechuga *lettuce*
el pepino *cucumber*
la zanahoria *carrot*

POSTRES *(Desserts)*
el flan *caramel custard*
la fresa *strawberry*
el helado *ice cream*
la galleta (salada) *cookie (cracker)*
el pastel *pastry, cake*
el plátano (Spain) *banana*
el queso *cheese*
la torta, la tarta *cake*
la uva *grape*

PREPARACIÓN
al horno *baked*
asado *roasted*

caliente *hot*
con azúcar (sal, pimienta) *with sugar (salt, pepper)*
dulce *sweet*
frío *cold*
frito *fried*
picante *spicy*
salado *salty*

BEBIDAS *(Drinks)*
la cerveza *beer*
el hielo *ice*
el jugo (el zumo) *juice*
el té *tea*
el vino *wine*

OTRAS PALABRAS Y EXPRESIONES
¡Buen provecho! *Enjoy the meal!*
darle asco a alguien *to be loathsome to someone*
estar a dieta *to be on a diet*
el olor *smell*
el ruido *noise*
el sabor *taste*

¡NO ME DIGAS!
(Refiérase a las págs. 147-148.)

REPASEMOS EL VOCABULARIO

A. ¿Cuál no pertenece? Subraye Ud. la palabra que no está relacionada con las otras y explique por qué.

1. encantar	manchar	verter	tirar
2. ostra	almeja	atún	langosta
3. flan	helado	hielo	pastel
4. al horno	asado	frito	ruido
5. cuchillo	tenedor	servilleta	cuchara

B. ¿Para qué? Diga Ud. para qué usa las siguientes cosas. Siga el modelo.

MODELO el cuchillo
Uso el cuchillo para cortar la carne.

1. la servilleta	**6.** el mantel
2. la vela	**7.** la cuchara
3. el vaso	**8.** la pimienta
4. el azúcar	**9.** la lechuga
5. el hielo	**10.** la taza

C. **Una expresión española.** «Llamar al pan, pan y al vino, vino» significa llamar las cosas por su nombre y hablar claramente.

1. Ahora, adivine Ud. las comidas siguientes:

   a. El animalito del mar que tiene su propia casa y produce perlas.
   b. La comida favorita de los conejos. Dicen que son buenas para la vista (*eyesight*).

2. Dé Ud. definiciones originales para las palabras siguientes.

a. el helado	**d.** el pollo
b. el plátano	**e.** la fresa
c. la langosta	**f.** el vino

D. **El menú.** Prepare Ud. un menú para...

1. un banquete formal para veinte personas.
2. un picnic en el campo con su novio(a).
3. una comida rápida para amigos inesperados (*unexpected*).

E. Una prueba. Las siguientes frases son falsas. Corríjalas.

1. La lechuga es una legumbre que tiene un olor muy fuerte.
2. Por lo general, a los niños les encanta el hígado.
3. El pepino es una fruta amarilla.
4. En los restaurantes más elegantes siempre recomiendan tomar el vino tinto con el pollo y el pescado.
5. Para una persona que está a dieta, es bueno comer cerdo, biftec e hígado.

F. Una dieta sana y saludable. Lea Ud. el anuncio siguiente y haga los ejercicios en la página 137.

Más recomendado

	COMA MÁS	COMA MENOS	
Carnes	Pescado Pollo o pavo (sin pellejo)●	Carne roja (res, puerco, ternera) Vísceras,● tocino, salchichas ●	*organs* *skin / sausage*
Huevos	Claras o sustitutos de huevos sin colesterol	Yemas ●	*yolks*
Productos Lácteos	Leche descremada (*non-fat*) Yogurt descremado Queso cottage descremado Quesos descremados Nieves ●	Leche entera, condensada, evaporada Yogurt entero Crema Queso cottage entero Quesos enteros Helados	*ices*
Frutas y Verduras	Frescas	Fritas o con crema	
Panes y Cereales	Cereales y panes de trigo,● avena,● centeno,● arroz integral Pastas	Pasteles y galletas Panes en los que el huevo es un ingrediente importante	*wheat / oat* *rye*
Grasas	No saturadas (aceites vegetales de maíz, de soya, de ajonjolí)● Aderezos sin grasas o con grasas no saturadas Margarina con grasas no saturadas	Saturadas (aceites de coco, de palma, de toci- no,● de grasa●animal) Aderezos●de las ensa- ladas con yemas (mayonesa) Mantequilla, chocolate	*bacon / fat* *sesame* *dressings*

✓ Se recomienda una dieta con un máximo de 300 mg de colesterol al día.
✗ Una yema de huevo contiene 274 mg de colesterol.
✓ El salvado de avena (*oat bran*) puede reducir el colesterol en la sangre.

1. ¿Qué alimentos...

    a. causan problemas dentales?   **c.** producen la obesidad?

    b. son bajos en colesterol?   **d.** garantizan la buena salud?

2. Según el doctor, el señor Rivera necesita seguir una dieta más sana. Sigue una lista de sus platos preferidos. ¿Cómo puede cambiarlos a formas más nutritivas?

    a. pollo frito   **e.** tortilla de patatas

    b. ravioles con carne   **f.** lasaña

    c. toda clase de postres   **g.** ensalada de papas

    d. chocolate caliente

3. Seis meses más tarde el señor Rivera tiene otra consulta con el doctor y tiene mil pretextos por no haber cambiado su dieta. En grupos, inventen Uds. un diálogo entre el señor Rivera, el doctor y la señora Rivera, quien está muy frustrada con los hábitos de comida de su esposo.

GRAMÁTICA

Direct Object Pronouns (El pronombre como complemento directo)

FORM

me	me	nos	us
te	you	os	you
lo, la[1]	him, her, you, it	los, las[1]	them, you

USE

1. The direct object receives the direct action of a transitive verb. A transitive verb is a verb that can take a direct object to complete its meaning, such as **ver** or **comprar**. The direct object usually answers the questions *what?* or *whom?*

    Yo veo el rascacielos.   *I see the skyscraper.*

    Yo veo al peatón.   *I see the pedestrian.*

---

[1] In Spain, **le** or **les** is generally used in place of **lo** or **los** when the direct object is masculine and refers to people.

2. In Spanish, the direct object pronoun agrees in number, gender, and person with the noun it replaces.

Ella compra **las naranjas**.	*She buys the oranges.*
Ella **las** compra.	*She buys them.*
Ella compra **el limón**.	*She buys the lemon.*
Ella **lo** compra.	*She buys it.*

3. The neuter pronoun **lo** is often used with the verbs **ser** and **estar** to express a quality or an abstract idea. It may also be used with **creer**.

María es guapa.	*María is pretty.*
Sí, lo es.	*Yes, she is (it).*
Es fantástico.	*It's fantastic.*
Sí, lo creo.	*Yes, I believe it.*

4. In Spanish, the direct object pronouns **lo**, **la**, **los**, and **las** are commonly used with the verb **hay**, although they are not expressed in English.

¿Hay huevos?	*Are there any eggs?*
Sí, los hay.	*Yes, there are.*

PLACEMENT

Direct object pronouns:

1. generally precede the conjugated verb.

Ella los prepara.	*She prepares them.*
Ellos los quieren preparar.	*They want to prepare them.*
Juan los está preparando.	*Juan is preparing them.*
¡No los prepare Ud.!	*Don't prepare them!*

2. may follow and be attached to the infinitive or present participle.

Ellos quieren prepararlos.	*They want to prepare them.*
Juan está preparándolos.[2]	*Juan is preparing them.*

3. must follow and be attached to an affirmative command.

¡Prepárelos Ud.![2]	*Prepare them!*

---

[2] Note the addition of a written accent on these forms. See Appendix A.

PRÁCTICA

A. El refrigerador vacío. Luisa descubre que no hay nada de comer. ¿Qué le dice su familia?

> MODELO   el pollo / Rafael
> ¿Quién comió *el pollo?*
> Rafael *lo* comió.

1. los tomates / tú   **3.** las manzanas / papá   **5.** el queso / nosotros
2. la sopa / la abuelita   **4.** la torta / los niños   **6.** el helado / yo

B. ¿Cómo lo prefiere Ud.? Cuéntele a la clase cómo prefiere su comida.

> MODELO   ¿Cómo prefiere Ud. *la carne? La* prefiero asada.

1. el pollo   **4.** las patatas   **7.** el jugo
2. el té   **5.** el chocolate   **8.** el café
3. los huevos   **6.** el pescado   **9.** la langosta

C. ¿Qué tomaba? Diga cuáles de las siguientes comidas o bebidas comía o bebía cuando Ud. era pequeño(a). Sustituya los sustantivos por pronombres según el modelo.

> MODELO   el hígado
> ¿El hígado? No *lo* comía con frecuencia.

1. el pollo frito   **4.** los sándwiches de atún   **7.** los huevos fritos
2. la limonada   **5.** el jugo de naranja   **8.** la langosta
3. las galletas de chocolate   **6.** el helado   **9.** el agua

D. El señor mamá. Hoy Marta volvió tarde de la oficina y Pedro tuvo que preparar la cena. Conteste Ud. las preguntas de Marta sustituyendo los sustantivos por pronombres según el modelo.

> MODELO   ¿Preparaste *la cena?*
> Sí, *la* preparé.

1. ¿Pusiste *la mesa?*   **6.** ¿Preparaste *los postres?*
2. ¿Compraste *el queso?*   **7.** ¿Lavaste *las servilletas?*
3. ¿Probaste *el biftec?*   **8.** ¿Encontraste *el mantel?*
4. ¿Hiciste *la ensalada?*   **9.** ¿Llamaste a *los niños?*
5. ¿Serviste *la leche?*

Indirect Object Pronouns (El pronombre como complemento indirecto)

FORM

me	to, for me	nos	to, for us
te	to, for you	os	to, for you
le (se)	to, for him, her, you, it	les (se)	to, for them, you

USE

1. The indirect object tells *to whom* or *for whom* the action of the verb is performed.

   Elena le da la receta **a Marta**. *Elena gives the recipe **to Marta**.*
   Papá le compra un coche **a Iván**. *Dad buys a car **for Iván**.*

2. In Spanish, the indirect object pronoun agrees in number and person with the noun it replaces. It is almost always used in Spanish, even though the indirect object noun is expressed.

   Ana **le** da las galletas **al niño**.   *Ana gives the cookies to the child.*

3. Since **le** (*to him, to her, to you*) and **les** (*to them, to you pl.*) can refer to various people, a prepositional phrase is often added for clarification.

   Le di el vino a él, y le di el champaña   *I gave the wine to him and I gave the*
      a ella.   *champagne to her.*

PLACEMENT

As is true of the direct object pronoun, the indirect object pronoun precedes the conjugated verb and may follow and be attached to the infinitive or present participle. It must always follow and be attached to the affirmative command.

   Papá va a servir**me** el café. ⎫
   Papá **me** va a servir el café. ⎭   *Dad is going to serve me coffee.*

   Papá está sirviéndo**me** el café. ⎫
   Papá **me** está sirviendo el café. ⎭   *Dad is serving me coffee.*

   ¡Sírve**me** el café, papá!   *Serve me coffee, Dad!*

PRÁCTICA

A. ¡Hay que ser organizado! María Ramos tuvo mucho que hacer antes de salir esta noche. ¿Qué hizo?

MODELO   Dio una lección de inglés. (a su vecino)
Le dio una lección de inglés a su vecino.

1. Pagó la cuenta. (a la compañía telefónica)
2. Escribió cartas. (a sus familiares)
3. Trajo sopa de pollo. (a un amigo enfermo)
4. Sirvió la comida. (a sus padres)
5. Contó un cuento de hadas. (a su hermano)

B. La fiesta. Rosita habla con Inés sobre cómo van a llegar a la fiesta esta noche. Complete Ud. las oraciones con el pronombre apropiado.

ROSITA: Pues, a mi esposo no _____ interesa ir a la fiesta, pero a mí, sí. Pero, ¿cómo llegar?

INÉS: _____ podemos pedir ayuda a Juan.

ROSITA: ¡No! No debemos decir _____ nada a él. Maneja como un loco y a mí _____ da mucho miedo.

INÉS: Bueno, ¿quieres preguntar _____ a los Sánchez si a ellos _____ molesta pasar por nosotras?

ROSITA: ¡Cómo no! ¿Qué _____ importa a nosotros cómo llegamos? Lo importante es llegar a tiempo porque a mí _____ pidieron traer el vino.

Two Pronouns as Objects of the Verb (Dos pronombres como complementos del verbo)

1. The indirect object pronoun always precedes the direct object pronoun, and the two pronouns must never be split.

Yo te los quiero dar.
Yo quiero dártelos. } *I want to give them to you.*

2. When both pronouns are in the third person, the indirect pronoun (**le, les**) becomes **se**. Since **se** can have various meanings (**a él, a ella, a Ud., a ellos, a ellas, a Uds.**), a prepositional phrase may be used for clarity.

¿Le enviaste el paquete a Juan?   *Did you send the package to Juan?*
Sí, yo se lo envié a él.   *Yes, I sent it to him.*

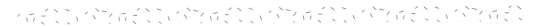

PRÁCTICA

A. Mañana. Hoy mamá está cansada y no quiere hacer nada. Sustituya Ud. los sustantivos subrayados por pronombres para saber qué va a hacer mamá mañana. Siga el modelo.

MODELO   No quiero hacerte la tarta hoy.
Te la hago mañana.
Voy a hacértela mañana.

1. No quiero prepararle el café a la abuela hoy.
2. No quiero cocinarles el pollo frito a Uds. hoy.
3. No quiero servirle la cena a papá hoy.
4. No quiero devolverle el azúcar a la vecina hoy.
5. No quiero comprarte los pasteles hoy.
6. No quiero traerles las galletas a los tíos hoy.

B. ¿A quién le sirves? Ud. acaba de preparar muchas cosas deliciosas. ¿A quién se las sirve Ud., y por qué? Un(a) compañero(a) va a formar la pregunta y Ud. debe contestar según el modelo.

MODELO   el té / la abuela
Estudiante 1   ¿A quién le sirves el té?
Estudiante 2   Se lo sirvo a la abuela porque está enferma.

1. la langosta al horno / mi hermano
2. la torta de chocolate / los niños
3. el hígado frío / el abuelo
4. el pollo frito / tú
5. las fresas y las uvas / mamá
6. las galletas saladas / los tíos

C. **¡Quehaceres!** (*Chores*) Pepe quiere ir a jugar con su amigo pero su mamá tiene otras ideas. ¿Qué dicen? Con un(a) compañero(a) hagan los papeles de Pepe y su mamá. Siga el modelo.

MODELO   escribirle una carta a tu tía
      Pepe   ¡Adiós mamá! Me voy...
      Mamá   No, hijo mío. Primero tienes que escribirle una carta a tu tía.
      Pepe   Ya se la escribí.

1. bajarle la ropa sucia a la criada
2. darle las cartas a tu hermana
3. prepararme el té
4. pedirle permiso a papá
5. subirle el café a la abuela
6. devolverles los juguetes a tus hermanos
7. decirnos el número de teléfono de tu amigo a papá y a mí
8. llevarle flores a la vecina

D. **Conversemos.** Conteste las preguntas siguientes empleando los pronombres apropiados.

1. ¿Les escribe Ud. cartas a sus padres con frecuencia? ¿A quién le escribe mucho? ¿Le escribe cartas románticas a su novio(a)? ¿Se las escribe a Ud. su novio(a)? ¿Qué le dice?
2. ¿Le presta Ud. su ropa a su compañero(a) de cuarto? ¿Por qué? ¿Qué otras cosas le presta a él (ella)? ¿Le pide Ud. dinero a su compañero(a)? ¿Qué le pide su compañero(a) a Ud.?
3. ¿Siempre le entregan Uds. la tarea al (a la) profesor(a) a tiempo? ¿Por qué? ¿Les devuelve a Uds. sus exámenes en seguida? ¿Les explica a Uds. bien la gramática? ¿Les da a Uds. buenas notas?

Gustar and Similar Verbs (**Gustar** y otros verbos similares)

1. **Gustar** is used to express the idea of *like* in Spanish. REMEMBER, **gustar** does not mean *to like*, but rather *to be pleasing to*. It therefore requires a different sentence construction. Compare the following sentences.

I (subject)	*like* (verb)	*the books* (direct object).
Me (indirect object)	**gustan** (verb)	**los libros** (subject).

The second sentence literally means *The books are pleasing to me*. The subject in English becomes the indirect object in Spanish, and the direct object (thing or person liked) becomes the subject in Spanish. The verb **gustar** agrees with the Spanish subject and thus is most commonly used in the third person singular and plural.[3] When one or more infinitives are used with **gustar**, they are treated as a singular noun.

Nos gusta comer chocolate.	*We like to eat chocolate.*
Te gustan esas galletas saladas.	*You like those crackers.*

2. Even when the indirect object is a noun or proper noun, the indirect object pronoun is used. When the noun is not expressed, prepositional phrases may be added for clarification or emphasis.

A la abuelita le gusta el té.	*Grandma likes tea.*
A los niños les gusta la limonada.	*The children like lemonade.*
A Uds. les gusta el café.	*You like coffee.*

3. Other verbs like **gustar**:

aburrir *to bore*	fascinar *fascinate*
caer bien (mal) *to (not) suit*	hacer falta *to need*
dar asco *to be loathsome*	importar *to matter, be important*
doler (ue) *to hurt, ache*	interesar *to interest*
encantar *to delight*	parecer *to seem*
faltar *to be lacking, missing*	quedar *to be left over, remain*

A José le duelen los pies.	*José's feet hurt.*
No nos queda azúcar.	*We have no sugar left.*

---

[3] Note that all forms of **gustar** can be used: **gusto, gustas, gustamos**... For example: **Tú me gustas.** *(I like you. [You are pleasing to me.])*

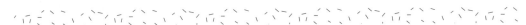

PRÁCTICA

A. Día de campo. Llene Ud. el espacio con el pronombre apropiado o use la forma correcta del verbo entre paréntesis.

A mí _____ gusta mucho el campo y hoy, como hace muy buen tiempo y me (aburrir) _____ quedarme en casa, me (parecer) _____ una idea muy buena invitar a algunas amigas a pasar el día en el campo. Estas excursiones me (encantar) _____.

Primero, voy a llamar a Susana y a Rita porque me (gustar) _____ mucho. Además, a ellas _____ fascina el paisaje del campo. Pero, Ana, la hermana de Rita me (caer mal) _____. A ella no _____ interesa nada sino hablar de los chicos. Pues, decidido... no la invito.

Ahora, me (hacer falta) _____ preparar la merienda. A ver... quiero llevar sándwiches pero me (faltar) _____ el pan. Y no me (quedar) _____ carnes frías tampoco. Pues... no me (importar) _____. Voy a pasar por el supermercado y voy a comprar todo lo necesario.

B. Como resultado. Para practicar el verbo **faltar**, cambie las frases siguientes según el modelo y después un(a) compañero(a) de clase va a explicar las consecuencias.

> MODELO   No encuentro mis gafas.
> **Estudiante 1**   Me faltan las gafas.
> **Estudiante 2**   Entonces no puedes leer.

1. José no encuentra sus llaves.
2. Ud. no encuentra su bolígrafo.
3. No encontramos el café.
4. No encuentro mi abrigo.
5. Ellos no encuentran el menú.
6. Carmen no encuentra sus zapatos.
7. Jaime no encuentra su raqueta.
8. El cocinero no encuentra el arroz.

C. ¿Qué te parece? Conteste Ud. las siguientes preguntas usando las palabras entre paréntesis. Siga el modelo.

> MODELO   ¿Qué le encanta a Ud.? (comer al aire libre)
> Me encanta comer al aire libre.

1. ¿Qué les importa a los estudiantes? (sacar buenas notas)
2. ¿Qué te parece esta receta? (complicada)
3. ¿Qué le interesa a Carmen? (los chicos)
4. ¿Qué le parece a Ud. imposible? (comer cien hamburguesas)
5. ¿Qué les fascina a los niños? (los animales)
6. ¿Cómo te caen Juan y Pablo? (bien)

D. ¿Y la pregunta? Carlitos escucha la conversación telefónica de su mamá. Él intenta adivinar las preguntas que le hace su amiga. Escriba Ud. la pregunta que corresponde a las siguientes frases según el modelo.

> MODELO   No, me falta el vinagre para hacer la ensalada.
> ¿A Ud. le falta el aceite para hacer la ensalada?

1. Sí, pero no me gustan las sardinas.
2. Me quedan sólo diez dólares después de ir al supermercado.

3. No, no me fascina más el horario de comida en España.

4. A Carlos le encanta el helado de chocolate.

5. Me pareció interesante la cocina del restaurante argentino.

6. No, me duele el estómago por haber comido demasiadas galletas.

7. Sí, me interesa mucho esa dieta nueva.

8. Me importa más comer bien.

E. Traducciones: La ensalada.

1. Do you all like the salad?

2. Yes, but Dad says it needs more carrots.

3. I have none left.

4. Why does it matter so much to him?

5. It seems to us that . . . well, I don't know.

F. Gustos y disgustos. Haga Ud. las actividades siguientes.

1. Exprese su opinión de las siguientes cosas y explíquele a la clase por qué. Siga el modelo.

MODELO   Me disgusta esta sopa porque huele a gasolina.

interesar
encantar
aburrir
dar miedo
fascinar
molestar
disgustar

a. esta clase
b. viajar en avión
c. los perros calientes
d. lavar platos
e. dormir
f. las películas románticas
g. la música rap
h. las computadoras
i. el hígado
j. mi compañero(a) de cuarto

2. Ahora, pregúntele a un(a) compañero(a) cuáles son las comidas que le gustaban y que no le gustaban de niño(a). ¿Cuáles son las que le gustan y no le gustan ahora? Comparta la lista con la clase.

G. Gustos personales. Entreviste Ud. a un(a) compañero(a) de clase para enterarse de tres cosas que le gustan, le aburren, le dan asco y le importan.

H. El insomnio de Snoopy. Lea Ud. el dibujo y conteste las preguntas.

1. ¿Qué es lo que no le gusta a Snoopy? ¿Qué es el insomnio?
2. Snoopy está obsesionado con la pizza. ¿Tiene Ud. alguna obsesión? ¿Cuál es?
3. ¿Duerme Ud. bien por las noches? ¿En qué piensa Ud. antes de dormirse? ¿Cuáles son algunas soluciones para el insomnio? ¿Cuál le da a Ud. buenos resultados?
4. ¿Es Ud. una persona nerviosa o tranquila? ¿En qué situaciones está Ud. nervioso(a)? Cuando Ud. está muy nervioso(a), ¿qué hace para calmarse? Dicen que hay bebidas que nos ayudan a relajar y otras que nos animan. ¿Puede Ud. nombrar algunas? ¿Cuáles son sus efectos? ¿Cuáles toma Ud. y por qué?
5. Como Snoopy, todo el mundo tiene problemas. ¿Cuáles son los suyos? ¿Hay soluciones? ¿Cuáles son los problemas típicos de personas de su edad? ¿de la edad de sus padres? ¿de sus abuelos?

ASÍ SE DICE

¡No me digas!

In Spanish, as in English, there are ways to express a wide variety of reactions to news of either a formal or a more personal nature. These can range from indifference to surprise or shock. Often, these expressions are not limited to one specific situation or emotional state but can fit many circumstances, depending on intensity and tone of voice. Here are some of the most common expressions.

1. To show indifference, you might use:

¿Y qué?   *So what?*
¿Qué importa?   *Who cares?*

2. For questioning or mild surprise, you could say:

¿De veras?   *Really?*   ¡No me diga! ⎫
¿En serio?   *Are you serious?*   ¡No me digas! ⎬ *You don't say!*
¡Vaya! ¡Anda! *Go on! Get out!*   ⎭

3. To show disbelief, negation, or doubt, you might respond:

¡No lo creo! (¡No me lo creo!)   *I don't believe it!*
¡No puede ser!   *It can't be!*
¡Qué va!   *No way! What do you mean?*
¿Cómo que... ?   *What do you mean that . . . ?*

PRÁCTICA

¿Sabes qué? Ud. y un compañero charlan. Él le comunica las siguientes noticias. Reaccione Ud. con una expresión apropiada.

El compañero le dice que...

1. él y su novia se separaron.
2. perdió sus gafas en el autobús.
3. su papá ganó la lotería.
4. su jefe le dijo que tiene que trabajar todo el fin de semana.
5. el precio de la gasolina va a bajar el 50 por ciento.
6. anoche vio un OVNI (*UFO* [objeto volador no identificado]) cerca de su casa.
7. él se va al Japón por un año.
8. la clase que Ud. quería tomar fue cancelada.

 Ahora, cuéntele Ud. algunas noticias a un(a) compañero(a) y él (ella) va a reaccionar.

Lección 9

¿Qué hacemos esta noche?

PARA COMENZAR...

1. Con la ayuda del vocabulario en las págs. 151-152, describa el dibujo.
2. ¿A Ud. le gusta ir a las discotecas y los clubes? ¿Por qué sí o no? ¿Qué opina Ud. de bailar en general? Nombre algunas razones por las cuales a la gente le gusta bailar. ¿Qué tipo de baile es popular ahora?
3. Si la manera de bailar de las personas en el dibujo expresa su personalidad, ¿qué se puede decir de cada una?

 ¿Qué hacemos esta noche?

Nancy quiere saber más sobre la vida en España.

NANCY: ¿Qué suele hacer la gente por la noche?

EMA: Desgraciadamente, ahora en España hay menos vida nocturna que antes porque se trabaja mucho más y se tiene que levantar más temprano. Las discotecas abren a las seis de la tarde y vuelven a cerrar a las diez. Se vuelve a casa o se va a un restaurante para cenar. A las once se empieza otra vez. En el verano, la gran vida nocturna es los cafés al aire libre. En Madrid hay uno muy famoso que es el Gijón, pero ahora está de moda uno que está al lado, que es el Café Teide. Entonces es muy divertido porque el Teide está lleno° de gente... no hay sitio donde sentarse, y sin embargo, el Gijón, justamente al lado, está vacío.° Pues, allí se sientan, charlan y toman una cerveza o un café o lo que sea.° Lo importante es «ver y que te vean»,° y ver con quién hablas y con quién andas.

    También, claro, vamos al cine, al teatro y a fiestas en casas particulares.°

              full
              empty
              whatever
              ver... see and be seen

              private

NANCY: ¿Aquí son populares las películas norteamericanas?

EMA: Pues sí. Igual que los programas de televisión, las películas y los actores son muy populares en España. Por ejemplo, el año pasado todos mis amigos fueron a ver *Ni un pelo de tonto* (Nobody's Fool), *Balas sobre Broadway* y *El Rey León*. Y claro, nos gustan mucho algunos de los artistas de Hollywood como Meryl Streep, Robert De Niro, Kevin Costner y Mel Gibson. Pero también en España tenemos una industria cinematográfica creciente, con grandes directores como Carlos Saura y Pedro Almodóvar, quien hizo las películas *Mujeres al borde de un ataque de nervios*, *Átame* y *Tacones lejanos*.

CONVERSEMOS

Refiriéndose a la lectura anterior, conteste Ud. las preguntas.

1. ¿Cuáles son las actividades nocturnas más populares en España? ¿Por qué ahora en España hay menos vida nocturna que antes? Explique el concepto social del «ver y que te vean». Describa las películas que salen en los cines españoles hoy día. *trabajo mucho mas*
2. ¿Cuáles son las actividades nocturnas más populares en los EE.UU.? ¿Existe en este país el concepto del «ver y que te vean»? ¿En qué situaciones puede ocurrir? ¿Cree Ud. que es un concepto universal? Explique.
3. Por lo general en las fiestas españolas, la gente charla, come y bebe. ¿Qué pasa en las fiestas norteamericanas?

VOCABULARIO

EN EL CINE   *(At the movie theater)*
el argumento   *plot*
la butaca   *theater seat*
la entrada (el boleto)   *ticket*
las palomitas de maíz   *popcorn* (*doves*
la película   *movie*
la taquilla   *box office*
el tema   *theme*

EN CASA   *(At home)*
el canal   *channel*
chismear   *to gossip*
contar (ue) chistes   *to tell jokes*
el disco   *record*
jugar (ue) a las cartas (a los naipes)
   to play cards
la telenovela   *soap opera*
el tocadiscos   *record player*
ver (mirar) la televisión   *to watch
   television*

EN EL CLUB NOCTURNO   *(At the nightclub)*
la barra (el mostrador)   *bar (counter)*
brindar   *to toast*
el brindis   *toast*

la carta (el menú)   *menu*
cobrar   *to charge*
la copa   *wine glass*
la cuenta   *check, bill*
la diversión   *entertainment*
emborracharse   *to get drunk*
la propina   *tip*

EN LA DISCOTECA
bailar   *to dance*
borracho   *drunk*
el (la) camarero(a), (mozo[a],
   mesero[a])   *waiter, waitress*
la canción   *song*
el conjunto (grupo) musical   *band*
divertirse (ie) (entretenerse, pasarlo
   bien)   *to have a good time*
estar sentado   *to be seated*
la pareja   *couple*
la pista   *dance floor*
sobrio   *sober*
tomar una copa   *to have a drink*

BEBIDAS
el coñac   *cognac, brandy*
la gaseosa   *soda*

el refresco *soft drink, refreshment*
el ron *rum*
el trago *drink, gulp*

estar emocionado *to be excited*
estar entusiasmado con *to be excited about*
gozar de (disfrutar de) *to enjoy*

EXPRESIONES

¿Cómo quedamos? *How do we stand?*
¿De qué (se) trata... ? *What is . . . about?*

PALABRAS PROBLEMÁTICAS
(Refiérase a las págs. 163-164.)

REPASEMOS EL VOCABULARIO

A. ¿Cuál no pertenece? Subraye Ud. la palabra que no está relacionada con las otras y explique por qué.

1. gaseosa   palomitas   coñac   ron
2. camarero   cantante   mesero   mozo
3. brindis   copa   barra   boleto
4. pasarlo bien   divertirse   cobrar   entretenerse
5. cuenta   taquilla   entrada   butaca

B. Sinónimos. Escriba Ud. el sinónimo de las palabras subrayadas.

1. La gente joven goza de la vida nocturna de esta ciudad.
2. ¿Cómo quedamos? ¿Nos reunimos en la barra del Club Paloma?
3. Cuando el mesero nos trae el menú, pregúntele dónde venden boletos de teatro.
4. ¿Quieres ver la tele? No, prefiero jugar a las cartas.
5. Esta banda es fantástica. Vamos a divertirnos mucho esta noche.

C. Definiciones. Defina Ud. las palabras siguientes en español.

1. el mozo   3. los chistes   5. la película
2. brindar   4. los naipes   6. la cuenta

D. Ejemplos. Dé Ud. un ejemplo de las categorías siguientes y exprese su opinión.

MODELO un cantante famoso
Rubén Blades es un cantante famoso. Me gusta porque su música tiene mucho sentido socio-político.

1. una telenovela popular
2. un restaurante elegante
3. un conjunto musical nuevo
4. una película romántica
5. un actor o una actriz famosa
6. una discoteca conocida

E. **Estilos de vida.** Describa Ud. la vida nocturna de...

1. un(a) estudiante universitario(a).
2. un(a) estudiante de colegio.
3. una madre de niños pequeños.
4. una famosa estrella de cine.

F. **¿De qué se trata... ?** Explique Ud. el tema o el argumento de los siguientes programas, libros, películas o comedias.

> **MODELO** novela: *Don Quijote de la Mancha*
> La novela *Don Quijote de la Mancha* se trata de un hombre idealista y su amigo Sancho Panza. Los dos salen en busca de aventuras y deshacer agravios (*wrongs*).

1. libros: *Cenicienta, Guerra y paz, La hoguera de las vanidades* (Bonfire of the Vanities)
2. películas: *La máscara, Cuatro bodas y un funeral, La familia Addams*
3. programas de televisión: «Salvados por la campana», «60 minutos», «Los Simpson»
4. comedias: *Romeo y Julieta, El fantasma de la ópera, Cyrano de Bergerac*

G. **En grupos.** Representen Uds. las siguientes escenas.

1. Están en el cine y...

   a. la persona a su lado habla constantemente.
   b. la persona a su lado va y viene a cada rato y Ud. no puede ver.
   c. Ud. no puede ver bien porque el chico sentado delante de Ud. se mueve para besar a su novia a cada rato.

2. Ud. seleccionó un restaurante según la descripción que leyó en la guía de restaurantes. Al llegar, encuentra que no es nada como lo describieron.

3. Es su primera cita con el hombre (la mujer) de sus sueños. Quiere impresionarlo(la) pero...

   a. el camarero vierte el café encima de Ud.
   b. le falta suficiente dinero para pagar la cuenta.
   c. otro(a) cliente en el restaurante intenta conquistar a su pareja.

GRAMÁTICA

The Uses of por and para (Los usos de **por** y **para**)

Por and **para** can both mean *for* in English. In general, **por** may refer to a past action or a reason or cause for having done something. **Para** is used to express a future action, goal, purpose, destination, or use. The following outline describes more fully the uses of **por** and **para**.

USE

| **Por** is used to indicate: |

1. length of time.

Me voy a Valencia por un mes.	*I'm going to Valencia for a month.*
La pareja estaba bailando por tres horas seguidas.	*The couple was dancing for three straight hours.*

2. undetermined or general time.

Nunca salen por la noche.	*They never go out at night.*
Por la mañana voy al gimnasio.	*In the morning, I'm going to the gym.*

3. an action that has yet to be completed.

Su primera novela está publicada pero su segunda está por publicarse.	*His first novel is published, but his second has yet to be published.*

4. the object of an errand after the verbs **ir**, **venir**, **pasar**, and **preguntar**.

José va por vino.	*José is going for wine.*
Paso por ti mañana temprano.	*I'll come by for you early tomorrow.*

5. mistaken identity.

La tomó por una actriz famosa.	*He took her for a famous actress.*

6. cause or reason.

Pepe se enfadó con Rosa por haber salido con otro.	*Pepe was angry with Rosa for having gone out with another guy.*
No podemos ir a la discoteca por falta de dinero.	*We can't go to the discotheque for lack of money.*

7. means of communication or mode of transportation.

Jamie me llama por teléfono cada
  noche.

*Jaime calls me on the phone (phones me)
  every night.*

Van a Europa por barco.

They're going to Europe by boat.

8. intentions—on behalf of, for the sake of, in favor of.

Luchamos por la libertad.

We fight for freedom.

Lo hacemos por todos los seres
  humanos.

We do it for all human beings.

El presidente está por esta ley.

The president is in favor of this law.

9. sales—in exchange for, instead of.

¿Cuánto pagaste por el boleto?

How much did you pay for the ticket?

Me dio $100,00 por mi televisor.

He gave me $100.00 for my television set.

10. through, along, or by.

Los viejos se pasean por el parque.

The old men stroll through the park.

El ladrón entró por la ventana y salió
  por la puerta.

*The burglar entered through the window
  and left by the door.*

11. the agent in the passive voice.[1]

La canción fue cantada por una famosa cantante francesa.

*The song was sung by a famous French
  singer.*

12. velocity, frequency, proportion (per).

(to have to) (owe)

Se debe conducir a 55 millas por hora.

One should drive at 55 miles per hour.

Van al cine tres veces por semana.

*They go to the movies three times a
  week.*

13. multiplication and division.

Tres por tres son nueve.

Three times three is nine.

Cien dividido por veinte son cinco.

One hundred divided by twenty is five.

14. gratitude or apology.

Gracias por la ayuda.

Thanks for the help.

Common expressions with **por**:

acabar por   *to end up by*
palabra por palabra   *word for word*
por adelantado   *in advance*
por ahora   *for now*
por amor de Dios   *for the love of God*
por aquí (cerca)   *over here (nearby)*

por casualidad   *by chance*
por ciento   *percent*
por cierto   *for sure*
por completo   *completely*
por dentro   *inside*
por desgracia   *unfortunately*

---

[1] See Unit 8 for the passive voice.

¡por Dios! *oh my God!*
por ejemplo *for example*
por eso *therefore*
por favor *please*
por fin *finally*
por lo general *generally*
por lo menos *at least*
por lo visto *apparently*
por mi parte *as for me*
por ningún lado *nowhere*

por otra parte *on the other hand*
por otro lado *on the other hand*
por poco (me caigo) *(I) almost (fell)*
por primera vez *for the first time*
por si acaso *in case*
por su cuenta *freelance, on one's own*
por supuesto *of course*
por todas partes *everywhere*
por última vez *for the last time*
por último *lastly, finally*

Para is used to indicate:

1. destination.

Vamos para Bogotá en junio.
Ya salió para el club.

We're going to Bogotá in June.
He already left for the club.

2. a deadline.

Para el lunes habré leído los poemas.

By Monday I will have read the poems.

3. the use or purpose of things.

La copa es para vino. El vaso es para jugo.

The goblet is for wine. The glass is for juice.

4. finality, goal, or purpose of an action.

Paloma estudia para ingeniera.
Miguel se viste así para atraer a las mujeres.
Tengo un regalo para mi sobrino.

Paloma is studying to be an engineer.
Miguel dresses that way (in order) to attract women.[2]
I have a present for my nephew.

5. an action that will be completed in the near future.

El avión está para salir.

The plane is about to leave.

6. a comparison of inequality.

Para una niña de siete años, toca bien el violín.

For a seven-year-old, she plays the violin well.

7. resulting emotions.

Para mi sorpresa Jorge me invitó a salir esta noche.

To my surprise, Jorge asked me to go out tonight.

---

[2] Note that although in English the expression *in order to* is often omitted before an infinitive, in Spanish **para** must be expressed. For example: *We study (in order) to learn.* (**Estudiamos para aprender.**)

Common expressions with **para**:

no estar para bromas   *to be in no mood for jokes*
no servir para nada   *to be of no use*
para siempre   *forever*

PRÁCTICA

A. La cita. Mañana Leonora tiene su primera cita con Jorge, el hombre de sus sueños. Le cuenta todo a su diario. Llene Ud. el espacio con **por** o **para**.

Querido diario,

Mañana _por_ la tarde salgo con Jorge _por_ primera vez. _Por_ fin me llamó _por_ teléfono y me invitó a salir con él. Él viene _por_ mí a las 6:00 y vamos _para_ el centro de la ciudad. Primero, vamos a pasearnos _por_ la Plaza Mayor y luego vamos a una tasca _para_ tomar tapas. Quería llevar mi vestido negro _para_ impresionarlo, pero _por_ desgracia está sucio. ¡Qué problema!

Pues,...estoy nerviosa. Jorge es un ángel y es muy sentimental. Me dijo que tiene una sorpresa _para_ mí. No sé qué es, pero me dijo que es algo _para_ hacerme reír.

Pues, te dejo _por_ ahora. Mañana _por_ la noche te voy a contar todo. —Leonora.

B. Anoche Claudia quiso ir al teatro. Para saber qué le pasó, busque en la segunda columna la terminación apropiada de la frase en la primera columna. Note bien el uso de **por** o **para**.

1. Claudia fue invitada al teatro... d
2. Las dos fueron primero a una cafetería... h
3. Después, pasaron... h
4. Finalmente, fueron a una farmacia... g
5. Al llegar al teatro, tenían que hacer cola...
6. Las entradas costaban 2.000 pesetas... C
7. No podían comprarlas... b
8. Entonces, salieron...

    a. por una hora.
    b. por falta de dinero.
    c. por una butaca en la última fila.
    d. por su amiga Ana.
    e. para tomar una copa.
    f. para el cine.
    g. para comprar aspirinas.
    h. por una pastelería y compraron dos pasteles de nata (*whipped cream*).

C. ¿Por o para? Termine Ud. las frases siguientes de una forma original.

1. El señor Carrasco es muy antipático para...
2. Los niños compraron entradas para...
3. Todas las personas van a llegar para...
4. Vamos a viajar por...

Ahora, añada Ud. **por** o **para** y termine la frase.

5. Tengo sed. ¿Hay un café... ?
6. Compré este regalo...
7. Vendieron su coche...
8. Estudia mucho...

D. La fiesta ruidosa. Termine Ud. las frases con **por** o **para** de una forma original.

1. José planeó la fiesta...
2. Todos llegaron...
3. Marta se sintió mal...
4. Manolo no sabía que los regalos eran...

5. La ventana fue rota...
6. Susana cambió su limonada...
7. Los vecinos llamaron a la policía...
8. A medianoche todos salieron...

E. El argumento. (*The plot.*) Cuente Ud. el argumento de una película o programa de televisión que a Ud. le gusta. Use por lo menos cinco de las siguientes expresiones en su descripción.

por completo	por primera vez	por último	por supuesto	por desgracia
por fin	por eso	por ejemplo	por lo menos	por mi parte

The Impersonal se (El **se** impersonal)

FORM AND USE

When the subject of a sentence is indefinite or impersonal (such as *they say, people feel that, one eats, you* [in general] *can*), the following construction is used:

> **Se** + third person singular

Se cree que Juan es el mejor disquero de Madrid.	*It is believed that Juan is the best disc jockey in Madrid.*
Se toca música flamenca en ese club.	*They play flamenco music in that club.*

Se puede ver toda la ciudad desde el décimo piso de aquel edificio.

One (You) can see the whole city from the tenth floor of that building.

Although there is no specific subject in any of these sentences, **se** indicates that a non-specific person or persons are carrying out the action of the verb.

PRÁCTICA

A. Aquí se vive bien. Cambie Ud. las frases siguientes según el modelo, usando el **se** impersonal.

> **MODELO**   Comen bien en estas cafeterías.
> Se come bien en estas cafeterías.

1. Prohiben fumar en los restaurantes.
2. Celebran una feria de libros en julio.
3. No necesitan mucho dinero para alquilar un apartamento.
4. Creen que en los mercados compran de todo.
5. Dicen que los bancos dan intereses altos.
6. Encuentran mucho de interés por toda la ciudad.

B. Lugares que conozco. Ahora, ¿qué puede Ud. decir de su ciudad, casa o universidad?

> **MODELO**   Aquí se aprende mucho.

C. Traducciones.

1. Aquí (*people dine*) _____ a las diez de la noche.
2. (*You go up*) _____ al segundo piso para encontrar la farmacia.
3. En esta casa (*one enters*) _____ por la puerta de atrás.
4. (*It is believed*) _____ que un arquitecto francés diseñó este edificio.
5. (*They say*) _____ que el agua mineral es buena para la salud.
6. (*It is well known*) _____ que el queso y los frijoles tienen mucha proteína.

D. Se sabe que... Traduzca Ud. las frases siguientes al español y termínelas de una forma original.

1. It is known . . .
2. One can see . . .
3. They say . . .
4. It is believed . . .
5. One eats . . .
6. It is thought . . .

have (number) of years   *person has thirst*

Expressions with the Verb tener (Expresiones con el verbo tener)

Many idiomatic expressions are formed by combining the verb **tener** with certain nouns. These nouns must be modified by the adjective **mucho(a, os, as)** rather than **muy**. For example: **Tengo mucho sueño.** (*I am very tired.*)

tener algo que hacer   *to have something to do*

tener...años   *to be . . . years old*

tener calor   *to be hot*

tener celos   *to be jealous*

tener confianza   *to have confidence*

tener cuidado   *to be careful*

tener derecho a   *to have the right to*

tener dolor (de cabeza)   *to have an ache, a pain (a headache)*

tener éxito   *to be successful*   *I have success*

tener frío   *to be cold*

tener ganas de   *to feel like, desire*

tener hambre   *to be hungry*

tener la culpa   *to be guilty*   *I have the blame.*

tener lugar   *to take place*

tener miedo de (a)   *to be afraid of*

tener presente   *to keep in mind*   *have it present*

tener prisa   *to be in a hurry*

tener que (+ infinitive)   *to have to (do something)*

tener que ver con   *to have to do with*

(no) tener razón   *to be right (wrong)*

tener sed   *to be thirsty*

tener sueño   *to be tired, sleepy*

tener suerte   *to be lucky*

tener vergüenza   *to be ashamed*   *I have shame*

QUE VER CON (has to do with)
la situation

PRÁCTICA

A. **Reacciones.** Responda Ud. a las siguientes (*following*) situaciones con una expresión con **tener**.

MODELO   Yo sabía que iba a aprobar el examen.
             Yo tenía confianza.

1. Raúl se puso el abrigo. *(coat)*
2. ¿Dónde está la leche?
3. Mi padre tomó dos aspirinas.
4. Nos acostamos temprano anoche. *(lay down)*
5. Hoy es el examen y no tengo mis libros.
6. Hacía 100°. Fuimos a la playa para nadar.
7. Mi novio va al baile con otra chica.
8. Salimos corriendo. La película iba a empezar. *(we leave)* *(running)* *(start)* *(went to so used to)*

B. **La televisión española.** Llene Ud. el espacio con **hay, había** o una forma de los verbos **ser, estar** o **tener**, en el tiempo apropiado.

Nancy sigue preguntando sobre la vida diaria en España.

NANCY: _____ verdad que la televisión española ha cambiado mucho en los últimos años, ¿no?

EMA: Sí, tú _____ razón. A mediados de la década de los 80 sólo _____ dos canales de televisón y no _____ transmisiones hasta las dos de la tarde. Los programas no _____ muy variados y por eso, nosotros _____ que mirar los programas que ofrecían o no mirar nada.

NANCY: ¿Y ahora _____ diferente?

EMA: Las diferencias _____ enormes. Primero, _____ tres canales nacionales y muchos que _____ regionales. Por ejemplo, en Valencia nosotros _____ canal 9, «televisió Valenciana». TV3 _____ de Barcelona, que _____ en la provincia de Cataluña, y «Euskal Telebista» _____ el nombre del canal vasco. También _____ otros. Y _____ transmisiones desde muy temprano en la mañana hasta muy tarde en la noche. Ahora los españoles _____ más libertad de escoger los programas que prefieren mirar.

CANAL 9 · TELEVISIÓ VALENCIANA

TV3 · TELEVISIÓ DE CATALUNYA

EUSKAL TELEBISTA

C. ¿Qué hacer? Llene Ud. los espacios en el diálogo siguiente con una de estas expresiones.

tener hambre	tener miedo	tener que
tener sueño	tener prisa	tener algo que hacer
tener ganas	tener razón	no tener nada que hacer

HIJO: Mamá... estoy muy aburrido. Yo _tengo sueño_ _(sleepy)_

MADRE: ¿Por qué no vas a comprar un helado?

HIJO: No, no _tengo hambre_ _(hungry)_

MADRE: Pues, ¿por qué no lees una novela?

HIJO: No _____. No me gusta leer.

tengo ganas de leer
(I don't feel like)

MADRE: Entonces, puedes ir al cine. Esta semana hay una película de vampiros.

HIJO: Tampoco. Yo _tengo miedo_ de las películas con monstruos. *afraid*

MADRE: Carlitos, lo siento. No tengo tiempo para seguir sugiriéndote cosas. Yo _tengo que_. Yo _tengo que_ lavar la ropa, preparar la comida y poner la mesa. Oye, ¿por qué no me ayudas en la cocina?

HIJO: Tú _tienes_ mamá. No debo molestarte. Creo que voy a echarme una siesta. ¡Yo _tengo_ _sueno_!

D. **Sentimientos.** Complete Ud. las frases siguientes de una manera original.

1. De niño(a) yo siempre tenía miedo de... _vampiros_.
2. Anoche yo tenía ganas de...
3. Yo tengo vergüenza de... _me_
4. Como ciudadano(a) (*citizen*) de los EE.UU., yo tengo derecho a... _votar_ (*vote*)
5. Yo tengo confianza en... _Ud._
6. Mi novio(a) tiene celos de... _me_

The Conjunctions e and u (Las conjunciones e y u)

FORM AND USE

The word **y** (*and*) changes to **e** when it precedes a word that begins with **i** or **hi**.

Es innecesario **y** ridículo.   *It is unnecessary and ridiculous.*
Es ridículo **e** innecesario.   *It is ridiculous and unnecessary.*

The word **o** (*or*) changes to **u** when it precedes a word that begins with **o** or **ho**.

Él compró sus obras literarias o pinturas.   *He bought his literary works or paintings.*
Él compró sus pinturas u obras literarias.   *He bought his paintings or literary works.*

PRÁCTICA

Combinaciones. Cambie Ud. el orden de las palabras siguientes, según el modelo. Haga los otros cambios necesarios.

MODELO   hongos o tomates
tomates u hongos

1. ocho o nueve años *nueve u ocho años*
2. inteligente y simpática *simpática e inteligente*
3. hoteles o restaurantes *restaurantes u hoteles*
4. hijo y padre *padre e hijo*
5. otra fruta o peras *peras u otra fruta* ~~liver pork~~
6. hígado y cerdo *cerdo e hígado*
7. ordinario o fascinante *fascinante u ordinario*
8. indios y vaqueros *vaqueros e indios* ~~cowboys~~

PALABRAS PROBLEMÁTICAS

Estudie Ud. las palabras siguientes. Son palabras que los estudiantes norteamericanos de español suelen confundir.

1. **ser tarde**   *to be late* (the hour)
   llegar tarde   *to be* (arrive) *late* (a person)
   tardar   *to take a long time; to delay*

   Son las once. <u>Es</u> tarde para ir a cenar.   *It's eleven o'clock. It's late to go to dinner.*
   Si no salgo ahora, voy a <u>llegar</u> tarde a   *If I don't leave now, I'll be late for class.*
      clase.
   ¿Cuánto tiempo <u>tarda</u> la paella?   *How long does the paella take?*

2. **la vez**   *not interchangeable*   *time* (in a specific sense; number of occurrences or instances)
   el tiempo   *time* (in a general sense; season, weather, age)
   la hora   *time* (of day; hours)

   Fui al circo tres <u>veces</u>.   *I went to the circus three times.*
   Pasé mucho <u>tiempo</u> en Acapulco.   *I spent a lot of time in Acapulco.*
   ¿Qué <u>hora</u> es? Son las dos.   *What time is it? It's two o'clock.*

3. **encontrar**   *to find*
   encontrarse con   *to meet* (unplanned; run across)
   reunirse con   *to meet* (planned; prearranged)
   conocer   *to meet* (for the first time; to make the acquaintance of)

   <u>Encontré</u> $5,00 en la calle.   *I found $5.00 on the street.*
   Ayer en el centro <u>me encontré con</u>   *Yesterday I ran into Rosa downtown.*
      Rosa.

Voy a <u>reunirme con</u> Pablo mañana
para estudiar.

*I'm going to meet with Pablo tomorrow to
study.*

Anoche en la fiesta <u>conocí</u> al novio de
María.

*Last night at the party I met María's
boyfriend.*

4. claro   *light* (used with colors; *bright* or *light* outside)

    ligero   *light* (doesn't weigh much; also used with meals)

    flojo   *light* (with meals to mean *not substantial*; *loose*; *weak*: **un estudiante
flojo** = *a poor student*); *lazy*

    débil   *weak* (in the physical sense; used with lighting to mean *dim*)

José tiene los ojos <u>claros</u>.

José has light-colored eyes.

El algodón es muy <u>ligero</u>.

Cotton is very light (weight).

Tomás es muy <u>flojo</u> en las
matemáticas.

Tomás does poorly in mathematics.

Raúl es muy <u>débil</u>. Nunca hace
ejercicios.

Raúl is very weak. He never exercises.

5. la televisión   *television* (in the abstract sense; that which you watch)

    la tele   *TV*

    el televisor   *television set*

No miro mucho la <u>televisión</u> (la tele).

I don't watch television (TV) much.

El martes compramos un <u>televisor</u>
nuevo.

*On Tuesday we bought a new television
set.*

6. libre   *not interchangeable*   *free* (with **ser**: *unrestrained, not enslaved, at liberty,* with **estar**:
unoccupied)

    gratis, gratuito   *free* (without payment; costs nothing)

    suelto   *free* (separate, loose, unhampered; can also mean *small
change*)

Terminé mis exámenes y estoy <u>libre</u>.

I've finished my exams, and I'm free.

La entrada al concierto es <u>gratis</u>
(gratuita).

The concert is free.

Deja <u>suelto</u> al perro.

Let the dog loose.

PRÁCTICA

Escoja la palabra apropiada según el contexto.

1. La comida (es tarde, tarda). Yo la pedí hace una hora.
2. Ya son las ocho. Tengo miedo de (ser, llegar) tarde.
3. ¿Qué (tiempo, hora) es?
4. Vimos aquella película tres (veces, tiempos).
5. María tiene una blusa de color azul (claro, ligero).

6. No le gusta estudiar. Es muy (débil, flojo) en todas sus clases.
7. Este libro no pesa nada. Es muy (ligero, claro).
8. La familia Gómez tiene un(a) (televisor, televisión) nuevo(a).
9. Mi programa de (televisor, televisión) favorito es «60 Minutos».
10. (Conocí, Me reuní) a mi novio por primer(a) (vez, tiempo) en una fiesta.
11. ¿Dónde están mis llaves? No las puedo (reunir, encontrar).
12. En este país, todos somos (sueltos, libres) para expresar nuestras opiniones.
13. No necesitas traer dinero. La entrada es (suelta, gratis).
14. Necesito dinero para el metro y no tengo (suelto, gratuito).

Y EN RESUMEN...

A. El brindis. Escoja Ud. la palabra o la forma apropiada de la palabra entre paréntesis.

«Salud, amor y pesetas y tiempo (por, para) _____ gastarlos» es un brindis que (se, le) _____ suele oír entre amigos y familiares, (y, e) _____ en un día caluroso de verano, los vasos están llenos de cerveza y todo el mundo brinda. Otra bebida de España es la horchata, (hecho, hecha) _____ de almendras (o, u) _____ otro tipo de semilla. Y (por, para) _____ supuesto, siempre (es, hay) _____ sangría. En España, (a, _) _____ todo el mundo (les, le) _____ (gustan, gusta) _____ beber vino. Los vinos españoles, muy conocidos (para, por) _____ todas partes, vienen de (el, la) _____ región de Rioja y si (se pueden, se puede) _____ conseguir uno de (estos, éstos) _____, hay que comprarlo. ¡(Están, Son) _____ excelentes!

B. Comidas regionales de España. Escoja Ud. la palabra apropiada o dé la forma correcta del adjetivo entre paréntesis. Traduzca las palabras en inglés al español.

En España (los, las) _____ ocasiones familiares y sociales siempre van (acompañado) _____ de muy (bueno) _____ comida y (drink) _____. La comida (Spanish) _____ (is) _____ sencilla, básica y variada, y cada región (has) _____ (its) _____ comidas típicas. Andalucía, (for example) _____, (is known) _____ por el gazpacho, una sopa fría, hecha de pan, tomate, ajo y (cucumber) _____. (Por, Para) _____ estar (situado) _____ en el sur, (this) _____ región tiene

(*a lot of*) _____ influencia árabe. Allí también producen el mejor
jerez° del mundo.   *sherry*

(A, __) _____ los madrileños (le, les) _____ gusta (*their*)

_____ cocido, que (*is*) _____ un potaje° hecho de (*meats*) _____,   *thick soup*

chorizo y (*vegetables*) _____. En Asturias (*one eats*) _____ mucho

la fabada, una sopa especial de (*pork*) _____. Y, ¿(*who*) _____ no

conoce la paella valenciana? (Este, Esto) _____ plato famoso se

hace con arroz, (*shellfish*) _____, carne, (*fish*) _____, pollo y le-

gumbres. (*Many years ago*) _____, la paella se originó en los

campos de Valencia, cuando las señoras de los campesinos (*used

to put*) _____ las sobras° de las (*meals*) _____ de toda la semana   *leftovers*

en un solo recipiente.

(Por, Para) _____ los que les (gusta, gustan) _____ el huevo, la

tortilla (*español*) _____, un tipo de «omelette» de patatas, (*onion*)

_____ y huevo, (*is*) _____ el plato (por, para) _____ excelencia,

y (*it is found*) _____ en todas las regiones.

C. ¡Ay, Dios mío, una multa! Ud. vuelve a su coche y encuentra este papelito en su parabrisas
(*windshield*). Conteste Ud. las siguientes preguntas.

	MATRICULA	FECHA	HORA
AYUNTAMIENTO DE MADRID ESTACIONAMIENTO VIGILADO	M 143 FU	22/8/96	1310

12258219

N.° DE TARJETA o DISTINTIVO

LUGAR c/ Guillermo Roldán, 5

Se encuentra Vd. en zona de ESTACIONAMIENTO VIGILADO
**SU VEHICULO HA SIDO DENUNCIADO POR
ESTAR ESTACIONADO INDEBIDAMENTE**

LE ROGAMOS ESPERE A RECIBIR EN SU DOMICILIO
LAS CORRESPONDIENTES INSTRUCCIONES.

1. ¿A qué hora recibió Ud. la multa?
2. ¿Por qué la recibió Ud.?
3. ¿Cuál es la fecha de la infracción?
4. ¿En qué ciudad la recibió?

5. ¿En qué calle la recibió?
6. ¿Cómo se sabe que el policía multó el coche correcto?
7. ¿Cómo reaccionó Ud. al encontrarla?
8. ¿Qué debe Ud. hacer ahora?
9. ¿Recibió Ud. otra multa alguna vez? ¿Por qué? ¿Qué le pasó?
10. ¿Por qué otras infracciones recibe la gente multas?

D. **La comida rápida, ¿ayuda o amenaza** *(threat)***?** Lea Ud. el siguiente anuncio y haga los ejercicios.

Pizzas, perritos y hamburguesas ceban *feed* la dieta española

Sumergidos en la modernidad, los españoles también han sucumbido a las comidas rápidas. En todas las ciudades, florecen los negocios que amparan° la cultura *support* **del comer con las manos. Los jóvenes son la principal clientela y su dieta corre el riesgo° de padecer°** *run the risk / suffer* **fuertes carencias° peligrosas para la salud** *deficiencies*

1. Busque Ud. en el anuncio los sinónimos de las siguientes palabras:
   prosperan   está en peligro   faltas   sufrir   favorecer
2. Muchos españoles ven la popularidad de la comida rápida como una amenaza a sus costumbres culinarias típicamente españolas. Según lo que Ud. ya sabe del horario de comida en España, comente esto.
3. También, muchos españoles creen que la comida rápida es peligrosa para la salud. ¿Está Ud. de acuerdo con ellos? ¿Por qué sí o no? Describa Ud. las comidas rápidas que Ud. considera nutritivas.
4. ¿A qué atribuye Ud. la gran popularidad de la comida rápida en los EE.UU.? Además de las comidas mencionadas en el artículo, ¿qué otras comidas rápidas «ceban» la dieta norteamericana?

E. **¿Qué hiciste?** Alberto quiere saber qué hizo su amiga Ema durante la semana. Ema consulta su horario y le contesta. Con un(a) compañero(a), representen los dos papeles, según el modelo en la siguiente página.

MODELO   **Alberto**   ¿Qué hiciste el domingo por la tarde?
　　　　　Ema　　　Almorcé en casa de mi abuela.

LUNES	MARTES	MIÉRCOLES	JUEVES	VIERNES	SÁBADO	DOMINGO
8-10 Clase		8-10 Clase		9:00 Compras Elena y mamá	10:30 Vólibol	12:00 Misa
5:00 Peluquería	12:00 conferencia Prado		11:30 dentista			2:00 almuerzo abuelita
	7:00 Cine - Marta		4:00 Café Gijón Nancy		Vicente ♡	

Ahora, compare Ud. su horario con el de Ema. Comparta los resultados con la clase.

F. Conversemos. Conteste Ud. las preguntas.

1. ¿Cuál es el mejor método de controlar el peso? ¿Cuál es el peor? ¿Qué opina Ud. de las fórmulas líquidas como forma de adelgazar?
2. ¿Qué significa para Ud. «estar a dieta»?
3. Describa los hábitos de comida de Ud. Por ejemplo, ¿le gusta probar al preparar sus comidas? ¿Tiene la tendencia de picar (snack) entre comidas? ¿Come cuando no tiene hambre? Explique.
4. Diga Ud. qué come en las siguientes situaciones y explique por qué.

   a. al estudiar para un examen
   b. cuando se reúne con sus amigos
   c. después de hacer algún ejercicio físico
   d. al despertarse de noche

   e. cuando sale con su novio(a)
   f. cuando se siente deprimido(a)
   g. cuando está nervioso(a)
   h. otro

G. Minidrama. En grupos, representen una de las siguientes escenas.

1. ¡Qué día! ¡Qué desilusión! Imagínense que van a la ciudad con grandes planes pero todo sale mal. En grupos, representen una escena original. Por ejemplo, van con mucha hambre a su restaurante favorito pero está cerrado.
2. En una discoteca famosa de una ciudad grande pasan las siguientes escenas. En grupos, elijan Uds. una y represéntenla.

   a. Sus compañeros quieren bailar. Ud. inventa mil pretextos para no revelar que no sabe bailar.
   b. Ud. está con su novio(a) y entra su actor (actriz) favorito(a). ¿Qué pasa?
   c. Ud. rompió una cita con un(a) chico(a) para salir con otro(a). Ud. está bailando cuando ve a la misma persona entrar en la discoteca con un grupo de amigos. ¿Qué hace Ud.?

 H. Debate: Modos de vivir. En esta unidad se habla mucho de la vida de la ciudad, pero hay otros modos de vivir. Divídanse en tres grupos y escojan un modo de vivir para defender.

la vida de la ciudad   la vida de las afueras (*suburbio*)   la vida del campo

I. Composición. Escriba una breve narración que comience con una de las siguientes frases.

1. La semana pasada salí con mi familia para cenar en un restaurante elegante.
2. Mis amigos españoles me visitaron el verano pasado y encontraron muchas costumbres diferentes.
3. Anoche yo cené en la Casa Blanca.

VIDEOCULTURA 3:
Así paso el día

1:20:37-
1:24:15

COMPRANDO COMIDA FRESCA EN VALENCIA, ESPAÑA

Puesto de frutas y verduras en Españe.

España ofrece una gran variedad de comida muy fresca, y grandes mercados donde se puede ir todas las mañanas para comprar de lo mejor. Vamos a visitar el mercado central en Valencia. Haga las actividades preparativas, mire el video y haga las actividades que siguen.

Vocabulario útil

soler (ue) + inf. *to be accustomed to*   la merluza *hake*
derretirse *to melt*   los fiambres *cold cuts*
deslizarse *to slip*   el embutido *sausage*
congelado *frozen*   la lata *can*

Preparativos

¿Adónde va Ud. para comprar comida? ¿Va todos los días? ¿Cuántas veces por semana va Ud.? ¿Compra Ud. comida fresca o comida congelada? ¿Por qué?

Comprensión y discusión

A. Datos importantes. Escuche el video con cuidado y escoja Ud. la respuesta correcta.

1. Este es el mercado (principal, central) de (Venezuela, Valencia).
2. La gente suele venir al mercado por la (mañana, tarde).
3. Sobre todo hay gente los (lunes, martes).
4. Las mamás vienen a comprar a las (nueve, once).
5. Por la tarde el mercado está (abierto, cerrado).
6. También se puede comprar (bebidas alcohólicas, palomitas de maíz) en el mercado.

B. Categorías. Llene Ud. las columnas con las comidas mencionadas en el video.

Frutas	Carnes	Pescado	Mariscos

C. Comparaciones. ¿Hacemos lo mismo en los EE.UU.? Llene Ud. los espacios con la información necesaria.

MODELO   En España se bebe agua mineral.
En los EE.UU. se bebe Coca-Cola.

EN ESPAÑA

1. Se come mucha fruta.
2. La gente suele comprar temprano en la mañana.
3. La gente va con sus carritos buscando lo mejor.
4. Los niños comen muchas naranjas.
5. Es típico tomar todo tipo de fiambres.

EN LOS EE.UU.

1. _____
2. _____
3. _____
4. _____
5. _____

D. ¿Qué piensa Ud.? Conteste las siguientes preguntas.

1. ¿Cuáles son las ventajas de comprar en un mercado grande como éste?
2. ¿Son populares en los EE.UU. los mercados como el mercado central de Valencia? ¿Por qué sí o no?
3. ¿Qué tipo de comida compra Ud. con más frecuencia? ¿Qué suele Ud. comer para la cena? ¿Para el almuerzo?
4. ¿A Ud. le gusta comer una comida grande con toda la familia o prefiere Ud. comer comida rápida? ¿Cuáles son las ventajas de las dos formas de comer?

1:24:16-
1:28:43

LA COMIDA CARIBEÑA Y EL CAFÉ ATLÁNTICO

Café Atlántico

La comida caribeña es una comida de muchas influencias étnicas, entre ellas la indígena, la española y la africana. Vamos a probar la comida típica de la República Dominicana y la nueva cocina caribeña. Haga las actividades preparativas, mire el video y haga las actividades que siguen.

Vocabulario útil

la cocina   *cuisine*
los gandules   *pigeon peas*
el bacalaito   *fried codfish*

el dueño   *owner*
las especias   *spices*

Preparativos

¿En qué consiste la comida «estadounidense»? ¿Hay un plato típico de los EE.UU.? ¿Por qué sí o no? En su opinión ¿cuáles son algunos elementos en la comida caribeña?

Comprensión y discusión

A. Los platos dominicanos. Lea Ud. la lista siguiente e indique todas las comidas que menciona la narradora.

_____ la papaya

_____ la longaniza

_____ las papas fritas

_____ las habichuelas coloradas

_____ las bolas de papa

_____ los pastelillos

_____ la ensalada

_____ el bacalaito

_____ la morcilla

_____ el lechón

_____ los tostones

_____ las tortillas

_____ el arroz con gandules

_____ los chicharrones

_____ la sopa de frijoles negros

Ahora, vuelva a escuchar el segmento e indique en qué orden menciona las comidas, usando los números 1–8.

B. ¿Qué aporta cada cultura? Diga Ud. qué cultura contribuyó los siguientes ingredientes.

la cultura india   ciertos condimentos
la cultura africana   platos basados en el arroz
la cultura española   raíces y frutas tropicales

C. ¿A qué se refiere? Identifique o comente los siguientes nombres, lugares o términos. Forme frases completas.

1. Roberto Álvarez   **4.** Jamaica, Cuba, Haití, la República Dominicana
2. Santo Domingo   **5.** especias picantes
3. Washington, D.C.   **6.** la clientela del café

D. ¿Qué piensa Ud.? Conteste las siguientes preguntas.

1. La cocina dominicana no es picante. ¿Qué cocinas son famosas por ser picantes? ¿A Ud. le gusta la comida picante? ¿Por qué sí o no?

2. ¿Cómo es el Café Atlántico? Ud. cenó allí anoche. Describa la experiencia. Incluya la siguiente información:

    a. con quién(es) fue
    b. qué pidió
    c. si había mucha o poca gente
    d. cómo era el (la) camarero(a)
    e. cuánto costó la comida

3. ¿Prefiere Ud. la nueva cocina caribeña del Café Atlántico o la comida dominicana más tradicional que Ud. vio en el primer segmento? ¿Por qué?

4. ¿Ha probado alguna vez algunas de las comidas que vio en el video? ¿Cuáles? ¿Le gustaron? Explique.

    5. Ud. es el (la) dueño(a) del Café *Pacífico*. Descríbalo. Escriba un anuncio comercial para su café y léaselo a la clase.

De viaje

Lección 10

Mi itinerario

PRIMERA CLASE, POR FAVOR.

Los viajeros llegan al aeropuerto con mucho equipaje y piden la primera clase.

La mujer llega a la estación de tren y pide un boleto muy barato.

as cheap as possible

cheap — *it* LO MÁS BARATO POSIBLE

PARA COMENZAR...

help

1. Con la ayuda del vocabulario en la pág. 179, describa los dibujos.
2. Use su imaginación y *story* cuente la historia de las personas en el dibujo. Diga *Tell* quiénes son, adónde van y por cuánto tiempo y qué van a hacer al llegar. *upon arriving*

Who they are   where   *you ought*

cuento   story

177

3. Describa Ud. las actividades que Ud. puede hacer a bordo de un avión. ¿y en un tren?

4. ¿Cómo prefiere Ud. viajar, por tren, por avión o por coche? ¿Por qué? ¿Prefiere Ud. viajar acompañado(a) o solo(a)? ¿Por qué?

 ## Mi itinerario

Luisa escribe en su diario:

¡Qué ilusión!° Mañana salgo para Colombia. Ya pagué el pasaje y conseguí el pasaporte y el visado. Sólo falta hacer la maleta... y esperar. Mientras tanto, es probable que mi itinerario sea el siguiente:

¡Qué... *How exciting!*

Primera semana:
Salgo en un vuelo con destino a Bogotá. Ya tengo reservaciones en un hotel para esa noche. Quiero ver el barrio colonial de la ciudad y el famoso Museo del Oro. Después, pienso viajar al pueblo de Zipaquirá para ver la catedral, que está construida totalmente dentro de una mina de sal. Según otros turistas, «Es imposible describirla, hay que verla». También quiero visitar las plantaciones de café, azúcar y bambú, y los famosos jardines de orquídeas° cerca de la ciudad.

orchids

Segunda semana:
Espero viajar a Cartagena en el norte y a Cali en el súr. Pienso ir en autobús, cruzando los Andes, para así ver todo ese paisaje increíble. Pero también es posible que haga una excursión en grupo a la selva Amazónica. Dicen que hay pirañas en el río y hojas tan grandes que pueden sostener el peso° de un hombre. Después, tomo el avión de régreso. Es una lástima que Emilia no pueda acompañarme. A ella le encanta viajar.

weight

CONVERSEMOS

Refiriéndose a la lectura anterior, conteste Ud. las preguntas.

1. ¿Qué preparativos hizo Luisa para su viaje? ¿Cuáles son algunos sitios turísticos de Bogotá y sus alrededores? ¿Cuáles son algunos recursos naturales de Colombia?

2. ¿Cuáles son los ~~pasos~~ necesarios para conseguir un pasaporte? ¿Ha viajado Ud. a algún sitio donde es necesario tener pasaporte? ¿visado? ¿Adónde? ¿Adónde puede Ud. viajar sin pasaporte?

3. ¿Conoce Ud. algunos lugares que no se pueden describir y que hay que ver? ¿Cuáles? ¿Cuál es el lugar más fascinante que Ud. ha visitado? Descríbalo.

4. ¿Cuáles de los recursos naturales de Colombia le interesan más a Ud.? ¿Por qué? ¿A qué recursos naturales de este país están atraídos los turistas? ¿Por qué?

VOCABULARIO

SUSTANTIVOS

la aduana   *customs*
el (la) agente de viajes   *travel agent*
el aterrizaje   *landing*
el avión   *airplane*
la azafata   *flight attendant (female)*
el boleto (el billete)   *ticket*
el cinturón de seguridad   *seat belt*
el coche cama (comedor)   *sleeping (dining) car*
la despedida   *farewell, parting*
el equipaje   *luggage*
el folleto   *pamphlet*
la frontera   *border, frontier*
la gira   *tour*
la línea aérea   *airline*
la llegada   *arrival*
la maleta   *suitcase*
el pasaje de ida y vuelta   *round-trip ticket*
el (la) pasajero(a)   *passenger*
el pasaporte   *passport*
el precio   *price*
la puerta de salida   *gate*
la sala de espera   *waiting room*
la salida   *departure*
el sobrecargo   *flight attendant (male)*
la tarifa   *fare*
el tren   *train*
el (la) turista   *tourist*
el (la) viajero(a)   *traveler*
el vuelo   *flight*

VERBOS

abordar   *to board*
abrochar(se)   *to fasten*
aterrizar   *to land*
declarar   *to declare*
facturar   *to check (luggage)*
pesar   *to weigh*
reclamar   *to claim*
revisar   *to inspect*
viajar (hacer un viaje)   *to travel (take a trip)*

OTRAS PALABRAS Y EXPRESIONES

adelantado   *ahead of schedule*
¡Bienvenido!   *Welcome!*
¡Buen viaje!   *Have a good trip!*
con destino a   *destined for*
en regla   *in order*
hacer escala   *to stop over*
ir de vacaciones   *to go on vacation*
pasar por la aduana   *to go through customs*
perder (el avión)   *to miss (the plane)*
procedente de   *coming from*
¿Qué tal fue... ?   *How was . . . ?*
retrasado   *delayed*
sacar fotos   *to take pictures*
sin escala   *nonstop*

¿DÓNDE QUEDA... ?

(Refiérase a las págs. 187-188.)

REPASEMOS EL VOCABULARIO

A. **¿Cuál no pertenece?** *Underline* Subraye Ud. la palabra que no está relacionada con las otras y explique por qué.

1. pasaje *ticket*   folleto *Pamphlet*   boleto *ticket*   billete *ticket*
2. coche cama *sleeping car*   avión *airplane*   vuelo *flight*   aterrizaje *landing*
3. sobrecargo *flight attendant*   azafata *stewardess*   agente   gira *tour*
4. pesar *to weigh*   facturar *to check baggage*   aterrizar *landing*   revisar *to inspect*
5. sala de espera *waiting room*   puerta de salida *exit gate*   aduana *customs*   frontera *border*

B. **¿Qué hago primero?** Arregle Ud. las siguientes actividades en orden cronológico. Conjugue el verbo y forme frases completas.

⑤ 1. abrocharse el cinturón de seguridad *fasten seatbelt safety*   ⑦ 5. llegar a su destino *arrive at destination*
③ 2. abordar el avión *board the airplane*   ② 6. facturar el equipaje *check the baggage*
① 3. comprar el billete *buy the ticket*   8 ⑦ 7. reclamar las maletas *claim the luggage*
④ 4. sentarse en el asiento *sit in the seat*   ⑥ 8. pedirle café a la azafata *ask for coffee for flight attendant*

C. **Actividades y lugares.** *places* ¿Dónde se hacen las siguientes actividades? Forme frases completas.

1. dormir en un tren   4. comer en un tren
2. esperar un vuelo *flight*   5. inspeccionar las maletas
3. facturar el equipaje   6. buscar las horas de la llegada

D. **De viaje.** Nombre Ud. dos actividades que hacen las siguientes personas.

MODELO   un pasajero
Un pasajero se abrocha el cinturón de seguridad y pide un café.

1. un sobrecargo   4. un agente de aduana
2. un piloto   5. una azafata
3. un turista   6. un agente de viajes

 E. **En parejas.** Hágale Ud. las siguientes preguntas a un(a) compañero(a) de clase. Como es una persona de carácter pesimista, va a contestar las preguntas de una manera negativa.

MODELO   ¿Sacaste muchas fotos?
Muy pocas. No me gusta sacar fotos en un viaje, y las que saqué salieron mal.

1. ¿Qué te pareció el agente de viajes?
2. ¿Qué tal fue el vuelo?
3. ¿Hiciste escala en alguna ciudad interesante?
4. En el avión, ¿cómo estuvieron la comida, el servicio y las películas?

5. ¿Lo pasaste bien con los otros pasajeros en el avión?
6. ¿Piensas hacer otro viaje intercontinental algún día?

F. Visite USA. Lea Ud. el siguiente anuncio y conteste las preguntas.

Nadie une los Estados Unidos de América como TWA.

Los cupones "Visite USA" de TWA son una manera muy especial de visitar los Estados Unidos.

Por sólo 126.300 Ptas. consigues un vuelo ida y vuelta a los Estados Unidos, más tres vuelos internos a cualquiera de nuestros 117 destinos dentro de los Estados Unidos. Vuelos internos adicionales, hasta un total de 12, se consiguen por sólo 11.000 Ptas. cada uno.

La estancia mínima en los Estados Unidos es de 7 días (máximo 60). Los cupones se despachan sólo de forma conjunta con un billete de ida y vuelta trasatlántico de TWA.

Llama al (91) 410 60 12 o consulta a tu Agencia de Viajes.

TWA
Para lo *mejor* de América.

TWA

1. ¿Qué linea aérea tiene esta promoción?
2. ¿Cómo se llama la promoción?
3. ¿Cuánto cuesta un pasaje de ida y vuelta?
4. ¿Cuántos vuelos internos adicionales puede hacer el viajero por 11.000 Ptas. cada uno?
5. ¿Por cuánto tiempo se permite quedarse en este país?
6. ¿En qué país salió este anuncio? (Lea con cuidado).
7. En su opinión, ¿cuáles son algunos de los destinos dentro de los EE.UU. que ha seleccionado TWA para esta promoción? Explique.

GRAMÁTICA

The Present Tense of the Subjunctive Mood (El tiempo presente del modo subjuntivo)

FORM

1. The present subjunctive is formed by taking the first person singular (**yo**) of the present indicative, dropping the final **-o** and adding **-er** endings to **-ar** verbs and **-ar** endings to **-er** and **-ir** verbs.[1]

---

[1] Note the spelling changes for verbs ending in **-car**, **-gar**, and **-zar**: **busque, pague, comience.** These changes are maintained throughout the conjugation.

hablar		comprender		escribir	
hable	hablemos	comprenda	comprendamos	escriba	escribamos
hables	habléis	comprendas	comprendáis	escribas	escribáis
hable	hablen	comprenda	comprendan	escriba	escriban

2. Verbs that have an irregular form in the first person singular of the present indicative show that irregularity in the present subjunctive.

decir		conocer		traer	
diga	digamos	conozca	conozcamos	traiga	traigamos
digas	digáis	conozcas	conozcáis	traigas	traigáis
diga	digan	conozca	conozcan	traiga	traigan

3. Stem-changing verbs:

   a. Stem-changing -ar and -er verbs follow the same pattern of change as in the present indicative. All forms change except the nosotros and vosotros forms.

pensar		volver	
piense	pensemos	vuelva	volvamos
pienses	penséis	vuelvas	volváis
piense	piensen	vuelva	vuelvan

   b. Stem-changing -ir verbs that change e → ie and o → ue have an additional change: e → i and o → u in the nosotros and vosotros forms of the present subjunctive.

sentir		dormir	
sienta	sintamos	duerma	durmamos
sientas	sintáis	duermas	durmáis
sienta	sientan	duerma	duerman

   c. Stem-changing -ir verbs that change e → i maintain the stem change throughout the conjugation.

pedir		repetir	
pida	pidamos	repita	repitamos
pidas	pidáis	repitas	repitáis
pida	pidan	repita	repitan

4. There are six irregular verbs in the present subjunctive.

dar	*dé, des, dé, demos, deis, den*
estar	*esté, estés, esté, estemos, estéis, estén*
haber	*haya, hayas, haya, hayamos, hayáis, hayan*
ir	*vaya, vayas, vaya, vayamos, vayáis, vayan*
saber	*sepa, sepas, sepa, sepamos, sepáis, sepan*
ser	*sea, seas, sea, seamos, seáis, sean*

USE

You are already familiar with various tenses of the indicative mood, such as the present, the present and past progressive, the preterite, and the imperfect. The tense is the time in which the action of the verb takes place (present, past, future, and so forth). The mood (from mode, meaning manner) reflects the way the speaker feels about what he or she is saying. Is he or she feeling certainty or doubt, objectivity or subjectivity and emotion? The mood expresses these attitudes.

In Spanish there are two moods; the indicative and the subjunctive. While the indicative mood has many different simple tenses[2], the subjunctive has only two: the present and the imperfect (past).

1. The subjunctive mood is used much more frequently in Spanish than in English. In Spanish, while the indicative mood is used to express certainty, factual information, and objectivity; the subjunctive mood is used to express doubt, uncertainty, probability, emotion, will, subjectivity, desire, hope, influence, or that which is as yet unknown.

Yo sé que tú **vas** a México en junio.	*I know that you are going to Mexico in June.*
Yo dudo que tú **vayas** a México en junio.	*I doubt that you are going to Mexico in June.*

2. In order to use the subjunctive mood, there generally must be two clauses in the sentence—the main or independent clause, which will determine the need for the subjunctive, and the subordinate clause, which will contain the subjunctive when the subject is different from that of the main clause. A conjunction is used to join the two clauses. The conjunction **que** is used frequently.

Es una lástima que **él** no nos visite.   *It is a shame that **he** doesn't visit us.*

EXCEPTIONS   clauses following **quizá(s)**, **tal vez**, **acaso**, and **ojalá**.

Quizás vayamos a Acapulco contigo.	*Maybe we'll go to Acapulco with you.*
Ojalá vaya José también.	*Hopefully José will go also.*

---

[2] A simple tense consists of one main verb (I *left*). A compound tense consists of an auxiliary verb and a participle (I *am leaving*, I *have left*, and so forth).

3. When the subject of both clauses is the same, the infinitive is used.

Yo prefiero **ir** a México en junio.   *I prefer to go to Mexico in June.*
Yo prefiero que **tú vayas** a México en   *I prefer that you go to Mexico in June.*
  junio.

The Use of the Subjunctive with Impersonal Expressions (El uso del subjuntivo con expresiones impersonales)

1. An impersonal expression is one in which the subject does not refer to a person or thing. The subjunctive is used in the subordinate clause when there is a change of subject and when the expression does not suggest certainty. When there is no change of subject, the infinitive is used.

Es necesario que tú **salgas** temprano.   *It is necessary that you leave early.*
Es necesario **salir** temprano.   *It is necessary to leave early.*

When certainty is expressed, the indicative is used.

Es evidente que tú **sales** temprano.   *It is evident that you leave early.*

2. Some common impersonal expressions that require the subjunctive are:

es bueno	es importante	es mejor
es conveniente (conviene)	es (im)posible	es necesario \ same
es de esperar to be hoped	es (in)útil useful	es preciso
es dudoso	es malo	es preferible
es ridículo	está bien	es (una) lástima a shame
es sorprendente surprising	es terrible	más vale worth more
sorprender	es probable	valer - valgo worth

3. Some common impersonal expressions that require the indicative are:

es cierto	es obvio	no cabe duda caber - fair?
es claro	es seguro	no hay duda
es evidente	es verdad	there is no doubt

4. When impersonal expressions that suggest certainty are negative, the subjunctive mood is required. When impersonal expressions that suggest doubt are negative, the indicative mood is required because there is no longer any doubt.

No es evidente que el avión **salga** a   *It is not evident that the plane is leav-*
  tiempo.   *ing on time.*
No es dudoso que el avión **sale** a tiempo.   *It is not doubtful that the plane is leav-*
                                               ing on time.

NOTE   Only impersonal expressions of doubt and certainty are affected by negation. All other impersonal expressions require the subjunctive with a specified subject whether they are affirmative or negative.

Es posible (**Es necesario**) que tú salgas temprano.
No es posible (**No es necesario**) que tú salgas temprano.

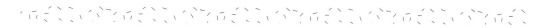

PRÁCTICA

A. **Para tener un buen vuelo.** Llene Ud. cada espacio con la forma correcta del verbo en el subjuntivo o en el indicativo.

1. Es probable que el avión (aterrizar) _____ dentro de una hora.
2. Es de esperar que nosotros (poder) _____ abordar pronto.
3. Es lástima que nosotros (tener) _____ que esperar tanto.
4. Es verdad que ellos (hacer) _____ escala en Lima.
5. No es sorprendente que el pasaje (costar) _____ tanto.
6. Es mejor que tú (sacar) _____ fotos ahora porque mañana va a llover.
7. Es cierto que el piloto no (dormir) _____ durante el vuelo.
8. Es importante que la azafata no (perder) _____ el avión.

B. **Visite Caracas.** Caracas, la capital de Venezuela, es una de las ciudades más modernas y cosmopolitas de Sudamérica. Forme Ud. una nueva frase, añadiendo un nuevo sujeto. Haga los cambios necesarios según el modelo.

MODELO   Es preferible comenzar la visita a Caracas en la Plaza Bolívar. (Ud.)
   Es preferible que Ud. comience la visita a Caracas en la Plaza Bolívar.

1. Es mejor buscar un hotel en la ciudad vieja, donde se conserva el sabor español. (tú)
2. Es importante conocer el Parque Los Caobos, el centro artístico de Caracas. (Uds.)
3. Conviene visitar Sábana Grande, con sus mercados y cafés al aire libre. (nosotros)
4. Es ridículo intentar ver toda la ciudad en un solo día. (el turista)
5. Es imposible encontrar otra ciudad de tanta diversidad y contraste. (Jaime y yo)

C. **Es muy posible.** Vamos de viaje pero no sabemos los detalles. Forme Ud. una nueva frase añadiendo **Es posible que** al principio de las frases siguientes. Haga los cambios necesarios.

MODELO   María está sentada en el avión.
   Es posible que María esté sentada en el avión.

1. Eva y yo salimos para Venezuela a las ocho.
2. Yo hago reservaciones en el Hotel Intercontinental.
3. Nosotros nos divertimos en el viaje.
4. El avión es un siete sesenta y siete.
5. Los pasajeros llegan a tiempo.
6. Yo te traigo un regalito.

D. **La geografía.** ¿Qué sabe Ud. del mundo hispánico? Reaccione a las frases siguientes usando las expresiones **es dudoso que** o **es verdad que**, según la situación. Use el indicativo o el subjuntivo según el contexto.

> MODELO   Nieva en Puerto Rico en julio.
> Es dudoso que nieve en Puerto Rico en julio.

1. Bogotá es la capital de Colombia.
2. La República Dominicana está en Europa.
3. Hay cuatro países de habla española en Sudamérica.
4. Argentina es el país más pequeño de Sudamérica.
5. Cuba tiene un gobierno democrático.
6. Ud. conoce al rey de España.
7. Nicaragua está en Centroamérica.
8. Costa Rica no tiene un ejército (*army*).
9. Se habla portugués en México.
10. La capital del Perú se llama Lima.

E. **El primer viaje.** El señor Mendoza está un poco nervioso porque viaja por primera vez en avión. Le hace muchas preguntas a la azafata. ¿Qué le contesta ella? Usando expresiones impersonales, represente el papel de la azafata.

> MODELO   **Sr. Mendoza**   ¿Pierde frecuentemente el equipaje la línea aérea?
> **Azafata**   No, no es cierto que lo pierda frecuentemente.

1. ¿Puedo cambiar mi asiento?
2. ¿Tiene mucha experiencia el piloto?
3. ¿Sirven buena comida en este avión?
4. ¿Es éste un vuelo sin escala?

 Ahora, forme Ud. más preguntas para hacerle a un(a) compañero(a) de clase.

F. **Mis planes y mis consejos.** Cuente Ud. sus planes para las próximas vacaciones, formando una frase afirmativa y otra negativa con las expresiones impersonales siguientes. Haga los cambios necesarios.

> MODELO   Es cierto que...
> Es cierto que me gusta viajar.
> No es cierto que yo tenga tiempo para viajar este mes.

1. Es verdad que...   5. Es posible que...
2. Es dudoso que...   6. Es evidente que...
3. Es raro que...   7. Es importante que...
4. Es mejor que...   8. Es seguro que...

 Ahora, déle Ud. consejos a un(a) amigo(a) que viaja al Caribe por primera vez. Termine las frases siguientes de una forma original.

MODELO   Es necesario...
         Es necesario que tú hagas reservaciones.

1. Es importante...   3. Es útil...   5. Conviene...   7. No cabe duda...
2. Es evidente...   4. Es preciso...   6. Es mejor...   8. Es imposible...

ASÍ SE DICE

¿Dónde queda... ?

1. Anyone traveling in a foreign country needs to know how to ask for directions. Here are a few ways to begin if . . .

   a. you don't know where you are.

   Dígame, señor. (Disculpe. Perdone.)   *Excuse me, sir. (Excuse me. Pardon me.)*
   ¿Podría Ud. indicarme dónde queda... ?   *Could you tell me where . . . is?*
   ¿Cómo llego a... ?   *How do I get to . . . ?*
   ¿Dónde se encuentra... ?   *Where can I find . . . ?*
   ¿Por dónde se va a... ?   *How do you (does one) get to . . . ?*
   Busco...   *I'm looking for . . .*

   b. you're not sure if you're in the correct place or which building you want.

   ¿Es ésta la calle Mendoza?   *Is this Mendoza Street?*
   ¿Es éste el Museo Arqueológico (etcétera)?   *Is this the Archeological Museum (etc.)?*
   ¿Cuál es el Restaurante Botín?   *Which (building) is the Botín Restaurant?*

   c. you would like to know where to find a certain type of place.

   ¿Hay un hotel barato cerca de aquí (por aquí)?   *Is there an inexpensive hotel near here (around here)?*
   ¿Hay una farmacia en este barrio?   *Is there a pharmacy in this neighborhood?*

d. you're totally lost.

Me he perdido.
Estoy perdido(a) (extraviado[a]). } *I'm lost.*

2. Here are some common responses you may hear when asking for directions.

Mire Ud. ...   *Look . . .*

S seguir
(to follow) to go on Siga Ud. derecho (adelante, por dos
cuadras, hasta llegar a...).

*Go straight ahead (forward, for two
blocks, until you get to . . .).*

Camine Ud. seis cuadras.   *Walk six blocks.*

Cruce Ud. esta calle.   *Cross this street.*

bajar Baje Ud. (Suba Ud.) esta calle.   *Go down (Go up) this street.*

Doble Ud. a la derecha (a la izquierda)   *Turn to the right (to the left)*
en la próxima calle.   *at the next street.*
en la esquina.   *at the corner.*
después de pasar la panadería.   *after passing the bakery.*

quedar - to stay Queda en la esquina.   *It's on the corner.*

Está en el centro.   *It's downtown.*

Está (Queda) a la derecha (izquierda).   *It's on your right (left).*

Queda lejísimo (muy cerca).   *It's very far (close by).*

Está aquí al lado.   *It's right next door.*

Es este edificio (el segundo edificio a la   *It's this building (the second building on*
derecha).   *the right).*

No se puede perder. *(to lose, to miss)*   *You can't miss it.*

PRÁCTICA

A. Un recién llegado. *You have just arrived* Ud. acaba de llegar a Lima, Perú. Forme Ud. preguntas que correspondan a las siguientes situaciones y un(a) compañero(a) de clase le va a
contestar.
to answer

1. Ud. tiene reservaciones en el Hotel Barranquilla.
2. Ud. necesita comprar aspirina.
3. Ud. tiene hambre pero no tiene mucho dinero.
4. Ud. quiere visitar el Museo de Bellas Artes.
5. Ud. quiere mandarles tarjetas postales a sus amigos.
6. Ud. quiere hacer una excursión en tren.

B. ¿Dónde queda... ? Ud. es estudiante del primer año en la universidad y no conoce el campus.
Un estudiante «veterano» lo (la) ayuda a identificar y a encontrar los siguientes lugares:
help   *find*   *following   places*

1. el mejor lugar para estudiar
2. el sitio más romántico del campus
3. la parada de autobús más cercana
4. un lugar barato para comer
5. un buen sitio para comprar ropa / discos / flores
6. el mejor sitio para sacar fotocopias

C. **Perdidos en Bogotá.** Ud. es policía en el centro de Bogotá. Según el plano, déles Ud. a unos turistas perdidos direcciones para llegar a los siguientes lugares:

1. de la Plaza de Toros a la Catedral
2. de la Casa de la Moneda al Museo Nacional
3. de la Corporación Nacional de Turismo al Museo del Oro

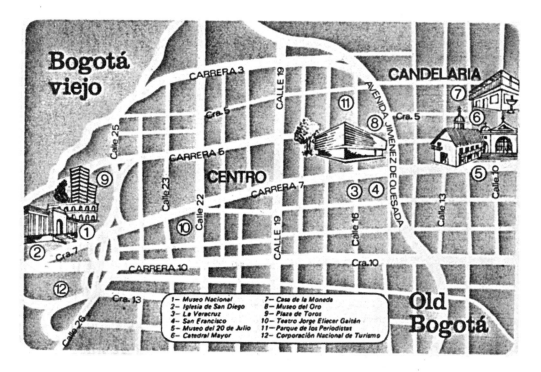

L e c c i ó n 11

...Y con baño privado, por favor

gratis – free
libre – open

PARA COMENZAR...

1. Con la ayuda del vocabulario en la pág. 192, describa los dibujos.
2. ¿Qué pregunta le hacen los huéspedes al recepcionista? ¿Qué hotel es de primera clase? ¿Cómo lo sabe Ud.? ¿En qué clase de hotel suele Ud. quedarse?
   How do you know it   *grupos*
3. ¿Qué necesita Ud. para estar cómodo(a) en un hotel? ¿Qué cosas considera Ud. lujos?
4. Describa Ud. el mejor y el peor hotel que Ud. conoce.

suele – soler
take in habit of

190

...Y con baño privado, por favor

Luisa sigue escribiendo en su diario:

21 de agosto

Hoy llegué a Bogotá, la capital de Colombia. Está en el alti-
plano° de los Andes. Tiene un clima agradable pero hay que   high plateau
acostumbrarse a la altura — uno se cansa° fácilmente al principio.   uno... one tires
Estoy alojada en el Hotel Bacatá, un hotel de lujo en el centro
comercial. Tiene un restaurante elegante y un espectáculo° cada   show
noche.

Por poco tengo que° dormir en la calle. Cuando llegué a la re-   Por... I almost had to
cepción para inscribirme, me pidieron los documentos. Abrí la
maleta... ¡No puede ser!... pensé. Se me perdió el pasaporte. Por
suerte, volvió el taxista que me había dejado en el hotel. — ¿Se le
cayó esto, señorita? — me preguntó. ¡El pasaporte!

27 de agosto

Hoy me encuentro en Cartagena, a orillas° del Caribe. ¡Qué   shores
cambio de clima! Hace un calor tremendo, pero no me quejo.
Puedo bañarme todos los días. Las playas son lindísimas y la ciudad ofrece muchos tesoros históricos, inclusive la fortaleza que
resistió los ataques del pirata Francis Drake en el siglo XVI. Esta
vez, encontré una pequeña pensión encantadora a dos cuadras del
mar. Tiene un hermoso patio con muchas flores y un loro° que   parrot
siempre me saluda. Los huéspedes tomamos el desayuno juntos
en el comedor: una taza de chocolate, pan y un vaso grande de
jugo de curuba, una fruta tropical. ¡Qué rico!

CONVERSEMOS

Refiriéndose a la lectura anterior, conteste Ud. las preguntas.

1. ¿Cuál es la capital de Colombia? ¿Dónde está situada? ¿Dónde queda Cartagena?
   Describa el clima de los dos sitios, el alojamiento de Luisa en las dos ciudades y un
   típico desayuno colombiano.
2. ¿Qué ciudad prefiere Ud. visitar — Bogotá o Cartagena? ¿Por qué? ¿Prefiere Ud. quedarse en el hotel elegante de la capital o en una pensión como la de Cartagena?
   Explique.
3. Compare Ud. un típico desayuno norteamericano con un desayuno colombiano.
   ¿Cuál prefiere? ¿Por qué? ¿Qué frutas tropicales conoce Ud.?

VOCABULARIO

SUSTANTIVOS
el agua caliente *(f.)*   *hot water*
el aire acondicionado   *air conditioning*
la almohada   *pillow*
el ascensor   *elevator*
el balcón   *balcony*
el cheque de viajero   *traveler's check*
la cobija (la manta)   *blanket*
la criada   *maid*
la estancia   *stay*
el (la) guía turístico(a)   *tour guide*
el jabón   *soap*
la llave   *key*
el papel higiénico   *toilet paper*
el portero   *doorman*   puerta – door
la reserva (la reservación)   *reservation*
la sábana   *sheet*
la tabaquería   *tobacco stand*
la tarjeta de crédito   *credit card*
la tasa de cambio   *rate of exchange*
la terraza   *terrace*
la toalla   *towel*
el vestíbulo   *lobby*
la vista   *view*

VERBOS
alojarse   *to lodge, stay*
nadar   *to swim*
ocupar   *to occupy*
pagar   *to pay*
quedarse   *to stay*
tomar el sol   *to sunbathe*

ADJETIVOS
barato   *inexpensive, cheap*
caro   *expensive*
gratis (Boy) free

diario   *daily*
disponible   *available*
(in)cómodo   *(un)comfortable*
ocupado   *occupied*

EXPRESIONES
cambiar moneda   *to exchange money*
dejar el cuarto   *to give up the room*
¿En qué puedo servirle?   *How may I help you?*
hacer reservas (reservaciones)   *to make reservations*
pagar al contado   *to pay cash*

EN LA RECEPCIÓN   *(At the reception desk)*
el botones   *bellboy*   brass buttons on jacket
la caja fuerte   *safe*   strongbox
la cama (matrimonial)   *(double) bed*
con (sin) baño privado   *with(out) a private bathroom*
el cuarto doble (sencillo) (la habitación)   *double (single) room*
test → dar a   *to face* ___ (third person) da al oceano / da a la picina
de lujo   *luxury*
la ducha   *shower*
el (la) huésped(a)   *guest*
la piscina (la alberca)   *swimming pool*
el (la) recepcionista   *receptionist*
ruidoso   *noisy*

¿CUÁNTO VALE?
(Refiérase a las págs. 202-203.)

REPASEMOS EL VOCABULARIO

A. ¿Cuál no pertenece? Subraye Ud. la palabra que no está relacionada con las otras y explique por qué.

1. jabón *soap*	papel higiénico *toilet paper*	toalla *towel*	<u>sábana</u> *sheet*
2. <u>botones</u> *bellboy*	guía turístico *tour guide*	<u>criada</u> *maid*	portero *doorman*
3. ascensor *elevator*	vestíbulo *lobby*	habitación *room*	llave *key*
4. al contado *pay cash*	tarjeta de crédito *credit card*	<u>tasa de cambio</u> *change rate*	cheques de viajero *travelers check*
5. cama *bed*	almohada *pillow*	caja *sofa*	manta *blanket*

B. ¿Qué hace... ? Nombre Ud. dos actividades que hacen las siguientes personas.

MODELO   un turista
       Un turista saca fotos y compra tarjetas postales.

1. un portero *doorman*   4. un botones *bellboy*
2. un gerente de hotel *manager*   5. un huésped
3. un guía turístico *tour guide*   6. un recepcionista

C. Un hotel de cinco estrellas. *5 stars* Lea Ud. el siguiente anuncio. *announcement*

Y para ser el primero, en el Meliá Castilla nos vemos obligados a poner en marcha nuevos servicios de manera permanente. Ahora hemos instalado ascensores panorámicos, en un Hotel de lujo que ya lo tiene todo: Mil habitaciones totalmente nuevas. Los sistemas de seguridad más avanzados, Servicio Real para altos ejecutivos, con recepción y salones privados. 22 salones de congresos y reuniones, también remodelados, con capacidad desde 16 hasta 1.000 personas. Galería comercial. Piscina. Parking. Clínica. Saunas y gimnasio. Peluquería. Discoteca.

Cinco bares y la cafetería "La Bodega". Restaurantes excepcionales: "La Fragata", con su cocina norteña; "L'Albufera" y sus 14 variedades de arroz; "El Hidalgo", la más tradicional cocina casera española y asados; y el "Scala Meliá Castilla", con el espectáculo de variedades más fascinante de Europa. Hemos sido los primeros en muchas cosas. Para servirle no pensamos quedarnos atrás, porque nuestras cinco estrellas nos obligan siempre a ir hacia arriba, a estar en vanguardia.

Meliá
Castilla
★★★★★

1. Refiriéndose al anuncio, nombre Ud. ...

   a. cuatro servicios para los hombres (las mujeres) de negocios.
   b. cuatro actividades recreativas.
   c. dos referencias a la localidad general del hotel.
   d. dos comodidades relacionadas a la salud.
   e. una comodidad de lujo.

2. Para ampliar el anuncio para el hotel, incluya Ud. ...

   a. cinco comodidades que tiene cada habitación.
   b. cuatro actividades que están disponibles para niños.
   c. tres tarifas distintas.
   d. dos beneficios para huéspedes de otros países.
   e. un comentario sobre el ambiente.

D. **Un hotel de una estrella.** Describa Ud. un hotel de una sola estrella. ¿Cómo son las habitaciones? ¿Cuánto cuesta la mejor habitación? ¿Qué servicios ofrecen? ¿Cómo son los empleados?

E. **En grupos.** Cualquier hotel de cinco estrellas necesita estar preparado para los huéspedes difíciles. Inventen Uds. una escena entre el gerente de un hotel de lujo y las siguientes personas.

1. una señora que sufre de insomnio.
2. una pareja que insiste en inscribir a su perro.
3. un hombre que no tolera ninguna clase de ruido.
4. una familia que, al dejar su cuarto, se lleva las toallas y otros «recuerdos» del hotel.

GRAMÁTICA

Reflexive Verbs and Pronouns (Verbos y pronombres reflexivos)

FORM

bañarse — *to bathe (oneself)*					
yo	**me**	baño	nosotros(as)	**nos**	bañamos
tú	**te**	bañas	vosotros(as)	**os**	bañáis
él ella Ud.	**se**	baña	ellos ellas Uds.	**se**	bañan

Like other object pronouns, the reflexive pronoun generally precedes the conjugated form of the verb. It can be placed after and be attached to the infinitive and the present participle. It must follow and be attached to the affirmative command.

Ella **se** bañó rápido y se fue.　　　　　　*She bathed (herself) quickly and left.*

Ella **se** está bañando ahora.　　　　　　*She's bathing (herself) now.*
Ella está bañándo**se** ahora.　　– participle

Ella **se** quiere bañar antes de salir.　　　*She wants to bathe (herself) before going out.*
Ella quiere bañar**se** antes de salir.　　– infinitive

¡Báñe**se** Ud. rápido!　affirmative command　*Bathe (yourself) quickly!*

[margin notes: AFTER – attached / affirmative command / infinitive / participle]

Reflexive pronouns precede other object pronouns.

Me lavé la cara.　　　　　　*I washed my face.*
Me la lavé.　　　　　　　　*I washed it.*

USE

1. A reflexive verb is one in which the action of the verb is *reflected* back onto the subject. The subject and the object of the sentence are the same. Most verbs can be reflexive.

Me miro en el espejo cuando me lavo　　*I look at myself in the mirror when I wash*
　la cara.[1]　　　　　　　　　　　　　*my face.*
Juan se viste y se prepara para salir.　　*Juan gets dressed and prepares (himself) to*
　　　　　　　　　　　　　　　　　　　leave.

Some common reflexive verbs are:　　*[margin: me llamo flet]*

acostarse (ue) *to go to bed*	*bed themselves*	llamarse *to be called, named*
afeitarse *to shave oneself*		mojarse *to get wet*
bañarse *to bathe (oneself)*		preocuparse *to worry*
callarse *to be quiet*		quedarse *to stay*
dañarse *to harm (hurt) oneself*		secarse *to dry oneself*
despertarse (ie) *to wake oneself up*		sentarse (ie) *to sit down*
ensuciarse *to get dirty*	*me siento azul*	sentirse (ie)[2] *to feel*
lavarse *to get washed*		vestirse (i) *to get dressed*
levantarse *to get up*		

[margin notes: Self NOT there / but reflexive / is implied / self imposed / me levanto raise myself stand up]

2. In some cases, the reflexive pronoun will serve only to emphasize the subject performing the action of the verb.

¿La torta? José se la comió.　　　　*The cake? José ate it all.*
Bueno, me los compro y me los llevo.　*Good. I'll buy them, and I'll take them with*
　　　　　　　　　　　　　　　　　me.

---

[1] Generally, the definite article is used in place of the possessive adjective in a reflexive construction before parts of the body and articles of clothing, since the reflexive indicates that the subject is doing the action of the verb to himself or herself.
[2] **Sentir** also means *to feel* and is used with nouns. **Sentirse** is used with adjectives.

3. Many reflexive verbs have a corresponding nonreflexive or transitive form. In this case, the subject and object of the sentence are different.

María se acuesta.	*María goes (puts herself) to bed.*
María acuesta a su hija.	*María puts her daughter to bed.*
Rafael se lava las manos.	*Rafael washes his hands.*
Rafael lava el coche.	*Rafael washes the car.*

4. Some verbs have a different meaning when they are reflexive. Compare the following verbs and their meanings:

aburrir *to bore*	aburrirse *to be bored*
acordar (ue) *to agree*	acordarse (ue) de *to remember* *house yourself with*
→ casar *to marry (perform the ceremony)*	casarse con *to marry (become married to)*
despedir (i) *to fire*	despedirse (i) de *to say good-bye*
dormir (ue) *to sleep*	? dormirse (ue) *to fall asleep*
ir *to go*	irse *to go away*
negar (ie) *to deny*	negarse (ie) a *to refuse*
parecer *to seem*	parecerse a *to resemble*
poner *to put*	ponerse *to put on, become*
probar (ue) *to try, taste*	probarse (ue) *to try on*
quitar *to take away*	quitarse *to take off*

5. Some verbs are always used reflexively in Spanish.

arrepentirse (ie) *to repent*	jactarse de *to boast*
atreverse a *to dare*	quejarse de *to complain about*
darse cuenta de *to realize*	suicidarse *to commit suicide*

PRÁCTICA

A. Reflejos. Siga Ud. el modelo y llene el espacio con la forma reflexiva del verbo subrayado.   *follow*   *bill*

MODELO   Manuel prepara la cena mientras Josefina **se prepara** para salir.   *while*

1. Yo siempre baño a mi hermanito pero mis primos _____ sin ayuda.   *se bañan*
2. Las niñas miran la tele mientras el bebé _____ en el espejo.   *baby se mira   mirror*
3. Yo como mucho pero mi hermano _____ una paella entera.   *se come   ? gobble it down*
4. El barbero afeita a mi tío pero papá _____ todas las mañanas.   *shaves   se afeite*

past participle

ver   *young daughter*   *had seen her*   *nos la habíamos visto*   *vistimos*

?

5. <u>Visto</u> a mi hijita y nosotros _____ después.

6. Jaime <u>despierta</u> a su amigo a las 7:00 pero yo _____ a las 8:30.

acabas   *me despierto*

B. En el Hotel Miramar. La familia Pérez está disfrutando de su primer día de vacaciones en el Hotel Miramar. Mire Ud. los dibujos y describa las actividades de los Pérez. Use Ud. verbos reflexivos e incluya toda la información que pueda.

enjoying

respond

C. **Conversemos.** Conteste Ud. las preguntas siguientes.

right away   remain   awhile

1. ¿A qué hora se despertó Ud. esta mañana? ¿Se levantó en seguida o se quedó un rato en la cama? *resemble*
2. ¿A quién se parece Ud. más, a su padre o a su madre?
3. ¿Qué hace Ud. cuando se enferma?
4. ¿Siempre se acuerdan sus amigos de su cumpleaños? ¿Qué hace Ud. si se olvidan?
5. ¿De qué se quejan más los estudiantes universitarios? *complain*
6. ¿Es importante probarse la ropa antes de comprarla? ¿Por qué?
7. ¿En qué año se casaron sus padres? ¿Quién los casó? ¿Cuándo piensa Ud. casarse? *marry them*
8. ¿Se pone Ud. nervioso(a) antes de tomar un examen? ¿Por qué?

D. **Acciones y reacciones.** Siga Ud. el modelo y forme una frase original.

  MODELO Miguel (dormirse)
    Miguel se durmió cuando el profesor empezó a hablar de su viaje.

1. yo (alegrarse) *happy*
2. esos viajeros (quejarse) *complain*
3. nosotros (aburrirse) *bored*
4. mi amiguita (negarse a)
5. tú (callarse) *to be quiet*
6. los alumnos (darse cuenta de) *to realize*
7. este muchacho (jactarse de) *brag*
8. yo (atreverse a)

Se for Unexpected Events (Se para sucesos inesperados)

This **se** construction indicates that these events are unexpected or accidental and absolves the subject of responsibility for the action.

FORM

$\left(\begin{array}{c}\text{A} + \text{indirect object}\\ \text{noun or pronoun}\end{array}\right)^3$ + **se** + indirect object + verb in the third person + noun
pronoun   singular or plural

Compare the following sentences:

Yo rompí el vaso.	*I broke the glass. (It's my fault.)*
Se me rompió el vaso.	*The glass broke on me. (I am not at fault.)*
María perdió las llaves.	*María lost the keys. (She is at fault.)*
A María se le perdieron las llaves.	*The keys got lost on María. (She is not at fault.)*

keys

---

[3] This construction is used with a noun or for emphasis or clarification with the pronoun as an object of a preposition.

This construction is frequently used with the following verbs:

acabar	escapar	morir	olvidar *forget*	quedar
caer	ir	ocurrir	perder	romper

PRÁCTICA

A. ¡No tengo la culpa! Cambie Ud. las frases a la construcción reflexiva. Siga el modelo.

> MODELO Olvidé el boleto. *ticket*
> Se me olvidó el boleto.

1. Carlos perdió su maleta.
2. Tú olvidaste los pasaportes. *broke*
3. Francisco y Juana rompieron la ventana.
4. Nosotros perdimos el dinero.
5. Yo rompí las copas.
6. Olvidaron el jabón.

B. Un viaje horrible. El viaje de los tres hermanos Gutiérrez fue un desastre. Todo salió mal. En una carta a sus padres, Fernando describe lo que pasó. Siga el modelo.

Queridos papás,

Hasta ahora nuestro viaje ha sido un desastre porque...

> MODELO Llegamos tarde al aeropuerto... a nosotros / ir / avión
> Llegamos tarde al aeropuerto y se nos fue el avión.

1. En el avión... a Juan y a Paco / olvidar / pasaportes
2. Al salir del aeropuerto... a mí / romper / maleta
3. El primer día... a Juan / perder / cheques de viajero
4. En el hotel... a nosotros / acabar / agua caliente
5. En un restaurante elegante... a Paco / caer / vino
6. En un autobús... a mí / quedar / gafas de sol

Saber and conocer (To know)

Although in English there is only one verb to express the concept of *to know* or *to be acquainted with,* in Spanish there are two: **saber** and **conocer**.

USE

Saber

1. **Saber** is used in the following contexts.[4]

   a. to know factual information.

Yo sé tu número de teléfono.	*I know your telephone number.*
Ellos saben donde viven Uds.	*They know where you live.*
Tomás sabe mucho de la historia de España.	*Tomás knows a lot about the history of Spain.*

   b. to know how to do something.

Elena sabe nadar bien.	*Elena knows how to swim well.*

   c. to know something by heart or completely.

Yo sé la letra de esta canción.	*I know the words to this song.*

2. **Saber** in the preterite tense means *found out*.

Jaime supo el secreto.	*Jaime found out the secret.*

Conocer

1. **Conocer** means *to know* in the sense of being acquainted or familiar with someone or something.

Mi tío conoce al piloto.	*My uncle knows the pilot.*
Marta conoce Madrid.	*Marta knows (is familiar with) Madrid.*
¿Conoces tú un buen hotel?	*Do you know a good hotel?*
El profesor conoce bien la música de Bach.	*The professor knows Bach's music well.*

2. **Conocer** in the preterite and future tenses means *to meet for the first time* or *to make someone's acquaintance*.

Pablo lo conoció ayer.	*Pablo met him yesterday.*
Tino conocerá a mi familia mañana.	*Tino will meet my family tomorrow.*

---

[4] **Saber** can also mean *to taste*, **saber a** = to taste like. **Este café sabe mal.** (*This coffee tastes bad.*) **Este pescado sabe a atún.** (*This fish tastes like tuna.*) In this sense it is almost always in the third person singular or plural.

PRÁCTICA

A. **¿Saber o conocer?** Escoja Ud. la(s) respuesta(s) correcta(s).

1. Sé...

    a. bailar muy bien.
    b. al piloto personalmente.

    c. la verdad.
    d. que son de México.

2. ¿Quién conoce... *place*

    a. bien este lugar?
    b. si el avión llegó a tiempo? *fact*

    c. al agente de viajes?
    d. la costa de España?
        shore

3. Supimos...

    a. cómo ocurrió el accidente.
    b. nadar cuando éramos pequeños.

    c. la ciudad.
    d. que mamá estaba enferma.

4. Conozco...

    a. de dónde son los viajeros.
    b. Barcelona.

    costms   *countryped*
    c. las costumbres de los pueblecitos.
    d. la dirección de la pensión.

5. Anoche conocí...

    answer
    a. la respuesta.
    b. a Marta.

    c. al hombre (a la mujer) de mis sueños.
    d. dónde vive Juan.

6. ¿Sabe Ud. ...

    a. la comida típica de Madrid?
    b. muchos idiomas?

    c. resolver el problema?
    d. quién ganó el partido?

B. **Formando frases.** Forme Ud. frases con las palabras en las columnas **A**, **B**, **C** y **D**. (En algunos casos no es necesario usar las palabras en la columna **B**.) Haga los cambios necesarios.

A	B	C	D
Conozco		Manuela	bonita de Pablo
Sé	a	el hermano	es simpática
Conoces		la amiga	de España
Quiero conocer	que	esquiar	de José
Sabemos		la Costa del Sol	muy bien

C. ¿Sabe Ud. algo de... ? Con un(a) compañero(a), formen preguntas y contéstenlas, según el modelo.

MODELO   Puerto Rico
      —¿Sabe Ud. algo de Puerto Rico?
      —Sí, sé que es una isla bonita del Caribe.
      —No, no sé nada de Puerto Rico.

1. Raúl Julia   4. el museo del Prado   7. la comida hispánica
2. la música salsa   5. los aztecas   8. Rubén Blades
3. España   6. Colombia   9. Pablo Picasso

ASÍ SE DICE

¿Cuánto vale... ?

1. Some expressions you might hear when shopping are:

¿En qué puedo servirle?	*What may I do for you?*
¿Lo (La) puedo ayudar en algo?	*May I help you with something?*
¿Qué se le ofrece?	*What may I get for (offer) you?*
¿Qué va a comprar?	*What would you like (to buy)?*

2. To find out the cost of something or to describe its cost, you might say:

¿Cuánto es (cuesta)?	*How much does it cost?*
¿Cuánto cobra?	*How much do you charge?*
¿Cuánto vale?	*How much is it worth?*
Es una ganga.	*It's a bargain.*
Sale barato (caro).	*It's cheap (expensive).*
Me costó un dineral (un ojo de la cara).	*It cost me a fortune (an arm and a leg).*
Es regalado.	*It's really (dirt) cheap.*

3. Bargaining is common in outdoor markets in many countries, but it never hurts to ask for a discount in any situation.

¿Cuánto me da?	*How much will you give me?*
¿Cuánto quiere pagar?	*How much are you willing to pay?*
Pues, hágame una oferta.	*Make me an offer.*
¿Hay descuento (rebaja)?	*Is there a discount?*
¿Me da un descuento de 20 (30) por ciento?	*Will you give me a discount of 20 (30) percent?*

4. And once your decision is made . . .

Aquí lo tiene.	*Here you are.*
Lléveselo.	*Take it. (It's a deal.)*
Se paga en la caja.	*You can pay for it at the cashier.*
¿Algo más?	*Anything else?*
¿Se lo envuelvo?	*Shall I wrap it for you?*
¿No tiene Ud. suelto (cambio)?	*Don't you have change?*
Me lo llevo. (Me lo compro.)	*I'll take it.*
Envuélvamelo.	*Wrap it for me.*

PRÁCTICA

 Unas gangas. Con un(a) compañero(a), haga Ud. las siguientes compras en el mercado de cada lugar. ¡No deje de regatear (*to bargain*) con el (la) vendedor(a)!

un plato de cerámica — Ecuador
una blusa bordada (*embroidered*) — Colombia
unos libros viejos — España
un sombrero decorado — México

Lección *12*

De compras

PARA COMENZAR...

1. Con la ayuda del vocabulario en la pág. 206, describa los dibujos.
2. ¿Qué ventajas hay en comprar en cada lugar?
3. ¿Qué recuerdos ha comprado Ud. en sus viajes? ¿Por qué? ¿Cuál es el recuerdo más extraño que Ud. ha comprado? ¿y qué ha recibido? ¿Compra regalos cuando viaja? ¿Para quiénes?

4. Ciertos recuerdos se asocian con ciertos lugares — por ejemplo, las naranjas
con la Florida o el perfume con Francia. Nombre Ud. algunos lugares y sus
productos típicos.

 ## De compras

Luisa le cuenta más a su diario:

30 de agosto

—Si llegas a Colombia—, me aconsejó una amiga que conoce
bien Sudamérica, —cómprate una esmeralda. Y no dejes de ir al
Unicentro, el complejo comercial de Bogotá, para conseguir recuerdos—. Es verdad que aquí en las joyerías° se ven las   *jewelry stores*
esmeraldas más bellas del mundo. Y el Unicentro es moderní-
simo, con tiendas elegantes de toda clase.

Pero confieso que prefiero el mercado al aire libre, en el pueblo
de Silvia. Los indios de los alrededores llegan todos los sábados
para vender sus productos: plátanos, tomates y panela, que es
azúcar sin refinar. Venden también artículos de lana. Me compré
una ruana, el poncho típico de la sierra de aquí. No sabía regatear
muy bien, pero creo que tanto el vendedor como yo quedamos
contentos con el precio. —Llévese otro—, me dijo. Pero se me estaba acabando el dinero.

El traje de los indios me llamó la atención. Todos se visten del
mismo color azul con adornos violetas. Los hombres llevan algo
que parece una falda estrecha y las mujeres llevan collares blancos. ¡Cuántos más collares lleva, mayor es el prestigio que tiene la
mujer dentro de la comunidad india!

CONVERSEMOS

Refiriéndose a la lectura anterior, conteste Ud. las preguntas.

1. ¿Qué se debe comprar en Colombia? ¿Por qué? ¿Qué es el Unicentro? ¿Hay algo semejante en los EE.UU.? Explique. ¿Qué productos se venden en el mercado de
Silvia? En sus propias palabras explique qué es «regatear». Describa Ud. el traje de
los indios en el mercado. ¿Qué significan los collares de las mujeres?

2. ¿Por qué cree Ud. que Luisa prefiere el mercado de Silvia para hacer sus compras? ¿Dónde prefiere Ud. comprar? ¿Por qué?
3. ¿Se usa la ropa en nuestra sociedad para mostrar prestigio? Explique.

VOCABULARIO

ROPA

el abrigo   *coat*
la blusa   *blouse*
las botas   *boots*
los calcetines   *socks*
la camisa   *shirt*
la camiseta   *T-shirt*
la cartera   *purse*
el chaleco   *vest*
la chaqueta   *jacket*
la corbata   *tie*
la falda   *skirt*
los guantes   *gloves*
el impermeable   *raincoat*
las medias   *stockings*
los pantalones   *pants*
la ropa interior   *underwear*
el suéter   *sweater*
el traje   *suit, outfit*
el vestido   *dress*
las zapatillas   *slippers, sneakers*
los zapatos   *shoes*

TELA   *(Material)*

el algodón   *cotton*
el cuero   *leather*
la franela   *flannel*
la lana   *wool*
la pana   *corduroy*
la piel   *fur*
la seda   *silk*

EN EL ALMACÉN

atender (ie)   *to wait on, attend to*
atestado   *crowded*

la billetera   *billfold*
la bolsa   *bag, purse*
el (la) cliente   *customer*
gastar   *to spend, waste*
la liquidación   *sale*
meter   *to put (into)*
el par   *pair*
la planta   *floor (of a building)*
el probador   *dressing room*

EXPRESIONES

acabarse (el dinero)   *to run out of* se me / se te
   (money)
estar de moda (de onda)   *to be in style*
estar pasado de moda   *to be out of style*
hacer juego con   *to match*
ir de compras   *to go shopping*
el mercado al aire libre   *open-air market*
pagar a plazos   *to pay in installments*
quedarle bien (mal, grande)   *to fit one*
   well (badly, to be big)
el recuerdo   *souvenir*
regatear   *to bargain, haggle*

EN LA JOYERÍA   *(In the jewelry store)*

el anillo   *ring*
el arete   *earring*
el brazalete (la pulsera)   *bracelet*
el collar   *necklace*
envolver (ue)   *to wrap*
el oro   *gold*
la plata   *silver*

PALABRAS PROBLEMÁTICAS

(Refiérase a las págs. 214-216.)

REPASEMOS EL VOCABULARIO

A. ¿Cuál no pertenece? Subraye Ud. la palabra que no está relacionada con las otras y explique por qué.

purse   *blouse*   *shirt*   *tie* *man*
1. cartera   blusa   falda   (corbata)
2. (guantes)*glove*   botas*boots*   zapatillas *slipper*   calcetines *socks*
3. abrigo*coat*   (chaleco)*vest*   chaqueta *jacket*   impermeable *raincoat*
4. (traje)*suit*   pana*corduroy*   franela*flannel*   algodón *cotton*
5. collar*necklace*   (cuero)*leather*   arete *earring*   anillo *ring*

B. ¿Qué me pongo? Describa Ud. la ropa que se debe llevar para las siguientes actividades.

1. una boda *traje de etiqueta*
2. una clase en la universidad
3. una cena en casa de su novio(a)
4. un partido de fútbol
5. una discoteca
6. una excursión al norte para esquiar*ski*

C. ¿Me queda bien? Mire Ud. los dibujos y haga comentarios positivos y negativos sobre la forma de vestir de los siguientes amigos suyos. Use las expresiones: **estar de moda, quedarle bien (mal, grande,** etc.**), hacer juego con** y otras palabras de las listas de vocabulario. Es importante que Ud. sea muy diplomático(a) con sus amigos.

MODELO   "Ana, me gusta la blusa. Es muy bonito y está muy de moda. Pero la falda, pues... está pasada de moda ahora. Y es mejor que te pongas una falda carta."

ANA   ARTURO   ROSAMELIA   ROSITA

D. La moda en Colombia. Lea Ud. el siguiente artículo y haga los ejercicios.

ESTÁ DE MODA

LA MODA FEMENINA

La moda de hoy es elegante, característica que se adquiere por las finas telas que se trabajan y por los estilos que destacan la silueta femenina... ajustados resaltando° los hombros y la cintura.

showing off

La moda masculina: Una entrevista con Carlos Nieto, el famoso diseñador colombiano.

CADA VEZ MÁS ELEGANTE

Sobre el modo de vestir del hombre colombiano, Carlos opina que cada vez es más elegante y que realmente se preocupa por estar a la moda.

— *¿Y cómo se compara en elegancia con el resto de los hombres del continente?*

— Estimo que ocupa el tercer lugar después de la Argentina y Brasil, aunque en general nuestra moda combina las dos características de la misma en dichos países. En Argentina hay elegancia y en Brasil, industria de moda.

— *¿Es necesario estar a la moda para ser elegante?*

— Sí, no se puede ser elegante con ropa pasada de moda.

"Se están usando los colores muy vivos, los tonos pastel, los rosados con grises, los pantalones de cuadros grandes, los pantalones muy anchos en la base y angostos° en la bota. Y vuelve con mucha fuerza el estilo "college" y medias de rombos (CROMOS los sugiere como regalos ideales para el Día del Padre). Se vuelve también hacia los estilos de los años 60 con todo lo go go y ye ye".

narrow

Carlos Nieto retorna ahora a la línea clásica pero sin abandonar la joven. Su moda incluye desde lo más clásico hasta lo más "lanzado", o sea, para todos los gustos, edades y bolsillos.

---

1. Las siguientes frases son falsas. Corríjalas, refiriéndose al artículo. Justifique sus respuestas.

a. Al hombre colombiano no le interesa mucho estar de moda.

b. Comparado con el resto de los hombres sudamericanos, el hombre colombiano es el más elegante en su forma de vestir.

c. Según el diseñador, Carlos Nieto, es posible usar ropa pasada de moda y ser elegante.

d. En la moda de hoy, los estilos del pasado no se usan.

e. La ropa que diseña Nieto no es versátil.

2. Conteste Ud. las preguntas.

a. ¿Está Ud. de acuerdo con el artículo sobre la moda femenina? ¿y con el artículo sobre la moda masculina? Explique.

b. Defina Ud. la palabra «moda». Describa Ud. la moda actual en los EE.UU. ¿Se viste Ud. a la última moda o prefiere mantener su propio estilo? ¿Por qué? Describa su propio estilo.

c. En sus propias palabras, defina Ud. la palabra «elegancia». ¿Es posible vestirse elegantemente todo el tiempo? ¿En qué ocasiones se viste Ud. bien?

d. Describa Ud. la forma de vestir de...

    (1) Madonna.   (3) los estudiantes de su universidad.

    (2) Hillary Clinton.   (4) su profesor(a).

E. Mis opiniones sobre la moda. Llene Ud. los espacios y termine las frases.

1. Me gusta más la ropa de (invierno, verano, otoño, primavera) _____ porque...

2. Yo nunca llevo _____ para ir _____ porque...

3. Por lo general, los hombres que llevan _____ son...

4. Por lo general, las mujeres que llevan _____ son...

5. Para quedarme en casa, llevo _____ porque...

6. Siempre llevo _____ cuando voy _____ porque...

F. De compras. Usando las palabras siguientes, escriba Ud. un diálogo entre un(a) cliente y un(a) dependiente(a). Luego, con un(a) compañero(a), represéntenlo.

el probador	ropa interior
quedarle bien	estar de moda
atender	meter
acabarse el dinero	la bolsa

GRAMÁTICA

The Imperative: Commands (El imperativo: Los mandatos)

FORM

The present subjunctive is used to form affirmative and negative commands for **Ud.**, **Uds.**, and **nosotros**, and negative commands for **tú** and **vosotros**. Study the chart on page 210.

Subject	Affirmative Command	Negative Command
Ud.	**subjunctive**	*no* + **subjunctive**
Uds.	**subjunctive**	*no* + **subjunctive**
nosotros	**subjunctive**	*no* + **subjunctive**
tú	third person singular indicative	*no* + **subjunctive**
vosotros	infinitive **-r** + **d**	*no* + **subjunctive**

1. Formal (**Ud.**, **Uds.**) commands in the affirmative and negative take the corresponding forms of the present subjunctive. The subject pronouns **Ud.** and **Uds.** may be expressed to make the command more formal or more polite.[1]

   Compre Ud. el recuerdo.   *Buy the souvenir.*
   No salgan Uds. todavía.   *Don't leave yet.*

2. **Nosotros** commands in the affirmative and negative follow the corresponding forms of the present subjunctive. These are used when the speaker is included and are often translated as *let's*.

   Comamos en aquel restaurante.   *Let's eat in that restaurant.*
   Conduzcamos por la playa.   *Let's drive by the beach.*
   No salgamos esta noche.   *Let's not go out tonight.*

   Ir in the affirmative has the only irregular form. Compare:

   Vamos al cine.   *Let's go to the movies.*
   No vayamos al cine.   *Let's not go to the movies.*

   Vamos a + infinitive is often substituted for the affirmative **nosotros** command.

   Vamos a comer en aquel restaurante.   *Let's eat in that restaurant.*

3. Familiar (**tú**) commands have different forms for the affirmative and negative. The affirmative command has the same form as the third person singular of the present indicative.

   Escribe una tarjeta postal.   *Write a postcard.*
   Paga la cuenta antes de irte.   *Pay the bill before leaving.*

   There are eight verbs that have irregular **tú** commands in the affirmative:

decir **di**	poner **pon**	tener **ten**
hacer **haz**	salir **sal**	venir **ven**
ir **ve**	ser **sé**	

---

[1] The use of the infinitive to express impersonal commands is becoming more common. These are usually used on signs. For example: **No fumar.** (*No smoking.*)

The negative **tú** command uses the corresponding form of the present subjunctive.

No escribas una tarjeta postal.   *Don't write a postcard.*
No hagas nada y no digas nada.   *Don't do anything and don't say anything.*
No pagues la cuenta antes de irte.   *Don't pay the bill before leaving.*

4. **Vosotros** commands also have two different forms. The affirmative command is formed by substituting a **-d** for the final **-r** of the infinitive.

Poned las maletas en mi cuarto.   *Put the suitcases in my room.*
Entrad por la puerta principal.   *Enter through the main door.*

The negative **vosotros** command uses the corresponding form of the present subjunctive.

No hagáis ruido.   *Don't make noise.*
No cambiéis moneda aquí.   *Don't exchange money here.*

USE

1. Direct commands are used when the person addressed is directly ordered or told to do something.

Ve al probador y pruébate esta   *Go to the dressing room and try on this*
   chaqueta.   *jacket.*
Déme Ud. su tarjeta de crédito y espere *Give me your credit card and wait a mo-*
   un momento, por favor.   *ment, please.*

2. Indirect commands are used most commonly when a speaker conveys a command through someone else or allows someone to do something. They are always introduced by **que** and are translated as *let* someone + verb, *why doesn't* someone + verb, or *have* someone + verb. They are used in the second and third person singular and plural of the present subjunctive.

Que pase Juan.   *Let Juan come in.*
Que lo hagas tú.   *Why don't you do it?*
Que vengan a las ocho.   *Have them come at eight o'clock.*

Placement of Pronouns with Commands (Colocación de pronombres con los mandatos)

1. With direct commands, pronouns follow and are attached to the verb in the affirmative. They precede the verb in the negative. The pronouns are placed in the following order: reflexive, indirect, direct.

Dígamelo.²	*Tell it to me.*
No me lo diga.	*Don't tell it to me.*
Póntelo	*Put it on.*
No te lo pongas.	*Don't put it on.*

2. In the affirmative **nosotros** commands, the final **-s** is dropped from the verb before adding the pronouns **se** and **nos**.

Escribámosela.	*Let's write it to him.*
No se la escribamos.	*Let's not write it to him.*
Acostémonos.	*Let's go to bed.*
No nos acostemos.	*Let's not go to bed.*

3. In an affirmative **vosotros** command of a reflexive verb, the final **-d** is dropped before adding the pronoun **os**. The verb **ir** is the only exception, since it maintains the final **-d**. In the case of verbs that end in **-ir**, an accent mark is placed over the **i**.

Sentaos y callaos.	*Sit down and be quiet.*
Vestíos e idos rápidamente.	*Get dressed and go quickly.*

4. With indirect commands, reflexive and object pronouns precede the verb in both the affirmative and the negative.

Que se lo pruebe.	*Let him try it on.*
Que no se lo pruebe.	*Don't let him try it on.*

---

² Note that it may be necessary to add a written accent mark to the verb in order to maintain the original stress. See Appendix A for rules regarding accentuation.

PRÁCTICA

A. **Hay mucho que hacer en Colombia.** Isabel y Raúl González van de vacaciones a Colombia. Su agente de viajes les sugiere algunas cosas que ver y hacer en Bogotá. Cambie Ud. los infinitivos a mandatos plurales (Uds.), según el modelo.

MODELO   alojarse en una pensión
Alójense en una pensión.

1. no comer en los restaurantes del hotel
2. probar arepas y ajiaco³

---

³ **Arepa** es un tipo de pan hecho de maíz molido. **Ajiaco**, un plato bogotano, es sopa de pollo con varias clases de papas y verduras.

3. no gastar dinero en los almacenes
4. regatear en los mercados al aire libre
5. no conseguir artículos fabricados en otros países
6. buscar recuerdos en las tiendas de artesanía colombiana

B. Una gira. Raúl se queda en Bogotá mientras que Isabel hace una gira por Cartagena. El agente de viajes tiene más recomendaciones para ella. Cambie Ud. los infinitivos a mandatos informales (tú), según el modelo.

MODELO   recorrer la ciudad en taxi / coche de caballos
No recorras la ciudad en taxi. Recorre la ciudad en coche de caballos.

1. no nadar en la piscina del hotel / las playas de la bahía
2. no quedarse en un hotel moderno / antiguo monasterio restaurado
3. no escribirles cartas a tus amigos / tarjetas postales
4. no sacar fotos de los monumentos / vista desde la montaña
5. no beber café tipo americano / tinto[4]
6. no conocer las boutiques elegantes / mercados típicos

C. ¿De acuerdo? Después de un día lleno de actividades, Isabel y Raúl González llegan a su hotel cansados e irritados. No pueden ponerse de acuerdo. Forme mandatos (tú y nosotros), según el modelo.

MODELO   abrir la ventana
Raúl   Isabel, abre la ventana
Isabel   No, no la abramos ahora. Abrámosla después.

1. llamar a los hijos
2. escribir tarjetas postales
3. hacer reservaciones en el restaurante
4. poner la tele
5. envolver los regalos
6. leer la guía turística

D. De prisa. Manuel sale de prisa en un viaje de negocios. Su amiga ofrece ayudarlo con los preparativos. Con un(a) compañero(a) representen los papeles, según el modelo.

MODELO   lavarte la camisa blanca
La amiga   ¿Te lavo la camisa blanca? (*Shall I wash your shirt for you?*)
Manuel   Sí, lávamela. No, no me la laves.

1. hacerte las reservaciones en el hotel
2. explicarles la situación a tus compañeros de cuarto

---

[4] **Tinto** es café fuerte servido en tazas pequeñas.

3. darle la dirección del hotel a tu familia

4. echarle agua a la planta

5. ponerte la cámara en la maleta

6. recogerte el correo

E. Problemas en la tienda. En esa tienda a nadie le gusta trabajar. Con un(a) compañero(a), forme Ud. mandatos indirectos según el modelo.

MODELO   llamar al gerente / Manolo
          ¿Quién va a llamar al gerente?
          Que lo llame Manolo.

1. atender a los clientes / Susana y Manuel

2. envolver los zapatos / Anita

3. mostrarle a la señora el probador / tú

4. arreglar las camisas / Uds.

5. buscarle al señor una billetera negra / Ramón

6. apagar las luces / las chicas

F. Preparativos. Ana se prepara para su primer viaje a la América del Sur. Aconséjele Ud. de una manera original.

MODELO   pedir
          Pídele información al agente de viajes.

1. hablar con   **3.** obtener   **5.** solicitar

2. no viajar   **4.** no ir   **6.** buscar

G. Traducciones. Día de compras.

1. Let's get up and have breakfast.

2. Mom, I want to stay in bed. Let Alejandro and Javier eat first.

3. No, son. By ten o'clock the stores are crowded. Let's go shopping now.

4. Remember that it's not necessary for you to pay cash. Use your credit cards.

5. Alejandro, the shirt fits you well. Don't wait. Buy it now.

6. Javier, ask the clerk what time it is, and don't forget to look for your wallet.

7. Let's go now. I'm really hungry. Let's have lunch at the open air café.

8. Wait for me, please. I left my purse in the dressing room on the third floor.

PALABRAS PROBLEMÁTICAS

Estudie Ud. las palabras siguientes. Son palabras que los estudiantes norteamericanos de español suelen confundir.

1. **el idioma**   *language*
   la lengua   *language, tongue*
   el lenguaje   *language (in a literary sense), terminology*

   El español es un <u>idioma</u> (<u>una lengua</u>)   *Spanish is a language that is spoken in*
      que se habla en más de veinte   *   more than twenty countries.*
      países.
   El documento está escrito con un <u>len-</u>   *The document is written in very compli-*
      <u>guaje</u> muy complicado.   *   cated language.*

2. **volver**   *to go back, return (to a place)*
   devolver   *to give back, return (an object)*
   envolver   *to wrap*

   Vamos a <u>volver</u> a Colombia en   *We're going to return to Colombia in*
      enero.   *   January.*
   Es importante que me <u>devuelvas</u> los   *It's important that you return the books to*
      libros mañana.   *   me tomorrow.*
   <u>Envuelva</u> el regalo, por favor.   *Wrap the present, please.*

3. **la ventana**   *window*
   la ventanilla   *small window (as in a train or car), ticket window*
   el escaparate   *store (display) window*

   Abre <u>la ventana</u> porque hace calor.   *Open the window because it's hot.*
   Compré el boleto en esa <u>ventanilla</u>.   *I bought the ticket at that ticket window.*
   Siempre hay ropa muy de moda en el   *There is always very stylish clothing in the*
      <u>escaparate</u> de aquel almacén.   *   window of that store.*

4. **probar**   *to try, taste*
   probarse   *to try on*
   tratar   *to treat (a subject or a person)*
   tratar de   *to try, attempt*
   intentar   *to try, attempt, endeavor*

   ¿Quieres <u>probar</u> este café irlandés?   *Do you want to taste this Irish coffee?*
   Juan <u>se probó</u> el traje.   *Juan tried the suit on.*
   Nos <u>trataron</u> muy bien en ese hotel.   *They treated us very well in that hotel.*
   Marta siempre <u>trata de</u> (<u>intenta</u>) visitar   *Marta always tries to visit a foreign coun-*
      un país extranjero cada año.   *   try every year.*

5. **extraño**   *strange*
   el extranjero   *abroad (in another country)*
   el (la) extranjero(a)   *foreigner*
   el (la) desconocido(a) *unknown person*
   el (la) forastero(a)   *stranger (visitor to a town or city in native country)*

   Es muy <u>extraño</u> que nadie conteste el   *It's very strange that nobody is answering*
      teléfono.   *   the telephone.*

El <u>extranjero</u> no podía hablar inglés.	*The foreigner couldn't speak English.*
Hubo <u>un desconocido</u> en la fiesta.	*There was an unknown person at the party.*
Todos en el pueblo notaron al <u>forastero</u>.	*Everyone in the town noticed the stranger.*

PRÁCTICA

Escoja la palabra apropiada, según el contexto.

1. Yo sé hablar dos (lenguas, lenguajes) — el inglés y el español.
2. Lope de Vega usa un (lenguaje, idioma) poético en sus obras literarias.
3. María acaba de llegar a los Estados Unidos de Venezuela. Ella es (extranjera, desconocida).
4. Susana va a estudiar en (el forastero, el extranjero) el año próximo.
5. La criada limpió todo en mi casa excepto (los escaparates, las ventanas).
6. El hombre en aquella (ventanilla, ventana) me vendió los pasajes.
7. (Prueba, Pruébate) los zapatos antes de comprarlos.
8. El niño (trató, probó) muy mal al perro.
9. Voy a (tratar, probar) la paella que preparaste.
10. Es mejor que Ud. (devuelva, vuelva) mañana porque no hay nadie aquí hoy.
11. Te quiero (devolver, envolver) el suéter que dejaste en mi casa.

Y EN RESUMEN...

A. **Un centro turístico nuevo.** El siguiente artículo apareció en un periódico mexicano. Escoja Ud. la palabra correcta o use la forma correcta del verbo entre paréntesis.

Un pueblo pequeño (y, e) _____ insignificante en la costa rápidamente (convertirse) _____ en un gran centro turístico. Los oficiales del pueblo (darse cuenta de) _____ que es un (gran, grande) _____ dilema y (saben, conocen) _____ que, desde el punto de vista económico, el turismo es beneficioso. Es cierto que (ser) _____ el milagro que necesitaba este (pueblo pobre, pobre pueblo) _____ .

— Pero, ¿qué hacemos (por, para) _____ (prepararse) _____ para (el, la) _____ inundación de turistas? — pregunta el alcalde del pueblo. Un experto económico, quien (sabe, conoce) _____ la situación, aconseja lo siguiente:

Es importante que Ud. (planear) _____ bien el futuro del pueblo, que (comunicarse) _____ con el departamento de turismo y que (pedir) _____ su ayuda. (Conseguir) _____ Ud. un buen arquitecto, y (empezar) _____ una acelerada construcción de hoteles de lujo.

También, como (a, _ _____) los turistas (se, les) _____ gusta gastar su dinero, es dudoso que ellos (quedarse) _____ aquí (por, para) _____ mucho tiempo o que (venir) _____ otra vez si no hay dónde ir de compras. Con todo esto, es difícil que (este, éste) _____ lugar no (hacerse) _____ un tremendo éxito turístico dentro de pocos años.

B. **¡Ay, qué desgracia!** Su viaje de compras resulta un desastre. Describa lo que le pasó a Ud. con los siguientes objetos. Un(a) compañero(a) de clase le sugiere una posible solución. Siga el modelo.

MODELO   quedar / las tarjetas de crédito
    Problema   Se me quedaron las tarjetas de crédito en casa.
    Solución   No te preocupes. Paga todo al contado.

1. romper / el zapato
2. perder / las llaves del coche
3. olvidar / la billetera
4. caer / la bolsa
5. acabar / el dinero
6. ir / autobús

C. **Su atención, por favor.** Forme Ud. un mandato apropiado y original para las siguientes situaciones. Siga el modelo.

MODELO   El autobús pasa muy pronto. Anita...
    Anita, vístete rápido. No demores (*Don't delay*).

1. El avión va a aterrizar. Pasajeros...
2. Cerramos la tienda en quince minutos. Señores...
3. En esta tienda se vende cristal. Niños...
4. Este café está frío. Camarero...
5. Me faltan toallas. Señor gerente...
6. Quiero comprar zapatos. Señorita...

D. **El agente de viajes.** Marta, la esposa de José, habla por teléfono con el agente de viajes. Ella le comunica sus consejos a José. Siga el modelo.

MODELO   es preciso / llegar al aeropuerto temprano
    Agente   Es preciso que él llegue al aeropuerto temprano.
    Marta   José, llega al aeropuerto temprano.

1. es obligatorio / tener el pasaporte arreglado
2. es mejor / ir primero al mostrador de la aerolínea
3. es importante / no salir sin tarjeta de crédito
4. es bueno / pedir un asiento cerca de la ventanilla
5. es mejor / conseguir moneda extranjera en el banco
6. es útil / llevar una cámara

Ahora, forme Ud. más consejos para José.

E. La Tarjeta American Express... no salgan sin ella. Lea Ud. el siguiente anuncio y conteste las preguntas.

Solicítela hoy:

— *Profesor. No siga buscando, ya sé por qué no utilizaban dinero.*

Con la Tarjeta American Express usted tiene una cuenta abierta en miles de establecimientos seleccionados, puede alojarse en los mejores hoteles, disfrutar de los más refinados restaurantes... en todo el mundo. Además puede adquirir con ella sus billetes en más de cien líneas aéreas, pagar su exceso de equipaje o alquilar un coche sin depósito previo.

Usted puede utilizar su Tarjeta en todos los establecimientos donde vea el emblema de American Express. En el momento de pagar, presente su Tarjeta.

Miles de amigos a su entera disposición, para ayudarle ante cualquier emergencia. Para facilitarle dinero y alojamiento o para proporcionarle asistencia médica si lo necesita. Para que usted disponga de un apartado postal permanente en cada país a donde viaje. Si le roban la documentación, el dinero, billetes y equipaje, American Express también le saca del apuro.

Tanto en España como en el extranjero

1. ¿Quiénes son las personas en el dibujo? ¿Qué hacen? ¿Quiénes «utilizaban dinero»?
2. Con esta tarjeta, ¿qué puede hacer Ud. en un hotel, un restaurante y una línea aérea?
3. Nombre Ud. dos situaciones cuando esta tarjeta puede «sacarle del apuro».
4. ¿Tiene Ud. una tarjeta de crédito? ¿Cuál? ¿Qué compra con su tarjeta? ¿Cuáles son las ventajas y desventajas de usar una tarjeta de crédito?
5. Se dice que nuestra sociedad vive de crédito. Es decir, compramos ahora y pagamos más tarde. Dé unos ejemplos de este concepto.

F. **En el Hotel Alegre.** Lea Ud. el directorio siguiente y haga las actividades en la página 220.

DIRECTORIO de SERVICIOS

Pida a la OPERADORA le comunique a:

FARMACIA y MEDICINAS - Llame al Botones o Recepción - 24 hrs.

BAR SOBRE RUEDAS - Bebidas mezcladas a su puerta de 07:00 a 22:30 hrs.

BOX LUNCH - Una delicia durante el viaje. Pídalos en el comedor "El Taxqueno"

LLAMADAS de LARGA DISTANCIA - La Operadora está a sus órdenes 24 hrs.

GERENTE EN TURNO - Está a sus órdenes para hacerlo Feliz las 24 hrs.

BOTONES - Con gusto le ayudaremos con su equipaje.

DESPERTADOR - Para que llegue Usted a tiempo, pídalo a la Operadora.

MÉDICO - Si se siente mal o necesita de asistencia Médica, llámenos INMEDIATAMENTE - disponible 24 hrs.

En la RECEPCIÓN encontrará Usted:

INFORMACIÓN - Tenemos las respuestas a sus preguntas

RESERVACIONES - Taxco 21300. Ciudad México 574-6003 -574-9139

OBJETOS PERDIDOS — Si olvidó o encontró algún objeto, por favor háganoslo saber.

CAMBIO DE MONEDA - El tipo de cambio le informará el Cajero.

NIÑERAS - de Confianza - Por favor, haga los arreglos antes de las 12:00.

CAJAS de SEGURIDAD - Para sus valores.

Información General sobre el HOTEL:

GUÍAS de TURISTAS - Paseos a Taxco, las Grutas de Cacahuamilpa y otros lugares. Por favor hable con el Gerente en Turno.

HIELO - Disponible sin cargo en los refrigeradores del segundo piso de cada edificio.

MÁQUINAS de REFRESCOS - se encuentran junto a las máquinas de hielo en el segundo piso.

HORA DE SALIDA - 14:00 hrs., y en caso de que desee salir más tarde, Llámenos para ver disponibilidad.

TARJETAS de CREDITO - Con gusto aceptamos American Express, MasterCard, Bank Americard, Banamex, Carnet. Bancomer, Diners, Carte Blanche y Visa.

LAVANDERÍA - servicio excelente - si entrega su ropa antes de las 10:00 hrs. se la entregamos el mismo día.

ESTACIONAMIENTO - Pida su Tarjeta de Registro al Botones, Chofer o en la Recepción.

Otros SERVICIOS:

TENIS, GOLF, CABALLOS - Disponibles para su recreación en la Casa Club.

LAVADO de CARROS - Por favor, hable a Botones.

BOLERO - Lo encontrará en el Motor Lobby.

TAXIS - Con gusto se lo pedimos. Solicítelo a la Recepción.

1. ¿Qué servicio necesita Ud. en las siguientes situaciones?

    a. Ud. y su esposo(a) quieren salir por la noche sin los hijos.
    b. No puede encontrar la muñeca favorita de su hija.
    c. Su carro está muy sucio después de un día en las montañas.
    d. No quiere llevar su reloj *Rolex* a la piscina.
    e. Ud. manchó sus pantalones en el restaurante.

2. En parejas, escojan Uds. cinco servicios del directorio que Uds. van a necesitar durante su estancia en el Hotel Alegre. Digan por qué las necesitan, según el modelo.

    MODELO   Necesitamos hielo porque vamos a hacer una fiesta en la habitación.

3. ¿Qué servicios no ofrece el hotel que Ud. necesita cuando viaja?

4. Use su imaginación y describa el hotel con detalles. ¿Está en las montañas, en la playa o en una ciudad? ¿Cómo son los otros huéspedes? ¿Cómo es el clima? ¿En qué actividades participa Ud.? Descríbalas.

5. En parejas. Ud. acaba de descubrir que alguien le ha robado el dinero. Con un(a) compañero(a) escriban el diálogo entre el gerente del hotel y Ud. Representen la escena delante de la clase.

G. Minidrama. En grupos, representen Uds. las escenas siguientes.

1. Ud. está a bordo de un avión y en el asiento junto al suyo hay un hombre «misterioso». Usa anteojos oscuros y debajo de su asiento tiene una maleta que trata de esconder. ¿Quién es? ¿Qué hay en la maleta? Representen los papeles del hombre, de la azafata, del piloto y del pasajero sentado al lado del hombre.

2. Un matrimonio insiste en que la agencia le devuelva su dinero porque durante un viaje a un bosque pluvioso (*rain forest*) en Puerto Rico, no llovió.

3. Un grupo de mujeres se queja porque no conocieron a ningún hombre soltero (*bachelor*) durante su viaje en el «crucero del amor» (*love boat*).

4. Ud. no podía hacer reservas para el coche cama del tren. Tiene mucho sueño y sólo quiere dormir pero el (la) pasajero(a) a su lado no coopera. El (La) pasajero(a)...

    a. está nervioso(a) e inventa mil pretextos para hablar con Ud.
    b. ronca ruidosamente.
    c. es un(a) niño(a) muy travieso(a).

H. Composición. Escoja Ud. uno de los temas siguientes y escriba una composición.

1. Imagínese que está a bordo de un avión. El piloto anuncia que hay un problema con el motor y que el avión va a aterrizar en París. Se necesitan veinticuatro horas para las reparaciones. ¿Qué hace Ud.?

2. Use su imaginación y describa un viaje inolvidable. Puede ser un viaje romántico, absurdo, peligroso, de aventura o de fantasía.

3. ¡Qué desengaño! Ud. por fin llega a su destino. El agente de viajes le hizo creer que iba a ser el viaje de sus sueños, pero fue más bien una pesadilla. Descríbalo.
4. Al dejar su habitación se da cuenta de que perdió la cartera. Además, la cuenta es mucho más elevada de la que Ud. había esperado.
5. La lavandería del hotel perdió toda su ropa.

VIDEOCULTURA 4:
De viaje

1:28:51-
1:33:45

LOS PARADORES DE ESPAÑA

★★★   Parador de
ALARCÓN
ALARCÓN (Cuenca)

★★★★   Parador de
TOLEDO

España tiene un tesoro artístico-histórico muy valioso que les ofrece a los viajeros. Son los paradores — edificios renovados y convertidos en hoteles. Vamos a visitar dos de estos hoteles tan únicos. Haga las actividades preparativas, mire el video y haga las actividades que siguen.

Vocabulario útil

el gerente *manager*   los castillos *castles*
la cadena *chain*   la torre *tower*

Preparativos

Cuando Ud. viaja, ¿en qué tipo de hotel le gusta quedarse? ¿Qué comodidades son muy necesarias? Explique.

Comprensión y discusión

A. Información correcta. Escuche el video con cuidado y escoja Ud. la respuesta correcta.

1. Un parador es un (hotel, museo).
2. El gobierno rehabilita antiguos (hoteles, castillos).
3. De esta manera los edificios no se van (deteriorando, construyendo).
4. Los paradores tienen todas las comodidades de los grandes hoteles (caros, lujosos).
5. Actualmente las cadenas tienen (83, 93) establecimientos.

B. ¿Cuál de los dos? Después de ver el video, diga a qué parador se refiere cada frase, ¿el Parador de Alarcón o el Parador Conde de Orgaz?

1. Está situado en la Provincia de Cuenca.
2. Está situado en Toledo.
3. Tiene una piscina muy grande.
4. La mayoría de las habitaciones están en la torre.
5. Tiene sólo 13 o 14 habitaciones.
6. Es un antiguo castillo.
7. Cada habitación tiene su propio balcón.
8. Goza de vistas magníficas de Toledo.
9. Fue habitado por romanos, visigodos y moros.

C. En resumen. Nombre Ud. ...

1. tres características de un parador.
2. tres paradores mencionados en el video.
3. tres razones por las cuales el estudiante norteamericano debe quedarse en un parador.

D. ¿Qué piensa Ud.? Conteste las siguientes preguntas.

1. Después de ver el video, ¿cuáles son sus impresiones de España? ¿De los paradores?
2. ¿Por qué no hay paradores en los EE.UU.?
3. El gobierno de los EE.UU. le pidió a Ud. convertir ciertos edificios en paradores. ¿Qué edificios va a escoger Ud. y por qué?

4. En España hay muchos edificios de los siglos XVI y XVII, y aún más viejos. ¿Cuáles son algunos de los edificios más antiguos de los EE.UU.? ¿Cómo se explica la diferencia?

PUERTO RICO

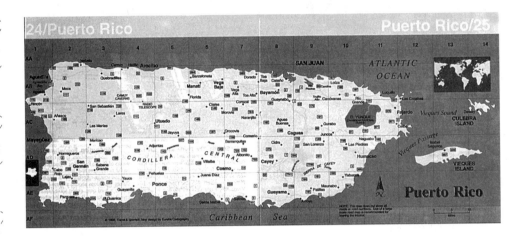

La pequeña isla de Borikén, como la llamaban los taínos, habitantes originales de esta perla del Caribe, mide sólo cien millas por treinta y cinco millas. Tiene una variedad geográfica sorprendente; playas bonitas, ciudades cosmopolitas y aún un bosque pluvioso. Vamos a hacer una gira por la isla de Puerto Rico. Haga las actividades preparativas, mire el video y haga las actividades que siguen.

Vocabulario útil

el ciudadano   *citizen*
la garita   *sentrybox*
alcanzar   *to reach*

el bosque pluvioso   *rain forest*
estrecho   *close*

Preparativos

Cuando Ud. piensa en el Caribe, ¿cuáles son algunas de las imágenes que se le ocurren? Nombre Ud. algunas islas caribeñas. ¿Ha visitado Ud. algunas de ellas? Describa la experiencia.

Comprensión y discusión

A. De interés. Busque Ud. en la segunda columna la descripción del término en la primera columna.

1. Borikén	**a.** la segunda ciudad más grande
2. Taíno	**b.** el primer gobernador español de la isla
3. Ponce de León	**c.** la playa más popular
4. Ponce	**d.** el sitio del radar más grande del mundo
5. El Yunque	**e.** el habitante original de la isla
6. Luquillo	**f.** el nombre indígena de la isla
7. Arecibo	**g.** el único bosque tropical de los EE.UU.

B. De viaje en Puerto Rico. En grupos, organicen una gira por la isla de Puerto Rico. El viaje debe incluir una visita a:

1. dos monumentos históricos
2. dos ciudades o pueblos
3. dos sitios para gozar de la naturaleza

Expliquen sus selecciones.

C. El debate político. Con una pareja haga una lista de tres razones por las que Puerto Rico debe:

1. convertirse en estado de los EE.UU.
2. independizarse
3. mantener su status actual

D. ¿Qué piensa Ud.? Conteste las siguientes preguntas.

1. ¿Sabía Ud. que Puerto Rico es parte de los EE.UU.? ¿Sabía Ud. que los puertorriqueños son ciudadanos de los EE.UU. desde 1917? ¿Cuándo vinieron los antepasados de Ud. a los EE.UU.?
2. ¿Cree Ud. que Puerto Rico debe convertirse en estado? ¿Cuáles son las ventajas para Puerto Rico? ¿y las desventajas? ¿Cuáles son las ventajas para los EE.UU.?
3. Si Puerto Rico se convierte en estado 51, ¿qué idioma debe ser el idioma oficial de la isla? Explique.
4. Puerto Rico es una isla. ¿Cuáles son algunas ventajas y desventajas de ser una isla?

Hoy en las noticias

Lección *13*

Rain cats & dogs

¡Llueve a cántaros!

hacer (future) It will be

HARÁ BUEN TIEMPO EN TODO EL PAÍS. ESTARÁ DESPEJADO SIN CAMBIOS NOTABLES.

it will be clear

PARA COMENZAR...

1. Con la ayuda del vocabulario en la pág. 231, describa el dibujo.
2. Para muchas personas, la primera cosa que hacen al levantarse por la mañana es poner la tele o la radio para escuchar el pronóstico del día. ¿Para quiénes es necesario siempre saber el pronóstico? Dé cuatro ejemplos y explique por qué les importa tanto el pronóstico.
3. ¿Siempre pronostican con exactitud los meteorólogos? ¿Tiene Ud. confianza en su meteorólogo(a) favorito(a)? ¿Por qué? ¿Quién es? Descríbalo(a).
4. ¿Alguna vez arruinó sus planes un cambio de tiempo inesperado? Explique.

ruin   *unexpected*

¡Llueve a cántaros!

¡Hola televidentes! Yo soy Juan Luis Correa, reportando para Uds. en vivo desde nuestra emisora en Madrid, deseando que Uds. siempre estén al tanto° de las noticias mundiales. Pero primero, vamos al pronóstico meteorológico:

estén... are informed

Parece que hoy continuarán las altas presiones sobre la Península. Sugiero que si Uds. van a salir, se pongan un abrigo porque las temperaturas seguirán bajas. En la mitad norte, el ambiente estará frío. Y, para otras regiones, el pronóstico es el siguiente:

ANDALUCÍA: Cielo nublado, con algún chubasco° durante la mañana y con alguna nevada leve en las cumbres° de la Sierra Nevada, mejorando durante el día. Los vientos serán del Noroeste.

downpour
peaks

CANARIAS: Cielo casi despejado. Sólo alguna nubosidad al norte de las islas. Las temperaturas serán normales para esta época. Máximas de 21°[1] y mínimas de 15°.

ÁREA DE MADRID: Continuará el cielo despejado en toda la zona, con temperaturas bajas. Heladas fuertes de madrugada. Máximas de 10° y mínimas de −4°.

EUROPA: Para hoy tenemos una borrasca° muy fuerte en el norte de Noruega° y asociado a ella un frente frío que afectará al Reino Unido, con chubascos moderados y lluvias fuertes en Escandinavia. Los vientos serán fuertes del Este en Italia y Grecia. El tiempo será malo con precipitaciones en toda Francia y Holanda. Otra borrasca en el norte de Polonia,° con lo cual las precipitaciones afectarán a Alemania, Austria, Suiza y Hungría. Habrá nevadas en los Pirineos y en los Alpes.

storm
Norway

Poland

CONVERSEMOS

Refiriéndose a la lectura anterior, conteste Ud. las preguntas.

1. ¿Quién es Juan Luis Correa? ¿Qué hace? ¿Desde dónde reporta? ¿Cuál de las tres áreas de España va a experimentar el mejor tiempo? Explique. ¿Cuál de los países europeos va a experimentar el mejor tiempo? ¿Por qué?

---
[1] Centigrade: 0° Centigrade = 32° Fahrenheit.

U.K.

2. ¿Qué tipo de clima asocia Ud. con los siguientes países: el Reino Unido, Rusia, Italia y Noruega? De los países europeos mencionados en la lectura, ¿a cuál(es) prefiere ir? ¿Por qué?

3. ¿Cuáles de las condiciones climáticas ha experimentado Ud.: una nevada, calor extremo u otras condiciones? Descríbalas. ¿Cuáles fueron los efectos? ¿Fue una emergencia climática? ¿Tomó Ud. las precauciones necesarias? ¿Cuáles?

VOCABULARIO

it makes wind, etc.

EXPRESIONES DE TIEMPO[2]
hace buen (mal) tiempo (calor, fresco, frío)   *it's nice (bad) weather (hot, cool, cold)*
hace sol   *it's sunny*
hace viento   *it's windy*
hay humedad   *it's humid*
hay luna   *the moon is out*
hay neblina   *it's misty*
hay niebla   *it's foggy*
hay relámpagos   *there's lightning*
hay sol   *the sun is out*
¿Qué tiempo hace?   *What's the weather?*

LA MADRE NATURALEZA
granizar[3] (el granizo)   *to hail (hail)*
helar[3] (ie) (la helada, el hielo)   *to freeze (frost, ice)*
llover[3] (ue) (la lluvia)   *to rain (rain)*
nevar[3] (ie) (la nieve)   *to snow (snow)*
tronar[3] (ue) (el trueno)   *to thunder (thunder)*

FENÓMENOS NATURALES
el ciclón   *cyclone*
el huracán   *hurricane* — Aztec
la nevada (la tormenta de nieve)   *snowstorm*   *adjective*
la sequía   *drought*   seco (dry)

earth-movement
el terremoto   *earthquake*
la tormenta   *storm*
ventisca - blizzard
wind

PALABRAS Y EXPRESIONES
(el) amanecer[3]   *to dawn (dawn)* — day
(el) anochecer[3]   *to become dark at nightfall (nightfall)*
el arco iris   *rainbow*
bajo cero   *below zero*
el crepúsculo   *dusk*
está despejado (nublado)   *it's clear (cloudy)*
fijarse (en)   *to notice*
el grado   *degree*
llover (ue) a cántaros (a mares)   *it's pouring*
el (la) meteorólogo(a)   *the weather man (woman)*
oscurecer[3]   *to grow dark* — turn light off
pronosticar   *to forecast*
el pronóstico   *the weather forecast*
regar (ie) el césped   *to water the lawn*
rodear   *to surround*   poner — putting down
la puesta del sol   *sunset*
la salida del sol   *sunrise*
salir- going out

¡AY CARAMBA! ¡QUÉ DESILUSIÓN
(Refiérase a las págs. 241-242.)

---

[2] **Hace** is used commonly with weather conditions that are not tangible. **Hay** is used with more tangible or visible conditions.

[3] These verbs are used in the third person.

REPASEMOS EL VOCABULARIO

A. ¿Cuál no pertenece? Subraye Ud. la palabra que no está relacionada con las otras y explique por qué.

1. relámpagos   trueno   <u>sol</u>   viento
2. <u>niebla</u>   granizo   hielo   nieve
3. huracán   <u>grado</u>   nevada   tormenta
4. anochecer   crepúsculo   puesta del sol   salida del sol
5. helar   nevar   oscurecer   llover

B. ¿Qué tiempo hace? Combine Ud. las palabras en las dos columnas para formar frases lógicas. Cambie los verbos en la primera columna al presente del subjuntivo.

Es necesario que tú...

1. conducir con cuidado   **porque**   a. hay una sequía
2. llevar botas   b. hace mucho viento
3. poner las luces   c. hace mucho frío
4. conservar agua   d. hay relámpagos
5. salir de la piscina   e. oscurece
6. cerrar las ventanas   f. llueve a cántaros
7. ponerse el abrigo   g. hay niebla

C. Estaciones y sentimientos. Llene Ud. el primer espacio con las estaciones del año (verano, otoño, invierno, primavera) y complete la frase según el modelo.

MODELO   En _____ me siento _____ porque _____ y (no) puedo _____.
         En otoño me siento triste porque llueve y no puedo ir a la playa.

D. El tiempo perfecto. En su opinión, ¿cuáles son las condiciones climáticas ideales para las siguientes situaciones?

MODELO   jugar al tenis
         Es mejor que no haga mucho viento. La temperatura es de 75 grados, más o menos.
         Prefiero que haga fresco. Es preferible que haga sol.

1. ver una película de horror en la tele con sus amigos
2. practicar el esquí
3. pasar una noche romántica con el hombre (la mujer) de sus sueños
4. divertirse en la playa

E. **¡Cómo cambia el tiempo!** Utilice Ud. los siguientes dibujos para contar una pequeña historia en el pasado. Incorpore palabras y frases de la lista de vocabulario y todos los detalles posibles. Use los verbos indicados en el pretérito y el imperfecto.

hacer   haber   salir   saludar   llevar

F. Un pronóstico equivocado. El meteorólogo se equivocó en hacer el pronóstico. Explique cómo este error afectó...

1. su boda.
2. sus vacaciones.
3. su ceremonia de graduación.

GRAMÁTICA

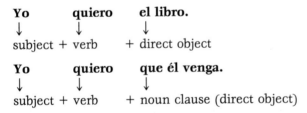

The Use of the Subjunctive in Noun Clauses (El uso del subjuntivo en cláusulas sustantivas)

The subjunctive commonly appears in subordinate or secondary clauses. It can be a noun, adjectival, or adverbial clause. A noun clause is a clause (subject + verb) that serves as the direct object of the verb in the main clause. It is usually introduced by the conjunction **que**.

Yo	**quiero**	**el libro.**
↓	↓	↓
subject + verb	+ direct object	

Yo	**quiero**	**que él venga.**
↓	↓	↓
subject + verb	+ noun clause (direct object)	

The subjunctive is used in a subordinate noun clause when the following conditions are present.

1. There is a change of subject. If the subject in the main clause is the same as that of the subordinate clause, the infinitive is used.

Yo quiero venir.   *I want to come.*
Yo quiero que **él** venga.   *I want **him** to come.*

2. The verb in the main clause expresses:

  a. advice, command, desire, insistence, hope, suggestion, opposition, petition, preference, prohibition, request, approval, or consent. Some verbs in this category are:

aconsejar	esperar	necesitar	preferir
aprobar	exigir	obligar	prohibir
consentir	hacer	ojalá[4]	proponer
decir	hacer falta	oponer	querer
dejar	impedir	ordenar	rogar
desear	insistir en	pedir	sugerir
escribir	mandar	permitir	suplicar

NOTE **Decir** and **escribir** require the subjunctive when they are used to express a command rather than to relay information. Compare the following:

Yo te escribo (digo) que **vengas** mañana. — *I am writing (telling) you to come tomorrow.*

Yo te escribo (digo) que Marta **viene** mañana. — *I am writing (telling) you that Marta is coming tomorrow.*

b. emotion, feelings, surprise, or fear. Some verbs in this category are:

alegrarse de   estar contento de   sorprender(se)
enfadarse *to annoy*   lamentar *to regret/ feel sorry for*   temer *to fear*
enojarse *to annoy / to upset* sentir *to feel*   tener miedo de *to be afraid*

c. doubt, denial, or uncertainty. When verbs that express certainty are negated, the subjunctive is required. Conversely, when verbs that express doubt or denial are negated, the indicative is used.

SUBJUNCTIVE	INDICATIVE
dudar *to doubt*	no dudar
negar *to deny*	no negar
no creer	creer
no pensar	pensar

Dudo que **sea** tarde.   No dudo que **es** tarde.
No creo que **sea** tarde.   Creo que **es** tarde.

In an interrogative sentence, either the indicative or the subjunctive may be used according to the degree of doubt or certainty expressed.

¿Crees que es tarde?   *Do you think it is late?* (The speaker thinks it is.)
¿Crees que sea tarde?   *Do you think it is late?* (The speaker has no idea.)

3. The expressions **quizá(s)** *maybe*, **tal vez** *perhaps*, and **acaso** *perhaps* require the subjunctive when the speaker is uncertain about an action. If the speaker is relatively certain, the indicative is used.

Quizás **llegue** a tiempo. No tengo la menor idea. — *Perhaps he will arrive on time. I don't have the slightest idea.*

----

[4] Of Arabic origin; literally, *Would to Allah* or *May Allah let it be so.* The expression is actually an interjection, and is used to express *I hope* or *I wish.*

indicative

Quizás **llega** a tiempo. Ya salió de su casa.

Perhaps he will arrive on time (probably). He already left his house.

PRÁCTICA

A. Cambios de tiempo. Termine Ud. las frases siguientes con la primera expresión en cada columna.

to snow
1. **nevar en Los Ángeles**
   a. Yo dudo que...
   b. Al meteorólogo le sorprende que...
   c. María nos dice que...
   d. Es imposible que...

to go out
2. **salir cuando hace frío**
   a. Yo sé que Juan...
   b. No me gusta...
   c. Es ridículo...
   d. Mamá no quiere que nosotras...

B. Reportajes especiales en la televisión.

increase
1. A causa del aumento de crimen en un pueblo pequeño la policía local tiene algunos *advice* consejos importantes para la gente. Termine Ud. las frases con la forma correcta de los verbos entre paréntesis.

   We beg
   a. Rogamos que nadie (salir) *salga* solo de noche.
   close   *even*
   b. Preferimos que todos (cerrar) *cierren* la puerta con llave, aun durante el día.
   to put on   *turn on*
   c. Recomendamos que, si van a salir, Uds. (poner) *pongan* la radio y que (prender)

   prendan las luces.

   d. Insistimos en que sus hijos no (volver) *vuelvan* a casa muy tarde en la noche.
   we request   *to cut*   *around*
   e. Pedimos que Uds. (cortar) *corten* los árboles altos que rodean la casa.
   to become   *unknown*
   f. Recomendamos que Uds. (fijarse) *fijen* en las personas desconocidas que pasan

   por su vecindad.
                            us   *you see something   suspect*
   g. Queremos que todos nos (llamar) *llame* si ven algo sospechoso.

   h. Sobre todo, pedimos que Uds. (estar) *estén* alertos y que (ser) *sean*

   responsables.

2. La gente que vive en las costas del Golfo de México se prepara para un huracán. Los reporteros le piden que siga las recomendaciones siguientes. Termine Ud. las frases con la forma correcta de los verbos apropiados en la lista.

escuchar   cubrir   comprar   seguir   guardar   prestar   ir   quedarse

~~cover~~   *~~follow~~*   *~~guard~~*   *~~to lend~~*   *~~remain~~*

a. Aconsejamos que Uds. ___Compren___ *~~We advise~~* mucha comida y que la ___cubra___ *~~cover it~~* en el sótano. *~~basement~~*

b. Recomendamos que Uds. ___Escuchen___ *~~care~~* con cuidado el pronóstico *~~forecast~~* y que ___sigan___ *~~presten~~* mucha atención. *sic*

c. Sugerimos que Uds. ___guarden___ *~~cubran~~* las ventanas con madera. *~~wood~~*

d. Si hay vientos fuertes, recomendamos que ___vaya___ al sótano *~~basement~~* y que ___quédense___ allí.

e. Esperamos que Uds. ___sigan___ *~~advice~~* este consejo.

3. Mientras que la gente en los estados de Tejas, Luisiana y Misisipi sufren los efectos del huracán, los habitantes de California experimentan una sequía. *~~drought~~* Los reporteros les piden la completa cooperación a los ciudadanos. Busque Ud. en la segunda columna la terminación de las frases en la primera columna. Cambie los verbos entre paréntesis a la forma correcta del indicativo o subjuntivo.

a. No permitimos que... (3)

b. En las zonas residenciales se prohíbe que... (4)

c. El gobierno del estado propone que... (5)

d. Naturalmente, los oficiales lamentan que... (6) *~~regret~~*

e. Pero, se alegran de que... (2)

f. Finalmente, creemos que... (1)

(1) la sequía (ir) ___vaya___ *~~drought~~* a terminar pronto.

(2) la gente (ser) ___sea___ tan cooperativa.

(3) nadie (lavar) ___lave___ su coche ni (llenar) ___llene___ su piscina. *~~to fill~~*

(4) los habitantes (regar) ___regen___ *~~irrigate~~* *~~lawn~~* el césped.

(5) los oficiales locales (dar) ___den___ multas *~~fines~~* si la gente no obedece las leyes.

(6) (ser) ___sea___ necesario imponer restricciones.

~~radio station~~   *~~jobs~~*

C. Tareas. El jefe de la emisora decide quién debe hacer las tareas. Con un(a) compañero(a), siga el modelo.

MODELO   escribir la carta / hacer la llamada telefónica
¿Desea Ud. que yo escriba la carta?
No. Prefiero que hagas la llamada telefónica.

1. hacer la entrevista / escribir el informe *~~interview~~* *~~report~~*
2. dar el pronóstico / leer las noticias
3. poner las luces / apagar el proyector *~~turn off~~* *~~projector~~*
4. colgar los cuadros / colocar los muebles *~~to hang~~* *~~picture~~* *~~place~~* *~~furniture~~*
5. ir a comprar los sándwiches / quedarse en la oficina
6. terminar el proyecto / irse a casa
~~project~~

no future subj *(handwritten)*

D. Nunca se sabe. Llene Ud. cada espacio con la forma correcta del verbo entre paréntesis, según el contexto. *Future (handwritten)*

1. Quizás (llover) _**llueva**_ hoy. No oí el pronóstico. *Maybe / rain / didn't hear (handwritten)*

2. Tal vez (venir) _**venga**_ Pablo. Me escribió que estaría libre esta semana. *Perhaps ? future (handwritten)*

3. Tal vez (haber) _**haya**_ un huracán en el Golfo de México. Es la temporada. *subj. / it may / it is season (handwritten)*

4. Acaso el meteorólogo nos (decir) _**diga**_ el pronóstico correcto. Nunca se sabe. *Perhaps / one never knows (handwritten)*

Ahora, haga frases originales con **acaso**, **tal vez** y **quizás** con respecto al pronóstico del tiempo.

E. Traducciones: El tiempo nos afecta.

1. We're happy that it's warm today. Maybe we can go to the beach.
2. But they forecasted a storm. Mom suggests that we wait until tomorrow.
3. Rain doesn't bother me. What I don't like are lightning and thunder.
4. Let's go. I'm content just to leave the city.
5. Me, too. This is the vacation for which I waited all year.
6. Look. The sun's out. The one who forecasted this weather is crazy!

F. Consejos. Todos necesitamos a veces ayuda con nuestros problemas. Dé Ud. una solución para los siguientes problemas. Emplee Ud. verbos como **sugerir, aconsejar, preferir** y **recomendar.**

> MODELO   A los chicos les falta dinero para la matrícula.
> Sugiero que soliciten una beca.

1. Mi mejor amigo(a) está enfadado(a) conmigo.
2. Hace frío y se me quedó el suéter en casa.
3. Mis amigos me invitaron a una fiesta elegante y no tengo nada que llevar.
4. Hace muy buen tiempo. Los estudiantes están en época de exámenes finales en la universidad.
5. El novio de Inés sale con otra.
6. Pensamos hacer la fiesta afuera y ahora llueve.

Relative Pronouns (Pronombres relativos)

FORM

que	*that, which, who*
quien, quienes	*who, whom, the one(s) who*
el (la) cual, los (las) cuales	*which, who*
el (la, los, las) que	*the one(s) who (which), he (she, those) who*

lo cual, lo que	*what, which, that which*
cuyo(a, os, as)	*whose (relative adjective)*

USE

Although frequently omitted in English, in Spanish the relative pronoun can not be left out.

El libro que leí anoche es fascinante.	*The book (that) I read last night is fascinating.*

1. **Que** is the most common relative pronoun. It can be used:

   a. as a subject or object of a verb to refer to a person, place, or thing.

La ciudad que vistamos ayer es bella.	*The city we visited yesterday is lovely.*
El fotógrafo que conocí anoche ganó un premio Pulitzer.	*The photographer I met last night won a Pulitzer Prize.*

   b. after the simple prepositions **a**, **de**, **con**, and **en** to refer to a thing or place.

El hotel en que nos quedamos es lujoso.	*The hotel we stayed in is luxurious.*
El lápiz con que escribo es de Juan.	*The pencil with which I'm writing is Juan's.*

   NOTE   Although in informal English a sentence may end in a preposition, in Spanish the preposition is placed before the relative pronoun.

José es el chico con quien voy al baile.	*José is the boy I'm going to the dance with.*

2. **Quien** and **quienes** refer only to people. They are used:

   a. instead of **que** to indicate the nearer of two antecedents or to introduce a nonrestrictive clause set off by commas.

Mi prima, quien es contadora, viene a visitarme hoy.	*My cousin, who is an accountant, is coming to visit me today.*

   b. after a preposition.

El chico, con quien fui al baile, es mi novio.	*The boy, with whom I went to the dance, is my boyfriend.*

   c. to translate *he who, the one(s) who*, etc.

Quien trabaja duro recibe beneficios.	*He (She) (The one) who works hard receives benefits.*

3. **El que**, **el cual** and all their forms are used:

   a. with prepositions (excluding **a**, **de**, **con**, and **en**).

La dictadura bajo la cual (la que) vivieron los españoles duró cuarenta años.	*The dictatorship under which the Spaniards lived lasted forty years.*

b. in the case of two antecedents to refer to the most remote and to avoid confusion.

El amigo de mi profesora, el cual (el que) pasó un año en Nicaragua, viene a clase hoy.

The friend of my professor, the one (friend) who spent a year in Nicaragua, is coming to class today.

c. instead of **que** and as an alternative to **quien(es)** to introduce a nonrestrictive clause.

Aquella casa, la que (la cual) acaban de vender, es enorme.

That house, the one they just sold, is enormous.

4. In addition to the preceding uses, **el que** and its forms are used:

a. to translate *the one(s) that.*

Me gusta esta playa pero la que vimos en Puerto Rico es magnífica.

I like this beach, but the one that we saw in Puerto Rico is magnificent.

b. as a substitute for **quien** or **quienes** to mean *he who, those who,* etc.

El que corre más rápido ganará la carrera.

He who runs the fastest will win the race.

5. **Lo que** and **lo cual** are neuter relative pronouns and are used to refer to a preceding abstract idea, concept, or action. *fact that they came back*

Pasaron por mí, lo cual (lo que) me agradó mucho.

They came by for me, which pleased me very much.

6. In addition to the preceding use, **lo que** is also used to express *what,* in the sense of *that which.*

Ella me dijo todo lo que quería saber.

She told me all that (which) I wanted to know.

Lo que me importa es el dinero.

What matters to me is money.

7. **Cuyo(a, os, as)** is a relative adjective and therefore must agree in number and gender with the noun it modifies. It is used to express *whose.*

Nicolás, cuya esposa es alcaldesa, estudia derecho.

Nicolás, whose wife is mayor, studies law.

PRÁCTICA

A. Clarificaciones. Combine Ud. las frases con la forma apropiada del adjetivo relativo **cuyo.** Siga el modelo.

MODELO   José es médico. Su oficina queda cerca.
         José es el médico cuya oficina queda cerca.

1. Él es meteorólogo. Sus pronósticos siempre son incorrectos.
2. Ellas son abogadas. Sus clientes son muy ricos.
3. Ud. es columnista. Sus artículos son muy conservadores.
4. El doctor Granero es profesor. Sus conferencias son aburridas.
5. Marta es reportera. Su hija estudia en España.
6. Carlos es agente de viajes. Sus giras son divertidas.

B. Pronombres relativos. Llene Ud. cada espacio con el pronombre relativo apropiado.

1. El meteorólogo de _quien_ hablamos se graduó conmigo.
2. Papá se fue durante la tempestad, _lo cual_ me dio mucho miedo.
3. Ese hombre, con _quien_ baila Rosa, sale por la televisión.
4. Allí está mi vecino, _cuyo_ jardín fue destruido por el granizo.
5. Este es el programa _que_ más me gusta.
6. _Lo que_ a mí me gustaría hacer es vivir donde siempre haga buen tiempo.
7. Ese reportero, _cuyos_ reportajes son muy satíricos, siempre me hace reír.
8. Dicen que en Taxco siempre hace buen tiempo, _lo que_ me parece increíble.
9. El hermano, _quien_ trabaja en la televisión, vuelve mañana.
10. Los pasajeros, a _quienes_ me refiero, son todos de México.

ASÍ SE DICE

¡Ay, caramba! ¡Qué desilusión!

1. Like all languages, Spanish has ways of expressing disappointment or disgust with varying degrees of intensity. Two of the milder forms are:

¡Ay, caramba! ⎫
¡Caray!   ⎭   *Darn! Drat!*

2. To respond to bad news, you might say:

¡No puede ser!	
¡Ay, no!	Oh, no! (It can't be!)
¡Ay, mujer (hombre)!	
¡Qué pena (lástima)!	That's too bad! (What a pity!)
¡Qué desgracia (mala suerte)!	What bad luck!
¿Qué vamos a hacer?	What can we do?
¡No hay más remedio!	It can't be helped!
No es para tanto.	It's not that bad (not the end of the world).
¡Qué desilusión!	What a disappointment!

3. If you are really upset, other expressions may be helpful:

¡Qué horror (barbaridad)!	That's terrible (awful)!
¡Qué ridículo!	That's ridiculous!
¡Qué pesado!	What a nuisance (pain)!
¡Esto es insoportable!	This is unbearable!
¡Esto es inaguantable!	

And finally, when your patience has run out:

¡Esto es el colmo!	This is the last straw!
No hay caso.	It's no use.
No faltaba más.	That's all I (we) needed.
¡Ese hombre (profesor, etcétera) me trae frito(a)!	That man (teacher, etc.) is driving me crazy!
¡Estoy hasta las narices de él (ella, etcétera)!	I've had it up to here with him (her, etc.)!

4. Some common complaints you might hear are:

Siempre me lleva la contraria.	He's (She's) always against me.
Siempre se sale con la suya.	He (She) always gets his (her) way.

A direct comeback or two may be in order:

¡Me las vas a pagar!	I'll get even!
¡Bien te lo mereces!	It serves you right!
¡Fastídiate!	
¡Toma, pues!	So there!
¡A que sí! (¡A que no!)	Do you want to bet? (It is so! It is not! I can so! You can not!)

PRÁCTICA

 A. Grandes desilusiones. Descríbale Ud. las siguientes desgracias a un(a) compañero(a). Luego, éste (ésta) le da su reacción.

MODELO   una mala nota
Saqué una «F» en el examen.
¡Qué desgracia! (No es para tanto.)

1. un coche robado   **3.** un perro que no vuelve a casa
2. una enfermedad grave   **4.** un viaje cancelado

Ahora, invente sus propias situaciones y la clase le responderá.

 B. Siempre pasa algo. Escriba Ud. un diálogo (ocho a diez líneas) con las líneas indicadas. Incluya Ud. las palabras sugeridas y las reacciones apropiadas.

1. Esta mañana salí tarde y perdí el autobús... (accidente, jefe, almuerzo, sueldo)
2. Anoche salimos a cenar en un restaurante italiano... (camarero, sopa, platos, camisa, cuenta)
3. El año pasado, mi tía hizo un viaje a... (avión, bosque, león, comida)

Lección *14*

Red sox

Medias rojas 2; Tigres 0

PARA COMENZAR...

1. Con la ayuda del vocabulario en la pág. 247, describa el dibujo.
2. ¿A Ud. le gusta el béisbol? ¿Por qué sí o por qué no? ¿Sabe jugar? ¿Juega bien? ¿Jugaba mucho de niño(a)? ¿Es un deporte peligroso? ¿Por qué? ¿Cuál

sports

es su equipo favorito? ¿y su jugador favorito? Nombre algunos beisbolistas famosos y explique por qué lo son.

3. ¿Le gustaría a Ud. poder ver un partido de béisbol desde el cobertizo? ¿Por qué? ¿Qué les preguntaría a los jugadores? ¿De qué hablan ellos en el cobertizo? ¿Qué hacen allí?

4. Explíquele Ud. a un(a) compañero(a) de clase que no sabe nada de béisbol lo siguiente:

    a. un jonrón   **b.** un strike   **c.** la anotación   **d.** un bateador

Medias rojas 2; Tigres 0

En el mundo deportivo...

Se dice que el béisbol es tradicionalmente un deporte de los EE.UU., pero hoy día es también muy popular en México, Cuba, Venezuela, la República Dominicana y Puerto Rico. De unos 1.000 jugadores en las ligas mayores unos 170 son hispanos. El mundo hispano ha producido jugadores tan famosos como Roberto Clemente, Fernando Valenzuela, Juan Marichal, José Canseco, Luis Tiant, Juan González, Iván Rodríguez, Roberto Alomar y muchos más. Las ligas caribeñas se reúnen cada año para jugar el campeonato anual llamado Winterball. Es cierto que veremos a muchas de sus estrellas en las ligas mayores muy pronto.

Un evento muy importante en la historia reciente de España fueron los Juegos Olímpicos que tuvieron lugar en Barcelona en el verano de 1992. Más de 170 naciones participaron en los Juegos y más de tres mil millones° de personas los vieron por televisión.

three billion

En 1996 los Juegos Olímpicos tuvieron lugar en Atlanta, Georgia y en el año 2000, tendrán lugar en Sydney, Australia. ¿Asistirá Ud.? ¿Le gustaría que los Juegos tuvieran lugar en su ciudad? Pues, el proceso de elegir la ciudad para albergarlos° es uno muy viejo. Es el trabajo del C.O.I. (Comité Olímpico Internacional), fundado en 1884 por el Barón Pierre de Corbetin de Francia. El comité, que consiste en once miembros, se reúne cada cuatro años para considerar las posibles ciudades internacionales y decide mediante un voto supersecreto.

    to host them

En el mundo del fútbol, Francia será la sede de la próxima Copa Mundial en 1998. Los EE.UU., que ha participado en el evento sólo en cuatro ocasiones (1930, 1934, 1950, 1994), albergó la Copa Mundial de 1994, y desafortunadamente fue eliminado muy temprano en la serie. Brasil ganó contra Italia. Todos quieren saber qué país llevará el trofeo en 1998.

CONVERSEMOS

Refiriéndose a la lectura anterior, conteste Ud. las preguntas.

1. ¿Qué es *Winterball*? ¿En qué países es el béisbol un deporte muy popular? Nombre Ud. algunos jugadores de béisbol hispanos. ¿Dónde se celebraron los Juegos Olímpicos en 1992? ¿En 1996? ¿Dónde se celebrarán en el año 2000? ¿Qué país ganó la Copa Mundial en 1994? ¿Dónde se celebró? ¿Dónde será el evento en 1998?

2. ¿Le gusta a Ud. mirar los Juegos Olímpicos en la tele? ¿Por qué? ¿Le gustaría asistir algún día? ¿participar? ¿en qué deporte? ¿Cuáles son algunos de los problemas que pueden ocurrir durante los Juegos Olímpicos? ¿Deben los grandes países del mundo solucionar sus disputas por medio de los Juegos Olímpicos en vez de las guerras? Explique.

3. ¿Cuáles son las semejanzas y diferencias entre el fútbol americano y el fútbol? ¿Cuál prefiere Ud.? ¿En qué deportes participa su universidad? ¿Asiste Ud. a los partidos? ¿Por qué sí o por qué no? ¿Gana o pierde el equipo?

4. ¿Cree Ud. que un atleta famoso tiene la responsabilidad de llevar una vida buena y ser ejemplo para los niños? ¿Por qué sí o por qué no? ¿Cuál es un ejemplo de una situación en que un atleta se comportó mal? ¿Cuál fue el resultado? Se dice que el béisbol es el deporte nacional de los EE.UU., ¿está Ud. de acuerdo? Explique. ¿Qué otros deportes pueden considerarse típicos de los EE.UU.?

VOCABULARIO

EL BÁSQUETBOL (EL BALONCESTO)
el (la) baloncestista   *basketball player*
el banco   *bench*
la cesta   *basket*
el (la) entrenador(a)   *trainer, coach*
entrenarse   *to train*
el marcador   *scoreboard*
el punto (el tanto)   *point*

EL BÉISBOL
la anotación   *score*
el árbitro(a)   *umpire, referee*
el bate   *bat*
batear   *to bat*
el cobertizo   *dugout* (cubir - to cover)
coger   *to catch*
el equipo   *team*
el jonrón   *home run* (JONRONEAR to hit at homerun)
el (la) jugador(a)   *player*
el (la) lanzador(a) (el [la]   (lanzar - to hurl)
  pitcher)   *pitcher*
el partido   *game*
la pelota   *ball*
el (la) receptor(a)   *catcher*
la regla   *rule*
tirar (lanzar)   *to throw*

EL FÚTBOL (norte) AMERICANO
el casco   *helmet*
el (la) futbolista   *football player*
la meta   *goal line*
patear   *to kick*
el uniforme   *uniform*

pues - since
viejo - old

EL TENIS
la cancha de tenis   *tennis court*
el cero (el nada)   *love, zero score*
la partida   *set*
la raqueta   *racket*
la red   *net*
el (la) tenista   *tennis player*

OTROS DEPORTES
el ajedrez   *chess*
el boxeo   *boxing*
el campo y pista   *track and field*
el ciclismo   *cycling*
el esquí (el esquiar)   *skiing*
el fútbol   *soccer*
la lucha libre   *wrestling*   - (free struggle)
la natación   *swimming*
el patinaje (sobre el hielo)   *(ice) skating*

PALABRAS RELACIONADAS
el (la) aficionado(a)   *fan*
el campeón (la campeona) (el
  campeonato)   *champion(ship)*
la carrera   *race, contest*
el (la) comentarista   *commentator*
la competencia   *competition*
el (la) espectador(a)   *spectator*
estar de parte de   *to be in favor of*
ganar(le a uno)   *to win (defeat someone)*
practicar un deporte   *to participate in a
  sport*
vencer   *to defeat*

¡FENOMENAL!
(Refiérase a la pág. 257.)

lucha - fight or struggle
lucha libre

deporte - sports

REPASEMOS EL VOCABULARIO

A. ¿Cuál no pertenece? Subraye Ud. la palabra que no está relacionada con las otras y explique por qué.

1. nada   red   raqueta   banco
2. casco   uniforme   cesta   meta
3. ciclismo   béisbol   natación   esquí
4. marcador   lanzador   espectador   entrenador
5. partida   juego   partido   ajedrez

B. ¿Quién lo necesita? Escoja Ud. el objeto apropiado de la segunda columna.

1. tenista   **a.** perro caliente
2. baloncestista   **b.** bicicleta
3. ciclista   **c.** cesta
4. futbolista   **d.** raqueta
5. comentarista   **e.** casco
6. espectador   **f.** pelota
7. lanzador   **g.** micrófono

Ahora, haga una lista de otros objetos que cada persona necesita.

C. La agonía de la derrota. El equipo de béisbol tiene una temporada muy mala, y los jugadores se están quejando. Complete Ud. las frases con la palabra apropiada de las listas de vocabulario. Luego, forme una frase nueva, usando la frase entre paréntesis. Haga los cambios necesarios.

> **MODELO**   Su _____ se llama los Osos. (Es cómico)
> Su *equipo* se llama los Osos.
> Es cómico que su equipo *se llame* los Osos.

1. Nuestro equipo pierde cada _____ esta temporada. (Lamentamos)

2. El _____ lanza muy mal. (No es cierto)

3. ¿Nosotros los jugadores? No. El _____ tiene la culpa. (Creo)

4. Los _____ siempre son fieles. Nunca faltan a un partido. (Nos alegramos)

5. Podemos jugar en el _____ mundial. (Dudo)

6. El _____ no coge la pelota frecuentemente. (Es triste)

D. Usos importantes. Diga Ud. para qué sirve...

1. una red. **4.** un bate.
2. un banco. **5.** un casco.
3. un árbitro. **6.** un cobertizo.

E. ¿A qué se refiere? Diga Ud. a qué deportes se refieren las siguientes frases. Explique. Hay varias respuestas posibles. Este deporte...

1. se puede practicar con frecuencia sin gastar mucho dinero.
2. no requiere ropa y zapatos especiales.
3. puede ser peligroso.
4. se puede practicar solo(a).
5. ayuda a darle a Ud. un cuerpo sano y fuerte.

F. Mi deporte favorito. Describa Ud. el deporte que Ud. practica más. ¿Cómo se interesó en él? ¿Cuánto tiempo hace que lo practica? ¿Cómo se juega?

G. Definiciones. Haga Ud. las siguientes actividades.

1. En sus propias palabras, defina Ud. la palabra *competencia*.

   a. Muchas personas opinan que la competencia es un factor importante en el desarrollo del carácter de un individuo. ¿Está Ud. de acuerdo? Explique.
   b. ¿Cuáles son tres deportes que enfatizan la competencia? Explique.

2. En sus propias palabras, defina Ud. la palabra *aficionado*.

   a. Explique Ud. la diferencia entre un aficionado y un fanático.
   b. ¿Es Ud. fanático(a)? Describa Ud. la vida del esposo o de la esposa de un(a) fanático(a).

H. En grupos. Durante un campeonato de fútbol, un jugador no cogió la pelota en un momento importante en el partido. Con unos compañeros, representen cómo reaccionaron las siguientes personas.

1. el entrenador
2. otros jugadores
3. los aficionados de ambos equipos
4. el jugador mismo
5. el comentarista deportivo
6. el entrenador del equipo opuesto

GRAMÁTICA

The Future Tense (El tiempo futuro)

FORM

1. Regular verbs add the following endings to the infinitive.[1] Note that these endings are the same as those of the present tense of **haber—he, has, ha, hemos, habéis, han**. Note that all forms except **nosotros** have written accents.

$$\left.\begin{array}{l} \text{hablar} \\ \text{comprender} \\ \text{escribir} \end{array}\right\} + \textbf{é, ás, á, emos, éis, án}$$

2. Some common verbs with irregular future stems are:

lose e   *to fit, togo*   *to be able to*

caber **cabr**	poder **podr**	salir **saldr**
decir **dir**	poner **pondr**	tener **tendr**
haber **habr**	querer **querr**	valer **valdr** *to be worth*
hacer **har**	saber **sabr**	venir **vendr**

lose "e"

NOTE   Related compound verbs have the same irregularities. For example:
mantener — mantendrá.

USE

1. The future tense in Spanish is used to express what *will* or *shall* happen in the future.

Mañana jugaré al golf.   *Tomorrow I will play golf.*
Iremos al gimnasio el martes.   *We will go to the gym on Tuesday.*

2. It can be used to mildly command someone to do something.

Dejarás la raqueta en mi casa y vol-   *You will leave the racket at my house and*
verás al gimnasio.   *you will return to the gymnasium.*

---

[1] Infinitives that have a written accent (**reír, oír**) drop the accent in the future and conditional tenses. For example: **Él lo oirá**.

3. It is also used to express probability or wonder in the present.

¿Quién será él?   I wonder who he is? (Who do you suppose he is?)
Marta estará en el estadio.   Marta is probably in the stadium. (Marta must be in
                                          the stadium.)

4. To express the immediate future, it is more common to use the present tense. (See Lesson 1.)

Esta tarde monto a caballo.   This afternoon I'm going horseback
                                          riding.

5. The expression **ir a** + infinitive is often used to express a future action. (See Lesson 1.) Compare the following sentences:

Mañana patinaré sobre el hielo.   Tomorrow I will ice skate.
Mañana voy a patinar sobre el hielo.   Tomorrow I am going to ice skate.

6. The future tense is not used to express the idea of *to be willing to*. Instead, the verbs **querer** or **desear** are used.

¿Quiere jugar a los naipes conmigo?   Will you play cards with me?
Él no desea jugar por dinero.   He won't gamble.

PRÁCTICA

A. **Mañana todo será diferente.** Siempre esperamos hacer todo mañana. Siga el modelo.

MODELO   Ayer no fui al gimnasio pero mañana iré.

1. Anoche el tenista mexicano no le ganó al argentino, pero esta noche... ganará
2. Hoy hizo mal tiempo pero la semana que viene... hará buen tiempo.
3. Anteayer él no salió del cobertizo pero esta tarde... saldrá.
4. Ayer no pudimos devolver la raqueta pero mañana... podremos
5. El martes pasado no quise acompañarte a la carrera pero el martes que viene... querrá
6. Ayer no hubo ningún jonrón pero seguramente mañana por la noche... habrá.

B. **El juego de dobles.** Raquel, Sara y sus novios van a jugar al tenis. Las chicas hacen los preparativos. Llene Ud. cada espacio con la forma correcta del verbo entre paréntesis.

MODELO **Raquel** ¿Les (gustar) <u>gustará</u> comer antes de jugar?
Sara Sí, nosotros (comer) <u>comeremos</u> en mi casa.

RAQUEL: ¿(Hacer) _Hará_ Vicente las reservaciones en el club?

SARA: Sí, él (llamar) _llamará_ esta mañana.

RAQUEL: ¿(Traer) _Traerás_ tú las pelotas?

SARA: Sí, yo (comprarlas) _las compraré_ en la tienda. *store*

RAQUEL: ¿(Llevar) _Llevarás_ tú toallas para nosotros?

SARA: Sí, yo (poner) _pondré_ unas extras en mi bolso.

RAQUEL: ¿(Ser) _Será_ posible jugar más de una partida? *set*

SARA: Sí, (haber) _Habrá_ tiempo para dos.

RAQUEL: ¿(Poder) _Podrá_ tú préstarme una raqueta? *lend me*

SARA: Sí, yo (darte) _te daré_ mi raqueta «Wilson».

RAQUEL: ¿(Enseñarme) _Enseñará_ a servir más fuerte en tenis? *to be merciless*

SARA: Sí, yo (ayudarte) _te ayudaré_ con tu saque (*serve*).

C. Lo que sea, sonará. (*What will be will be.*) Haga Ud. las actividades siguientes.

1. Mire Ud. los dibujos y use el tiempo futuro para describir la vida de las siguientes personas dentro de diez años. Incluya el trabajo, la familia, el aspecto físico y otros detalles.

a.

b.    **c.**

2. Describa la vida de un(a) compañero(a) de clase en diez años.
3. Ahora, describa la vida de su profesor(a) en diez años.

D. El partido. Silvia y Cristina son muy aficionadas al fútbol. Aquí ellas comentan un partido. Para practicar probabilidad en el presente, busque Ud. las frases que correspondan y luego tradúzcalas al inglés.

1. ¡Uf! El estadio está lleno de gente. *b*
2. Allí está Maura otra vez.
3. El señor Vela siempre viene solo a los partidos. *c*
4. Los futbolistas juegan muy bien. *a*
5. Juan Ruiz está jugando muy mal.
6. ¡Ay! Se cayeron dos jugadores.
7. ¡Qué bien! Se están levantando.
8. Parece que hay alguna disputa.

a. Se entrenarán todos los días.
b. Habrá más de 20.000 personas aquí.
c. Su esposa no tendrá interés en el fútbol.
d. No será nada grave.
e. Será muy aficionada al deporte.
f. No estarán de acuerdo con el árbitro.
g. Estarán lastimados.
h. Le dolerá la pierna.

E. En parejas. Ud. es locutor(a) de un programa de radio y va a entrevistarle a Julio Carrasco, un famoso tenista chileno. Con un(a) compañero(a), miren el calendario en la página 254 y use las siguientes frases para hacer y contestar preguntas en el tiempo futuro.

MODELO   estar de vacaciones
      Locutor(a)   ¿Cuándo estará Ud. de vacaciones?
      Julio   Estaré de vacaciones desde el 2 hasta el 4 de diciembre.

DICIEMBRE

LUNES	MARTES	MIÉRCOLES	JUEVES	VIERNES	SÁBADO	DOMINGO
		1	2	3	4	5
			de vacaciones — Acapulco			
6	7	8	9	10	11	12
13 *Buenos Aires*	14	15	16 *"Deportes en el mundo"*	17	18	19
20	21	22	23	24	25	26
	entrenamiento			*campeonato*		
27 ♡♡	28	29	30	31 *en casa*		

1. salir para Buenos Aires
2. jugar en el campeonato
3. entrenarse para el campeonato
4. aparecer en un programa de televisión
5. casarse
6. volver de la luna de miel

The Conditional Tense (El tiempo condicional)

FORM

1. Regular verbs add the following endings to the infinitive. Note that these endings are the imperfect endings for **-er** and **-ir** verbs.

hablar
comprender } + **ía, ías, ía, íamos, íais, ían**
escribir

2. Irregular conditional stems are the same as the irregular future stems.

USE

1. The conditional tense in Spanish is used to express the idea of *would* in English. It often refers to a projected future action in the past.

Me dijo que me compraría un uniforme nuevo.	He told me he would buy me a new uniform.
Nos indicó que el partido empezaría en seguida.	He indicated to us that the match would start right away.

2. It is frequently used with the verbs **poder** and **deber** in place of the present tense to express a polite request or suggestion.

¿Podría Ud. volver mañana?	Could you please come back tomorrow?
Ud. debería entrenarse más.	You really ought to train more.

3. It is also used to express probability or wonder in the past.

¿Ganaría el partido José?	I wonder if José won the match? (Do you think José won the match?)
Marta estaría en el estadio.	Marta was probably in the stadium. (Marta must have been in the stadium.)

4. The conditional tense is not used to express *would* in the sense of *used to*. Instead, the imperfect tense is used.

Cuando yo era niña, jugaba mucho al béisbol.	When I was young, I would (used to) play baseball a lot.

5. It is not used in a negative sentence to express *would not* in the sense of *refused*. Instead, **querer** in the preterite is used.

Rafael no quiso competir.	Rafael would not (refused to) compete.

PRÁCTICA

A. Buenas intenciones. Siempre hay pretextos para evitar las responsabilidades. Termine Ud. la frase con un pretexto lógico.

MODELO   yo / llevarte al aeropuerto
        Te llevaría al aeropuerto pero está descompuesto mi coche.

1. Manuel / participar en la carrera
2. el árbitro / decidir quién ganó
3. nosotros / ir al club deportivo

4. Miguel / invitarnos a nadar en su piscina
5. los chicos / devolverte los uniformes
6. el comentarista / entrevistarle al boxeador

B. No decir nunca jamás. (*Never say never.*) Diga Ud. seis cosas que Ud. nunca haría. Luego, pregúntele a un(a) compañero(a) si él (ella) las haría.

MODELO —Yo nunca practicaría la lucha libre.
—¿Practicarías la lucha libre?

C. La fiesta de victoria. Jorge y Graciela planean una fiesta para celebrar el triunfo de su equipo de fútbol, pero hay problemas. Con un(a) compañero(a), siga el modelo y termine cada frase de una manera original.

MODELO decorar el salón / Sandra
¿Quién decorará el salón?
Sandra lo decoraría pero se rompió el brazo el otro día.

1. llevar las sillas / Roberto y Julio
2. sacar las fotos / tú
3. poner la mesa / tú y Armando
4. venir temprano para ayudar / Susana y yo
5. hacer las compras / yo
6. traer el vino / Anita
7. preparar el postre / Carlos
8. tocar la música / Menudo

D. ¿Qué pasaría? (*I wonder what happened?*) A veces, no sabemos el resultado de un suceso. Para practicar probabilidad en el pasado, con un(a) compañero(a) de clase, adivine lo que pasó. Traduzca sus respuestas al inglés.

MODELO El otro día un hombre se cayó al río...
¿Se moriría? *I wonder if he died.*
No, se salvaría. *No, he was probably saved.*

1. Ayer se celebró el concurso de «Miss Universo».
2. Anoche cayó un relámpago en la Casa Blanca.
3. Un desconocido entró en el palacio de la Reina de Inglaterra.
4. Un cohete (*rocket*) con dos astronautas salió para el planeta Marte.
5. Dos OVNIS (objetos voladores no identificados) aterrizaron en Madrid.

Ahora piense Ud. en más sucesos y siga el ejercicio.

E. Si yo fuera... (*If I were ...*) ¿Qué haría Ud. si fuera...

1. el (la) presidente de los EE.UU.?
2. el campeón (la campeona) mundial de tenis?
3. un(a) millonario(a)?
4. una estrella de televisión?
5. el (la) profesor(a) de esta clase?

ASÍ SE DICE

¡Fenomenal!

1. Good news deserves an enthusiastic response from the listener, such as the following:

¡Qué bien (increíble, lindo)!	*How nice (incredible, lovely)!*
¡Qué fenomenal! ⎫	
¡Qué alegría! ⎭	*How wonderful!*
¡Cuánto me alegro!	*I'm so happy (for you)!*
¡Es estupendo (magnífico, formidable)!	*That's fantastic (wonderful, terrific)!*
¡Qué alivio!	*What a relief!*

2. To tell someone you really like something, you might use one of the following expressions.

¡Qué cosa (regalo, perrito, etc.) más linda (rica, buena, etc.)!	*What a lovely (nice, good, etc.) thing (present, little dog, etc.)!*
¡Qué chulo(a) (mono[a], guapo[a])!	*How handsome (cute, pretty)!*
¡Es precioso (bellísimo, etc.)!	*It's adorable (beautiful, etc.)!*

3. To express surprise, you might say:

¡Mira, tú!	*Well, what do you know?*
¡No puede ser! ¿Para mí?	*You're kidding! For me?*
¡Mira lo que es esto!	*Will you look at this!*
¡No lo esperaba!	*I wasn't expecting it!*
¡Qué emoción!	*What a feeling! (I'm touched.)*
¡Qué sorpresa!	*What a surprise!*
¿Cómo es posible?	*It can't be! (I don't believe it!)*

PRÁCTICA

A. **Buenas noticias.** Anuncie Ud. las siguientes noticias. Un(a) compañero(a) le ofrecerá una respuesta correspondiente a la noticia.

MODELO   un viaje a Grecia
Me voy de viaje a Grecia el mes que viene.
¡Qué formidable! (¡Cuánto me alegro!)

1. una subida de sueldo inesperada
2. un pariente que se mejoró de una enfermedad grave

3. una nota sobresaliente en el examen
4. un premio enorme en la lotería
5. un nuevo trabajo

Ahora, siga Ud. con otros ejemplos.

 B. ¿Sabe qué pasó? Escriba Ud. un diálogo de seis a ocho líneas sobre las siguientes situaciones. Incluya Ud. las expresiones de alegría o sorpresa.

1. Su amigo(a) le muestra una foto de su primo(a) muy guapo(a); quiere presentárselo(a).
2. Su compañero(a) consiguió un trabajo como reportero(a) en el extranjero. Sale pronto para África.
3. Su hermano tuvo un accidente y está en el hospital. Pero él no está muy grave y puede irse a casa mañana.
4. Su novio(a) acaba de darle a Ud. un regalo muy caro.

Ahora, siga Ud. con otros ejemplos.

Lección 15

Y, las noticias...

PARA COMENZAR...

1. Con la ayuda del vocabulario en las págs. 261-262, describa el dibujo.
2. ¿Es culpable el señor arrestado? ¿Qué evidencia hay? ¿Es un crimen muy grave? ¿Merece la pena de muerte? Si decide el juez que es culpable, ¿qué castigo debe recibir?
3. ¿Qué les pregunta el reportero a las siguientes personas: al ladrón, a la víctima, al testigo y al policía?

Y, las noticias...

Y ahora, les presentamos las últimas noticias de hoy.

Una gran cantidad de literatos y artistas panameños expresaron su condolencia por la muerte del escritor José de Jesús Martínez, de 61 años de edad. Además de obtener numerosos premios en concursos nacionales, ganó en 1987 el prestigioso premio Casa de las Américas con la obra *Mi General Torrijas*. Entre sus poemas principales figuran «Aquí, ahora» y «Aurora y mestizo».

Más de 2.000 cocineras fueron despedidas por el gobierno de Costa Rica como parte de su programa para reducir el empleo en el sector público. Las ex-cocineras hacen manifestaciones en las calles, exigiendo que el gobierno les devuelva su empleo. También, piden que la Iglesia Católica participe en este esfuerzo. Muchos de los comedores están localizados en zonas rurales, y los niños de estas áreas reciben allí su único alimento diario. La mayoría de las cocineras despedidas son mujeres sin marido y con hijos — mujeres cuyos salarios son la principal forma de ingreso para sus familias.

No hay nadie que pueda enloquecer a las masas como el creativo y dinámico cantante mexicano, Emmanuel. Es un consumado artista, de eso no hay duda, y su segunda visita a Venezuela fue un éxito tremendo.

En las noticias locales, el hijo de veintiún años del comisario de policía fue arrestado el domingo, acusado de haber penetrado en un automóvil y robado un equipo de estéreo y una cámara fotográfica, dijeron las autoridades. El comisario afirma que estará al lado de su hijo, pase lo que pase.° — No ha sido un buen día para mí —, dijo el comisario al enterarse del arresto. — No hay nada que sea más importante para mí que la familia. Tengo un respeto profundo por la ley. Justicia es lo que todos esperamos de nuestro sistema y yo no espero otra cosa.

pase... *come what may*

CONVERSEMOS

Refiriéndose a la lectura anterior, conteste Ud. las preguntas.

1. ¿Por qué perdieron su empleo las cocineras costarricenses? Explique Ud. cómo el despido les afectará económicamente. ¿Quién es Emmanuel? ¿Por qué fue arrestado

el hijo del comisario de policía? Describa la reacción del comisario.

2. Actualmente, ¿cuáles son los temas más frecuentes en las noticias internacionales? ¿nacionales? ¿locales? ¿Cree Ud. que los reporteros dan demasiado énfasis a lo negativo? Explique.

3. ¿Está Ud. al tanto de las noticias? ¿Prefiere Ud. leer un periódico o mirar el noticiero? ¿Hay otras maneras de enterarse de las noticias? ¿Cuáles son? Discuta las ventajas y desventajas de cada medio. En su opinión, ¿cuál es el mejor? Explique.

4. ¿Cuáles son los países extranjeros que más aparecen en las noticias hoy día? ¿Por qué?

5. ¿Cuáles son algunos acontecimientos en las noticias que Ud. recuerda más? ¿Cómo reaccionó cuando se enteró de ellas? ¿Cómo le afectaron estas noticias?

VOCABULARIO

EN LOS TITULARES   *(In the headlines)*
la cárcel (la prisión)   *jail*
el golpe de estado   *coup d'etat*
la huelga   *strike*
el incendio   *fire*
la ley   *law*
la manifestación   *demonstration*
la prensa   *press*
secuestrar   *to hijack, kidnap*

LAS NOTICIAS Y EL PERIODISMO
el anfitrión (la anfitriona)   *host(ess)*
anunciar   *to announce; to advertise*
el anuncio   *advertisement*
la cadena   *channel, network*
la censura   *censorship*
el (la) columnista   *columnist*
el (la) corresponsal extranjero(a)   *foreign correspondent*
criticar   *to criticize*
editar (redactar)   *to edit*
la emisora   *television or radio station*
estar al tanto de las noticias   *to be informed about the news*
el (la) locutor(a)   *announcer*
el noticiero   *news program*
el poder (la libertad) de la prensa- *power (freedom) of the press*

publicar   *to publish*
la publicidad   *publicity*
reportar   *to report*

EL CRIMEN   *(Crime)*
arrestar   *to arrest*
el asesinato   *murder*
el (la) asesino(a)   *murderer*
el (la) criminal   *criminal*
culpable   *guilty*
las esposas   *handcuffs*
la huella (digital)   *trace (fingerprint)*
informar   *to inform*
el ladrón (la ladrona)   *thief*
matar   *to kill*
la pena de muerte   *death penalty*
la pista   *clue*
la prensa   *press*
el reportaje   *report*
el (la) reportero(a)   *reporter*
robar   *to rob*
el robo   *robbery*
el (la) testigo   *witness*

LAS SECCIONES DEL PERIÓDICO
los anuncios clasificados   *classified ads*
las crónicas de modas   *fashion section*
las crónicas de sociedad   *society pages*

los editoriales   *editorials*
las noticias (inter)nacionales
   (inter)national news
las noticias locales   *local news*
los obituarios   *obituaries*
la primera página   *front page*
la sección de cocina   *cooking section*
la sección deportiva (los deportes)   *sports section*

la sección financiera (la bolsa)   *finance
   section (stock exchange)*
la televisión y el cine (la cartelera)   *entertainment section*
las tiras cómicas (las historietas)   *comic
   strips*

PALABRAS PROBLEMÁTICAS
(Refiérase a las págs. 271-272.)

REPASEMOS EL VOCABULARIO

A. ¿Cuál no pertenece? Subraye Ud. la palabra que no está relacionada con las otras y explique por qué.

1. robar	secuestrar	asesinar	arrestar
2. cadena	editoriales	historietas	la bolsa
3. reportero	ladrón	columnista	periodista
4. reportar	criticar	publicar	censurar
5. testigo	anfitrión	locutor	corresponsal

B. ¿Dónde se encuentra... ? Escoja Ud. la respuesta correcta de la segunda columna.

1. una entrevista con la Reina de Inglaterra
2. el nombre del equipo que ganó
3. el pato Donald
4. los titulares
5. la hora de «El barrio Sésamo»
6. una crítica sobre la minifalda
7. una receta para la paella
8. un artículo sobre un incendio que destruyó el ayuntamiento

a. la cartelera
b. la sección de cocina
c. las noticias locales
d. las crónicas de modas
e. las tiras cómicas
f. la primera página
g. los deportes
h. las noticias internacionales

C. Definiciones. En sus propias palabras, dé Ud. una definición de las siguientes palabras.

1. el (la) anfitrión(a)
2. la censura
3. la huelga
4. las esposas
5. el crimen
6. el (la) testigo

D. En la primera página... Escriba Ud. un titular original relacionado con...

1. un incendio.   **3.** un asesinato.   **5.** el tiempo.
2. un robo.   **4.** un partido de fútbol. **6.** un descubrimiento científico.

E. Precauciones. El siguiente artículo apareció en las noticias locales del periódico. Complete Ud. el artículo con la forma imperativa (Ud.) del verbo apropiado de la lista.

mencionar   encender (*to light*)   asegurarse   instalar   dejar
escribir   decir   desconectar   poner

¡QUE NO VENGA UN LADRÓN!

Proteja su casa contra la invasión de esos "huéspedes" indeseados tomando algunas medidas preventivas. Por ejemplo:

• _____ rejas° en las ventanas si vive en un piso bajo.

• No _____ las llaves de la casa en lugares tan fáciles de descubrir como tiestos° o alfombritas fuera de la puerta de entrada. Es preferible que cada miembro de la familia tenga sus propias llaves.

• _____ siempre antes de salir de casa que tanto la ventanas como las puertas quedan bien cerradas.

• Si va a estar muchos días fuera de casa _____ el teléfono o _____ el timbre a un tono bajo, de manera que nadie pueda oír desde afuera que suena sin que lo contesten.

• Nunca _____ identificaciones de ninguna clase en las llaves de la casa (solamente conseguiría hacerle el "trabajo" más fácil a los ladrones si llegan a perdérselas).

• _____ una luz en la parte de afuera de la casa.

• Si habla con personas extrañas nunca _____ sus horas de entrada o de salida ni mucho menos _____ planes de vacaciones o de viajes.

bars

flower pots

F. Malas consecuencias. Una señora decidió no tomar las precauciones del artículo anterior. Cambie Ud. los verbos entre paréntesis al pretérito. Luego diga qué puede resultar como consecuencia de su negligencia.

MODELO   No (instalar) _____ rejas en las ventanas del primer piso.
         No instaló rejas en las ventanas del primer piso.
         Entonces, es posible que un ladrón entre fácilmente por una de esas ventanas.

1. (Esconder) _____ las llaves de la casa debajo de la alfombrita de la puerta de entrada.

2. No (cerrar) _____ bien las ventanas y las puertas antes de salir.

3. (Irse) _____ de vacaciones y no (bajar) _____ el timbre del teléfono.

4. (Poner) _____ una tarjeta de identificación en las llaves de la casa. Poco después (perder) _____ las llaves en el supermercado.

5. Nunca (encender) _____ luces en la parte afuera de la casa. Está siempre muy oscuro.

6. Un día, mientras caminaba por la vecindad, (conocer) _____ a un vecino nuevo. Le (decir) _____ que iba de vacaciones la próxima semana.

GRAMÁTICA

Negative Words and Expressions (Palabras y expresiones negativas)

FORM

personal [a]

AFFIRMATIVE	NEGATIVE
sí *yes*	no *no*
algo *something*	nada *nothing*
alguien *someone*	[a] nadie *no one*
algún, alguno(a, os, as) *some, someone*	ningún, ninguno(a, os, as) *none, no one*
de algún modo *somehow*	de ningún modo *by no means*
de alguna manera *some way*	de ninguna manera *no way*
alguna vez *sometime, ever* siempre *always*	nunca, jamás *never*
(o)... o *(either) . . . or*	(ni)... ni *(neither) . . . nor*
también *also*	tampoco *neither, not either*

OTHER NEGATIVE EXPRESSIONS

ahora no *not now*	ni yo tampoco *nor I, neither do I*
más que nada (nadie, nunca) *more than anything (anyone, ever)*	nunca jamás *never ever*
	todavía no *not yet*
ni siquiera *not even*	ya no *no longer*

USE

1. The simplest way to negate a sentence is by placing the word **no** before the verb or its preceding object pronouns.

Yo no me enteré del robo.   *I didn't find out about the robbery.*

2. Other negative words can either be placed before the verb or can follow it when **no** or another negative word precedes the verb.

Un buen criminal no deja
   huellas nunca.   *A good criminal never leaves traces.*
Un buen criminal nunca
   deja huellas.

3. In Spanish, multiple negative words in the same sentence are common.

Yo no veo nunca a nadie tampoco.   *I don't ever (never) see anyone either.*

4. When **nadie** and **ninguno** (referring to a person) are used as direct objects, the personal **a** is required.

¿Entrevistaste a alguno de los abogados?   *Did you interview one of the lawyers?*
No, a ninguno.   *No, none.*
No visité a nadie hoy.   *I didn't visit anyone today.*

5. Ninguno(a) is generally used in the singular.[1]

¿Tienes algunas pistas?   *Do you have any clues?*
No, no tengo ninguna.   *No, none.*
      (not one clue)

6. Nunca and **jamás** both mean *never*. **Jamás** can also mean *ever* in a question that anticipates a negative response. **Alguna vez** is used to mean *ever* in a question when no particular response is anticipated.

¿Jamás has comido carne de elefante?   *Have you ever eaten elephant meat?*
No, nunca.   *No, never.*
¿Alguna vez has estado en Nueva York?   *Have you ever been to New York?*

7. Algo and **nada** may also be used as adverbs.   *(somewhat,   not at all) – how much of
a quality*

Este artículo no es nada interesante.   *This article isn't at all interesting.*   *modify verb*
Esto es algo raro.   *This is somewhat strange.*   *adjective*
      adverb

---

[1] **Exception:** Use the plural only when the noun it modifies exists only in the plural. **No hay ningunas tijeras en el cajón.** *There are no scissors in the drawer.*   *, pliers, pants*

8. Some negative words can be used alone as complete answers to questions.

El reportero no llegó a tiempo.   *The reporter didn't arrive on time.*
¿Y el fotógrafo?   *And the photographer?*
Tampoco.   *He didn't either.*
¿Quieres preguntarle algo?   *Do you want to ask him something?*
No, nada.   *No, nothing.*

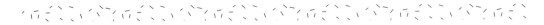

PRÁCTICA

A. La falsa alarma. Cambie Ud. las frases del afirmativo al negativo.

1. Hubo un incendio anoche en la Plaza Mayor.
2. Llegaron algunos bomberos en seguida.
3. Pero pasó algo muy raro.
4. Había alguien en la calle señalando a un joven.
5. La alarma era falsa.
6. Los bomberos y los policías estaban enojados.

B. Preguntas y más preguntas. La hermanita de Violeta es muy preguntona. Conteste Ud. las preguntas en el negativo.

1. ¿Anoche te llamó alguien por teléfono?
2. ¿Algún día me llevarás a una fiesta?
3. ¿Compraste algo para mí?
4. ¿Siempre usas mucho perfume?
5. ¿Vamos tú y yo al parque o a la piscina?
6. ¿Hay algún programa interesante en la televisión?
7. ¿Vas a salir con algunos amigos esta noche?
8. ¿Contestarás algunas de mis preguntas?

C. ¡Qué miedo! Pedro acaba de ver una película de terror y ahora tiene miedo de todo. Tranquilícelo según el modelo.

> **MODELO** alguien / a la puerta
> Hay alguien a la puerta.
> No te preocupes. No hay nadie a la puerta.

1. algo / en el armario
2. una rata / debajo de mi cama
3. una bomba / en la maleta
4. alguien / en mi cuarto
5. unos fantasmas / en el desván
6. un ruido / en el sótano

D. **Todo le fue mal.** Concha pasó un día estupendo mientras que su amiga Carmen lo pasó fatal. Siga Ud. el modelo.

MODELO   **Concha**   Todas mis clases me fascinaron hoy.
         Carmen   Ninguna de mis clases me fascinó hoy.

1. Algunos de mis amigos me invitaron a un concierto esta noche.
2. Mi abuelo me mandó algo para mi cumpleaños.
3. Conocí a alguien muy interesante en mi clase de periodismo.
4. Hoy nadie me molestó en la biblioteca.
5. El cartero me trajo algunas cartas.
6. Papá escribe que algún día iremos juntos a Europa.
7. ¡Qué bien! Siempre hay sol cuando quiero jugar al tenis.
8. No le debo ningún dinero a nadie.

E. **Perspectivas.** Alicia y Susana son amigas, pero son muy diferentes. La una es muy optimista, mientras que la otra es muy pesimista. Termine Ud. las frases de una manera original, desde la perspectiva de cada chica.

1. Yo siempre...   Yo nunca...
2. Algún día...   Jamás...
3. Alguien...   Nadie...
4. De alguna manera... De ningún modo...
5. Algunos...   Ninguno... *de estudiantes*
                                    singular

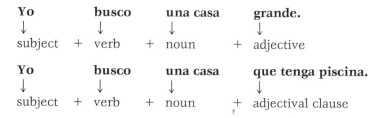

The Use of the Subjunctive in Adjectival Clauses (El uso del subjuntivo en cláusulas adjetivales)

An adjectival clause modifies a noun in the main clause. It is generally introduced by the conjunction **que**

Yo	**busco**	**una casa**	**grande.**
↓	↓	↓	↓
subject	+ verb	+ noun	+ adjective

Yo	**busco**	**una casa**	**que tenga piscina.**
↓	↓	↓	↓
subject	+ verb	+ noun	+ adjectival clause

The subjunctive is used in the adjectival clause when the following conditions are present:

1. The antecedent is unknown or indefinite.

Quiero leer una revista que tenga artículos sobre Centroamérica.

I want to read a magazine that has articles about Central America. (I'm not sure it exists.)

Quiero leer la revista que tiene los artículos sobre Centroamérica.

I want to read the magazine that has the articles about Central America.

¿Hay alguna revista que tenga artículos sobre Centroamérica?

Is there a magazine that has articles about Central America? (I'm not sure it exists.)

Compré una revista que tiene artículos sobre Centroamérica.

I bought a magazine that has articles about Central America. (I'm sure it exists.)

2. The antecedent is negative.

No conozco a nadie[2] que sepa resolver las crisis terroristas.

I don't know anyone who knows how to solve terrorist crises.

Conozco a alguien[2] que sabe resolver las crisis terroristas.

I know someone who knows how to solve terrorist crises.

3. The antecedent is a superlative expressing an opinion that can not be verified.

Éste es el peor artículo que él haya escrito.

This is the worst article that he has written.

José es el chico más alto que ha venido a la reunión.

José is the tallest boy who has come to the meeting.

---

[2] Note the use of the personal **a** with the pronouns **nadie** and **alguien**.

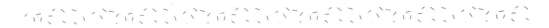

PRÁCTICA

A. El policía del mes. Para saber quién ganó este honor, llene Ud. el espacio con la forma correcta del verbo en el indicativo o el subjuntivo.

1. El Departamento de Policía busca un agente que (ser) _____ muy valiente.

2. Quieren nombrar un individuo que más (merecer) _____ este honor.

3. Necesitan encontrar una persona que (poder) _pueda_ representar al Departamento
por su honradez y valentía.

4. ¿Hay un agente que (cumplir) _cumpla_ con estos requisitos?

5. Acaban de anunciar el nombre del individuo que (ir) _va_ a recibir este honor.

6. Nombraron a Silvia Ramos, la agente que (poner) _pone_ en riesgo (*risk*) su vida todos los días para proteger a los ciudadanos.

B. **¿Qué quieren estas personas?** Mire Ud. los dibujos y diga lo que quieren las personas.

MODELO   ¿Qué necesita la familia Mendoza?
La familia Mendoza necesita una casa que sea más grande... que tenga
cinco dormitorios, etc.

1. ¿Qué busca Ramón?   **2.** ¿Qué prefiere esta pareja?

3. ¿Qué le interesa a Susana?

4. ¿Qué quiere la señora?

C. No, en absoluto. Conteste Ud. las siguientes preguntas en el negativo.

1. ¿Hay alguna revista que no le interese a Ud.?
2. ¿Conoce Ud. a algún locutor que hable lento?
3. ¿Hay alguien que no mire el noticiero cada noche?
4. ¿Quiere Ud. leer un periódico que publique sólo las noticias locales?
5. ¿Busca Ud. la sección que contenga la cartelera?
6. ¿Quiere Ud. encontrar una cadena de televisión que presente sólo programas de deportes?

D. ¡Qué va! A veces sospechamos que las noticias son exageradas. Siga Ud. el modelo.

> **MODELO** casa / tener 75 habitaciones
> La casa tenía 75 habitaciones.
> ¡Qué va! No hay ninguna casa que tenga 75 habitaciones.

1. presidente / hablar 19 idiomas
2. hotel / tener 200 pisos
3. hombre / pesar 400 kilos
4. avión / volar a 2.000 millas por hora
5. perro / saber contar
6. gente / comer hormigas
7. mujer / vivir en el Polo Norte
8. niño / ser alcalde

E. **La consultante.** ¿Busca Ud. algún servicio o información especial? Escríbale a Alicia y ella lo (la) ayudará. Forme Ud. oraciones según el modelo. Luego, conteste usando expresiones como **recomiendo que, sugiero que** o **aconsejo que.**

MODELO   mis padres buscan un piso / estar en un vecindario seguro
Mis padres buscan un piso que esté en un vecindario seguro.
Yo les sugiero a sus padres que vivan en la calle Sol.

1. me interesa comprar una computadora / enseñar lenguas extranjeras
2. ¿hay alguna inversión (*investment*) / ser segura y próspera?
3. quiero hablar con un político / apoyar el control de las armas
4. ¿dónde hay una biblioteca / tener libros en francés?
5. Juan y yo queremos comprar un coche / gastar poca gasolina
6. deseo un empleo con el gobierno / ofrecer buenas oportunidades
7. necesito una casa en la playa / no costar un ojo de la cara
8. mi tío busca un médico / saber mucho de las enfermedades exóticas

F. **Para terminar.** Termine Ud. cada frase de una manera original.

There is - indicative/Neg. -   to whom the dogs are pleasing
habla / hablé   subj   a le gustan

1. ¿Hay alguien aquí que...
2. Vamos al club que... tiene   y No - ninga
3. No conozco a nadie que...
4. Buscamos una agencia de viajes que...
5. Prefiero ir a una playa que...
6. Hay alguien aquí que...
7. ¿Dónde está el museo que...
8. Necesitamos una casa que...
9. Tengo un profesor que...
10. Mis padres conocen a un hombre que...

PALABRAS PROBLEMÁTICAS

Estudie Ud. las palabras siguientes. Son palabras que los estudiantes norteamericanos de español suelen confundir.

1. **el juego**   *play, amusement, game, diversion*
   la partida   *set (tennis)*
   el partido   *game (match), contest*

Me gusta el juego de damas.   *I like the game of checkers.*
Perdí dos partidas de tenis.   *I lost two sets of tennis.*

No pudo asistir al <u>partido</u> de fútbol ayer.

He couldn't attend the football game yesterday.

2. el ambiente   *atmosphere (mood, ambience), surroundings*
la atmósfera   *atmosphere (air)*

El restaurante italiano tiene un <u>ambiente</u> muy romántico.

The Italian restaurant has a romantic atmosphere.

La <u>atmósfera</u> está muy contaminada.

The atmosphere is very polluted.

3. emocional, emotivo   *emotional*
emocionante   *thrilling, exciting, moving*
entusiasmado con   *excited by, enthusiastic about*
excitado   *stirred up, stimulated, roused*

La derrota de nuestro equipo fue muy <u>emocional</u>.

The defeat of our team was very emotional.

La regata fue <u>emocionante</u>.

The boat race was exciting.

Estoy muy <u>entusiasmado</u> con el juego de bolos. Juego cada semana.

I'm very enthusiastic about bowling. I play every week.

El viejo está demasiado <u>excitado</u>. Debe calmarse.

The old man is too stirred up. He should calm himself.

4. a solas   *alone, unaided*
solo *(adjetivo)*   *alone, single, only, lonely*
sólo (solamente) *(adverbio)*   *only, solely, merely*

¿Hay alguien en casa o está a <u>solas</u>?

Is anyone home, or are you alone?

No se puede jugar al vólibol <u>solo</u>.

One can not play volleyball alone.

El atleta ganó <u>sólo</u> (solamente) la primera carrera.

The athlete won only the first race.

5. pedir   *to ask for (an object or action)*
preguntar   *to ask a question, solicit information*

El criminal <u>pide</u> que el juez lo perdone.

The criminal asks that the judge pardon him.

El abogado le <u>preguntó</u> al acusado dónde estaba anoche.

The lawyer asked the accused where he was last night.

PRÁCTICA

Escoja Ud. la palabra apropiada según el contexto.

1. Sus padres se fueron a Francia por dos semanas y por eso Javier se quedó (solo, sólo).
2. Quedan (a solas, solamente) dos jugadores en las bases.
3. Yo te (pido, pregunto) que no pesques en este lago.
4. José me (pidió, preguntó) si leí el periódico hoy.
5. ¿Les gustaría participar en los (Partidos, Juegos) Olímpicos algún día?
6. El (partido, juego) de básquetbol terminó a las seis.
7. No estoy muy (entusiasmado, emocionante) con la lucha libre. Es aburrida.
8. Fue (emocionante, excitado) cuando Sara ganó su primera partida.
9. Estaba tan oscuro en el club que había (una atmósfera, un ambiente) muy misterioso(a).

Y EN RESUMEN...

A. ¿Qué pasa en el mundo de la música rock? Estos artículos aparecieron en la cartelera del periódico. Escoja Ud. la palabra correcta o use la forma correcta del verbo entre paréntesis. Traduzca las palabras en inglés al español.

Sergio Dalma, (*whose*) _____ voz (le, se) _____ está gustando (a, _) _____ todo el mundo, sigue siendo muy popular. Su canción, «Esa chica es (*mine*) _____», lleva (un, una) _____ mes entre los diez «hits» que suenan en las radios españolas. Esperamos que (seguir) _____ así (por, para) _____ mucho tiempo.

Nombraron (a, _) _____ Madonna la (gran, grande) _____ reina de la música. (Es, Está) _____ una enorme artista capaz de hacer «shows» y de componer música. ¿Creen Uds. que ella (poder) _____ seguir el (mismo camino, camino mismo) _____ en el futuro?

No (es, hay) _____ compositor que (merecer) _____ más el título, «El Mozart de (*our*) _____ tiempo», que Paul McCartney. Paul es el artista que ha vendido más discos en todo el mundo. (*He will return*) _____ a la escena con sus (*tours*) _____ a Europa, EE.UU. y (por, para) _____ toda Sudamérica.

¿Necesita Ud. un libro que (dar) _____ un repaso de todos (las, los) _____ artistas más populares de hoy? Pues, (comprar) _____ Ud., *Un año de rock*, un libro imprescindible (*indispensable*) (por, para) _____ todos los que quieren (ser, estar) _____ al tanto de (*what*) _____ pasa en el mundo de la música rock.

B. Tú eres perfecto. *El pobre Juan necesita tener más confianza. Ayúdelo según el modelo.*

MODELO cantar «La bamba»
No hay nadie que cante «La bamba» mejor que tú.

1. leer en voz alta
2. hacer una cama
3. jugar a las damas
4. cocinar hamburguesas
5. saber hablar japonés
6. lanzar una pelota
7. pronosticar el tiempo
8. servir en tenis

C. Entrevista. *Rafaela se entrena para los Juegos Olímpicos. Un periodista le hace algunas preguntas. Forme Ud. frases según el modelo y termínelas de una manera original.*

MODELO ¿De qué tienen miedo sus padres? (yo / hacerse daño)
Mis padres tienen miedo de que me haga daño durante el entrenamiento.

1. ¿En qué insiste su entrenador? (nosotros / practicar)
2. ¿Qué cosa no se permite? (nosotros / llegar)
3. ¿De qué no está segura Ud.? (la vida de una atleta / ser)
4. ¿Qué está prohibido en el programa? (los participantes / tener)
5. ¿De qué se alegra su novio? (no haber)
6. ¿Qué quieren sus padres? (yo / divertirse)
7. ¿Qué quiere Ud.? (mi familia / estar)

D. Un reportaje de la policía. *Lea Ud. el siguiente reportaje y haga los ejercicios en la página 275.*

LADRÓN HERIDO

Dos desconocidos tocaron a la puerta de la residencia del 19315 N.W. 50 Court. Al no ser respondido su llamado, ambos sujetos empezaron a derribar la puerta a patadas. Mientras esto sucedía, el propietario de vivienda, identificado como Francisco Osorio, de 50 años, tomó un arma y cuando uno de los sujetos logró penetrar en el domicilio Osorio disparó, alcanzándolo en el hombro. Acto seguido, los presuntos asaltantes huyeron. Osorio no resultó herido y hasta el momento no hay información suficiente sobre los sujetos.

---

1. Busque Ud. en la lectura los sinónimos de las siguientes palabras.

ladrones   llamado   dueño   casa   destruir
escapar   entrar   pudo   pistola   pasaba

2. Escriba Ud. una conversación entre el señor Osorio, el policía y un testigo, cuya información es diferente de la información del señor Osorio.

3. Un hombre que lee el reportaje cree que la ley debe permitir que la gente tenga armas en la casa. Su esposa cree todo lo contrario. Con un(a) compañero(a), representen la conversación entre los dos.

E. Pronóstico para España. Refiriéndose al mapa, escriba Ud. el pronóstico meterológico para la Península. Describa también el terreno y la situación geográfica de algunas de las ciudades. ¿Adónde prefiere ir Ud.? ¿Por qué? Luego, conteste las preguntas que siguen.

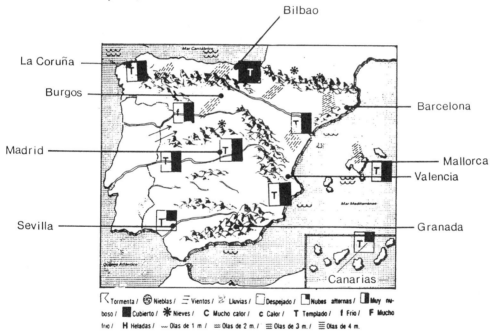

1. ¿Ha vivido Ud. en un clima tropical? ¿frío? ¿templado? ¿Cuál prefiere Ud.? ¿Por qué? ¿Qué lugar considera Ud. ideal por el clima?

2. Describa Ud. los efectos de los siguientes fenómenos naturales: una nevada, un huracán, un terremoto, una inundación, un tornado. ¿Qué lugares (países y regiones) asocia Ud. con cada uno? ¿Recuerda Ud. un hecho histórico que incluyó uno de estos desastres?

3. ¿Prefiere Ud. vivir en un sitio donde hay cambios de clima según la estación? ¿Por qué? ¿Cuáles son las ventajas y desventajas de vivir en una región donde no hay cambios de clima?

F. Una esquela de difunción. En la América Latina, cuando una persona muere es común que los amigos de la familia compren anuncios en los periódicos para expresar públicamente su pésame (*condolences*). Estos anuncios se llaman «esquelas». Lea Ud. la siguiente esquela y haga el ejercicio.

HA FALLECIDO
en esta capital la señora
Palmira Saviñón de Díaz
(Doña Mirita)

Su esposo: Manuel Emilio Díaz (Tote); sus hijos: Thelma, Olga, Marcos, Gladys, José, Francia, Ramona y Nixon Díaz Saviñón; sus hermanos: Pedro Tomás, Frank, Carmen y Rosa Saviñón; sobrinos: Zaida, Zareda y Freddy (Naño), y demás familiares, pasan por la honda pena de avisar su sentido fallecimiento acaecido ayer. Sus restos están siendo velados en la Funeraria La Altagracia, de la Avenida Bolívar, y recibirán cristiana sepultura hoy a las 10:00 de la mañana, en el Cementerio Nacional de la Avenida Máximo Gómez.

---

1. ¿Dónde y cuándo van a enterrarla?
2. ¿Qué otro nombre tiene la señora Saviñón de Díaz?
3. ¿Qué dice el anuncio de la familia de la señora?
4. ¿Qué es lo que se hace en este país para anunciar la muerte de una persona querida?

 G. «60 minutos». ¿Conoce Ud. este programa? Consiste en cuatro «minidocumentales» cada semana. Si Ud. fuera el (la) reportero(a), ¿qué investigaría Ud.? Escriba una descripción de cada segmento del programa.

60 MINUTOS
¡PERIODISMO DINÁMICO!
¡Eso es lo que tenemos para usted!
Una investigación profunda de los hechos que a todos interesan, tratados en forma veraz y objetiva.
A la manera de "60 MINUTOS"...
Periodismo de fondo en televisión
A las 11 de la noche.
23:00

¿Cómo ha cambiado la presentación de las noticias hoy día? ¿Qué piensa Ud. de la forma en que se presentan las noticias? Explique.

H. Conversemos. Conteste Ud. las preguntas siguientes.

1. ¿Es Ud. aficionado(a) a algún deporte? ¿Cuál? ¿Lo practica también? ¿Con qué frecuencia asiste Ud. a los partidos? ¿Con qué frecuencia los mira por televisión? ¿Por qué le gusta este deporte?
2. ¿Prefiere Ud. los deportes individuales o los deportes de equipo? ¿Por qué? ¿Cuáles son las ventajas de cada uno?
3. ¿Cuáles son los deportes más populares que se transmiten por televisión en los EE.UU.? ¿Cómo se explica su popularidad?
4. Hoy en día se da mucha importancia a la práctica de algún deporte. Explique. ¿Cuáles son algunas películas recientes o programas de televisión que reflejan este fenómeno?

I. Minidrama. En grupos, representen un noticiero «en vivo» (*live*). Incluyan lo siguiente.

1. el pronóstico meteorológico
2. los deportes
3. las noticias actuales
4. una crítica de alguna película u obra teatral
5. un reportaje para los consumidores

J. Composición. Escoja Ud. uno de los titulares siguientes y escriba un artículo apropiado, o puede escribir su propio titular también.

1. Protesta de los médicos
2. Jorge Avellaneda gana el maratón
3. En huelga de hambre en la prisión estatal
4. Reacciones a los ataques terroristas
5. Hombre condenado por asesinato de policía
6. A los ochenta y un años sigue trabajando en Hollywood

VIDEOCULTURA 5:
Hoy en las noticias

2:42:09-
2:46:43

LOS PELOTEROS CARIBEÑOS

Luis Mayoral de los Texas Rangers.

El béisbol es uno de los deportes más populares en el Caribe. Hay muchos pelo-teros famosos que juegan en las Ligas Mayores actualmente. Los hispanos tienen una larga historia jugando en las Grandes Ligas. Vamos a conocer a un pelotero del pasado y otro del presente. Haga las actividades preparativas, mire el video y haga las actividades que siguen.

Vocabulario útil

el enlace *liaison*
bautizar *to baptize*
superdotado *exceptionally gifted*

aguantar *to bear, endure*
recaudados *raised, collected*
estrellar *to explode, shatter*

Preparativos

¿Quiénes son algunos famosos peloteros hispanos? ¿Qué posición juegan?

Comprensión y discusión

A. ¿Quién es Luis Mayoral? Todas las frases sobre Luis contienen un error. Escuche el video con cuidado. Identifique el error y corríjalo.

1. Biógrafo de Jackie Robinson.
2. Enlace latinoamericano para los Medias rojas de Boston.
3. Fotógrafo de los juegos.
4. De la República Dominicana.
5. Periodista por trece años.

B. Un poco de historia. Escuche el video y llene el espacio con la palabra apropiada de la lista que sigue.

milla	avión	color	murió	Puerto Rico
rompió	terremotos	mundo	blancos	

El mejor béisbol del _____, Major League Baseball, era un juego esencial-

mente para _____ hasta que Jackie Robinson en 1947 _____ la barrera de

_____ .

Roberto Clemente _____ el 31 de diciembre del 62 cuando un _____ con

bienes para los damnificados de los _____ en Nicaragua se estrelló a una milla

al noreste de _____ .

C. Un pelotero del pasado y otro del presente. Conteste Ud. las preguntas.

Roberto Clemente

1. ¿Para qué equipos jugó?
2. ¿Por qué dice Luis que Clemente tuvo fuerza intestinal?
3. ¿Por qué sintió Roberto Clemente que él tuvo que ir a Nicaragua personalmente?
4. ¿En qué se debe basar el valor de él?

Juan González

1. ¿Para qué equipo juega?
2. ¿Cuál es su número?
3. ¿Quién es Luis Mayoral para Juan?
4. ¿Cómo se interesó en el béisbol?
5. ¿Qué consejo les da a los que quieren jugar al béisbol?
6. ¿Por qué dice Juan que el béisbol es un «quítate tú para ponerme yo»?

D. ¿Qué piensa Ud.? Conteste las siguientes preguntas.

1. ¿Hay un deporte nacional en los EE.UU.? ¿Cuál es o cuáles son? ¿Cuál es la importancia de los deportes para los espectadores?

2. ¿Debe un(a) atleta profesional servir como modelo para los jóvenes? ¿Por qué sí o no? ¿Tiene el (la) atleta el deber de llevar una vida ejemplar? Explique.

3. ¿Con qué países se asocian los siguientes deportes? ¿Por qué será?

    a. el tenis
    b. el esquí
    c. el fútbol
    d. la gimnástica
    e. el básquetbol

4. ¿Ha asistido Ud. a un partido de béisbol profesional alguna vez? ¿Le gustó? Describa la experiencia. ¿Tiene su ciudad un equipo de béisbol? ¿Cuál es? ¿Es Ud. aficionado(a)? ¿Por qué sí o no? ¿Qué comidas «tradicionales» se venden en los parques de béisbol?

EL GOLF: UNA ENTREVISTA CON CHI CHI RODRÍGUEZ

Chi Chi Rodríguez.

El golf no es un deporte en que todo el mundo puede participar fácilmente debido al costo tan alto del equipo y también de los clubes. Chi Chi Rodríguez quiere cambiar todo esto. Vamos a ver cuáles son sus ideas. Haga las actividades preparativas, mire el video y haga las actividades que siguen.

Vocabulario útil

el apodo *nickname*
el hoyo *hole*
el ejército *army*

la cancha *golf course*
punchar *(coll.) to strike out*

Preparativos

¿Juega Ud. al golf? ¿Es un deporte muy popular entre la gente joven? ¿Por qué sí o no? ¿Qué se necesita para poder jugarlo? ¿Qué deportes son más populares? ¿Qué deportes requieren muy poco equipo? ¿Qué cosas son necesarias?

Comprensión y discusión

A. La vida de Chi Chi. Escuche bien la entrevista con Chi Chi y conteste las preguntas.

1. ¿Cuál es el nombre completo de Chi Chi?
2. ¿Por qué lo llaman Chi Chi?
3. ¿Dónde se crió?
4. ¿Por qué fue a Arkansas?
5. ¿Qué piensa Chi Chi de Puerto Rico?
6. ¿Cómo empezó Chi Chi a participar en el golf?
7. ¿Cuánto dinero ganó él a los 19 años?

B. ¿Cierto o falso? Basándose en el video, diga si las frases son ciertas o falsas. Corrija las frases falsas.

1. Cuesta poco dinero jugar al golf.
2. Hay muchas canchas públicas en Puerto Rico.
3. Con la ayuda del gobernador de Puerto Rico, Chi Chi va a hacer una fundación para niños con problemas.
4. Los ricos y los pobres pueden jugar al béisbol.
5. Ud. puede jugar mal al béisbol y todavía ganar el partido.
6. Chi Chi está muy orgulloso de ser puertorriqueño.

C. Lo recordaremos. ¿Qué quiere Chi Chi que el mundo recuerde de él? ¿Qué quiere Ud. que el mundo recuerde de su vida? Con una pareja diga qué querrán las siguientes personas que el mundo recuerde de ellos.

1. el presidente de los EE.UU.
2. David Letterman
3. Jimmy Smits
4. Carlos Santana
5. su profesor(a) de español
6. otro

D. ¿Qué piensa Ud.? Conteste las siguientes preguntas.

1. ¿Qué piensa Ud. de Chi Chi? Después de verlo con sus aficionados, ¿a qué se debe su popularidad?
2. Chi Chi se dedica a ayudar a otros. ¿Qué otros atletas se dedican a los demás? ¿Qué hacen ellos?
3. ¿Cree Ud. que el golf es buen ejercicio? ¿Por qué? ¿Qué deportes ofrecen más ejercicio físico? Menos? Explique.
4. Hay gente que cree que el uso de la tierra para construir canchas de golf es un gasto y perjudica (*harms*) el medio ambiente. ¿Está Ud. de acuerdo? ¿Por qué sí o no?

El legado hispano en los Estados Unidos

Lección *16*

Herederos de la Raza

PARA COMENZAR...

1. Con la ayuda del vocabulario en las págs. 287-288, describa el dibujo.
2. ¿Cuáles son algunos lugares en los Estados Unidos que tienen nombres españoles? ¿En qué partes de los EE.UU. se ve más la influencia española? ¿Cómo se manifiesta esta influencia? Nombre Ud. algunas palabras inglesas de origen español.

3. ¿Qué significa «estereotipar»? ¿Por qué puede ser peligroso? ¿Existe un estereotipo del mexicano? ¿del mexicanoamericano? ¿Cuál es? ¿Cuál ha sido el papel de la televisión en la formación de estos estereotipos? Explique.

 ## Herederos de la Raza

En las siguientes entrevistas, algunos mexicanoamericanos hablan de su historia y cultura.

RAÚL: Yo me considero americano de ascendencia mexicana. Otros usan la palabra «chicano». Para mí el término tiene un tono político y muestra una decisión consciente de exponer esa política.

MARÍA: Soy mexicanoamericana, o sea, ciudadana estadounidense pero de origen mexicano. Es irónico que muchos nos consideren extranjeros cuando, en realidad, muchos de nosotros llevamos más tiempo en este país que los americanos de otros orígenes. No elegimos ser parte de los EE.UU. sino que fuimos incorporados por fuerza — como resultado de una guerra entre México y los EE.UU. Decimos Aztlán para referirnos al suroeste de los EE.UU. Según una leyenda, Aztlán era el lugar donde se originó la tribu azteca. Pues, Tejas, Nuevo México, Arizona, el sur de California y parte de Colorado y Nevada eran una parte de México hasta fines de la guerra entre México y los EE.UU. Por medio del Tratado de Guadalupe Hidalgo en 1848, ese territorio pasó a ser parte de los EE.UU.

PABLO: Estamos muy orgullosos de nuestra herencia india. De los muchos pueblos° indios que habitaban la región de México y partes de Centroamérica, los más conocidos eran los mayas y los aztecas. Los antiguos mayas se destacaron° por sus descubrimientos astronómicos, por su sistema de números y de escritura, y por su religión compleja, que incluía a muchos dioses diferentes, tanto buenos como malos. Los aztecas eran conocidos por su deseo de conquistar a todos los otros pueblos del centro de México. El sacrificio humano era una práctica común entre ellos, y es quizás por eso que luchaban tanto — para conseguir sangre para alimentar a sus dioses. Moctezuma fue el gran emperador azteca que reinaba al llegar Cortés. Vivía en la ciudad de Tenochtitlán, rodeado de lujo y esplendor.

peoples

stood out

MARTA: Hoy día, la vida de muchos mexicanoamericanos en el suroeste no es fácil. Hay muchos que son obreros migratorios o braceros. Las familias tienen que mudarse dos o tres veces al año, según dónde haya trabajo. De niña, asistía a una escuela por sólo tres meses seguidos, porque siempre teníamos que mudarnos al terminar la cosecha. No podía hacer amistades o recibir una buena educación. Además, me da mucha pena la imagen que nos ha dado la televisión norteamericana — la del bandido con poncho, bigote y pistolas. No es justo.

RAÚL: Estoy muy orgulloso de mi raza y de los avances que hemos hecho en el campo político. Para nombrar sólo a algunos, tenemos al congresista Edward R. Roybal; a Catalina Vásquez Villalpando, quien es la tesorera de los Estados Unidos; a Javier Suárez, el alcalde de Miami y a Federico Peña, el Secretario del Departamento de Transportación. Hemos superado muchas dificultades y, por lo tanto, perduraremos.

CONVERSEMOS

Refiriéndose a la lectura anterior, conteste Ud. las preguntas.

1. Explique Ud. cómo llegaron a ser parte de este país Tejas, Arizona y Nuevo México. ¿Qué otros territorios pertenecían a México? ¿Qué sabe Ud. de Aztlán? ¿las antiguas tribus indígenas de México? ¿Moctezuma? ¿Por qué es difícil para muchos mexicanoamericanos vivir en el suroeste de este país? Nombre Ud. a unos hispanos famosos en los EE.UU.
2. ¿Conoce Ud. a alguien de ascendencia mexicana? ¿Mantiene esa persona sus tradiciones étnicas? ¿Cómo?
3. Mencione Ud. cinco hechos interesantes sobre la cultura de los antepasados de Ud. ¿Cuáles son cinco costumbres o tradiciones que sus antepasados han contribuido a la cultura norteamericana?

VOCABULARIO

SUSTANTIVOS

la alcachofa   *artichoke*
la arquitectura   *architecture*
el betabel   *beet (Mexico)*
el boicoteo   *boycott*
el bracero   *day laborer*

el (la) campesino(a)   *farmer, peasant*
el (la) chicano(a)   *Chicano*
el ciclo   *cycle*
la cosecha   *crop*
la década   *decade*
el (la) emigrante   *emigrant*

el frijol   *bean*
el (la) heredero(a)   *heir(ess)*
la herencia   *heritage, inheritance*
el (la) hispano(a)   *Hispanic*
el (la) inmigrante   *immigrant*
la mayoría   *majority*
la minoría   *minority*
el (la) mestizo(a)   *person of mixed Indian and European ancestry*
la mezcla   *mixture*
el (la) mulato(a)   *person of mixed African and European ancestry*
el patrón (la patrona)   *boss*
el pepino   *cucumber*
el porcentaje   *percentage*
el prejuicio   *prejudice*
los rasgos   *features*
la Raza   *commonly used to refer to Mexican-Americans*
el (la) refugiado(a)   *refugee*
el tratado   *treaty*

VERBOS
anexar   *to annex*
asimilarse   *to assimilate*

aumentar   *to increase*
compartir   *to share*
cosechar   *to harvest*
discriminar   *to discriminate*
emigrar   *to emigrate, migrate*
estereotipar   *to stereotype*
heredar   *to inherit*
inmigrar   *to immigrate*
mezclar   *to mix, combine*
mudarse   *to move*
pertenecer   *to belong, pertain to*
resistir(se)   *to resist*
sembrar (ie)   *to sow*
tener prejuicios   *to be prejudiced*

ADJETIVOS Y EXPRESIONES
de habla española   *Spanish-speaking*
hispánico (hispano)   *Hispanic*
ilegal   *illegal*

¡QUE LO PASES BIEN!
(Refiérase a las págs. 300-301.)

REPASEMOS EL VOCABULARIO

A. ¿Cuál no pertenece? Subraye Ud. la palabra que no está relacionada con las otras y explique por qué.

1. mestizo	mulato	hispano	bracero
2. pepino	betabel	cosecha	alcachofa
3. patrón	boicoteo	inmigrante	refugiado
4. Tejas	la Florida	California	Nuevo México
5. pertenecer	discriminar	estereotipar	tener prejuicios

B. Antónimos. Dé Ud. el antónimo de las siguientes palabras.

1. mayoría   4. sembrar
2. legal   5. reducir
3. emigrante

C. **Sinónimos.** Sustituya Ud. un sinónimo por las palabras subrayadas. Use Ud. las formas y los tiempos apropiados de las palabras y haga los cambios necesarios.

1. Mucha gente de ascendencia española se ha asimilado a nuestra cultura.
2. En los últimos diez años, muchos mexicanoamericanos han llegado a ocupar puestos importantes en el gobierno de este país.
3. Es necesario luchar contra los estereotipos de los hispanos que existen en nuestra sociedad.
4. Antes de 1845, Tejas formaba parte de México.
5. ¿Qué otras tierras fueron unidas a este país después de la guerra con México?
6. Los braceros mexicanos tenían que cambiarse de lugar cada tres meses.
7. Los jefes han explotado mucho a los campesinos mexicanos.
8. La comida «tex-mex» combina los sabores mexicanos con los platos típicos de la frontera.

D. **Definiciones.** En sus propias palabras, explique el significado de las siguientes palabras.

1. boicoteo
2. bracero
3. inmigrar
4. patrón
5. refugiado

E. **¿Sabía Ud. que... ?** Complete Ud. las frases con la palabra apropiada de la lista de vocabulario. Luego, conteste las preguntas.

1. La _____ mexicana se siente mucho en el suroeste de los Estados Unidos.
¿Qué nombres de estados o ciudades reflejan la influencia hispana en esta región?

2. Además de la comida, la lengua y las tradiciones, la _____ también muestra la influencia hispánica en el suroeste.
¿Cómo son las casas, los edificios y otras estructuras que se construyen al estilo hispánico?

3. Además de la tortilla de maíz, el _____ forma la base de la comida mexicana.
¿Qué alimento(s) forma(n) la base de la comida española? ¿italiana? ¿estadounidense?

4. El _____, por su color rojo, es un ingrediente principal en un plato mexicano que se llama «ensalada de Nochebuena».
¿Qué platos mexicanos ha probado Ud.? Descríbalos.

5. «Mestizo» es el resultado de la _____ de la tradición española con la indígena.
¿Qué significa «mulato»? Explique Ud. en sus propias palabras.

6. El Instituto Smithsoniano ofrece maravillosos programas y exhibiciones sobre la cultura _____.
¿Qué aspectos de la vida en los países de habla española le interesan a Ud.? ¿Por qué?

F. La lengua de mi generación. ¿Cuáles son algunas palabras que se asocian con la cultura de Ud.? ¿Por qué?

G. El taco. Para saber cómo comer un taco, cambie Ud. los verbos entre paréntesis al mandato formal (Ud.) Luego, busque el dibujo que mejor corresponda a cada descripción.

La etiqueta del taco

El arte de comer tacos es tan importante como el de hacerlos. Evite que se desarmen, y que las manchas le arruinen esta deliciosa experiencia

por Regina Córdova

1. (Extender) bien la tortilla sobre la mano izquierda.
2. (Asegurarse) de que el lado más delgado de la tortilla está para arriba.
3. (Distribuir) bien el relleno con la mano derecha, sin llenarla demasiado.
4. (Doblar) primero el borde derecho por el medio y sobrepóngale el izquierdo.
5. (Tomar) el taco entre los dedos y elévelo un poco para que no se salga la salsa.
6. (Inclinarse) hacia adelante, extendiendo la mano más allá de los hombros.

GRAMÁTICA

The Perfect Tenses (Los tiempos perfectos)

FORM

The perfect tenses consist of a form of the verb **haber** (*to have*) + the past participle. **Haber** is used as an auxiliary verb and means *to have* in the context of *having done something*. It can not be used to replace **tener**.

1. The forms of **haber** corresponding to each perfect tense are as follows:

Present perfect (have)		Past perfect[1] (had)		Future perfect (will have)	
he	hemos	había	habíamos	habré	habremos
has	habéis	habías	habíais	habrás	habréis
ha	han	había	habían	habrá	habrán

Conditional perfect (would have)		Present perfect subjunctive (have)		Past perfect subjunctive (had)	
habría	habríamos	haya	hayamos	hubiera	hubiéramos
habrías	habríais	hayas	hayáis	hubieras	hubierais
habría	habrían	haya	hayan	hubiera	hubieran

negative — non-existant antecedent

2. The past participle of regular verbs is formed by removing the infinitive endings (**-ar, -er, -ir**) and adding **-ado** to **-ar** verbs and **-ido** to **-er** and **-ir** verbs.

habl**ado**   comprend**ido**   recib**ido**
(spoken)   *(understood)*   *(received)*

3. Some common verbs with irregular past participles are:

abrir — **abierto**
(com)poner — **(com)puesto**
decir — **dicho**
(d)escribir — **(d)escrito**
to cover (des)cubrir — **(des)cubierto**
(de)volver — **(de)vuelto**

hacer — **hecho**
morir — **muerto**
resolver — **resuelto**
romper — **roto**
ver — **visto**

---

[1] The preterite perfect tense (**hube, hubiste, hubo, hubimos, hubisteis, hubieron**) is mainly a literary tense and is rarely used in spoken Spanish.

4. The past participles of **-er** and **-ir** verbs whose stem ends in **a**, **e**, or **o** have a written <u>accent</u> over the **i**.

   ca(er) — **caído**   cre(er) — **creído**   o(ír) — **oído**

5. When used in a perfect tense, the past participle never changes, regardless of the number or gender of the subject.

   José ya ha llegado a Los Ángeles.   *José has already arrived in Los Angeles.*
   Sus hermanas han venido con él.   *His sisters have come with him.*

6. Object and reflexive <u>pronouns</u> are always placed before the conjugated form of **haber**.

   Pablo no me ha escrito todavía.   *Pablo has not written to me yet.*

USE

1. The <u>present perfect</u> tense is used to describe a <u>recently completed action</u> or event that is seen as still <u>affecting the present</u>.[2]

   ¿Has sembrado el jardín? Sí, sólo falta   *Have you planted the garden? Yes, it only*
     regar.   *needs watering.*

do you need a hint in some portion?

2. The <u>past perfect tense</u> is used to describe an action that <u>was completed before an-</u><u>other past action</u>. Expressions such as **ya**, **antes**, **nunca**, and **todavía** often indicate that an action was completed prior to others.   *still, yet, even*

   Cuando llegaron los españoles, los azte-   *When the Spaniards arrived, the Aztecs*
     cas ya habían establecido una   *had already <u>established</u> an advanced*
     civilización avanzada.   <u>civilization</u>.

3. The <u>future</u> and <u>conditional perfect</u> tenses are used to describe <u>what will</u> and <u>would</u> <u>have happened</u>. They may also be used to <u>express probability</u> like their corresponding simple tenses.

   Habrá leído el artículo sobre los mayas.   *He <u>will have read</u> (has probably read) the*
                                                    article on the Mayans.
   ¿Habría hecho Marta lo mismo?   <u>*Would Marta have done*</u> *(Do you think*
                                                    Marta had done) the same?

---

[2] In Spain, this tense is often used as a substitute for the preterite.

Do past participles - stem change?

PRÁCTICA

PRESENT PERFECT

A. Los recién llegados. Una familia inmigrante acaba de llegar a Los Ángeles y Ud. quiere ayudarla. Con un(a) compañero(a), hagan los dos papeles, según el modelo.

MODELO   comprar una casa
—¿Necesitan Uds. comprar una casa?
—Ya hemos comprado una casa.

1. conseguir un trabajo (i)
2. encontrar un coche (ue)
3. ver un mapa de L.A.
4. repasar una lista de tiendas cercanas

5. conocer a sus vecinos
6. visitar la Oficina de Inmigración
7. ir al consultorio del médico
8. matricular a los niños en la escuela

B. ¿Alguna vez? Pregúntele a un(a) compañero(a) de clase si alguna vez ha hecho las siguientes cosas. Él (Ella) le va a contestar.

MODELO   tener el pelo largo
¿Alguna vez has tenido el pelo largo?

1. comer una alcachofa
2. escribirle una carta al presidente
3. participar en un boicoteo
4. oír hablar de César Chávez
5. estar en la cárcel
6. ver la película *Viva Zapata*
7. perder la libertad
8. sentir la discriminación

C. En la oficina de inmigración. El señor Rivera acaba de llegar a los EE.UU. y necesita visitar la oficina de inmigración. Siga Ud. el modelo.

MODELO   Dígame su nombre, por favor.
Ya se lo he dicho.

1. Déme su carnet de identidad.
2. Llene Ud. el formulario.
3. Escriba los nombres de sus dependientes.
4. Incluya los nombres de sus padres.
5. Mencione su dirección previa.
6. Ponga todos los papeles en un sobre.

PAST PERFECT

D. Organizándose. Cuando uno es nuevo en la vecindad, siempre hay mucho que hacer. Siga Ud. el modelo.

> **MODELO** Eché la carta que mi hermana / escribir
> Eché la carta que mi hermana había escrito.

1. Papá llevó las cajas que mamá / empaquetar
2. Pedimos el nombre del restaurante que el vecino / sugerir
3. Comimos el plato que mis abuelos / preparar
4. Lavamos el suelo que nosotros / ensuciar
5. Mi hermano arregló los platos que papá / romper
6. Sofía buscó el azúcar que mamá / devolver

E. ¿Todavía? Enrique va a pasar el mes de mayo en México y en la América Central. Con un(a) compañero(a), sigan Uds. el modelo.

FUTURE

> **MODELO** hacer un viaje a la América Central
> —¿Has hecho un viaje a la América Central?
> —No, pero lo habré hecho para junio.

1. visitar las pirámides mayas
2. ver las ruinas aztecas
3. viajar por Honduras
4. nadar en el Mar Caribe
5. quedarse una noche en Panamá
6. familiarizarse con la cultura
7. probar la comida indígena
8. investigar las costumbres mexicanas

F. Una llamada de larga distancia. Guillermo es de México pero va a vivir con su primo en Tejas. Su padre lo llama por teléfono y le pregunta lo siguiente. ¿Qué le contesta?

CONDITIONAL WOULD HAVE DONE, WOULD HAVE HAPPENED

> **MODELO** ¿No llamaste a Juanita?
> Yo la habría llamado pero perdí su número de teléfono.

1. ¿No encontraste trabajo?
2. ¿No visitaste a los Gómez?
3. ¿No depositaste dinero en el banco?
4. ¿No le escribiste a tu mamá?
5. ¿No me enviaste las revistas?
6. ¿No renovaste el visado?

Lección *17*

De donde crece la palma

PARA COMENZAR...

1. Con la ayuda del vocabulario en las págs. 306-307, describa lo que pasa en este dibujo.
2. ¿Hay una comunidad cubana en su ciudad? Descríbala. ¿Es grande o pequeña? ¿Ha visitado Ud. alguna vez la «Pequeña Habana» en Miami? ¿Cómo

es? ¿Cuáles son algunas de las contribuciones que han hecho los cubanos a la cultura norteamericana?

3. ¿Ha probado Ud. alguna vez la comida cubana? ¿En qué consiste? ¿Cuáles son algunos productos que Ud. asocia con Cuba?

4. ¿Quiénes son algunos famosos cubanos o cubanoamericanos? ¿Por qué son conocidos?

 ## De donde crece la palma

Aquí hablan los cubanoamericanos. Los siguientes entrevistados dicen lo que ellos quieren que se sepa sobre la Cuba de entonces y la de ahora.

JOSÉ: Cuba es una isla semitropical con una población de unos 10,5 millones de habitantes. Poco después de llegar Colón, la población indígena (taína y ciboneya) fue desapareciendo por el maltrato, el abuso y la explotación de parte de los colonizadores. Por eso no se ve una marcada influencia india. Es más bien una combinación del africano, traído a la isla como esclavo en el siglo XVI, y el español.

RAÚL: José Martí es nuestro héroe nacional, por haber luchado tan valientemente contra los españoles por la independencia y la dignidad de Cuba.

ANA: En 1898, como resultado de la explosión del buque° norte-americano *Maine* en Cuba, se inició la Guerra Hispanoamericana entre España y los EE.UU. y Cuba pasó a manos norteamericanas. Poco más tarde, consiguió la autonomía. En 1952, Fulgencio Batista dio un golpe de estado y se proclamó dictador. Destruyó nuestro gobierno constitucional y lo reemplazó con uno de censura, represión y corrupción.

ship

RAÚL: En 1953, un joven abogado cubano, Fidel Castro Ruz, organizó un ataque contra el régimen de Batista pero su misión fracasó. Sin embargo, había plantado las primeras semillas de revolución en la conciencia del pueblo. En 1958, a pesar de la represión política, Cuba era económicamente fuerte — siendo el segundo país más desarrollado de Latinoamérica, después de Argentina. En 1959 triunfó Fidel y había esperanzas para una Cuba nueva y libre. Es interesante que en ese mismo año Fidel se proclamara anticomunista. Un año más tarde empieza a establecer fuertes lazos con la Unión Soviética. El año siguiente (1961) los EE.UU. rompe relaciones con Cuba.

TOMÁS: El lema del régimen de Fidel es «Dentro de la revolución todo, fuera de la revolución nada». Eso significa para nosotros que todo tiene límites y que el punto final de ellos es Fidel.

CARMEN: Lo bueno para muchos cubanos es que casi no hay analfabetismo en la isla. El cine, los deportes y el teatro están al alcance de todos, al igual que el cuidado médico.

RAÚL: Sí, han mejorado la educación y la salud pública, pero no hay que idealizar sobre eso. No hay profesores que puedan contradecir la política del gobierno — o que tengan acceso a libros que se publican en el extranjero. Sólo hay un periódico importante y es controlado por el gobierno.

ANA: Hay escasez de todo. Hay muy pocos automóviles y los que hay son de los años cuarenta o cincuenta. Usan el sistema de racionamiento. Cada familia recibe cupones que les permiten comprar cada quince días tres latas° de leche condensada, un pollo, unas onzas de café, etcétera. Y no más. Es común que se agote el producto antes de poder comprarlo. Pueden comprar dos pares de pantalones al año y un par de zapatos. *cans*

JOSÉ: Los soviéticos le daban a Fidel más de 11 millones de dólares al día. Eran ellos los que tomaban todas las decisiones. Ahora con los cambios políticos y la disolución de la Unión Soviética, Castro está invitando inversiones extranjeras y turismo. Sin embargo dice que «Nuestro objetivo principal es preservar la revolución: nuestra independencia y los logros° del socialismo». *achievements*

ANA: Para mí, Fidel significa separación de familia.

JOSÉ: Nosotros, los cubanoamericanos, primera generación de americanos, estamos muy al tanto de la situación política en Cuba. No hemos olvidado lo que les ha pasado a nuestros padres. Yo sé la razón por la cual estamos aquí; es por razones políticas. No vinimos aquí para aprovecharnos de las oportunidades de los EE.UU. sino por necesidad política.

CONVERSEMOS

Refiriéndose a la lectura anterior, conteste Ud. las preguntas.

1. Además del español, ¿cuál es el elemento cultural más notable en Cuba? ¿Por qué? Explique por qué la influencia indígena no es fuerte en la isla. ¿Quién fue José

Martí? En tres frases, explique Ud. cómo Fidel Castro llegó a ser dictador de Cuba. En tres frases, describa la situación política y económica de Cuba. Use sus propias palabras.

2. ¿Hay mucha gente de ascendencia cubana en su universidad? ¿Qué sabe Ud. de sus intereses y de sus problemas?

3. ¿Ha estado Ud. alguna vez en un país comunista o de ideologías diferentes a las de los EE.UU.? Si no, ¿le gustaría ir? ¿Por qué? ¿Cómo sería? ¿Cuáles son las ventajas de un gobierno comunista? ¿Cuáles son las desventajas? ¿Cómo han cambiado algunos países comunistas en los últimos años?

4. ¿Vivimos en un país verdaderamente democrático? Explique. ¿Qué es lo que le gustaría cambiar de nuestro sistema? ¿Por qué?

VOCABULARIO

SUSTANTIVOS

el analfabetismo *illiteracy*
el beneficio *benefit*
el bilingüismo *bilingualism*
la burguesía *bourgeoisie*
la clase alta (media, baja) *the upper (middle, lower) class*
el coco *coconut*
el comunismo *communism*
el (la) comunista *Communist*
el crisol *melting pot*
la democracia *democracy*
el (la) demócrata *democrat*
la (des)igualdad *(in)equality*
el (la) desterrado(a) *exiled person*
el destierro *exile*
el (la) dictador(a) *dictator*
la dictadura *dictatorship*
la escasez *scarcity*
la explotación *exploitation*
el (la) gobernador(a) *governor*
el gobierno *government*
el lema *slogan*
el levantamiento *uprising*
el maltrato (el abuso) *mistreatment*
el (la) monarca *monarch*
la palma (la palmera) *palm tree*

el partido político *political party*
la patria *native country*
la piña *pineapple*
el plátano *plantain*
el proletariado *proletariat*
el puro *cigar*
la revolución *revolution*
el (la) revolucionario(a) *revolutionary*
la revuelta *revolt*
la semilla *seed*
el socialismo *socialism*
el tabaco *tobacco*
la tiranía *tyranny*
el voto *vote*

VERBOS

adaptarse *to adapt*
agotarse *to be used up*
beneficiar *to benefit*
contradecir (i) *to contradict*
establecerse *to establish oneself*
fracasar *to fail*
gobernar (ie) *to govern*
huir *to flee*
incorporarse *to incorporate*
reemplazar *to replace*
votar *to vote*

ADJETIVOS

bilingüe *bilingual*
conservador *conservative*
democrático *democratic*
(des)igual *(un)equal*
hispanoparlante (hispanoha-
  blante) *Spanish-speaking*
liberal *liberal*
tiránico *tyrannical, despotic*

EXPRESIONES

las cosas van de mal en peor *things are
  going from bad to worse*
en busca de *in search of*
estar al alcance *to be within reach*
estar al tanto *to be up-to-date*

¡NO TENGO LA MENOR IDEA!
(Refiérase a las págs. 314-315.)

REPASEMOS EL VOCABULARIO

A. **¿Cuál no pertenece?** Subraye Ud. la palabra que no está relacionada con las otras y explique por qué.

1. beneficio	democracia	comunismo	socialismo
2. revolución	levantamiento	revolucionario	revuelta
3. burguesía	proletariado	clase alta	lema
4. crisol	gobernador	dictador	monarca
5. piña	plátano	patria	coco

B. **Formando palabras.** Dé Ud. un sustantivo que corresponda a los verbos siguientes. Escoja cinco sustantivos y escriba una frase original.

> MODELO contradecir →
>   contradicción

1. desterrar   **5.** votar
2. gobernar   **6.** revolucionar
3. maltratar   **7.** levantar
4. tiranizar   **8.** beneficiar

C. **La Pequeña Habana... la nostalgia de Cuba en Miami.** Complete Ud. los párrafos con la palabra apropiada. Use la forma apropiada de los verbos.

establecerse   coco   palmeras   en busca de   desterrados   piña
plátanos   patria   bilingües   puros   huir

En 1959, miles de cubanos, _____ asilo político, _____ de su _____ y _____ en Miami, Florida. El núcleo de estos cubanos _____ se encuentra en unas treinta manzanas de la Calle Ocho, la zona que se llama la Pequeña Habana.

La Pequeña Habana tiene restaurantes criollos, librerías _____, cines latinos, fábricas de _____ al estilo cubano, el Museo Cubano y clubes nocturnos donde tocan lo mejor de la música caribeña. Allí es posible sentarse en la Plaza del Dominó y ver a los hombres jugar al dominó o al ajedrez mientras charlan y toman una tacita de café cubano. Hay que probar un helado de _____, un jugo de _____ fresca y un plato de frijoles negros con _____ fritos... y todo debajo de las _____ que se mecen (*rock*) en la brisa tropical. A los cubanos la Pequeña Habana les trae la nostalgia de su pasado. A nosotros, una experiencia inolvidable.

D. Políticos. Dé Ud. un ejemplo de un(a)... famoso(a). Luego, haga un comentario sobre cada uno.

1. dictador(a)   **4.** demócrata
2. revolucionario(a)   **5.** comunista
3. monarca   **6.** gobernador(a)

E. Sistemas políticos. ¿Qué cosas asocia Ud. con las siguientes formas de gobierno? Puede incluir países, personas, cosas, etcétera.

1. una dictadura   **3.** un gobierno comunista
2. una democracia   **4.** un gobierno fascista

F. El golpe de estado. Ha habido un golpe de estado en el país de Neolandia.[1] En grupos, describan el tipo de gobierno que existía antes y el que va a reemplazarlo. ¿Por qué ocurrió el golpe? Describan la vida y las condiciones de los neolandeses.

---

[1] a fictitious country

GRAMÁTICA

Verbs with Prepositions (Verbos con preposiciones)

In English some verbs require prepositions that in Spanish are not needed. For example: **buscar** means *to look **for***, **pedir** means *to ask **for***, and **escuchar** means *to listen **to***.

Similarly, some Spanish verbs require prepositions while their English counterparts do not, or they require prepositions different from those in English. There are no specific rules that indicate which prepositions are used.

A *before an infinitive*

acostumbrarse a	dedicarse a
aprender a	empezar a
atreverse a	enseñar a
ayudar a	invitar a
comenzar a	(o)ponerse a
decidirse a	prepararse a

A *before an object*

acercarse a	dirigirse a
acostumbrarse a	oler a
asistir a	oponerse a

CON *before an infinitive*

contar con	soñar con

CON *before an object*

acabar con	encontrarse con
casarse con	quedarse con
contar con	soñar con
cumplir con	tropezar con
dar con	

DE *before an infinitive*

acordarse de	olvidarse de
alegrarse de	preocuparse de
cesar de	quejarse de
dejar de	tratar de

DE *before an object*

acordarse de	equivocarse de
aprovecharse de	gozar de
burlarse de	mudar(se) de
darse cuenta de	olvidarse de
depender de	reírse de
despedirse de	salir de

EN *before an infinitive*

consentir en	insistir en
consistir en	tardar en

EN *before an object*

confiar en	fijarse en
convertirse en	influir en
entrar en	

Siempre soñé con volver a Cuba.
Todo depende de la situación política.

I've always dreamed of returning to Cuba.
Everything depends on the political situation.

PRÁCTICA

A. Verbos y preposiciones. *Termine Ud. las frases a la izquierda con las respuestas que mejor correspondan.*

1. Mi papá asistió a
2. El sociólogo se dedica a

a. preparar platos caribeños.
b. abandonar la isla.

3. En Miami aprendimos a
4. Los indios contribuyeron mucho a
5. Miles de cubanos se decidieron a
6. ¡Qué rico! La torta huele a
7. No es fácil acostumbrarse a

c. piña y coco.
d. la Universidad Interamericana.
e. la vida norteamericana.
f. estudiar el problema del analfabetismo.
g. las tradiciones del Caribe.

Siga Ud. el ejercicio.

1. Acabamos de
2. Mamá depende de
3. Acuérdate de
4. Todavía no he dejado de
5. Nunca me olvidaré de
6. El abuelo siempre se queja de
7. Mañana nos mudamos de

a. los héroes de la revolución.
b. extrañar la vida isleña.
c. los sueldos de sus hijos.
d. Miami a Tampa.
e. la música que escucho.
f. mi primer viaje a Santo Domingo.
g. comer. No quiero helado, gracias.

B. **¿Qué nos cuenta?** Termine Ud. las frases de una forma original.

1. Ha sido muy difícil acostumbrarme...
2. En la clase de español comenzamos...
3. Muchas personas no se dan cuenta...
4. Mis padres insisten...
5. De niño(a) yo siempre soñaba...
6. Mis amigos se quejan mucho...
7. Siempre puedo contar...
8. Yo nunca me atrevería...

More Prepositions (Más preposiciones)

Some common prepositions are:

a *to*
acerca de *about*
al lado de *alongside of*
alrededor de *around*
antes de *before*
arriba de *above*
bajo *under*
cerca de *near*
con *with*
de *of, from*
debajo de *beneath*

delante de *in front of*
dentro de *within, inside of*
después de *after*
en *in, on, into*
encima de *on top of, above*
en lugar de *in place of*
entre *between, among*
en vez de *instead of*
excepto *except*
frente a *in front of, opposite*
fuera de *outside of*

hacia   *toward*
hasta   *until, up to*
incluso   *including*
junto a   *next to*
lejos de   *far from*
menos   *except*

para   *for*
por   *for, by*
salvo   *except*
según   *according to*
sin   *without*
sobre   *on, about, on top of*

Pronouns as Objects of Prepositions (Los pronombres usados como objeto de la preposición)

FORM²

mí	**nosotros(as)**
ti	**vosotros(as)**
él, ella, Ud. (sí mismo[a])	**ellos, ellas, Uds. (sí mismos[as])**

USE

1. These pronouns are used after most prepositions and are often used to clarify the third person object pronouns (**le**, **les**) and the possessive adjectives and pronouns (**su**, **suyo**, and their other forms) when they are ambiguous. They may also be used to place emphasis on something or someone.

Les doy la carta a ellos.	*I give them the letter.*
Es su casa. Es la casa de Ud.	*It's your house.*
Es suya. Es de Ud.	*It's yours.*
A mí me gusta viajar.	*I like to travel.*

2. The subject pronouns **yo** and **tú** are used instead of **mí** and **ti** after **entre, excepto, incluso, menos, salvo,** and **según.**

Entre tú y yo, no me gusta lo que dijo.	*Between you and me, I don't like what he said.*
Todos van al baile, menos yo.	*Everyone's going to the dance, except me.*

3. The forms **conmigo** and **contigo** are used to express **con** + **mí** and **con** + **ti.**

Iré contigo con tal que invites a Juan también.	*I'll go with you provided that you invite Juan also.*

4. Prepositional pronouns can also be used reflexively by adding **mismo(a, os, as)** after them. **Mismo** agrees in number and gender with the subject. The third persons singular and plural use **sí**. The form **consigo** is used to express **con** + **sí**.

---

² Note that prepositional pronouns are identical to subject pronouns except for the first and second person singular (**mí, ti**).

¿Lo haces para ella? No, ella lo hace   *Are you making it for her? No, she's making*
para sí misma.   *it for herself.*

PRÁCTICA

A. Hechos cubanos. Llene Ud. cada espacio con un pronombre apropiado.

1. Según (*her*) _____, había dos oleadas de refugiados cubanos.

2. Para (*them*) _____ es más fácil hablar español que inglés.

3. Todos lo pasaron de maravilla en Miami, incluso (*me*) _____.

4. Los Ramírez llegaron a los EE.UU. antes de (*you,* fam.) _____ pero después de

(*me*) _____.

5. Anoche él le contó a (*him*) _____ la historia de la salida de (*you,* pl.) _____ de

Cuba.

B. Colón. Llene Ud. el espacio con **a, bajo, de, en, entre** o **hasta.**

Cuando Cristóbal Colón llegó _____ Cuba _____ su primer viaje _____ las Améri-

cas, no pudo creer la hermosura _____ esa isla tropical. Había flores, montañas y ríos

por todas partes. Aunque había muchas guerras _____ las diferentes tribus _____ in-

dios caribeños, las _____ Cuba gozaban _____ una vida llena _____ paz y

tranquilidad.

La isla estuvo _____ el dominio de España desde el siglo XV _____ el año 1898,

cuando los cubanos ganaron su independencia. _____ aquel tiempo, la vida económica

_____ la isla dependía _____ la producción de azúcar y tabaco. El gobierno cubano

_____ Batista desde 1952 _____ 1959 fue una dictadura. _____ 1959 Fidel Castro Ruz

se hizo presidente por vida y estableció un gobierno comunista que sigue _____ hoy

día.

C. ¿Dónde están? Describa Ud. la posición relativa de cada niño.

MODELO   Rosa está debajo de la mesa.

D. **¿Para mí?** Conteste Ud. las preguntas siguientes según el modelo.

    MODELO   ¿Son las piñas para mí? (Luisa)
                    No son para ti. Son para ella.

1. ¿Baila Ud. conmigo? (Guillermo)
2. ¿Viven sus padres lejos de Uds.? (el tío Pepe)
3. ¿Se ha ido el avión sin ti? (Alberto y Carmen)
4. ¿Habla la gente en contra del gobernador? (los congresistas)
5. ¿Llegó Ud. después de nosotros? (Juana)

E. **Para sí mismo.** Conteste Ud. las preguntas según el modelo.

    MODELO   ¿De quién habla Paco?
                    Habla de sí mismo.

1. ¿Para quién hacen Uds. la torta?
2. ¿A quién ves tú en el espejo?
3. ¿Para quién compra Mari Luz el suéter?
4. ¿A quién se refiere Jorge?
5. ¿Con quién estás enojado?
6. ¿De quién hablan Uds.?

F. **Secretos.** Termine Ud. cada frase de una forma original.

1. Según mi psiquiatra...
2. Entre tú y yo...
3. Cuando estoy solo(a), a mí me gusta...

4. Debajo de mi cama hay...
5. Antes de cada clase nosotros...
6. Al lado de su casa vive...

7. La esposa de Miguel...
8. Yo como toda clase de comida, menos...

ASÍ SE DICE

¡No tengo la menor idea!

1. Sometimes, even the most informed people have no answer to a question. Still, there is no need to remain speechless; you could fill in the gap with one of the following:

No lo sé.	*I don't know.*
No tengo la menor idea.	*I don't have the slightest idea.*
¿Quién sabe?	
¿Qué sé yo?	*Who knows?*
¡Vaya usted a saber!	
No se me ocurre nada.	*I can't think of anything.*
Me doy por vencido(a). Dame una pista.	*I give up. Give me a hint.*

2. At other times, if you are in doubt or not sure of your answer, you might say:

No estoy seguro(a).	*I'm not sure.*
Según parece... (Por lo visto...)	*Apparently . . .*
Lo dudo mucho.	*I doubt it very much.*
Que yo sepa...	*As far as I know . . .*
Si mal no recuerdo...	*If I remember correctly . . .*

3. But if you have no doubts at all, you could respond:

(No) te (le) conviene.	*It's (not) right for you.*
(No) te (se) lo aconsejo.	*I would (not) advise it.*
Yo en tu (su) lugar...	*If I were you . . .*
A mi parecer (modo de ver, entender)...	*As I see it . . .*
Estoy completamente en contra.	*I'm totally against it.*
Está(s) equivocado(a).	*You're wrong.*
¡No se (te) lo crea(s)!	*Don't you believe it!*

4. Of course, nobody's perfect. If you find yourself in an embarrassing situation or you have just made a naive comment, you could remedy the situation by saying:

Por otra parte (otro lado)...	*On the other hand . . .*
Me equivoqué.	*I'm wrong.*
Te (Le) doy toda la razón.	*You're absolutely right.*

¡Haberlo dicho antes!	*Why didn't you say so?*
Cambié de parecer (de idea).	*I've changed my mind.*
¡Metí la pata!	*I put my foot in my mouth!*

PRÁCTICA

A. El experto. Dé Ud. una respuesta a las siguientes preguntas.

1. ¿Cuál es la ciudad capital más alta del mundo?
2. ¿Qué libro me recomiendas para llevar a la playa?
3. ¿Qué explorador europeo descubrió el Océano Pacífico?
4. ¿Qué te parece mi idea de hacer un viaje a la Antártida?
5. ¿Qué color de suéter debo llevar con los pantalones verdes?
6. ¿Crees que el Brasil sea más grande que los Estados Unidos?
7. Pienso dejar mis estudios para casarme. ¿Qué te parece?
8. ¿Es el tomate un vegetal o una fruta?

Ahora, siga Ud. con otros ejemplos.

 B. A mi parecer... Haga Ud. preguntas o déle recomendaciones a un(a) compañero(a) que se encuentra en una de las siguientes situaciones.

1. Acaba de graduarse y todavía no tiene empleo.
2. Es el primero del mes y no tiene dinero para pagar el alquiler.
3. Tuvo un accidente con el carro prestado de un amigo.

Lección *18*

Isla del encanto

PARA COMENZAR...

1. Con la ayuda del vocabulario en la pág. 319, describa el dibujo.
2. ¿Es verdad que Colón «descubrió» América? Explique.
3. ¿Cuáles son algunas tribus de indios norteamericanos? ¿Dónde se encuentra la mayoría de los indígenas en este país? ¿Qué tribus vivían en su región antes de la colonización? ¿Cuáles son algunas de las contribuciones que han hecho los indios a la cultura norteamericana?
4. Cuando Ud. era niño(a), ¿miraba los programas de vaqueros en la televisión? Describa la relación entre los vaqueros y los indios. ¿Ha cambiado la imagen del indio? ¿Cómo?

 Isla del encanto

Los siguientes puertorriqueños hablan de su querida isla y de su pueblo.

SUSANA: Somos ciudadanos estadounidenses y lo hemos sido desde 1917 por medio del acta Jones. Lo triste es que nadie lo sabe. Creen que somos extranjeros. A pesar de nuestra ciudadanía, los que vivimos en la isla no podemos votar en las elecciones presidenciales, pero sí somos elegibles para la conscripción.° Puerto Rico llegó a ser parte de los EE.UU. no por elección sino por ser despojo° de la Guerra Hispanoamericana en 1898.

draft

spoils

PABLO: Somos una mezcla de tres ricas culturas: la taína, la africana y la española. De los taínos hemos recibido la palabra «boricua», que significa puertorriqueño, porque ellos llamaban la isla Borikén. También nos han dejado instrumentos musicales, nombres de muchos pueblos y palabras como «tabaco», «batey»° y «hamaca». Los africanos aportaron también instrumentos musicales, así como ritmos que se oyen en la música y en la poesía, y su religión influyó en el catolicismo de la isla. El elemento español es el dominante porque los españoles trajeron la religión católica, el idioma y contribuyeron con sus instrumentos (como la guitarra y nuestra versión, «el cuatro») a la creación de una nueva música.

yard

LILIÁN: Somos una cultura diversa, sobre todo en cuanto al aspecto físico. Mamá tiene el pelo moreno con la piel oscura y los ojos oscuros. Mi papá tiene la piel blanca, los ojos verdes y el pelo

claro. Yo, la piel de india, oscura, pecas, los ojos oscuros (casi ne-   *slanted*
gros), achinados° y el pelo rojo. Por eso nos llaman el pueblo arco   *rainbow*
iris.°

DALIA: En 1952, entramos en una relación única con los
EE.UU. — ELA, o Estado Libre Asociado. Lo irónico es que no
somos estado, ni somos libres, pero sí estamos asociados con los
EE.UU. de una forma ambigua, lo cual nos hace sentir una esquizofrenia política y cultural. Por eso, hay tres opciones para
nosotros: u optamos por la estadidad, o nos independizamos, o seguimos así, en este limbo político. Muchos venimos a vivir en el
continente porque la tasa° de desempleo en la isla es del 29 por   *rate*
ciento.

Después de recibir nuestros títulos universitarios salimos en
busca de oportunidades. Los que no tienen títulos suelen encontrar los trabajos más marginales, de lavaplatos o friegasuelos. Y
claro, se ven muy desilusionados. También encontramos mucha
discriminación, prejuicios y maltrato. Es lástima que tanta gente
no sepa que somos ciudadanos estadounidenses.

PABLO: Puerto Rico tiene el nivel de vida más alto de todos los
países latinoamericanos, pero también tiene el costo de vida más
alto de los EE.UU. (5 por ciento más alto que Boston) y el promedio de salarios más bajo. También es una de las islas más
sobrepobladas del mundo, con novecientas personas por milla
cuadrada.

LILIÁN: Aunque muchos tienen miedo de que la estadidad les
vaya a quitar la cultura y el idioma, yo creo que las dos cosas, lo
puertorriqueño y lo americano, se pueden integrar en una.

CONVERSEMOS

Refiriéndose a la lectura anterior, conteste Ud. las preguntas.

1. En sus propias palabras, explique Ud. la «esquizofrenia» política y cultural que sienten muchos puertorriqueños. ¿Cuáles son los elementos étnicos que forman la
   cultura puertorriqueña? ¿Qué influencia tiene cada uno en la cultura? ¿Por qué
   comparan a la gente puertorriqueña a un arco iris?
2. ¿Ha ido Ud. alguna vez a Puerto Rico? ¿a alguna isla caribeña? ¿Cuál? ¿Es diferente
   la vida de los isleños? Explique.
3. ¿Qué sabe Ud. acerca de la situación política de Puerto Rico? ¿Qué relación tiene
   con los Estados Unidos?

4. ¿Le gustaría a Ud. que Puerto Rico se hiciera estado? ¿Cuáles son las ventajas para los EE.UU. de tener un estado hispano?
5. ¿Cuáles son otros lugares donde dos culturas se han integrado en una? ¿Es una más importante que la otra? Explique.
6. ¿Cuáles son algunos de los problemas que enfrenta el puertorriqueño que vive en el continente? ¿Cuáles son algunos de los pasos que se pueden tomar para mejorar esta situación?

VOCABULARIO

SUSTANTIVOS

la actitud   *attitude*
la ambigüedad   *ambiguity*
la autonomía   *autonomy*
el bienestar (social)   *well-being (welfare)*
el bongó   *bongo drum*
el (la) boricua   *person from the island of Borinquen (Puerto Rican)*
la canoa   *canoe*
la ciudadanía   *citizenship*
el (la) ciudadano(a)   *citizen*
la confusión   *confusion*
la conga   *conga drum*
el (la) conquistador(a)   *conqueror*
el costo de vida   *cost of living*
el (la) esclavo(a)   *slave*
la estadidad   *statehood*
las estadísticas   *statistics*
la hamaca   *hammock*
los impuestos   *taxes*
el (la) indígena   *native*
el (la) indio(a)   *Indian*
la isla   *island*
el (la) isleño(a)   *islander*
el nivel de vida   *standard of living*
la peca   *freckle*
la pérdida   *loss*
la población   *population*
el promedio   *average*
el seguro social   *Social Security*

el (la) taíno(a)   *Indian native to Puerto Rico*
la tribu   *tribe*

VERBOS

combinar   *to combine, blend*
conquistar   *to conquer*
diferenciar   *to differentiate*
enriquecer   *to enrich*
esclavizar   *to enslave*
fomentar   *to encourage*
integrarse   *to integrate oneself*
maltratar (abusar)   *to mistreat, abuse*
rechazar   *to reject*
tender (ie)   *to tend*

ADJETIVOS

ambiguo   *ambiguous*
borinqueño   *Puerto Rican*
étnico   *ethnic*
moreno   *dark (hair, skin, etc.)*
pelirrojo   *redhead*
sobrepoblado   *overpopulated*
variado   *varied*

EXPRESIONES

al margen de   *on the border of*
por medio de   *by means of*

PALABRAS PROBLEMÁTICAS
(Refiérase a las págs. 329-330.)

REPASEMOS EL VOCABULARIO

A. ¿Cuál no pertenece? Subraye Ud. la palabra que no está relacionada con las otras y explique por qué.

1. taíno   ciudadano   indígena   indio
2. conquistar   esclavizar   fomentar   maltratar
3. conquistador   puertorriqueño   estadounidense   boricua
4. ambigüedad   esquizofrenia   autonomía   confusión
5. bongó   hamaca   guitarra   conga

B. Formando palabras. Dé Ud. un sustantivo que corresponda a los siguientes verbos.

MODELO   combinar →
         combinación

1. costar   5. esclavizar
2. perder   6. abusar
3. diferenciar   7. imponer
4. conquistar   8. poblar

C. ¿Sabía Ud. que...? Complete Ud. las frases con la palabra apropiada. Use la forma correcta de los verbos.

| conga | aportar | isla | tribus | esclavos | taínos |
| población | conquistadores | bongó | enriquecer | indios | |

1. Varias _____ indígenas poblaban Puerto Rico antes de la llegada de Colón.

2. A la llegada de los _____ españoles, la cultura puertorriqueña se caracterizaba por sus conocimientos agrícolas.

3. Los _____ que habitaban Puerto Rico eran apacibles. Se llamaban los _____.

4. Ponce de León fue el primer gobernador de la _____.

5. Las lenguas indígenas _____ el idioma castellano con palabras relacionadas a la flora y la fauna.

6. El elemento africano _____ a la cultura puertorriqueña la superstición religiosa, el vigor físico e instrumentos musicales como el _____ y la _____.

7. En 1873 el gobierno de Puerto Rico liberó a todos los _____.

8. Actualmente Puerto Rico tiene una _____ de unos 3.6 millones de habitantes.

D. **Sinónimos.** Dé Ud. el sinónimo de las siguientes palabras subrayadas. Luego, conteste las preguntas.

1. Muchos puertorriqueños <u>han mezclado</u> sus tradiciones con las costumbres de aquí.
¿Qué costumbres de otras culturas ha adoptado Ud. de alguna forma?

2. A algunos puertorriqueños les molesta mucho que tengan un status político <u>incierto</u>.
¿Cómo se sentiría Ud. si se encontrara en esta situación? Explique.

3. A muchos <u>boricuas</u> les gustaría volver permanentemente a la isla.
Una vez establecidos aquí, resulta imposible para muchos boricuas volver a la isla. ¿Por qué será?

4. Los <u>habitantes</u> de Puerto Rico participan en algunos aspectos de la vida de los EE.UU.
¿Qué aspectos de la vida de este país comparten los puertorriqueños que viven en la isla?

5. Conozco a varios puertorriqueños que preferirían la <u>libertad</u> completa que la situación política actual.
¿Cuál es la situación política actual de los puertorriqueños con relación a los EE.UU.?

6. Es importante que <u>distingamos</u> entre los varios grupos hispanos que habitan este país.
¿Cuáles son los tres grupos principales de hispanos que viven en los EE.UU.? Para cada grupo, cite Ud. dos cosas que los distinguen de los otros grupos.

7. No entiendo por qué algunas personas de este país <u>resisten</u> la oportunidad de conocer y compartir la cultura hispana.
¿Qué pasos puede tomar Ud. para aprender a apreciar la presencia hispánica en los EE.UU.?

E. **Palabras de origen indio.** ¿Para qué sirve(n)... ?

1. una hamaca   **3.** unas maracas   **5.** una barbacoa
2. una canoa   **4.** el tabaco

F. **¿Sabe Ud. la diferencia?** ¿A qué pueblo se refieren las siguientes frases; a los mexicanoamericanos, a los cubanoamericanos o a los puertorriqueños? Amplíe Ud. su respuesta.

> **MODELO**   La gran mayoría vive en Tejas y California.
> Se refiere a los mexicanoamericanos. Muchos también viven en los estados de Arizona, Colorado y Nuevo México.

1. Hace 40 años entraron en una relación política muy única con los EE.UU.
2. Su patria de origen sigue bajo el control del comunismo.
3. Cruzan la frontera en busca de una vida económica mejor.
4. Se han concentrado en la Florida.
5. Tienen que mudarse con frecuencia al terminar la cosecha.

6. A mediados del siglo XIX, su tierra de origen se incorporó a los EE.UU. como resultado de una guerra.
7. Su situación política es algo ambigua.
8. La primera oleada vino a este país hace unos treinta y cinco años.
9. La televisión los ha pintado como bandidos.

G. Problemas. Lea Ud. el anuncio y conteste las preguntas.

Su Seguro Social

PREGUNTA: Si mi madre decide regresar a Puerto Rico permanentemente, ¿seguirá estando cubierta por Medicare?

RESPUESTA: Sí. El Medicare generalmente no puede pagar por servicios médicos o de hospital que tienen lugar fuera de los Estados Unidos. Sin embargo, Puerto Rico, las Islas Vírgenes, Guam, Samoa Americana y las Islas Marianas del Norte se consideran parte de los Estados Unidos.

1. ¿De qué se preocupaba la hija? ¿Cómo se solucionó el problema?
2. ¿Qué problemas enfrentan muchos puertorriqueños que viven en el continente? ¿Cuáles son algunas posibles soluciones?

H. Los indios frente a los españoles. Con un(a) compañero(a), preparen el primer diálogo entre Cristóbal Colón y el cacique (jefe) de los indios taínos que él «descubrió». ¿Qué les cuenta Colón después a sus compañeros? ¿y el cacique indígena a los suyos?

GRAMÁTICA

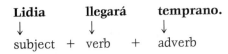

The Use of the Subjunctive in Adverbial Clauses (El uso del subjuntivo en cláusulas adverbiales)

An adverbial clause is a clause that modifies a verb in the main clause. For example:

Lidia   **llegará**   **temprano.**
↓   ↓   ↓
subject + verb + adverb

Lidia   **llegará**   **antes de que Bernardo salga.**
  ↓   ↓   ↓
subject   +   verb   +   adverbial clause

The subjunctive is used in the subordinate adverbial clause when the following conditions are present.

1. After the following conjunctions:

a condición (de) que
con tal que } *provided that*

a fin (de) que
para que } *in order that*

a menos que
a no ser que } *unless*

antes (de) que   *before*
de miedo (de) que   *for fear that*

en caso (de) que   *in case that*
sin que   *without*

Iré a San Juan con tal que mi jefe me dé una semana de vacaciones.
Pablo salió temprano sin que nadie lo viera.

I will go to San Juan provided that my boss gives me a week's vacation.
Pablo left early without anyone seeing him.

2. With the following conjunctions when future time is implied (i.e., the action has not yet occurred). When a habitual action in the present or a completed action in the past is stated, the indicative is used.

así que
en cuanto
luego que
tan pronto como } *as soon as*

cuando   *when*

después (de) que   *after*
hasta que   *until*
mientras (que)   *while*
para cuando   *by the time that*
siempre que[1]   *whenever*

Cuando vengas, tráenos vino.
Cuando viniste, nos trajiste vino.
Cuando vienes, siempre nos traes vino.

When you come, bring us wine.
When you came, you brought us wine.
When you come, you always bring us wine.

3. With the following conjunctions when doubt, uncertainty, purpose, or an objective is expressed. If certainty or result is expressed, the indicative is used.

a pesar (de) que   *in spite of*
aun cuando   *even when*
aunque   *although*

de manera que
de modo que } *so that, in a way that*

Aunque José esté (está) enfermo, él va a salir esta noche.

Although José may be (is) sick, he is going to go out tonight.

---

[1] **Siempre que** can also mean *provided that*, in which case it always requires the subjunctive.

Lea el cuento de modo que esté preparada para la clase.	*Read the story so that you will be prepared for class.*
Leyó el cuento de modo que estaba preparada para la clase.	*You read the story so that you were ready for class.*

4. After expressions ending with **-quiera** and other similar indefinite expressions.

cual(es)quier(a)	*whichever, whatever*
cuandoquiera	*whenever*
dondequiera	*wherever*
quien(es)quiera	*whoever*
por + *adj. or adv.* + que	*no matter how, however*

Dondequiera que vayas, te seguiré.	*Wherever you (may) go, I will follow you.*
Por rico que sea el postre, no puedo comer más.	*As delicious as (However delicious) the dessert may be, I can't eat any more.*

5. If no subject is expressed in the subordinate clause, a preposition + infinitive is used.

Después de comer, lavaré los platos.	*After eating, I will wash the dishes.*
Después de que yo coma, mamá lavará los platos.	*After I eat, mom will wash the dishes.*

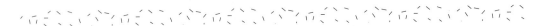

PRÁCTICA

A. Preparativos. Lilián va a visitar a sus parientes en Nueva York. Es su primer viaje fuera de la isla. ¿Qué planes hace? Dé Ud. la forma correcta del verbo entre paréntesis en el presente del subjuntivo o el infinitivo.

1. Haré reservaciones para (poder) ＿＿＿ conseguir un buen asiento.

2. Hablaré por teléfono con mis primos con tal que (estar) ＿＿＿ en casa cuando yo los (llamar) ＿＿＿.

3. Sacaré todo mi dinero del banco sin que mis padres (saberlo) ＿＿＿ para (comprarles) ＿＿＿ muchos recuerdos.

4. Voy a llevar sofrito (*condiment*) y plátanos para que mis primos (probar) ＿＿＿ la comida puertorriqueña.

5. Les escribiré a mis padres en cuanto yo (llegar) _____ para (decirles) _____ que llegué bien.

6. Me quedaré dos semanas a no ser que yo (gastar) _____ todo mi dinero antes.

7. Escribiré todas mis experiencias en un librito para no (olvidar) _____ mi viaje estupendo.

B. Hechos históricos sobre los taínos. Cambie Ud. las siguientes frases al pasado. Haga los cambios necesarios.

1. Cuando Colón llegue a Puerto Rico, hará buenas amistades con los taínos.
2. Mientras viva el cacique Agueybaná I, habrá paz en la isla.
3. Ponce de León se viste de armadura, de modo que los taínos crean que es un dios.
4. Los españoles hacen que los taínos trabajen duro aunque se enfermen.
5. Los taínos planean un levantamiento sin que los españoles lo sepan.
6. Los taínos van a escapar a las montañas antes que los españoles los maten a todos.

C. En el Viejo San Juan. Lilián les cuenta a sus parientes en Nueva York cómo es el Viejo San Juan. Llene Ud. el espacio con la forma correcta del verbo entre paréntesis.

1. Uds. tienen que ir al Viejo San Juan para (ver) _____ la arquitectura colonial.

2. Cuando los españoles (llegar) _____ a Puerto Rico, construyeron murallas por toda la capital para (proteger [protect]) _____ la ciudad.

3. También construyeron fortalezas de miedo de que los ingleses y franceses (atacar) _____.

4. Tan pronto como Uds. (llegar) _____ a la isla, deben visitar el Castillo de San Felipe del Morro. Aunque los españoles (empezar) _____ a construirlo en 1539, no se terminó hasta 1776. En cuanto Uds. (comenzar) _____ a pasearse por los túneles, sentirán la historia colonial de Puerto Rico.

5. No deben ir sin (visitar) _____ el Castillo de San Cristóbal para que Uds. (poder) _____ bajar a la misteriosa Garita del diablo, a menos que Uds. (tener) _____ miedo.

6. Después de (vivir) _____ nuestro pasado, deben ir a cenar en el restaurante La Mallorquina. Allí les servirán un asopao delicioso para que Uds. (conocer) _____ la verdadera cocina de Puerto Rico.

D. Padres e hijos. Los padres de Luisito lo dejan solo en casa por un fin de semana. Complete Ud. la siguiente lista de instrucciones que ellos le dejan.

1. Espera en casa de los Gómez hasta que...
2. Puedes ir a la fiesta esta noche con tal que...
3. Apaga la televisión antes que...
4. No abras la puerta a menos que...
5. Cámbiate la ropa en cuanto...
6. Ponte la chaqueta cuando...
7. Lleva el paraguas para que...
8. Cómete una manzana cuando...

The Use of the Subjunctive in Conditional if Clauses (El uso del subjuntivo en las cláusulas condicionales con **si**)

1. The present subjunctive is never used in a conditional clause.

2. The imperfect or past perfect subjunctive is used in a conditional clause to express a hypothetical condition or a statement that is contrary to fact.

   Si yo fuera rico (pero no lo soy), me
     compraría una isla.

   *If I were rich (but I am not), I would buy
     myself an island.*

   Si tú hubieras llegado temprano (pero
     llegaste tarde), tú lo habrías
     conocido.

   *If you had arrived early (but you arrived
     late), you would have met him.*

3. The imperfect or past perfect subjunctive is always used in a clause introduced by **como si** (*as if*).

   Él habla como si lo supiera todo.

   He speaks as if he knew everything.

   Él habló como si lo hubiera sabido todo.

   He spoke as if he had known everything.

   The following formulas will help to clarify the use of the subjunctive in conditional clauses.

   Si + present indicative + present indicative or future

   Si yo voy a la fiesta, Juan irá también.

   If I go to the party, Juan will go also.

   Si + past indicative + indicative

   Si Juan fue a la fiesta, no está en casa
     ahora.

   *If Juan went (did, in fact, go) to the party,
     he's not home now.*

Si + imperfect subjunctive + conditional

Si yo fuera a la fiesta, Juan iría también.
*If I were to go to the party, Juan would
go also.*

Si + past perfect subjunctive + conditional perfect or past perfect subjunctive

Si yo hubiera ido a la fiesta, Juan habría
(hubiera) ido también.
*If I had gone to the party, Juan would
have gone, too.*

PRÁCTICA

A. **¿Realidad o fantasía?** Termine Ud. las frases, expresando lo real y lo irreal según el modelo. Luego, traduzca las frases al inglés.

MODELO   Si estoy enfermo(a)...
    Si estoy enfermo(a), no voy a clase.
    Si estuviera enfermo(a), no iría a clase.
    Si hubiera estado enfermo(a), no habría (hubiera) ido a clase.

1. Si me gradúo...
2. Si hace buen tiempo...
3. Si soy millonario(a)...
4. Si no es demasiado tarde...
5. Si tenemos tiempo...
6. Si mi mejor amigo(a) se casa...

B. **Siempre hay un «pero».** Conteste Ud. las preguntas según el modelo.

MODELO   ¿Me ayudas con la tarea?
    Si pudiera, te ayudaría pero no tengo tiempo.

1. ¿Vienes a visitarnos?
2. ¿Posponen los profesores los exámenes?
3. ¿Llegan Uds. a tiempo?
4. ¿Me prestas el coche?
5. ¿Van Uds. a la manifestación?
6. ¿Te quedas conmigo?

C. **Si yo fuera Ud....** ¿Qué consejos le daría Ud. a un(a) amigo(a) en las siguientes situaciones?

1. Mañana es el examen final de química, pero esta noche hay una fiesta en la residencia y quiero ir.

2. Mi novio(a) está enojadísimo(a) conmigo. ¡Olvidé su cumpleaños!

3. Anoche conocí al hombre (a la mujer) de mis sueños... pero no recuerdo su nombre y no sé dónde vive.

4. Acabo de ver a una mujer robar la joyería. Lo malo es que ella también me vio a mí.

5. Llegó la cuenta del almacén El Corte Inglés. Es de 6.000,00 pesetas y sólo tengo 4.000,00 en el banco.

D. ¡Qué día más malo! La señora Vega ha pasado un día muy malo. Conteste Ud. las preguntas que el señor Vega le hace a su esposa, según el modelo.

> MODELO ¿Vino mamá? (sentirse enferma)
> No. Habría venido si no se hubiera sentido enferma.

1. ¿Leíste el artículo? (perder el periódico)

2. ¿Ganó la elección el gobernador? (ser conservador)

3. ¿Le escribiste a Julia? (olvidar su dirección)

4. ¿Llegó a tiempo Marta? (romperse la pierna)

5. ¿Hicieron los niños su tarea? (estar cansados)

6. ¿Fueron de compras tú y Carmen? (descomponerse el auto)

E. De visita. Juan conoció por primera vez a sus parientes de Nueva York, que acaban de llegar a la isla de Puerto Rico. Sus amigos quieren saber cómo fue la visita. Siga Ud. el modelo.

> MODELO ¿Hablan ellos español? (vivir aquí por muchos años)
> Sí, hablan como si vivieran aquí por muchos años.

1. ¿Se sintieron cómodos? (estar en su propia casa)

2. ¿Se llevaron Uds. bien? (ser íntimos amigos)

3. ¿Viven ellos bien en Nueva York? (tener mucho dinero)

4. ¿Se visten ellos de moda? (comprar todo en Bloomingdale's)

5. ¿Se rieron Uds. mucho? (estar locos)

6. ¿Habla mucho tu prima? (saberlo todo)

F. Descripciones. Describa Ud. a las personas siguientes según el modelo.

> MODELO Pablo se porta como si fuera el presidente.

1. mi padre

2. mi mejor amigo(a)

3. mi novio(a)

4. mi profesor(a) de español

5. mi compañero(a) de cuarto

6. mi hermano(a)

PALABRAS PROBLEMÁTICAS

Estudie Ud. las palabras siguientes. Son palabras que los estudiantes norteamericanos de español suelen confundir.

1. ahorrar   *to save (money), economize*
   conservar   *to preserve, maintain, keep*
   guardar   *to save, keep, take care of*
   salvar   *to save, free from danger*

Prefiero <u>ahorrar</u> mi dinero que gastarlo.	*I prefer to save my money than spend it.*
Muchos hispanos en los EE.UU. <u>conservan</u> sus tradiciones.	*Many Hispanics in the United States preserve their traditions.*
¡<u>Guárdame</u> el bolso mientras nado!	*Watch my bag while I swim!*
El médico no podía <u>salvarle</u> la vida al anciano.	*The doctor couldn't save the old man's life.*

2. dejar   *to leave behind (an object), let, allow*
   partir   *to depart*
   salir (de) *to leave (a place), go out*

Si <u>sales</u> esta noche, <u>deja</u> la llave debajo de la alfombra.	*If you go out tonight, leave the key under the rug.*
El avión <u>parte</u> a las ocho.	*The plane departs at eight o'clock.*

3. apoyar   *to support, be in favor of*
   mantener   *to support (economically), feed*

<u>Apoyamos</u> al candidato liberal.	*We support the liberal candidate.*
Es difícil <u>mantener</u> a una familia y una casa con mi sueldo.	*It's difficult to support a family and a house on my salary.*

4. pensar + infinitivo   *to plan (to do something), intend*
   pensar de   *to have an opinion about*
   pensar en   *to think about, have in mind*

<u>Pensamos</u> ir al teatro hoy.	*We're planning to go to the theater today.*
¿Qué <u>piensa</u> José <u>de</u> mi idea?	*What does José think of my idea?*
¿<u>En</u> qué <u>piensas</u>?	*What are you thinking about?*

5. la aparición   *appearance, presence, apparition*
   la apariencia   *appearance, looks*
   el aspecto   *appearance, looks*

Vimos una <u>aparición</u> misteriosa a medianoche.	*We saw a mysterious apparition at midnight.*

Julio hizo una <u>aparición</u> personal.
Su <u>aspecto</u> físico (<u>apariencia</u> física) es
muy agradable.

Julio made a personal appearance.
Her appearance is very pleasing.

PRÁCTICA

Escoja Ud. la palabra apropiada según el contexto.

1. ¿Qué piensas (de, en) mis zapatos nuevos?
2. Marta piensa (de, _) viajar por Europa este verano.
3. Aunque trabajaba dieciséis horas al día, Miguel no podía (apoyar, mantener) a su familia.
4. ¿A qué partido político (mantienes, apoyas), el Partido Nuevo Progresista o el Partido Popular Democrático?
5. Antes de irse, (dejen, partan) la tarea en mi escritorio.
6. Elena (sale, deja) para Ponce esta tarde.
7. El bombero les (salvó, ahorró) la vida a los muchachos.
8. Los Correa tratan de (conservar, salvar) su cultura puertorriqueña.
9. Manolo (ahorra, guarda) su dinero porque piensa comprar una bicicleta.
10. En general, la (aparición, apariencia) física del puertorriqueño varía mucho.
11. (La aparición, El aspecto) de Miguel en la fiesta fue una sorpresa agradable.

Y EN RESUMEN...

A. **Y va creciendo.** Una señora comenta el fenómeno de los hispanos que viven en los EE.UU. Escoja Ud. la palabra apropiada o use la forma correcta del verbo entre paréntesis. Traduzca las palabras en inglés al español.

(Por, Para) _____ todas partes de (esta, este) _____ país, (*one sees*) _____ cada vez más la evidencia del rápido crecimiento de la (*population*) _____ hispana. (Por, Para) _____ el año 2000 (*there will be*) _____ aproximadamente 35 millones de hispanos en los EE.UU. ¿Cuál (*will be*) _____ el aporte del hispano a la economía y a la sociedad de esta nación?

No hay duda que el hispano (tener) _____ una fuerte ética de trabajo. Según estadísticas, desde 1940, el hispano ha contribuido más a la fuerza laboral que cualquier otro grupo. (Por, Para) _____ lo general, el hispano es muy patriótico. Ama este país y quiere que (*his*) _____ hijos (crecer) _____ apreciando (los, las) _____ oportunidades que se les ofrecen. Tiene un profundo fervor religioso y para él es importante que sus hijos (llevar) _____ una vida sana y honrada. Un alto (*percentage*) _____ de hispanos (*have won*) _____ la Medalla de Honor del Congreso. También, (*it would be*) _____ bueno que nosotros (seguir) _____ el modelo de la familia hispana. Es fuerte y unida, aún en estos tiempos de desintegración familiar.

Yo, por mi parte, deseo que mis hijos (romper) _____ piñatas, (comer) _____ tacos, (escuchar) _____ los ritmos calientes caribeños y (oír) _____ hablar español en sus diversos acentos mientras caminan (por, para) _____ las calles de nuestra ciudad. Espero que los padres hispanos (hacer) _____ un (grande, gran) _____ esfuerzo para que sus hijos no (perder) _____ su idioma, su cultura y sus tradiciones. Ojalá que ellos nunca (dejar) _____ de apreciar la rica (*heritage*) _____ de sus antepasados, y que nosotros nunca (olvidar) _____ que los hispanos se encontraron en esta tierra mucho antes que los anglosajones.

B. Ahora no, antes sí. Cambie Ud. las frases al pasado, según el modelo.

MODELO   Tú dudas que Puerto Rico sea parte de los EE.UU., ¿verdad?
Ahora no. Pero antes dudaba que Puerto Rico fuera parte de los EE.UU.

1. Tú crees que el gobierno cubano es una democracia, ¿verdad?
2. Uds. no creen que los chicanos sean ciudadanos estadounidenses, ¿verdad?
3. Tú piensas que la comida cubana es picante, ¿verdad?
4. Ud. no cree que el puertorriqueño sea mezcla de indio, africano y español, ¿verdad?
5. Uds. dudan que los puertorriqueños necesiten visas para venir al continente, ¿verdad?
6. Ud. duda que el concepto del condominio sea un concepto puertorriqueño, ¿verdad?

C. Siempre hay condiciones. Termine Ud. las frases a la izquierda con las respuestas que mejor correspondan.

1. Votaré por ese candidato si...
2. Raúl consiguió el puesto aunque...
3. Saldremos para San Juan en cuanto...
4. El partido liberal ganaría si...
5. Paco trabajará de lavaplatos hasta que...
6. Tendré más oportunidades de empleo si...
7. Les prestaré dinero para que...

a. no sabía leer bien.
b. tuviera más apoyo.
c. cambia su programa.
d. se gradúe.
e. tengamos el dinero.
f. aprendo a hablar español.
g. compren el pasaje para San Juan.

D. Si y cuando. Llene Ud. cada espacio con la forma apropiada del verbo.

1. Si él (volver) _____, yo lo veré.

2. Si él (volver) _____, yo lo vería.

3. Si él (volver) _____, yo lo habría visto.

4. Ella habla como si él (volver) _____ mañana.

5. Se lo diré cuando yo lo (ver) _____.

6. Se lo dije cuando yo lo (ver) _____.

7. Siempre se lo digo cuando yo lo (ver) _____.

8. ¡Díselo tú cuando lo (ver) _____!

E. Luis Santeiro, escritor y dramaturgo cubanoamericano. Luis Santeiro nació en Cuba y vino a los Estados Unidos un año después de la revolución de Fidel Castro. Hoy día escribe para la televisión y el teatro. Escoja Ud. la palabra apropiada entre paréntesis. Traduzca las palabras en inglés al español.

«(*I have been writing for ten years*) _____ (por, para) _____ Sesame Street. En español (es, está) _____ «Plaza Sésamo» pero verdaderamente Plaza Sésamo (*is done*) _____ en México y aunque (usan, usen) _____ algunos segmentos de Sesame Street, (es, está) _____ diferente. Para (me, mí) _____ (*it has been*) _____ muy interesante. Me alegro de no siempre (escriba, escribir) _____ cosas hispanas. A veces (hay, están) _____ cosas que (*have to do with*) _____ el mundo hispano, pero (*generally*) _____ son cosas (*that*) _____ enseñan en Sesame Street. (*I have written*) _____ sobre los números, las letras, (los, las) _____ emociones, etc. Es muy diferente pero (*I like it a lot*) _____. (*I am writing*) _____ para el teatro también. (El, La) _____ televisión (*can be*) _____ un poco frustrante porque escribes una cosa y (se la, te la) _____ cambian. Mientras que en el teatro, (*that which*) _____ el escritor pone es (*the law*) _____. Yo (quería, quise) _____ escribir algo que me (interese, interesara) _____. Escribí, *Nuestra señora de la tortilla*, que trata con el conflicto entre los jóvenes hispanos y los abuelos. (Tenía, Tuvo) _____ mucho (*success*) _____ off-Broadway. Escribí otra pieza que (*is called*) _____ *Mixed Blessings* (*which*) _____ está basada en *El Tartufo* de Molière, pero adaptada al Miami de los latinos hoy en día. Una familia nueva rica (*is trying to live*) _____ el sueño americano. Creen que el dinero (pueda, puede) _____ (traerles, traelos)

_____ la felicidad, pero (_they realize_) _____ que con el dinero también (_come_) _____

conflictos.»

F. ¿Cómo conservar la cultura? Muchos hispanos intentan conservar su cultura pero no es siempre fácil. ¿Cuáles son dos razones por las cuales es importante que los hispanos conserven sus tradiciones culinarias? Además de esta solución, ¿qué otras soluciones hay? Invente Ud. tres otros aspectos de su cultura que se deben conservar y diga cómo pueden hacerlo.

G. Tradiciones puertorriqueñas. Cada cultura tiene sus tradiciones únicas y sus costumbres especiales. Aquí se ofrecen algunas de las tradiciones y costumbres puertorriqueñas. Léalas Ud. y conteste las preguntas.

- **La bomba** y **la plena** son bailes folklóricos que se conservan hoy día por medio de grupos musicales como Mayohuacán o Areyto, la compañía de baile folklórico de Puerto Rico.
- **Asopao** es un guisado (_soup_) de pollo que se come durante la Navidad.
- **«Bendición** (Blessing) papá, bendición mamá» es lo que les pide a sus padres un niño puertorriqueño al salir de la casa. Los padres contestan, «Que Dios te bendiga».
- **El coquí** es un animalito que se parece al sapo y que canta su nombre todas las noches... «co – quí, co – quí». Según la leyenda popular, si deja la isla, deja de cantar.

1. ¿Qué costumbres o tradiciones de la cultura de Ud. corresponden a éstas? Descríbalas.
2. Hay muchas otras tradiciones hispánicas. ¿Qué sabe Ud. de las siguientes?

    a. las posadas mexicanas
    b. el Día de los Reyes Magos
    c. el Cinco de Mayo
    d. la Misa del gallo
    e. el quinceañero
    f. el día del santo
    g. el Día de los Muertos
    h. la piñata

H. El sueño real. Lea Ud. el siguiente artículo sobre la hija de trabajadores migrantes que ha tenido mucho éxito. Luego, haga la actividad. Todas las frases son falsas. Basándose en la lectura, corríjalas.

Lupe con su hermano

Un sueño real

Hija de trabajadores migrantes y procedente de Chihuahua, México, **María Guadalupe Vásquez,** conocida como Lupe, con 18 años ha aprobado su segundo año de ingeniería en la destacada Universidad de Stanford. A pesar de haber vivido dos años en un albergue para desamparados,• al perder su padrastro el trabajo, Lupe consiguió graduarse de bachiller con un segundo puesto. Ahora aspira a ser una investigadora científica. Su historia ha atraído a la prensa y a productores de cine. En febrero, Lupe recibió el premio Espíritu Público 1990, otorgado• por la Legión Americana Auxiliar a personas que tipifican el espíritu de este país.

shelter / given

1. Lupe es hija única.
2. Sus padres trabajan en un restaurante mexicano.
3. Nació en el sur de California.
4. No pudo graduarse de la escuela secundaria.
5. Lupe estudia para abogada en la Universidad de Harvard.

6. Recibió el Premio Nóbel de la literatura.

7. Pasó dos años viviendo en un hotel de lujo.

I. **Abogados de inmigración.** Lea Ud. la tarjeta y conteste las preguntas.

ABOGADOS DE INMIGRACIÓN

MAGGIO & KATTAR

HABLAMOS ESPAÑOL
AL SERVICIO DE LA COMUNIDAD

- **RESIDENCIA PERMANENTE**
- **ASILO POLÍTICO**
- **APELACIONES**
- **CARTAS DE TRABAJO**
- **DEFENSA CONTRA DEPORTACIONES**

1. ¿Qué servicios le ofrecen estos abogados a la comunidad hispana? ¿Quiénes tendrían necesidad de sus servicios?

2. ¿Por qué busca una persona una residencia permanente? ¿asilo político?

3. ¿Cree Ud. que debe haber un límite en cuanto a la cantidad de personas que pueden inmigrar a los EE.UU. todos los años? ¿Cuál debe ser? ¿Por qué? ¿Quién debe tener preferencia para inmigrar? ¿Cuáles deben ser los criterios en orden de importancia? ¿Por qué?

J. Debate. En grupos, debatan la cuestión de la inmigración y los efectos positivos y negativos.

K. **Composición.**

1. ¿Recuerda Ud. una vez en el colegio o en la escuela primaria cuando Ud. sintió el prejuicio de otras personas? ¿Cómo reaccionó? ¿Le influyó de alguna manera más tarde en su vida? ¿Cómo?

2. ¿Cuáles son los prejuicios más comunes y cuáles son algunas de las posibles causas?

3. ¿Hay más o hay menos prejuicios hoy día que en el pasado?

VIDEOCULTURA 6:
El legado hispano en los Estados Unidos

1:50:01-
1:56:17

UNIVISIÓN

DOLORES C. CALAF
DIRECTOR OF
COMMUNITY AFFAIRS

UNIVISION 27
WUNI - BOSTON

33 FOURTH AVENUE
NEEDHAM, MA 02194
(617) 433-2727
(617) 433-2750 FAX

DOLORES CALAF
EXECUTIVE EDITOR

TU VENTANA AL MUNDO DE ARTE, CULTURA Y ENTRETENIMIENTO

QUE PASA, INC.
831 BEACON STREET
SUITE 298
NEWTON CENTRE, MA 02159
TEL. (617) 433-2737
FAX (617) 433-2738

Univisión es la cadena de televisión en español más grande de los Estados Unidos. Su gran variedad de programas incluye telenovelas, deportes, películas, concursos y programas para los jóvenes de música y baile. Vamos a ver la diversidad de la programación en español que ofrece Univisión. Haga las actividades preparativas, mire el video y haga las actividades que siguen.

Vocabulario útil

la cadena   *network*
la emisora   *television (radio) station*
la telenovela   *soap opera*

Preparativos

¿Cuáles serán algunas diferencias entre la programación del NBC o CBS, por ejemplo y la de Univisión? Explique.

Comprensión y discusión

A. Identificaciones. Escuche el video con cuidado e identifique los siguientes nombres.

1. Dolores Calaf
2. WUNI
3. Univisión
4. Don Francisco
5. María José y Carlos
6. *Qué Pasa*

B. ¿Qué programa mirar? ¿Cuál de los programas va a mirar en las situaciones siguientes? Justifique sus selecciones.

«Control»   «Pachanga Latina»   «Sábado Gigante»   una telenovela

1. Le encanta Don Francisco.
2. Quiere ver los últimos videos de música.
3. Le gustan mucho María José y Carlos.
4. Busca un escape emocional.
5. Necesita un programa para toda la familia.
6. Quiere saber las últimas noticias de personas famosas.
7. Quiere ver programación local.
8. Prefiere un programa con muchos segmentos variados.
9. Le gustan los concursos (*games*).
10. Quiere oír los problemas de otros.

C. Nombre Ud. tres cosas que va a ver en...

1. una telenovela.
2. «Sábado Gigante».
3. «Control».
4. «Pachanga Latina».
5. La publicación *Qué Pasa*.

D. Nosotros, los productores. En grupos, escriban un segmento original de uno de los cuatro programas que vieron en el video y represéntenlo delante de la clase.

E. ¿Qué piensa Ud.? Conteste las siguientes preguntas.

1. ¿Cuál de los programas le interesa más a Ud.? ¿Por qué?
2. ¿Qué programas en inglés son semejantes a los programas mencionados en el video? Explique. ¿Tiene la televisión en inglés un «Don Francisco»? ¿Quién será? ¿y María José y Carlos?
3. ¿Por qué debe un estudiante de español mirar Univisión?
4. Si Ud. fuera a planear una emisora de programación en inglés en Latinoamérica o España, ¿qué programas incluiría y por qué?

RADIOLANDIA

RADIOLANDIA 1330AM-Estereo
Las 10 canciones más solicitadas

"LA HORA DEL CAFE"

Escúchela todos los martes
de 8 a 9 de la mañana
en Radiolandia *1330*

HACE VIBRAR SU RADIO

RADIOLANDIA 1330AM-ESTEREO
Boston, Massachusetts
Establecida en 1972

Ahora los radioyentes hispanos pueden escuchar las últimas noticias y los nuevos sonidos rítmicos de toda Latinoamérica por medio de las muchas emisoras de radio en español. Vamos a visitar Radiolandia para saber qué se le ofrece a la comunidad hispana. Haga las actividades preparatorias, mire el video y haga las actividades que siguen.

Vocabulario útil

el gerente *manager*   el anfitrión *host*   el locutor *radio announcer*

Preparativos

¿Qué diferencias habrá entre una emisora de radio en español y una en inglés? ¿Qué tipo de anuncios comerciales habrá en la radio hispana? ¿En la radio no hispana?

Comprensión y discusión

A. Respuestas. Escuche bien a Alberto y conteste las preguntas.

1. ¿Quién es Alberto Vasallo III?
2. ¿Qué es el noticiero?
3. ¿De dónde vienen las noticias y cómo las reciben?
4. ¿A qué emisoras están afiliados?
5. ¿Por qué hay que conocer a la comunidad hispana?
6. ¿Cuáles son algunas diferencias entre un puertorriqueño y un centroamericano recién llegado?
7. ¿Qué es «La hora del café»?
8. ¿Qué tratan de hacer en Radiolandia?

B. Identificaciones. Busque en la segunda columna la identidad de la persona en la primera columna.

1. Rafi Comprés	**a.**	persona que llama a «La hora del café»
2. Juan Luis Guerra	**b.**	músico famoso en Puerto Rico
3. Alberto Vasallo III	**c.**	músico famoso por el merengue
4. Ana	**d.**	anfitrión del programa de música
5. Jerry Rivera	**e.**	gerente de Radiolandia

C. Las voces de la radio. ¿Por qué será que los locutores siempre cambian su forma de hablar natural una vez que están en el aire? Con un(a) compañero(a) pareja, escriba un breve noticiero original o un anuncio comercial y léanlo delante de la clase como lo hacen los locutores profesionales.

D. ¿Qué piensa Ud.? Conteste las siguientes preguntas.

1. ¿Tiene su ciudad o pueblo emisoras de radio en español? ¿Por qué sí o no? Si las hay, ¿las escucha Ud. con frecuencia? ¿Las entiende?
2. ¿Debe haber emisoras que dan programación en idiomas extranjeros? ¿Por qué sí o no? ¿Cuáles son algunos de los idiomas que más se hablan en los EE.UU.? ¿A qué se debe esto?
3. ¿Conoce Ud. la música latina? ¿Qué ritmos conoce? ¿Le gusta la música? ¿Sabe Ud. bailar salsa, merengue o cumbia? ¿Qué tipo de música prefiere Ud.? ¿y qué tipo de baile?
4. Si Ud. viviera en un país extranjero, ¿escucharía una estación de radio en inglés? ¿Qué tipo de programación debe incluir (deportes, música, comentario político, chismes de Hollywood, etc.) y por qué?

Mujer, adelante

Lección *19*

El amor hace girar al mundo

PARA COMENZAR...

1. Con la ayuda del vocabulario en las págs. 345-346, describa los dibujos.
2. ¿Cuál de los dos dibujos es más realista? Explique.

3. ¿Ha experimentado Ud. alguna vez el amor a primera vista? ¿Qué pasó? ¿Cómo se puede saber si es una relación seria o sólo una atracción física?
4. ¿Tiene Ud. novio(a)? ¿Cómo es? ¿Cómo y cuándo se conocieron? ¿Es su novio(a) también su amigo(a)? ¿Es importante tener amigos de ambos sexos? ¿Cuáles son las ventajas? ¿las desventajas?
5. Cuando alguien dice «ya se terminó la luna de miel», ¿a qué se refiere? ¿Qué puede hacer una pareja para que nunca se termine la luna de miel?

 ## El amor hace girar al mundo

Hace unos quince años, Lisa, una norteamericana, fue a España para pasar un año como estudiante de intercambio. Allí conoció a Cristián, un estudiante español de medicina, y los dos se enamoraron locamente. Lisa volvió a los EE.UU. pero los dos siguieron escribiéndose, esperando estar juntos algún día.

Mi querida Lisa,

Sentí una gran sensación de impotencia por tu partida. Resulta todo muy absurdo. Lo cierto es que te echo mucho de menos. Sin ti estoy nervioso, desequilibrado y poco seguro de mí mismo. Vivir contigo es un sueño, es la gloria, la felicidad. Vivir sin ti es un tormento. Por favor, necesito tus cartas cada día para poder seguir respirando. Cariño, cuando tú te marchaste de mi lado, mi vida dejó de tener sentido. Estoy vacío. Necesito tenerte a mi lado, cada día, cada noche. Oír tu voz, saber de cerca lo que sientes y lo que piensas.

Creo que en un futuro no muy lejano, todos estos sacrificios que estamos haciendo tendrán un significado, una recompensa. Nuestro corazón estará lleno de una inmensa felicidad — estaremos juntos para siempre.

Yo siempre te querré. Todo en ti es bonito, incluso tus lágrimas. Me gustaría que no hubiera más despedidas entre nosotros. Yo he andado errante° veintitrés años de mi vida hasta encontrar mi camino, mi luz, mi guía, y todo eso eres tú; y es el dolor más grande del mundo ver que te has ido. Pero sé también que volverás cuanto antes° y sé que te esperaré siempre.

wandering

cuanto... *as soon as possible*

Te quiero, mi reina. No me olvides.

Cristián

CONVERSEMOS

Refiriéndose a la lectura anterior, conteste Ud. las preguntas.

1. ¿Cuáles son algunas de las imágenes que usa Cristián para describir a su querida Lisa? ¿Cómo se encuentra él sin ella? ¿Cuáles son las esperanzas de Cristián? ¿Qué tipo de persona es Cristián? Descríbalo.
2. ¿Dónde y cuándo se conocieron Lisa y Cristián? Invente Ud. los detalles de su primer encuentro. ¿Qué le dijo él a ella? ¿y ella a él?
3. ¿Alguna vez ha recibido Ud. una carta como ésta? ¿de quién? Explique. ¿Ha escrito Ud. una carta como ésta? Describa las circunstancias.
4. ¿Qué le contestará Lisa a Cristián? ¿Cree Ud. que ella volverá? ¿Por qué?
5. ¿Se acuerda Ud. de su primer amor? ¿Cuántos años tenía cuando se enamoró? ¿Fue la única ocasión? ¿Rompió Ud. con esta persona o sigue saliendo con él (ella)?
6. ¿Es el amor importante para Ud.? ¿Es Ud. una persona romántica? ¿Cómo se caracteriza a una persona romántica? ¿Cree Ud. que hoy día la gente en general es más práctica que romántica? ¿Por qué?
7. ¿Ha salido Ud. alguna vez con una persona que no conocía? ¿Cómo resultó? ¿Salió otra vez con esta persona? ¿Arregló Ud. alguna vez una cita entre dos amigos suyos que no se conocían antes? ¿Cómo resultó? ¿Son amigos de Ud. todavía? Describa Ud. una cita inolvidable.

VOCABULARIO

EL AMOR
abrazar   *to hug*
el abrazo   *hug*
el (la) amante   *lover*
el amorío (la aventura)   *love affair*
amor mío   *my love*
el anillo   *ring*
  (de casamiento)   *(wedding ring)*
  (de compromiso)   *(engagement ring)*
atraer   *to attract*
besar   *to kiss*
el beso   *kiss*
la boda   *wedding*
el caballero   *gentleman*
cielito   *sweetheart, darling*
la cita   *date, appointment*

comprometerse con   *to become engaged to*
la dama   *lady*
el estado civil   *marital status*
la hembra   *female*
la luna de miel   *honeymoon*
el matrimonio   *matrimony, married couple*
el (la) novio(a)   *boy(girl)friend, fiancé(e), groom (bride)*
la pareja   *couple*
querido(a) mío(a)   *my dear*
salir con   *to go out with, date*
la sortija   *ring with a stone*
el varón   *male*

LA BELLEZA
fresco y juvenil   *fresh and young-looking*
el lápiz labial   *lipstick*
el maquillaje   *makeup*
ondular el pelo   *to curl one's hair*
el peinado   *hairdo*
la peluquería   *beauty parlor*
pintarse (maquillarse)   *to put on makeup*

LOS SENTIMIENTOS   *(Feelings)*
amoroso, (cariñoso)   *loving, affectionate*
apasionado   *passionate*
el cariño   *affection*
los celos   *jealousy*
celoso   *jealous*
coqueta   *flirtatious*
coquetear   *to flirt*
desilusionarse   *to become disappointed*

la dulzura   *sweetness*
enamorado   *in love*
enamorarse de   *to fall in love with*
la envidia   *envy*
envidioso   *envious*
la lágrima   *tear*
odiar   *to hate*
el odio   *hatred*
romántico   *romantic*
sensible   *sensitive*
sensual   *sensual*
sociable   *sociable*
sospechoso   *suspicious*
tener celos   *to be jealous*

QUERIDO MÍO
(Refiérase a las págs. 358-359.)

REPASEMOS EL VOCABULARIO

A. ¿Cuál no pertenece? Subraye Ud. la palabra que no está relacionada con las otras y explique por qué.

1. querido	amor	varón	cielito
2. celoso	amoroso	envidioso	sospechoso
3. sortija	luna de miel	boda	peluquería
4. desilusionado	cariñoso	enamorado	apasionado
5. lápiz labial	beso	maquillaje	peinado

B. La novia de Marcos. Isabel y Teresa hablan de la relación entre su amigo Marcos y su novia. Haga las siguientes actividades.

1. Dé Ud. un sinónimo de las siguientes palabras subrayadas. Lea la frase con las nuevas palabras.

ISABEL: La novia de Marcos es demasiado <u>sentimental</u>, ¿no crees? Se irrita fácilmente y no es muy <u>cordial</u>. ¿Qué te parece?

TERESA: Creo que ella se siente insegura en la relación, pero no sé por qué. Marcos la trata con mucho <u>afecto</u> y respeto, es <u>amoroso</u>, apasionado y muy caballero. Y muestra sus sentimientos públicamente, llamándola <u>cielito</u> y otras cosas bonitas. Y no es un tipo <u>envidioso</u> tampoco. ¿Qué más quiere?

ISABEL: Y es muy fiel. Nunca ha tenido <u>una aventura</u>.

TERESA: Recuerdo cuando se conocieron. ¡Fue amor a primera vista! Poco después, <u>se hicieron novios</u>, y empezaron a planear el <u>casamiento</u>.

ISABEL: Y será inolvidable... la ceremonia en la catedral, la recepción en el hotel y el <u>viaje de boda</u> en París... ¡Qué ilusión!

2. Ayude Ud. a la pareja a comprender su relación y a resolver sus problemas.

    a. En su opinión, ¿por qué se siente tan insegura de sí misma la novia de Marcos?
    b. Según las amigas, Marcos es el novio ideal. Pero, nadie es perfecto. ¿Cuáles son algunos posibles defectos de Marcos?
    c. ¿Qué puede hacer Marcos para asegurar a su novia de que está muy enamorado de ella? Dé tres recomendaciones, empleando el subjuntivo. **(Yo recomiendo que... Yo sugiero que... Yo aconsejo que...)**

    C. En grupos. En grupos de tres o cuatro personas, escriban una lista de las características del matrimonio perfecto. Incluyan por lo menos cinco en orden de importancia y explique por qué son importantes.

D. Mi boda. Describa Ud. su boda. ¿Cuándo y dónde será? ¿Con quién se casará? ¿Cuántos invitados habrá? ¿Qué comerán? ¿Qué tipo de música tocarán? ¿Adónde irán de luna de miel? Si Ud. ya es casado(a), describa su boda en el pasado.

E. ¿Un servicio necesario? Lea Ud. el anuncio y conteste las preguntas.

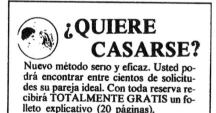

    ¿QUIERE CASARSE?
    Nuevo método serio y eficaz. Usted podrá encontrar entre cientos de solicitudes su pareja ideal. Con toda reserva recibirá TOTALMENTE GRATIS un folleto explicativo (20 páginas).

1. ¿En qué consiste el servicio anunciado aquí? ¿Por qué cree Ud. que estos servicios son tan populares? ¿Ha usado Ud. un servicio como éste alguna vez? ¿Conoce a alguien que lo haya hecho? ¿Cómo resultó?
2. Dicen que hoy día es muy difícil encontrar a la pareja ideal. Dé Ud. cuatro razones que justifiquen este comentario.

3. Ud. piensa inscribirse en una agencia de «*computer dating*» y necesita preparar su auto-descripción. Diga tres cualidades personales que va a mencionar y tres que va a omitir. Explique.

F. Para evitar errores. Mire Ud. el dibujo y haga los ejercicios.

McNaught Syndicate, Inc. 9-19
—Nos puso en contacto un computador estropeado.°   *broken*

1. En sus propias palabras, describa el dibujo. ¿Cómo es él? ¿Cómo es ella? ¿Qué problemas tienen? ¿Qué hacen allí?
2. Ud. no quiere que la escena representada en el dibujo le pase a Ud. Entonces, prepare una lista de seis preferencias acerca de su candidato(a) ideal. Incluya la siguiente información: aspecto físico, edad, trabajo, carácter, educación, pasatiempos y estado económico. Use el presente del subjuntivo según el modelo.

    MODELO   Busco una persona que tenga una educación universitaria.
                      Prefiero que sea mayor que yo, (que sepa esquiar, que tenga coche...)

    G. En parejas. Escríbale Ud. una carta de despedida o una carta amorosa a su novio(a). Luego, cambie su carta con la de un(a) compañero(a) de clase y conteste la suya.

GRAMÁTICA

The Definite Article (El artículo definido)

FORM

1. The definite articles are **el**, **la**, **los**, and **las**. They agree in number and gender with the nouns they modify.

el caballero	*the gentleman*
los caballeros	*the gentlemen*
la dama	*the lady*
las damas	*the ladies*

2. With feminine singular nouns that begin with an emphasized **a** or **ha**, the masculine form of the article is used when it directly precedes the noun.

el agua	*the water*
las aguas	*the waters*
el hacha	*the ax, hatchet*
las hachas	*the axes, hatchets*

3. The prepositions **a** and **de** before the masculine singular definite article become the contractions **al** and **del**.

al teatro	*to the theater*
a la boda	*to the wedding*
del concierto	*from the concert*
de la peluquería	*from the beauty parlor*

USE

1. The definite article is used to express *the* in Spanish.

2. The definite article is used with:

a. certain countries and cities.

el Brasil	el Japón	el Paraguay
el Canadá	la India	El Salvador
la Argentina	el Ecuador	la Florida
la Habana	el Uruguay	el Perú

b. compound geographic names.

los Estados Unidos
la América del Sur
la Gran Bretaña

c. geographic names modified by an adjective.

la España romántica

3. The definite article is used with languages—and except after the prepositions **de** and **en**, and after the verb **hablar**—and often after the verbs **escribir, leer, oír, saber, aprender, estudiar**, and **comprender**. It is used with the preceding verbs if a modifying word or phrase comes between the verb and the language.

El español es un idioma muy importante en los Estados Unidos.	*Spanish is a very important language in the United States.*
Mi novio peruano habla bien el inglés.	*My Peruvian boyfriend speaks English well.*
La señora Suárez es mi profesora de español.	*Mrs. Suárez is my Spanish professor.*
Se habla español en más de veinte países.	*Spanish is spoken in more than twenty countries.*
Gloria Estefan canta en español.	*Gloria Estefan sings in Spanish.*

4. The definite article is used with a noun employed in a general or abstract sense.

La envidia puede destruir un matrimonio.	*Envy can destroy a marriage.*
El amor al dinero es peligroso.	*Love of money is dangerous.*

5. It is also used with a modified first name.

El pobre Juan se ha enamorado otra vez.	*Poor Juan has fallen in love again.*

6. It is used with titles when talking about a person but omitted when directly addressing a person.

El doctor Peña se ha comprometido.	*Doctor Peña has become engaged.*
¡Hola, doctor Peña! ¿Cómo está?	*Hello, Doctor Peña! How are you?*

EXCEPTIONS The titles **don, doña, fray, sor, san(to)**, and **santa** never require a definite article.

7. It is used with reflexive verbs followed by parts of the body and articles of clothing.

Me lavo la cara.	*I wash my face.*
Se pone el smoking.	*He puts his tuxedo on.*

8. It is used instead of the indefinite article when referring to quantity, frequency, or weight.

El conjunto cobra $100,00 la noche.   *The band charges $100.00 a night.*
El champaña cuesta $8,00 la botella.   *Champagne costs $8.00 a bottle.*

9. It can be used with names of sports and games.[1]

Él juega al tenis y ella juega a las   *He plays tennis, and she plays checkers.*
   damas.

10. It is used with names of meals.

Después del almuerzo, fuimos al cine.   *After lunch we went to the movies.*

11. It is used with the nouns **escuela**, **cárcel**, **iglesia**, and **centro** after a preposition.

José ya se fue al centro.   *José already went downtown.*
Los novios se casaron en la iglesia.   *The bride and groom got married in church.*

12. It is used with days of the week, seasons, and other time expressions when they are modified. It is also used with days of the week to express *on* in English.

el lunes que viene   *next Monday*
el verano pasado   *last summer*
Es la una.   *It is one o'clock.*
Los sábados por la noche, la pareja   *On Saturday nights, the couple goes dancing,*
   sale a bailar y los domingos,   *and on Sundays, they rest.*
   ellos descansan.

13. The definite article is usually repeated in a series.

Compramos todo menos la crema, el   *We bought everything except the cream,*
   lápiz labial y el perfume.   *lipstick, and perfume.*

The Indefinite Article (El artículo indefinido)

FORM

1. The indefinite articles are **un**, **una**, **unos**, and **unas**. They agree in number and gender with the noun they modify.

un peinado   *a hairdo*
unos peinados   *some hairdos*
una boda   *a wedding*
unas bodas   *some weddings*

---

[1] In some Latin American countries, the preposition and article are not used with **jugar**. Example: **Juego tenis.**

2. With feminine singular nouns that begin with an emphasized **a** or **ha**, the masculine form of the article is used when directly preceding the noun.

un alma	*a soul*
unas almas	*some souls*
un hacha	*an ax, a hatchet*
unas hachas	*some axes, hatchets*

USE

1. The singular forms, **un** and **una**, are used to express *a* or *one*. The plural forms, **unos** and **unas**, are used to express *some, a few,* or *about.* They are more general than **algunos(as)**.

2. The indefinite article is usually repeated in a series.

Juan le dio a su novia un anillo de oro, una sortija de rubíes y un collar de perlas.	*Juan gave his girlfriend a gold ring, a ruby ring, and a pearl necklace.*

3. The indefinite article is omitted:

a. before the words **cien(to)**, **mil**, **otro**, **medio**, **cierto**, and after **qué** and **tal**.

Necesito otro boleto para mi esposa.	*I need another ticket for my wife.*
Tenía tanta sed que bebí media botella de tónica.	*I was so thirsty that I drank half a bottle of tonic.*
¡Qué hombre más cariñoso!	*What an affectionate man!*

b. After the prepositions **sin** and **con**, and after verbs like **tener** and **buscar** unless the indefinite article is needed to indicate quantity.

Venimos sin coche.	*We came without a car.*
¿Tienes televisión en color?	*Do you have a color television?*
Busco solución.	*I am looking for a solution.*
No podemos hacerlo sin un ayudante, o posiblemente dos o tres.	*We can not do it without one helper, or possibly two or three.*

c. after the verb **ser** with professions, religion, nationality, or political affiliation if they are not modified.

Ella es directora.	*She is a director.*
Ella es una directora talentosa.	*She is a talented director.*

PRÁCTICA

A. **De viaje y de compras.** Llene Ud. cada espacio con el artículo definido apropiado si es necesario.

1. _____ matrimonio pasará _____ luna de miel en _____ Ecuador, país encantador que está en _____ costa de _____ América del Sur. Quito, _____ capital, está rodeada por los Andes y tiene un clima agradable. En _____ parte vieja de _____ ciudad, se puede notar mucha influencia de _____ España colonial. La mayoría de _____ gente allí habla _____ español, pero algunos también hablan quechua, un idioma de _____ indios.

2. _____ semana pasada, fui a comprar _____ zapatos. Fui primero a _____ tienda que me recomendó _____ doña Inés. _____ empleado me mostró muchos estilos bonitos. Me gustaban todos: _____ rojos, _____ azules y _____ blancos. Compré _____ azules y me los puse en seguida. Luego, fui a un restaurante para merendar. Después de _____ merienda, volví a _____ casa y me quité _____ zapatos porque me dolían _____ pies.

B. **La sangría y una pareja.** Llene Ud. cada espacio con el artículo indefinido apropiado si es necesario.

1. La sangría es _____ bebida típica de España. _____ de los ingredientes principales es el vino tinto. Se añade _____ medio litro de coñac al vino y se echa _____ cucharadas de azúcar. _____ otro ingrediente importante es la fruta — naranjas y melocotones (*peaches*). Luego, se añade _____ poquito de canela (*cinnamon*), y ya está. ¡Qué _____ bebida más rica!

2. Anoche, en _____ boda, conocí a _____ pareja muy interesante. Gustavo es _____ chileno y es _____ escritor muy conocido en su país. Se casó con _____ italiana, Sandra. Ella es _____ poeta. Ahora los dos viajan por todo el mundo escribiendo artículos para _____ revista turística. ¡Qué _____ vida más fascinante!

C. ¡Qué comida más rica! Llene Ud. cada espacio con la forma correcta del artículo definido o indefinido. Si no se requiere ninguno, escriba una X.

Soy _____ profesora de _____ español en _____ escuela secundaria y mi marido es _____ médico. Cuando llega _____ fin de semana, estamos demasiado cansados para cocinar. A veces, vamos a _____ restaurante chino cerca de _____ centro. _____ comida china nos gusta mucho, sobre todo _____ sopas y _____ pollo. También _____ comida mexicana es deliciosa, pero picante. A veces, después de comerla me duele _____ estómago. _____ empanadas que se comen en _____ Argentina y en _____ Colombia también son muy ricas. _____ de nuestras vecinas, _____ señora Rivera, las preparó para mi clase de _____ español _____ día. En realidad, _____ langosta es nuestra comida favorita pero cuesta $9,00 _____ libra en _____ restaurantes. Pues, creo que vamos a quedarnos en _____ casa esta noche y preparar _____ cena.

Adverbs (Los adverbios)

FORM

1. The most common way to form an adverb is to add the suffix **-mente** to the feminine form of the adjective. This ending is comparable to *-ly* in English.

ADJECTIVE	FEMININE FORM	ADVERB	ENGLISH
cariñoso	cariñosa	cariñosamente	*affectionately*
elegante	elegante	elegantemente	*elegantly*
cortés	cortés	cortésmente[2]	*courteously*

2. An alternate method for forming adverbs is to use the preposition **con** + a noun.

elocuentemente	con elocuencia
fácilmente	con facilidad
perfectamente	con perfección

---

[2] Note that when an adjective has a written accent, the adverb maintains the accent when **-mente** is added.

3. In spoken Spanish it is common to hear the masculine singular form of the adjective used as an adverb.

Él condujo demasiado rápido (rápidamente).   *He drove too fast.*
Hable Ud. más lento (lentamente), por favor.   *Speak more slowly, please.*

USE

1. Adverbs are usually placed after the verb. When two or more adverbs are used to modify the same verb, only the last of the series has the suffix **-mente**. Note that the preceding adverbs will reflect the feminine form of the adjective.

El joven le habló apasionada   *The young man spoke to her passionately*
   y amorosamente.   *and lovingly.*

2. Adverbs usually precede the adjective or adverb they modify.

La pulsera es demasiado cara.   *The bracelet is too expensive.*
Sara se lleva muy bien con sus suegros.   *Sara gets along very well with her in-laws.*

PRÁCTICA

A. La historia del amor. A Carlos y a Sandra les gusta mucho las películas románticas. Hablan de *La historia de un amor*, un melodrama que acaban de ver. Siga Ud. el modelo.

MODELO   El desarrollo de la intriga es magnífico.
               Sí, todo se desarrolla magníficamente.

1. Ramón y Juliana son muy apasionados. Sí, se besan _____.

2. Al principio eran felices. Sí, vivían _____.

3. La desintegración de su relación es gradual. Sí, se desintegra _____.

4. La voz de Juliana es dulce y cariñosa. Sí, ella habla _____.

5. Su sufrimiento es trágico. Sí, ella sufre _____.

6. El final es misterioso y triste. Sí, termina _____.

B. La primera cita. Anoche Alicia salió por primera vez con un hombre que trabaja en su oficina. Su amiga le pide detalles. Siga Ud. el modelo.

MODELO   ¿Fumó mucho? (constante)
Sí, él fumó constantemente.

1. ¿Te trató bien? (cariñoso)
2. ¿Manejó el coche con cuidado? (lento)
3. ¿Se portó bien con tu familia? (cortés)
4. ¿Se sintió cómodo después de un rato? (inmediato)
5. ¿Bailó bien? (horrible)
6. ¿Habló de cosas interesantes? (elocuente)
7. ¿Te gustaría salir con él otra vez? (frecuente)

Ahora Alicia quiere saber cómo es el novio de su amiga. Conteste Ud. sus preguntas, cambiando las expresiones a la forma adverbial con **-mente**.

1. ¿Se enoja con facilidad?
2. ¿Trata a la gente con sensibilidad?
3. ¿Gasta su dinero con dificultad?
4. ¿Vive con tranquilidad?
5. ¿Se viste con elegancia?
6. ¿Te habla con cariño?
7. ¿Te quiere con sinceridad?

C. El hombre de mis sueños. En cada frase, cambie Ud. la construcción **con** + sustantivo a la construcción de un adverbio con **-mente**.

El hombre ideal será capaz de amarme con profundidad. Él hablará con inteligencia y compartirá mis problemas con sensibilidad. Si estoy nerviosa, él me hablará con tranquilidad. Si le pido un favor, lo hará con felicidad. Con frecuencia me mandará flores y bombones. ¡Qué hombre!

D. Cómo conquistar a un hombre. Forme Ud. adverbios de los adjetivos siguientes y llene los espacios con el más apropiado.

feliz	confiado	maravilloso	impaciente
tímido	elegante	dulce	solo
amistoso	inmediato	rápido	ansioso

1. Vístete muy _____ y vete _____ a una discoteca.

2. Siéntate en una mesa cerca de la pista de bailar y mira _____ a tu alrededor.

3. Cuando veas a la «víctima», míralo _____ a él y sonríe _____ .

4. Él vendrá _____ para hablar contigo. Dile que él baila _____ , y Uds. pasarán unas

   horas charlando _____ .

5. Después de un rato, él ofrecerá _____ a llevarte a tu casa, pero dile que es mejor que vayas sola porque tu mamá te espera _____.

6. El próximo día, espera _____ en casa porque él te llamará _____ por teléfono.

The Uses of pero, sino, and sino que (Los usos de **pero, sino** y **sino que**)

USE

1. **Pero** means *but* in the sense of *however* or *nevertheless* and can be used in either an affirmative or a negative sentence

No me gusta Tomás pero saldré con él esta vez.	*I don't like Tomás, but (nevertheless) I will go out with him this time.*
Quiero ir a la boda pero no me invitaron.	*I want to go to the wedding, but (however) they didn't invite me.*

2. **Sino** is used only in a negative sentence. It expresses the idea of *but rather* or *on the contrary*. It is not used before conjugated verbs.

No me gusta Tomás sino Miguel.	*I don't like Tomás but rather Miguel.*
No quiero ir a la boda sino al teatro.	*I don't want to go to the wedding but to the theater.*

3. **Sino que** is used in a negative sentence when the clause following it has a conjugated verb. It has the same meaning as **sino**.

No fui a la boda sino que me quedé en casa.	*I didn't go to the wedding; on the contrary, I stayed home.*

PRÁCTICA

A. **Permiso del padre.** El pobre José quiere casarse con Mari Luz pero necesita permiso de su papá. Llene Ud. cada espacio con **pero, sino** o **sino que.**

1. No soy rico, _____ pobre, _____ voy a trabajar mucho para mantener bien a la familia.

2. No tengo un trabajo muy bueno ahora _____ voy a conseguir uno en el futuro.

3. No estudio para médico _____ para abogado. Pronto terminaré la carrera.

4. No salgo mucho por la noche _____ me quedo en casa leyendo.

5. No soy rey _____ quiero mucho a su hija y la querré para siempre.

B. **Las excusas.** Los novios acaban de tener su primera riña. Pablo tenía una cita con Susana, pero cuando llegó a su casa, ella no estaba. Susana le da excusas. Termine Ud. las frases de una forma original.

1. No salí con ningún otro hombre anoche sino que...
2. Quería llamarte antes pero...
3. No fui a la fiesta sino...
4. Yo te dejé un recado pero...
5. No creí que nuestra cita fuera para anoche sino...
6. Espero que no te enfades sino que...

Al día siguiente Susana... (*Termine la historia.*)

ASÍ SE DICE

Querido mío

1. Words and expressions to describe the love of your life are varied and always changing. The following are only a few of the most common:

mi novio(a)	*my (steady) boy(girl)friend*
el hombre (la mujer) de mis sueños	*the man (woman) of my dreams*
el príncipe azul	*knight in shining armor*
¡ _____ de mi alma!	*_____ of my heart!*
¡Qué guapo (chulo, mono)!	*How good-looking (gorgeous, cute)!*

2. Some common expressions of affection you might hear are:

¡Mi amor (amorcito[a])!
 ¡Mi corazón! ¡Mi vida!
 ¡Mi cielo (cielito, dulzura)!   }   *My love (honey, sweetheart, darling)!*

3. A declaration of true love might take one of the following forms:

Me gustas.	*I like you.*
Te quiero (amo, adoro) tanto.	*I love (adore) you so much.*
Estoy locamente enamorado(a) de ti.	*I'm head over heels in love with you.*
Me muero sin ti.	*I'll die without you.*

4. . . . and may be followed by an impassioned plea:

¡Cásate conmigo!	*Marry me!*
Dame un besito.	*Give me a kiss.*
Quédate siempre aquí a mi lado.	*Stay by me forever.*
No me dejes (olvides) nunca.	*Don't ever leave (forget) me.*

5. However, the course of true love does not always run smoothly. In these instances, you might hear:

Me dejó plantada(o).	*He (She) stood me up.*
Ya no me quiere.	*He (She) doesn't love me anymore.*
Me hace sufrir tanto.	*He (She) makes me suffer so much.*
Sufro tanto por él (ella).	*I suffer a lot for him (her).*
Se fue con otra(o).	*He (She) left me for another.*
Tiene celos. (Está celoso[a]).	*He (She) is jealous.*

PRÁCTICA

A. Los sentimientos más sinceros. Dé una expresión o una respuesta apropiada para las siguientes situaciones.

1. Un soldado sale para la guerra; se despide de su novia.
2. La Cenicienta (*Cinderella*) deja al príncipe en el baile.
3. El príncipe azul llega al lado de la Bella Durmiente (*Sleeping Beauty*).
4. Romeo y Julieta se encuentran por primera vez.
5. Unos novios por fin se encuentran solos después de la boda.
6. Rhett Butler deja a Scarlett O'Hara por última vez.

B. Unos criterios muy diferentes. Explique Ud. las circunstancias desde los dos puntos de vista en las siguientes situaciones.

    1. La novia: **El novio:**

       ¡Me dejó plantada! _____   No es cierto. _____

    _____ .   _____ .

2. Él:

¡Ya no me quiere! _____

_____ .

3. Ud:

¡Tiene tantos celos! _____

_____ .

Ella:

¿Cómo que no lo quiero? _____

_____ .

El hombre (La mujer):

Yo, ¿celos? _____

_____ .

Lección 20

¿El que manda?

PARA COMENZAR...

1. Con la ayuda del vocabulario en las págs. 363-364, describa el dibujo.
2. ¿Es típica esta escena? Explique las circunstancias. ¿Se ve esto más en los EE.UU. hoy día? ¿A qué se debe?
3. ¿Debe haber un papel específico para el hombre y otro para la mujer? ¿Por qué? ¿Cuáles deben ser?
4. En su familia, ¿trabajan ambos padres fuera de la casa? ¿Quién hace las tareas domésticas? Explique cómo dividen las tareas. ¿Hacen los hermanos y las hermanas tareas diferentes? Explique.

 ¿El que manda?

De vuelta en los EE.UU., Lisa decide alquilar un apartamento en la playa donde va a pasar el verano trabajando de camarera con unas amigas. A Cristián no le gusta nada su decisión y le escribe a Lisa sobre sus preocupaciones.

Querida,

Desde que te conocí (y consciente de que eres americana), he querido tener relaciones democráticas contigo, pero no ha sido posible. Tú puedes comprobarlo por los problemas que han surgido. Y el fracaso de esto es debido a que, americana o no, eres una mujer, como cualquier otra mujer, aunque para mí diferente de todas las demás, claro. Y, realmente tú lo sabes. Darle democracia a una pequeña como tú, a una mujer, es imposible. Porque me has demostrado que no has sabido utilizarla. Y realmente lo prefiero así, porque te veo más femenina si eres menos segura en tus decisiones. Pero no te preocupes, cariño. Ya te dije que te quiero y que siempre haré lo posible para resolver cualquier problema nuestro. No puede ser 50 por ciento. Yo procuraré° hacer todo lo posible para que no tengas que tomar decisiones difíciles. Quizás así tengamos más suerte y menos problemas.

will try

Necesito que seas mujer siempre, cuando estés conmigo y cuando estés sin mí. Yo tengo confianza en que mi novia es una mujer y no una niña mimada y caprichosa.

Te quiero pero estoy intranquilo. Escríbeme y explica todos tus actos.

Cristián

CONVERSEMOS

Refiriéndose a la lectura anterior, conteste Ud. las preguntas.

1. ¿Cuál es el motivo de la carta de Cristián? ¿Qué es lo que él nunca puede darle a Lisa? ¿Por qué? ¿Qué debe hacer Lisa para evitar problemas en la relación? ¿Qué quiere él que ella escriba en su próxima carta?
2. ¿Qué piensa Ud. de la actitud de Cristián? ¿Es justificado su enojo? Explique. ¿Cómo va a reaccionar Lisa al recibir la carta? ¿Cómo reaccionaría Ud. si recibiera esta carta?
3. Describa Ud. las características de una persona posesiva. ¿Es Ud. posesivo(a)? ¿Por qué sí o por qué no? ¿Le gusta que su novio(a) sea posesivo(a)? Explique.
4. ¿En qué consiste la feminidad? ¿y la masculinidad? ¿Es femenino no tomar decisiones? ¿Quién toma las decisiones en su familia?
5. ¿En qué consiste «una relación democrática»? ¿Es posible tener una relación así con su novio(a)? ¿Por qué sí o no? ¿Le gusta que su novio(a) sea dominante? ¿Son los hombres agresivos más atractivos? ¿y las mujeres sumisas?

VOCABULARIO

SUSTANTIVOS
el ama de casa *housewife (f.)*
la bata *bathrobe*
el centro para niños *day-care center*
los deberes (las obligaciones) *duties*
el delantal *apron*
el embarazo *pregnancy*
la feminidad *femininity*
la guardería infantil *day-care center*
la masculinidad *masculinity*
la maternidad *maternity*
el mito *myth*
la partera *midwife*
el parto *labor*
la paternidad *paternity*
el poderío *power, authority*

VERBOS
comprobar (ue) *to prove*
criar *to raise*

cuidar (de) *to take care of*
desempeñar *to perform*
divorciarse *to get divorced*
dominar *to dominate*
enfadarse (enojarse) *to become angry*
evitar *to avoid*
fastidiar *to upset, irk*
provocar *to provoke*
someter *to submit, subdue*
surgir *to appear*

ADJETIVOS
agresivo *aggressive*
capacitado (capaz) *capable*
caprichoso *capricious*
contenido *contained, moderate*
despeinado *uncombed*
dominante *domineering*
encinta (embarazada) *pregnant*
expresivo *expressive*

flexible *flexible*
macho (machista) *exaggeratedly masculine*
materno *maternal*
obediente *obedient*
pasivo *passive*
paterno *paternal*
rígido *rigid, inflexible*
sumiso *submissive*
valiente *valiant*
virtuoso *virtuous*

EXPRESIONES
cambiar una llanta *to change a tire*
dar a luz *to give birth*

es debido a *it is because of*
hacer un mandado (una diligencia) *to do an errand*
hacer (desempeñar) un papel *to play a role*
hacer las tareas domésticas *to do housework*
el movimiento de liberación femenina *the women's liberation movement*
sacar la basura *to take out the garbage*

A QUIÉN CORRESPONDA...
(Refiérase a las págs. 373-374.)

REPASEMOS EL VOCABULARIO

A. ¿Cuál no pertenece? Subraye Ud. la palabra que no está relacionada con las otras y explique por qué.

1. rígido	pasivo	obediente	sumiso
2. dominante	macho	flexible	agresivo
3. enfadar	enojar	fastidiar	criar
4. mito	deber	obligación	trabajo
5. parto	embarazo	bata	partera

B. La riña. Dé Ud. el sinónimo de las palabras subrayadas. Use la forma apropiada.

Anoche Juliana se enojó con su esposo. Según Raúl, fue ella quien causó la riña. Juliana quería salir con sus amigas pero Raúl insistió en que se quedara en casa para atender a los niños. Juliana dice que esta riña es consecuencia del carácter super autoritario de su esposo. No es que no sea decente, porque lo es, pero es uno de esos hombres que se creen superiores a las mujeres, y éste es un gran defecto. Raúl intenta subordinar a Juliana y hacerla creer que no cumple con sus deberes domésticos.

C. El análisis. Refiriéndose a la relación entre Juliana y Raúl, use su imaginación y conteste las preguntas.

1. ¿Qué tipo de mujer quiere Raúl?
2. ¿Qué otras acciones o actitudes de Juliana fastidian a Raúl?
3. Describa Ud. dos otras ocasiones cuando, según Raúl, Juliana provocó una riña.

4. ¿Qué recomienda Ud. que hagan ellos para mejorar su relación? Haga tres recomendaciones.

D. Mi media naranja. (*My better half.*) Escoja Ud. tres adjetivos de la lista siguiente para llenar los espacios. Luego complete las frases.

flexible, contenido, sumiso, expresivo, virtuoso, pasivo, valiente, dominante

1. Quiero un(a) novio(a) que sea _____ porque...

2. Prefiero que un hombre (una mujer) sea _____ porque...

3. No me gustaría que un(a) esposo(a) fuera _____ porque...

E. El dibujo lo dice todo. Mire Ud. el dibujo y conteste las preguntas.

Ahora que tenemos los esquíes, podemos empezar a
ahorrar para comprar un barco de motor el próximo año.

1. Describa Ud. la relación que existe entre estas dos personas.
2. En su opinión, ¿por qué permite ella que su esposo la trate así?
3. ¿Quién es el hombre más machista que Ud. conoce? Descríbalo. ¿A qué se debe esta actitud?

F. En grupos. Es evidente que la mayoría de los anuncios comerciales que salen por la televisión durante el día se dirigen a la mujer. Ahora que es más frecuente que el hombre se quede en casa, ¿cómo van a cambiar estos anuncios? En grupos, escriban un anuncio comercial dirigido al hombre de la casa y represéntenlo delante de la clase.

GRAMÁTICA

The Past Participle Used as an Adjective (El participio pasado usado como adjetivo)

USE

1. As discussed in Unit 6, when the past participle is used to form a perfect tense, the final **-o** ending remains invariable. However, when used as an adjective, the past participle agrees in number and gender with the noun it modifies.

He **hecho** los trabajos de la casa.

La mujer se ha **capacitado** para trabajar fuera de casa.

Son trabajos **hechos**.

Es una mujer **capacitada**.

2. The past participle is often used with the verbs **dejar**, **estar**, **quedar**, and **tener** to express the result of an action.[1]

Dejé abiertas las ventanas.

La teoría está comprobada.

Tengo hecho el trabajo.

I left the windows open.

The theory is proven.

I have the work done.

3. It may be used to indicate the time or the circumstances existing when an action takes place. In this case, the past participle generally precedes the noun.

Pagada la cuenta, Raquel salió del restaurante.

Cambiada la llanta, Laura siguió su camino.

The check paid, Raquel left the restaurant.

Having changed the tire, Laura continued on her way.

The Past Participle and the Present Participle (El participio pasado y el participio presente)

USE

1. The past participle is used as an adjective with the verb **estar** to express the result of an action or a change of state or condition. In English the present participle is often used.

El nene está dormido en la cuna.

The baby is asleep (sleeping) in his crib.

---

[1] The past participle is also used with the verb **ser** to form the passive voice. This is discussed in Lesson 22.

Mamá estaba acostada después de un largo día de trabajo.

Mom was lying down after a long day of work.

2. The present participle is used with the verb **estar** to express an action in progress.

El nene está durmiendo.
Mamá se estaba acostando cuando alguien tocó a la puerta.

The baby is sleeping.
Mom was (in the process of) lying down when someone knocked on the door.

3. Some common past participles in Spanish that are used as present participles in English are:

aburrido	*boring*	colgado	*hanging*
atrevido	*daring*	divertido	*amusing*
bien parecido	*good-looking*	sentado	*sitting*

PRÁCTICA

A. La casa ideal. Después de muchos años, los Miranda pueden construir la casa de sus sueños. Siga Ud. el modelo.

MODELO las paredes del comedor / pintar
Las paredes del comedor están pintadas.

1. la piscina y el patio / construir
2. las canchas de tenis / hacer
3. las rejas en el balcón / poner
4. las lámparas de la entrada / colgar
5. el trabajo eléctrico de la sauna / terminar
6. el arquitecto / pagar

B. Los trabajos de la casa. Leonor tiene que asistir a una reunión importante. Su esposo le pregunta qué debe hacer en casa durante su ausencia.

MODELO ¿Barro el suelo de la cocina?
Sí, y una vez barrido el suelo, debes ir al supermercado.

1. ¿Hago las compras para la fiesta?
2. ¿Saco toda la basura?
3. ¿Levanto la alfombra de la sala?
4. ¿Acuesto a los niños a mediodía?
5. ¿Cocino el pollo?
6. ¿Lavo los platos?

C. Vuelve la inspectora. Cuando Leonor vuelve de su reunión, le pregunta a su esposo si él terminó todas sus tareas. Conteste Ud. las preguntas con el participio pasado y los verbos **tener** o **dejar**.

> MODELO ¿Abriste las ventanas?
> Sí, dejé abiertas las ventanas.

1. ¿Cerraste todas las puertas?
2. ¿Lavaste los vasos?
3. ¿Planchaste mis pantalones?
4. ¿Preparaste la ensalada?
5. ¿Hiciste las camas?
6. ¿Freíste las papas?

D. No vale la pena. María José consiguió un nuevo puesto que requiere largas horas en la oficina. Su esposo decidió ayudarla con las tareas domésticas, pero parece poco capacitado. Siga Ud. el modelo.

> MODELO Perdió la lista de recados.
> Ahora la lista está perdida.

1. Rompió los vasos de cristal.
2. Quemó la cafetera.
3. Arruinó la alfombra en el salón.
4. Ensució el suelo de la cocina.
5. Destruyó su vestido de seda.
6. Pero preparó una cena romántica.

Comparatives and Superlatives (Los comparativos y los superlativos)

FORM AND USE

Comparisons of inequality are formed as follows:

1. When the comparison involves one clause, the following constructions are used:

Superiority and inferiority:

a. | **Más (menos)** + adjective, adverb, or noun + **que** + person or thing |

Mi trabajo es más (menos) difícil que el tuyo.	*My work is more (less) difficult than yours.*
Juana se levanta más (menos) temprano que su esposo.	*Juana gets up earlier (less early [i.e., later]) than her husband.*
Raúl gana más (menos) dinero que su hermana.	*Raúl earns more (less) money than his sister.*

b. | Verb + **más (menos) que** + person or thing |

Pablo come más (menos) que yo.   *Pablo eats more (less) than I.*

c. Más (menos) de is used before numbers.[2]

Tengo más (menos) de cinco amigos   *I have more (less) than five Peruvian*
   peruanos.   *friends.*

d. Contrary to English, in Spanish the negative is used after expressions of
   comparison.

Te quiero más que nunca.   *I love you more than ever.*
Susana lo sabía más que nadie.   *Susana knew it more than anyone.*

2. When the comparison involves two clauses, the following constructions are used:

Superiority and inferiority:

a. When comparing an adjective, adverb, or idea, **de lo que** is used.

Juan es más (menos) guapo de lo que   *Juan is more (less) handsome than you told*
   me dijiste.   *me.*
Es más tarde de lo que crees.   *It's later than you think.*

b. When comparing a noun, the phrase **del (de la, de los, de las) que** is used. It
   agrees in number and gender with the noun to which it refers.

Raúl le compró más brillantes de los   *Raúl bought her more diamonds than he*
   que puede pagar.   *can pay for.*
Tenemos más (menos) comida de la   *We have more (less) food than we need.*
   que necesitamos.

FORM AND USE

Comparisons of equality are formed as follows:

1. | **Tan** + adjective or adverb + **como** + person or thing |

José es tan romántico como Romeo.   *José is as romantic as Romeo.*
Alfredo canta tan bien como Julio Iglesias.   *Alfredo sings as well as Julio Iglesias.*

2. | **Tanto(a, os, as)** + noun + **como** + person or thing |

Yo tengo tanto trabajo como tú.   *I have as much work as you.*
Marta tiene tantas amigas como yo.   *Marta has as many friends as I.*

---

[2] The construction **no** + verb + **más que** + number is used to express the idea of *only*. **No tengo más que
quince centavos.** *(I have only fifteen cents.)*

3. | Verb + **tanto como** + person or thing |

Pablo sale tanto como nosotros.   *Pablo goes out as much as we.*

FORM AND USE

There are two types of superlatives—relative and absolute.

1. The relative superlative of adjectives and adverbs requires the following constructions:

a. | Definite article + **más (menos)** + adjective + **de** + person or thing |

Sara es la (chica)[3] más guapa de la clase.   *Sara is the prettiest (girl) in the class.*
Carlos y Pepe son los (chicos)[3] más gua-   *Carlos and Pepe are the most handsome*
pos del colegio.   *(boys) in the school.*

b. | Verb + **lo** + **más (menos)** + adverb + **posible (que poder)** |

Comimos lo más pronto posible (que   *We ate as soon as possible (we*
pudimos).   *could).*

2. The absolute superlative of adjectives and adverbs requires the following constructions:

a. There are three possible superlative adjective forms, in order of degree:

| **muy** + adjective | | **sumamente** + adjective |

muy guapo   sumamente guapo
very handsome   *extremely handsome*

| adjective + **-ísimo(a, os, as)** |

guapísimo
indescribably handsome

Note the following orthographic changes that occur in some adjectives.

| **z → c** | feliz — felicísimo | **c → qu** | rico — riquísimo |
| **g → gu** | largo — larguísimo | **ble → bil** | amable — amabilísimo |

---

[3] In this construction, the noun need not be expressed because it is understood.

b. There are three possible superlative adverb forms, in order of degree:

| **muy** + adverb | **sumamente** + adverb |

muy rápidamente
very quickly

sumamente rápido
extremely quickly

| adverb + **-ísimo (-ísimamente)** |

rapidísimamente
incredibly quickly

FORM

The following are some irregular comparatives and superlatives:

Adjective	Adverb	Comparative	Superlative
bueno (*good*)	bien (*well*)	mejor (*better*)	el (la) (lo) mejor (*the best*)
malo (*bad*)	mal (*badly*)	peor (*worse*)	el (la) (lo) peor (*the worst*)
mucho(s) (*much, many*)	mucho (*a lot*)	más (*more*)	el (la) (lo) más (*the most*)
poco(s) (*little, few*)	poco (*a little*)	menos (*less*)	el (la) (lo) menos (*the least*)
grande[4]		mayor (*older*)	el (la) mayor (*the oldest*)
pequeño[4]		menor (*younger*)	el (la) menor (*the youngest*)

---

[4] When **grande** and **pequeño** refer to size rather than age, **más (menos)** is used for comparison. For example: **Ella es más grande que yo.** (*She is bigger than I.*)

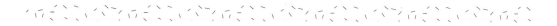

PRÁCTICA

A. ¿Más, menos o tan? Escoja Ud. una de las formas comparativas y forme frases completas, según el modelo.

> MODELO   las mujeres / capacitadas / los hombres
> Las mujeres son más capacitadas que los hombres.

1. los estudiantes / inteligentes / los profesores
2. Romeo / apasionado / Julieta
3. los padres / sabios / los niños
4. Sancho Panza / gordo / Don Quijote
5. yo / alto(a) / mi madre
6. mi hermano / fuerte / yo

Ahora, forme Ud. tres comparaciones originales.

B. **¿Más que?** Haga comparaciones entre las siguientes personas según el modelo.

> MODELO   ¿Fue elegante la boda? (la de Mariela / la de la princesa Diana)
> Sí, fue más elegante que la de Mariela pero menos que la de la princesa Diana.

1. ¿Es machista Aurelio? (Javier / Sylvester Stallone)
2. ¿Es celoso tu marido? (Federico / Rhett Butler)
3. ¿A tí te fastidian los trabajos domésticos? (a mí / a Madonna)
4. ¿Es musculoso tu novio? (mi primo / Arnold Schwarzenegger)
5. ¿Usa ella mucho maquillaje? (esa modelo / Liz Taylor)

C. **¿Cuál es su relación?** Compare Ud. las siguientes cosas de una forma original, según el modelo.

> MODELO   España / Estados Unidos
> España es más pequeña que los EE.UU.

1. el chocolate / la vainilla
2. mi madre / mi padre
3. yo / mi profesor(a)
4. una boda / una fiesta de cumpleaños
5. los programas de televisión / las películas
6. la revista *Time* / la revista *Newsweek*
7. mi novio / Brad Pitt (mi novia / Julia Roberts)

D. **Al extremo.** Termine Ud. las frases con comparativos de una forma original, según el modelo.

> MODELO   Barbra Streisand canta bien... pero yo canto mejor.

1. Tú bailas mal...
2. Mi madre cocina bien...
3. Mi abuela es vieja...
4. Tú eres joven...
5. Yo tengo mucho dinero...
6. Ud. tiene pocos amigos...

E. **Siempre hay alguien que lo hace mejor.** Forme Ud. los superlativos siguientes.

> MODELO   Yo corro rápidamente... pero Jackie Joyner corre más rápidamente que yo.
> Ella corre rapidísimamente.

1. Susana se viste elegantemente...
2. Pablo habla elocuentemente...
3. Mi secretario trabaja eficazmente...
4. Yo me levanto temprano...
5. Tú manejas cuidadosamente...
6. Papá canta felizmente...

F. **Sí, pero...** *Según el modelo, haga Ud. los cambios usando* **tan... como, tanto... como** *o* **tanto como.**

> **MODELO**   Ana gana mucho dinero. (su esposo)
> Sí, pero no gana tanto dinero como su esposo.

1. Paco se enfada mucho. (Pepe)
2. El embarazo fue difícil. (el parto)
3. Mi hermano es agresivo. (mi hermana)
4. Los españoles se divorcian. (los norteamericanos)
5. El hombre es expresivo. (la mujer)
6. Hoy día la mujer tiene muchos derechos. (el hombre)
7. Mi padre trabaja muy duro. (mi madre)
8. Hay muchas oportunidades de trabajo para las chicas. (los chicos)

ASÍ SE DICE

A quién corresponda...

1. Letter salutations may be formal or informal, depending on the purpose of your correspondence.

Querido Juan,	*Dear Juan,*
Muy señor (señores) mío(s):	*Dear Sir(s):*
Estimado(a) (apreciable, distinguido[a]) señor(a):	*Dear Sir (Madam):*
A quién corresponda:	*To whom it may concern:*

2. The body of the letter usually begins with an explanation of why you are writing. The following may be helpful in business or formal letters:

He recibido su apreciable carta.	*I have received your kind letter.*
En referencia a su carta de...	*In reference to your letter of . . .*
Acabamos de recibir...	*We have just received . . .*
El motivo de la presente es...	
La presente sirve para...	*I am writing (this letter) to . . .*

Tengo el gusto de comunicarle... ⎫
Me es grato dirigirme a Ud... ⎪
Quiero informarle... ⎬   *I am pleased to inform you . . .*
Mucho nos duele comunicarle... ⎪   *I would like to let you know . . .*
En contestación me permito ⎭   *We are very sorry to inform you . . .*
   manifestarle...   *In response, let me say . . .*

3. And in closing, you might use:

Dándole las gracias por... ⎫
Agradeciéndole de nuevo... ⎭   *Thank you for . . .*
Confiando en que...   *I hope that . . .*
En espera de sus noticias...   *I look forward to hearing from you . . .*
Me subscribo...   *I remain . . .*
Cordialmente (Atentamente)   *Sincerely*
Saludos a la familia.   *Say hello to your family.*
Besos y abrazos   *Hugs and kisses*

 PRÁCTICA

A. **Cartas y más cartas.** Prepare Ud. una carta breve acerca de las siguientes situaciones.

1. Un redactor le escribe a un autor; tiene que rechazar el manuscrito que éste le había mandado.
2. Un(a) hijo(a) en la universidad les escribe a sus padres después de los primeros exámenes.
3. El director de la Facultad de Medicina le escribe a un estudiante; le dice que fue aceptado para el curso de otoño.
4. Una mujer le escribe a su novio, que está en el extranjero; le dice que ya no quiere esperarlo más.
5. Un empleado le escribe a su jefe; quiere dejar el trabajo.
6. Un líder de un club universitario le escribe al senador / diputado de su estado; quiere que éste venga al campus para dar un discurso.
7. Un niño le escribe a Santa Claus; le pide regalos de Navidad.

B. **La expresión apropiada.** Cite Ud. una situación en la cual emplearía las siguientes expresiones.

1. Muy señora mía:
2. Estimado Señor Alegre:
3. A quién corresponda:
4. Besos y abrazos,
5. Agradeciéndolo de nuevo... me subscribo,

Lección 21

La mujer hispana: ¿En camino o en cadenas?

«QUIERO DECIRLE AL PÚBLICO QUE LAS MUJERES MERECEMOS LOS MISMOS DERECHOS QUE TIENEN LOS HOMBRES Y QUIERO DECIRLE A MI ESPOSO QUE LE DEJÉ UN SÁNDWICH EN LA NEVERA.»

PARA COMENZAR...

1. Con la ayuda del vocabulario en las págs. 377-378, describa el dibujo.
2. ¿Por qué están de huelga estas mujeres? ¿De qué se preocupa la mujer en el centro? ¿Cuáles son sus prioridades?
3. ¿Tiene la mujer hoy día un papel doble que desempeñar? ¿En qué consiste? ¿Hay más presiones para la mujer hoy día de ser «super mujer / madre / profesional»? ¿A qué se debe esta presión? ¿Qué se puede hacer para disminuirla?
4. ¿Deben recibir pago las mujeres por el trabajo doméstico que hacen? ¿Quién debe pagarles? ¿Cuánto deben cobrar?

La mujer hispana: ¿En camino o en cadenas?

Pues, pasan los meses y los dos siguen escribiéndose. Lisa ha decidido seguir la carrera de abogado, lo cual no le encanta a Cristián. Lo difícil para Lisa es acostumbrarse a la actitud machista de su novio español, una actitud que no ve con frecuencia en su propio ambiente pero que es más conocida y aguantada entre las mujeres hispanas... hasta hace poco.

Querida Lisa,

Muchísimas gracias por tu última carta. Me alegro que todo te vaya tan bien y que estés tan contenta. De todas maneras me parece que hay algunas cosas de las cuales tenemos que hablar.

En tu carta me dices que finalmente has decidido estudiar la carrera de abogado, lo cual no me parece muy bien. Lo que creo es que no te has puesto a pensar en lo que eso significaría.

Para empezar, la carrera en sí ya son tres años. Después tendrás que buscar trabajo, y aunque lo encontrarás, tardarás otros diez años más en llegar a ser alguien en la profesión. Ser un buen abogado no es fácil. Tendrás que trabajar mucho y aguantar mucho más. ¿Crees que podrías avanzar fácilmente en una profesión que siempre ha sido de hombres? ¿Crees que podrías aguantar todo el sufrimiento que implica esta profesión?

Por otra parte, no podrías ejercer en España con un título de los EE.UU. y eso supondría una separación. Sabes muy bien lo mucho que te quiero y lo mucho que quiero que estés conmigo. Pero también yo estoy haciendo mi carrera y bien sabes lo mucho que significa para mí. ¿Por qué no vienes a vivir conmigo? Si vienes, te encontraré un trabajo como secretaria o un trabajo en una boutique. Así no tendrás tanto trabajo y podremos estar juntos. De todas maneras, cuando yo acabe mi carrera y encuentre trabajo, no necesitarás trabajar, y además alguien tendrá que cuidar la casa. Sabes que sólo quiero lo mejor para ti. Piensa bien en lo que te he dicho y después decide lo que quieres hacer. Un beso muy fuerte. Te quiero.

Cristián

CONVERSEMOS

Refiriéndose a la lectura anterior, conteste Ud. las preguntas.

1. ¿Qué decisión ha tomado Lisa? Explique cómo esto afectará su relación con Cristián. ¿Qué solución al problema propone él? Describa cómo sería la vida de Lisa si ella viviera en España con Cristián.

2. ¿Cómo están discriminadas las mujeres en la oficina? ¿Hay profesiones que han sido reservadas exclusivamente para hombres? ¿Cuáles? ¿Cree Ud. que los hombres se sienten amenazados por una mujer en su propia profesión? ¿Qué se puede hacer para evitar que se sientan así?

3. Cite Ud. casos en que el jefe saca provecho de la mujer o la soborna con la posibilidad de un ascenso sólo si ella «coopera». ¿Es contra la ley este comportamiento? ¿Qué haría Ud. en esta situación?

VOCABULARIO

SUSTANTIVOS
la alternativa *alternative*
el ascenso *promotion*
la aspiración *goal*
la determinación *determination*
la estabilidad *stability*
la falta de comprensión *lack of understanding*
la (in)decisión *(in)decision*
la (in)dependencia *(in)dependence*
la (in)discreción *(in)discretion*
la jornada *working day*
la protesta *protest*

el remordimiento *remorse*
la voluntad *will*

VERBOS
abusar *to abuse*
adquirir (ie) *to acquire*
aspirar a *to aspire to*
auto-afirmarse *to assert oneself*
delegar *to delegate*
deshonrar *to dishonor*
exceder *to exceed*
mejorar *to improve*
protestar *to protest*

provenir (ie) *to originate*
renunciar *to give up*
respetar *to respect*
sobornar *to bribe*
superar *to overcome*
tomar por *to take for*

ADJETIVOS
complaciente *willing*
dinámico *dynamic*
enérgico *energetic*
formidable *terrific*
razonable *reasonable*
subordinado *subordinate*

EXPRESIONES
al mismo tiempo *at the same time*
de cierta manera *in a way*
de paso *incidentally*
desde luego *of course*
de un golpe *all at once*
estar de huelga *to be on strike*
estar harto(a) (de) *to be fed up (with)*
respecto a *in regard to*

PALABRAS PROBLEMÁTICAS
(Refiérase a la pág. 386.)

REPASEMOS EL VOCABULARIO

A. ¿Cuál no pertenece? Subraye Ud. la palabra que no está relacionada con las demás y explique por qué.

1. deshonrar	abusar	maltratar	respetar
2. voluntad	indecisión	determinación	aspiración
3. mejorar	superar	exceder	renunciar
4. enérgico	formidable	subordinado	dinámico
5. complaciente	razonable	flexible	dominante

B. Formando palabras. Dé Ud. el sustantivo que corresponde a los siguientes verbos.

1. protestar   **4.** comprender
2. depender   **5.** decidir
3. ascender   **6.** determinar

C. Definiciones. Dé Ud. la palabra que corresponde a las definiciones subrayadas.

1. Sara es un líder muy efectivo porque ella sabe darles responsabilidades a sus empleados.
2. El jefe de la compañía le dio a Cintia una subida en su empleo.
3. ¿El problema de Rodolfo? Es la falta de resolución.
4. Estoy cansada...harta...ya no tengo la fuerza de hacer nada.
5. Espero que ese hombre sienta una gran pena interna por haberte tratado tan mal.

D. Sinónimos. Dé Ud. el sinónimo de las siguientes palabras subrayadas. Luego, conteste las preguntas.

1. Marisa se lleva bien con él porque ella tiene un carácter <u>servicial</u>.
¿Cómo será el carácter del esposo de Marisa?
2. No tienen problemas grandes. Van al consejero para <u>perfeccionar</u> su relación.
¿Qué debe hacer una pareja para perfeccionar su relación?
3. Se cree que la actitud machista <u>se origina</u> en la relación entre la madre y el hijo.
Describa Ud. la actitud materna que crearía una actitud machista.
4. Lo que más quiero es que mi esposo me <u>honre</u>.
¿Qué hace un(a) esposo(a) para mostrarle respeto a su pareja?
5. Ana me dijo que se sentía muy <u>inferior</u> en su matrimonio.
¿Qué hará el esposo de Ana para hacer que se sienta así?
6. Tienen mucho en común, comparten todo. Es una pareja <u>dinámica</u>.
¿Qué otros ingredientes constituyen una relación dinámica?

E. Prisionero. Lea Ud. el dibujo siguiente y conteste las preguntas.

—Si por lo menos hicieras algún
intento de escaparte de la cárcel . . .

1. ¿Por qué sonríe el hombre? ¿Por qué está furiosa la mujer?
2. ¿Cuáles son tres razones por las que él no quiere escaparse de la cárcel?
3. ¿Cómo será un día típico en la casa de este hombre? ¿Cómo será un día típico en la cárcel? ¿Cuál escogería Ud.? ¿Por qué?
4. En grupos, representen un día típico en la vida de esta familia.

F. El señor en casa. En grupos, representen la escena siguiente.

Un «amo» de casa llama a su mujer ejecutiva a su oficina y le pide que pase por el supermercado por algunas cosas antes de volver a casa. Cuando esta mujer vuelve a casa la misma noche, el esposo (con la ayuda de los hijos) le cuenta todo lo que pasó durante el día.

G. Tres generaciones. Escriba Ud. una composición en la cual Ud. compara la vida de su madre, de su abuela y de su bisabuela.

GRAMÁTICA

Diminutives and Augmentatives (Los diminutivos y los aumentativos)

FORM

1. Diminutives are formed by adding the following endings (and their corresponding feminine and plural forms) to nouns, adjectives, or adverbs: **-ito**, **-cito**, **-ecito** or **-illo**, **-cillo**, **-ecillo**.[1] These endings are interchangeable, but preference for one or the other is regional.

   a. Generally, if a word contains only one syllable and ends in a consonant, **-ecito** or **-ecillo** is used. The diminutive endings will vary in number and gender.

   pan panecillo   flor florecita   flan flanecito

   b. Commonly, if a word of more than one syllable ends in a consonant, **-e**, or an accentuated vowel, **-cito** or **-cillo** is added.

   joven jovencito   pobre pobrecilla   papá papacito

   c. For most other words, the final vowel is dropped and **-ito** or **-illo** is added.

   trabajo trabajito   cosa cosita   Rosa Rosita

   d. Note that the following orthographic changes will occur before adding the **-ito** or **-illo** suffixes.

   $g \rightarrow gu$ amigos ami**gu**itos
   $c \rightarrow qu$ cerca cer**qu**ita
   $z \rightarrow c$ lápiz lapi**c**ito

---

[1] Other diminutive endings include **-ín**, **-uelo**, and **-ico**.

2. Augmentatives are formed by dropping the final vowel and adding the following suffixes (and their corresponding feminine and plural forms) to nouns, adjectives, and adverbs: **-ón**, **-azo (-tazo)**, **-ote (-zote)**, **-acho**, and **-ucho**.

muchacho ⟶ muchachón   grande ⟶ grandote   pelota ⟶ pelotaza

USE

1. Diminutives are used to

   a. express affection.

Hola, cielito.	*Hello, my darling.*
El viejecito pasea por el parque.	*The dear old man walks through the park.*
Hijita mía, te quiero mucho.	*My darling daughter, I love you very much.*

   b. indicate smallness or youth.

Su casita es muy linda.	*Their little house is very pretty.*
El conejito es muy mono.	*The little (baby) rabbit is very cute.*

   c. accentuate an idea.

Inés vive aquí cerquita.	*Inés lives very close by here.*
Dame sólo un poquito porque necesito adelgazar.	*Give me just a little because I need to lose weight.*

2. Augmentatives are used to

   a. express contempt or negative qualities.

¡Qué feote es Jaime!	*Jaime is so big and ugly!*
Ella me dijo una palabrota.	*She told me a swear word.*
Aquí viene la gentuza.	*Here comes the (disorderly) mob.*

   b. indicate large size.

¡Ay, qué librote!	*What a huge book!*
Se sentó en el sillón.	*She sat in the armchair.*

   c. express the idea of *a blow* or *strike* with the endings **-azo** and **-ada**.

Le dio una palmada al gato.	*She slapped the cat.*
El sonido del martillazo era muy fuerte.	*The sound of the hammer blow was very loud.*

PRÁCTICA

A. ¿Qué significa? Ana no habla bien el español y ha hecho una lista de palabras para que se las explique su amiga hispana. Dé Ud. la forma regular de cada palabra y la definición en español.

1. regalito   **3.** amorcito   **5.** poquito   **7.** niñita
2. gordito   **4.** coquetilla   **6.** Paquito   **8.** cafecito

B. Gemelas. María y Marisa son gemelas pero tienen temperamentos muy distintos. María es pesimista y, a veces, sarcástica. Use Ud. el aumentativo que corresponda a las palabras subrayadas.

    Mi vecindario me tiene harta. No aguanto que el <u>hombre</u> de al lado use estas <u>palabras</u> a cada instante. Vive en una <u>casa</u> miserable, de la cual casi nunca sale, y sus únicos compañeros son un <u>perro grande</u> y una gata <u>fea</u> que es <u>flaca</u>.

En cambio, Marisa es optimista. Use el diminutivo que corresponda.

    Visitamos un <u>pueblo</u> muy <u>cerca</u> de un <u>lago</u> bonito. Cada mañana, los <u>pájaros</u> cantaban sus <u>canciones</u> alegres mientras las <u>viejas</u> recogían las <u>flores</u> y los <u>muchachos</u> nadaban en el lago.

C. ¿-Ito u -ote? Escriba Ud. el diminutivo y el aumentativo de las palabras siguientes. Luego escriba una frase original con cada uno.

1. luz   **4.** pata   **7.** coche
2. sala   **5.** mano   **8.** amigo
3. mujer   **6.** silla   **9.** canción

Review of the Subjunctive I (Repaso del subjuntivo I)

1. The present subjunctive form is used to express affirmative and negative **Ud.**, **Uds.**, and **nosotros** commands and negative **tú** commands.

Tráigamelo. No me lo traiga.	*Bring it to me. Don't bring it to me.*
Acuéstense. No se acuesten.	*Go to bed. Don't go to bed.*
Salgamos. No salgamos.	*Let's leave. Let's not leave.*
No me hables así.	*Don't talk to me like that.*

Remember that the affirmative **tú** command generally requires the third person singular of the indicative. For example: **Háblame.** (*Speak to me.*)

2. The following formulas explain when the present subjunctive is needed as opposed to the imperfect subjunctive.

present
future   } present subjunctive
command   present perfect subjunctive

preterite
imperfect   } imperfect subjunctive
conditional   past perfect subjunctive

3. The subjunctive is used in a noun clause when

a. there is a change of subject in the subordinate clause, which is introduced by the conjunction **que.**

Yo prefiero **que tú** vengas conmigo.   *I prefer **that you** come with me.*

b. the verb in the first clause expresses hope, doubt, denial, consent, prohibition, permission, obligation, supplication, emotion, regret, advice, insistence, desire, necessity, preference, or any similar sentiments.

Yo quiero (espero, dudo, mando, recomiendo, obligo, permito, necesito, sugiero, prefiero, prohibo, aconsejo, temo, siento) que tú te vayas.   *I want (hope, doubt, order, recommend, oblige, permit, need, suggest, prefer, forbid, advise, fear, regret) you to go (that you go).*

c. the main clause of the sentence contains an impersonal expression that does *not* indicate certainty.

Es importante (bueno, malo, útil, ridículo, mejor, posible, probable) que tú te vayas.   *It is important (good, bad, useful, ridiculous, better, possible, probable) that you go.*
Es evidente (cierto, obvio, verdad) que tú te vas.   *It is evident (certain, obvious, the truth) that you are going.*

d. the expressions **quizá(s)**, **tal vez**, or **acaso** indicate uncertainty or doubt.

Quizá sea tarde. No tengo reloj.   *Perhaps it's late. I don't have a watch.*
Quizá es tarde. Ya se va la gente.   *Perhaps it's late. Everyone's leaving.*

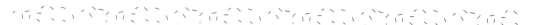

PRÁCTICA

A. Consejos. Silvia, una estudiante, desea aprovecharse de sus años universitarios. Su tía, una distinguida ejecutiva empresarial, le aconseja. Cambie Ud. los verbos a mandatos familiares.

1. (Escuchar) _____ los consejos de personas que han experimentado más que tú.

2. No (complicarse) _____ la vida con problemas económicos.

3. (Estar) _____ dispuesta a luchar contra la discriminación.

4. Nunca (desanimarse) _____ ni (perder) _____ la fe.

5. No (actuar) _____ impulsivamente.

6. (Darse cuenta de) _____ que los sueños pueden realizarse.

7. (Tomar) _____ en serio cualquier trabajo.

8. (Ser) _____ entusiasta y optimista.

9. (Recordar) _____ que «las apariencias engañan».

10. Siempre (tratar) _____ bien a la gente.

11. No (casarse) _____ muy joven.

12. Sobre todo, (conocerse) _____ bien.

B. ¿Qué hacemos? Conteste Ud. las siguientes preguntas en el afirmativo y el negativo, según el modelo.

MODELO   ¿Nos quedamos en casa?
          Sí, quedémonos en casa. No, no nos quedemos en casa.

1. ¿Cambiamos la llanta?
2. ¿Conseguimos un mejor trabajo?
3. ¿Nos casamos en diciembre?
4. ¿Sacamos la basura?
5. ¿Nos ponemos el maquillaje?
6. ¿Vamos a la boda?

C. La entrevista. Esta tarde la novia de Ricardo tiene una entrevista con los jefes de una compañía grande. Él espera que todo le vaya bien. Haga el papel de Ricardo y exprese cada frase con **ojalá** o **no hay duda que** y el verbo en el indicativo o el subjuntivo. Siga el modelo.

MODELO   ella / llegar a tiempo
          Ojalá llegue a tiempo.

1. ella / ponerse nerviosa
2. ellos / tratarla con respeto
3. ella / vestirse bien
4. ellos / darse cuenta de su talento
5. ella / demostrar un aire de confianza
6. ellos / estar impresionados
7. ella / comunicarse dinámicamente
8. ellos / tomar una decisión pronto

Ahora, cambie Ud. todas las frases al pasado y haga los cambios necesarios.

D. **La discriminación.** Irene es abogada y trabaja con casos de discriminación contra la mujer. Les cuenta a sus amigas sus casos. ¿Qué dicen ellas?

1. No hay siempre pago igual para hombres y mujeres. (No puedo creer que...)
2. A veces los hombres tienen actitudes negativas hacia las mujeres. (Es una lástima que...)
3. Frecuentemente les dan mejores puestos a los hombres. (Es seguro que...)
4. Algunos no aceptan la idea de una mujer en la oficina. (Creo que...)
5. Otros discriminan contra la mujer mayor de treinta años. (No es justo que...)
6. También, se niegan a aumentar sus sueldos. (Es increíble que...)

E. **Recomendaciones.** Todos los ejecutivos (sean hombres o mujeres) necesitan reanimarse durante las horas de trabajo. Para aumentar la productividad en la oficina, un médico les recomienda que sigan estos consejos. Use Ud. los verbos siguientes y siga el modelo.

sugerir   recomendar   aconsejar

MODELO   mantener un equilibrio entre el trabajo y el recreo
Yo sugiero que Uds. mantengan un equilibrio entre el trabajo y el recreo.

1. tomar una merienda de fruta o yogurt
2. no quedarse en el mismo lugar por mucho tiempo
3. practicar la respiración profunda del yoga
4. seguir un programa regular de ejercicios
5. hacer el trabajo más difícil por la mañana
6. evitar alimentos que tienen azúcar o cafeína

Ahora, cambie Ud. todas las frases al pasado.

F. **Dos conversaciones.** Eva no está de acuerdo con las ideas de su abuela acerca de las mujeres y las profesiones. Cambie Uds. los verbos si es necesario. Luego, cambie cada frase al pasado.

1. Las mujeres no necesitan profesiones. (No es verdad que...)
2. El hombre tiene más capacidad intelectual. (Es imposible que...)
3. La profesión hace imposible el matrimonio feliz. (No es necesario que...)
4. Pocas mujeres alcanzan posiciones de importancia. (No es cierto que...)
5. Las profesiones exigen demasiados sacrificios. (No creo que...)

Pero, luego, en una conversación con una amiguita...

6. Hay más alternativas profesionales ahora que antes. (Es evidente que...)
7. El éxito profesional de la mujer va creciendo. (Yo también creo que...)
8. Las mujeres pueden obtener estabilidad económica. (Es importante que...)
9. El matrimonio no es el único camino para la mujer. (Es bueno que...)
10. La mujer posee bastante determinación para triunfar. (No dudo que...)

PALABRAS PROBLEMÁTICAS

Estudie Ud. las palabras siguientes. Son palabras que los estudiantes norteamericanos de español suelen confundir.

1. coger — *to grasp, seize*
  llevar — *to take along, carry away, wear*
  tomar — *to take* (in hand), *eat or drink*
  traer — *to bring*

Te lanzo la pelota. <u>Cógela</u>.	*I'll throw you the ball. Catch it.*
Si vas al parque, <u>lleva</u> un paraguas.	*If you go to the park, take along an umbrella.*
¿Quieres una manzana? <u>Toma</u>.	*Do you want an apple? Here, take it.*
<u>Tráeme</u> un vaso de agua, por favor.	*Bring me a glass of water, please.*

2. buscar — *to look for*
  mirar — *to look at*
  parecer — *to seem*
  parecerse a — *to resemble*
  ver — *to see*

<u>Buscamos</u> un trabajo que ofrezca oportunidades de avance.	*We're looking for a job that offers opportunities for advancement.*
¡No me <u>mires</u> así!	*Don't look at me like that!*
Elena <u>parece</u> estar cansada.	*Elena seems to be tired.*
Sofía <u>se parece</u> mucho <u>a</u> su mamá.	*Sofía looks a lot like her mom.*
<u>Vi</u> a José ayer en el mercado.	*I saw José yesterday in the market.*

3. todavía — *yet, still*
  ya — *already*
  ya no — *no longer*

¿<u>Ya</u> llegaron los invitados?	*Have the guests arrived already?*
<u>Todavía</u> no.	*Not yet.*
<u>Ya no</u> salen muchas chicas hispanas con chaperona.	*Many Hispanic girls no longer go out on dates with chaperones.*

PRÁCTICA

Escoja Ud. la palabra apropiada, según el contexto.

1. ¿Vas a (llevar, tomar) vino a la fiesta?
2. Cuando vengas a casa esta noche, (llévame, tráeme) leche.

3. ¿Tienes sed? ¿Qué quieres (coger, tomar)?
4. (Busco, Miro) mis llaves pero no las encuentro.
5. No te (miramos, vimos) anoche en el concierto.
6. Pablo (parece, se parece a) Brad Pitt. ¡Ay, qué guapo!
7. Creo que le gustas mucho a Jaime porque en clase él siempre te (ve, mira).
8. ¿(Ya no, Todavía) estás aquí? Es tarde (ya, todavía). Vete a casa.
9. (Ya no, Ya) celebran las bodas como las celebraban cuando yo era pequeño.

Y EN RESUMEN...

A. La mujer latina. Escoja Ud. la palabra correcta. Traduzca las palabras en inglés al español.

La mujer latina (actual, actualmente) _____ (es, está) _____ en un período de transición. (Es, Está) _____ dejando atrás el (*role*) _____ tradicional que ha (mantenido, mantenida) _____ (por, para) _____ tantos años y revistiéndose de un nuevo traje de auto-conocimiento, auto-reafirmación y auto-determinación.

(Por, Para) _____ muchos años, (_ , las) _____ mujeres latinas (*have had*) _____ que contentarse con el papel de ciudadana de (segundo, segunda) _____ clase. El mundo profesional no (estaba, era) _____ (fácil, fácilmente) _____ a su alcance.

(*It hasn't been*) _____ siempre así para la mujer caribeña. En épocas anteriores la mujer taína tenía oportunidades de llegar a ser (una, _) _____ cacique y era responsable por (todo el, toda la) _____ tribu. Pero, con la llegada de los españoles, llegó también el papel tradicional de la mujer española — el de (el, la) _____ sumisión y (el, la) _____ maternidad.

(El, La) _____ problema se intensifica para la mujer hispana en los Estados Unidos, donde no sólo es (discriminada, discriminado) _____ por ser (una, _) _____ mujer, (pero, sino) _____ también por (ser, estar) _____ minoritaria y quizás también por no hablar inglés.

B. Cambios para la mujer. Escoja Ud. la palabra apropiada o forme el mandato del verbo entre paréntesis. Traduzca las palabras en inglés al español.

La vida y (el, la) _____ situación de (las, _) _____ mujeres empezaron a cambiar (*in*) _____ el mundo cuando, a partir (del, de la) _____ «boom» económico de la posguerra, (éstas, estas) _____ empezaron a capacitarse para trabajar. Avances científicos permitieron que (controlen, controlaran) _____ su función reproductiva. Así (podían, pudieron) _____ entrar como una nueva fuerza en el mercado de trabajo y (se convirtieron, se convertían) _____ en seres activos en la vida productiva. (*This*) _____ (les, las) _____ dio a muchas mujeres independencia económica y un poco más de control sobre (*their*) _____ propio destino.

Hoy día (ya, todavía) _____ son muchos (*those who*) _____ creen que (el, la) _____ inferioridad de (la, _) _____ mujer (está, es) _____ biológica y congénita. La directora de un colegio tradicional en Bogotá, educa a sus discípulas en la filosofía del «ala de pollo».° «(Acostumbrarse) _____ a (sufriendo, sufrir) _____, mis hijas. La pechuga° del pollo es (por, para) _____ el esposo, que es (*the one who*) _____ tiene que (ser, estar) _____ fuerte para trabajar porque (lleva, trae) _____ el pan para la casa. (Darles) _____ los perniles° a los niños porque (*they are growing*) _____ y (sacrificarse) _____ con (el, la) _____ ala.» Muchas mujeres se limitan a (comiendo, comer) _____ ala y a (llorando, llorar) _____ en silencio en la (*kitchen*) _____.

chicken wing

breast

thighs

Un (gran, grande) _____ número de mujeres (ha, han) _____ salido a trabajar, a educarse para poder (*fight*) _____ (por, para) _____ su parte de la pechuga. Sin embargo, no todo es un lecho de rosas° para la mujer (*who*) _____ trabaja. (*Housework*) _____ sigue monopolizando la mitad de su tiempo. A un horario de trabajo igual al del hombre, la mujer (*must*) _____ añadir (un, _) _____ otro similar en extensión, (*which*) _____ le dedica a casa y familia. Así trabaja 20 horas ininterrumpidas y esto (*is called*) _____ la doble jornada.

lecho... bed of roses

C. La pareja perfecta, ¿dónde buscarla? En la primera columna se ofrece una lista de lugares donde se puede encontrar al hombre ideal. Haga las siguientes actividades.

1. Busque Ud. en la segunda columna el comentario que corresponde a cada lugar.

a. el mostrador de corbatas
b. la lavandería
c. la tienda de alquilar videos
d. el museo
e. un evento deportivo
f. las bodas de sus amigos
g. los cursos de educación para adultos

(1) Allí Ud. conocerá a los hombres que aprecian la cultura.
(2) Habrá miles de hombres en un solo lugar.
(3) Ud. tendrá que indicar que las está comprando para su padre, su tío o su jefe.
(4) Tendrán mucho en común, como la tarea.
(5) Mientras Uds. esperan habrá suficiente tiempo para conversar.
(6) Si él está allí, probablemente no hay nadie en casa esperándolo.
(7) En este ambiente romántico él estará pensando en el futuro.

2. Ahora, explique por qué estos lugares no serán ideales para conocer al hombre perfecto.
3. Nombre cinco lugares buenos para conocer a la mujer perfecta. Explique sus selecciones.

D. «Al natural». Mire Ud. el dibujo y conteste las preguntas.

—Antes que pida tu mano, ¿podría verte con una bata y con rizadores en el pelo?

1. ¿De qué se preocupa el hombre? ¿Qué le contesta la señorita? ¿Está bien que él le pida esto? Explique.
2. ¿Cuándo está Ud. más atractivo(a), por la mañana o por la tarde? ¿Por qué? En la mañana antes de salir, ¿tarda mucho en arreglarse? ¿Cuáles son sus preparativos usuales? ¿Deben las mujeres usar maquillaje para mejorar su aspecto físico? ¿y los hombres? Explique.
3. Lea Ud. los chistes en la página siguiente y conteste las preguntas.

> —Estoy preocupado. Está a punto de llover y mi mujer ha salido sin paraguas.
> —Vamos, hombre. No se mojará. Se refugiará en cualquier tienda hasta que pase la lluvia.
> —Eso es lo que me preocupa.

> —Mi mujer es capaz de hablar dos horas de una cosa.
> —La mía le gana. Habla dos horas de nada.

¿Son graciosos estos chistes? ¿Por qué? ¿Cuáles son las supuestas características femeninas de que se burlan los hombres? ¿Cuáles son las características masculinas de que se burlan las mujeres? ¿Qué otros chistes sobre las mujeres o los hombres sabe Ud.?

E. Antes que te cases, mira lo que haces. *Lea Ud. el siguiente artículo y haga las actividades.*

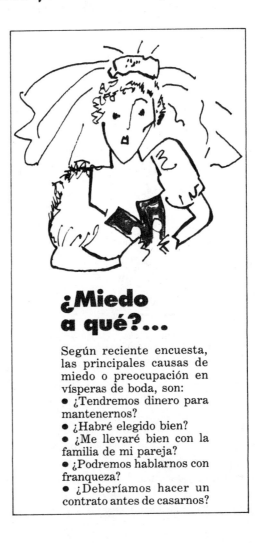

¿Miedo a qué?...

Según reciente encuesta, las principales causas de miedo o preocupación en vísperas de boda, son:
- ¿Tendremos dinero para mantenernos?
- ¿Habré elegido bien?
- ¿Me llevaré bien con la familia de mi pareja?
- ¿Podremos hablarnos con franqueza?
- ¿Deberíamos hacer un contrato antes de casarnos?

1. Arregle Ud. las preocupaciones anteriores en orden de importancia. Explique.
2. Forme Ud. su propia lista de cinco preocupaciones más que Ud. tendrá antes de casarse. ¿Cómo se pueden resolver?
3. Forme Ud. una lista de cinco preocupaciones que tendrá la pareja de Ud. ¿Cómo se pueden resolver?

4. Con un(a) compañero(a), hagan los papeles de los novios. El novio va a contestar las preocupaciones de su pareja, usando el tiempo futuro. Debe describir cómo serán las cosas después de casarse.

F. **Mujeres unidas.** Mire Ud. el siguiente anuncio y haga las actividades.

MUJERES UNIDAS EN ACCIÓN OFRECE CURSOS GRATIS DE INGLÉS

Mujeres Unidas en Acción ofrece cursos gratis de Inglés como Segundo Idioma. Los siguientes servicios son ofrecidos a las estudiantes del programa: cuidado de niños durante las clases, consejería, talleres de información general e introducción a las computadoras.

Habrá matrícula el jueves 3, el viernes 4 y el miércoles 9 de enero de 9:30 a.m. hasta la 1:30 p.m. en nuestras oficinas que están localizadas en el 1534 de la Avenida Dorchester. Para más información favor de llamar a nuestro teléfono 265-3015.

Exhortamos por este medio a todas las mujeres latinas a superarse y romper con las limitaciones del idioma. Inscríbase, la esperamos.

---

1. Basándose en el anuncio, conteste Ud. las preguntas.
   a. ¿Cuánto cuesta el curso?
   b. ¿Cuáles son tres otros servicios que se ofrecen además de la enseñanza de inglés?
   c. ¿Qué debe hacer una persona que se interesa en matricularse pero trabaja hasta las dos?
   d. ¿Por qué es la consejería un aspecto importante de este programa?

2. Usando su imaginación, conteste Ud. las preguntas.
   a. ¿Cómo puede el idioma limitar a una mujer?
   b. ¿Cuáles son otros tipos de problemas que puede tener la mujer latina en los EE.UU.?
   c. ¿Qué otros cursos se pueden ofrecer para ayudar a la mujer latina a superar estos problemas?

G. **Conversemos.**

1. ¿Es costumbre en su universidad que las mujeres inviten a los hombres a salir? Para las mujeres: ¿Suele Ud. invitar al hombre? ¿Por qué? ¿Cuáles son las ventajas de invitarlo? Para los hombres: ¿Le gustaría que las mujeres lo invitaran a Ud. a salir? Explique.

2. ¿Por qué es importante la primera impresión? ¿Qué impresión intenta Ud. comunicar cuando sale con alguien por primera vez? ¿Qué es lo que le llama la atención de Ud. a una persona?

3. Cuando Ud. sale con una persona por primera vez, ¿adónde suelen Uds. ir? ¿Es importante gastar mucho dinero en la primera cita? Explique.

4. ¿Es difícil conocer a gente con quien salir? ¿Por qué? ¿Cuáles son algunas maneras de conocer a nuevos amigos?

5. ¿Puede haber un matrimonio feliz entre una mujer que tiene una profesión y un hombre que no es profesional?

6. ¿Cuáles son los mayores obstáculos que una mujer encuentra diariamente en su profesión?

7. ¿Cuáles son las cualidades que quizá sean más características de las mujeres y que las hagan mejores ejecutivas que los hombres?

8. ¿Qué significa para Ud. «ser hombre»? ¿Quién es el hombre que Ud. más admira hoy día? ¿Por qué?

9. Cite Ud. a la mujer (aparte de su madre) que más influyó en su vida. ¿Qué cualidades suyas admira? ¿Cuáles intenta imitar?

 H. Composición.

1. Para Ud., su luna de miel fue fabulosa, perfecta, un sueño hecho realidad. Pero, para su esposo(a), fue todo lo contrario. Descríbala en su diario de viajes. Su pareja también escribirá una descripción del viaje, pero será muy diferente. Incluya: lugar, clima, comida, alojamiento, comodidades, ambiente y más.

2. Describa Ud. una luna de miel...

    a. tropical.   **b.** económica.   **c.** desastrosa.   **d.** invernal.

3. ¿Cómo se reflejan los cambios en los papeles de hombre (mujer) en el cine o en la televisión? Cite Ud. algunos ejemplos específicos. Compare Ud. estos ejemplos con una película o programa de televisión de hace diez años o más.

 I.   Minidrama. Representen Uds. una de las situaciones siguientes.

1. El hombre o la mujer de sus sueños acaba de invitarlo(la) al gran baile.

2. Dos novios han peleado; ahora intentan resolver el problema.

3. En una tienda, Ud. busca el regalo perfecto para su novio(a).

4. Dos novios del colegio se encuentran después de diez años.

5. Imagínese Ud. una conversación entre las siguientes personas en la época histórica que les corresponde y también en el año 1998. Con un(a) compañero(a), represéntenla delante de la clase o inventen su propia situación.

    a. Fernando e Isabel (los Reyes Católicos de España)
    b. Romeo y Julieta
    c. Lucy y Ricky (Ricardo)

6. Representen Uds. una escena familiar tres veces: La primera vez es el hombre el que manda. La segunda vez es la mujer la que manda. La tercera vez no hay jefes... es una cooperativa.

VIDEOCULTURA 7:
La mujer hispana: ¿En camino o en cadenas?

2:31:22-
2:35:57

EL PAPEL DE LA MUJER

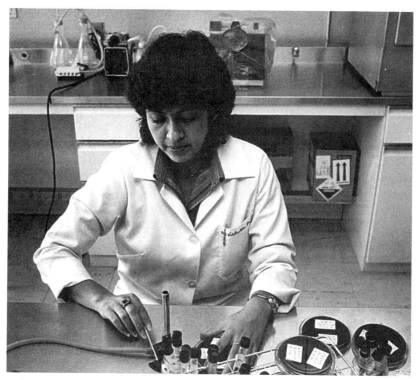

Mujer técnico en un laboratorio.

Las mujeres tradicionalmente han tenido que luchar por sus derechos por toda la historia y la mujer latina no es una excepción. Vamos a hablar con algunas mujeres latinas para saber cuáles son sus ideas sobre el papel de la mujer en su país. Haga las actividades preparativas, mire el video y haga las actividades que siguen.

Preparativos

¿Cuáles son algunos de los problemas que encuentra la mujer en la sociedad? En la familia de Ud., ¿qué papel hace su mamá? ¿y su papá?

Comprensión y discusión

A. La mujer dominicana. Escuche bien a Larissa y llene el espacio con la palabra correcta.

En la República _____ el papel de la mujer sigue siendo el de madre, _____ y _____. La mujer pobre suele trabajar de _____ o lavandera o _____. Si las mujeres de clase media o alta trabajan, no son trabajos de posiciones _____ en el _____. Son trabajos como enfermeras o _____.

B. La mujer mexicana. Escuche bien a Amalia y llene el espacio con la palabra correcta.

Cuando yo tenía trece, catorce o _____ años, la mayoría de mis _____ nunca pensaron en ir a la _____. No pensaron mucho en su _____. Esas amistades no siguieron en _____. Tienen sus _____ , tienen sus hijos.

C. El machismo. Basándose en la descripción de Larissa, diga si las frases son ciertas o falsas. Corrija las frases falsas.

1. Sólo los hombres dominicanos llevan la idea del machismo muy adentro.
2. El machismo fue creado por la sociedad.
3. No es fácil para la mujer salir de su estereotipo.
4. Como resultado del machismo el hombre es el dueño del hogar.
5. Pero en el trabajo, la mujer tiene el mismo prestigio.
6. Las mujeres dominicanas nunca se acostumbrarán al machismo.

D. ¿Qué piensa Ud.? Conteste las siguientes preguntas.

1. ¿Cómo ha podido Amalia (la reportera) tener éxito en su profesión? ¿Qué hizo su padre para ayudarla? ¿Cómo puede ayudar a una mujer profesionalmente ser latina en los EE.UU.?
2. ¿Existe el machismo en los EE.UU.? Explique y dé ejemplos.
3. ¿En qué trabajos o profesiones hay discriminación contra la mujer?
4. ¿Qué se puede hacer al notar un caso de discriminación en el trabajo? ¿En la universidad? ¿En la sociedad?

2:35:59–
2:42:01

LAS MADRES DE LA PLAZA DE MAYO

Madres de la Plaza de Mayo.

En marzo de 1976 Argentina sufrió un golpe de estado militar que dio paso a una dictadura brutalmente inhumana. Siguió un período de terror y terrorismo y de violaciones de derechos humanos horrorosos. Durante ese período desaparecieron más de 30.000 personas inocentes, nombradas «subversivos» por el gobierno. Las madres de los desaparecidos, muchas de ellas amas de casa con muy poca educación, se unieron para protestar y para reclamar por sus hijos. Su lucha sigue todos los jueves en la Plaza de Mayo delante de la Casa de Gobierno en Buenos Aires. Haga las actividades preparativas, mire el video y haga las actividades que siguen.

Vocabulario útil

copar el poder   *to seize power*
revindicar   *to claim*
encapuchar   *to cover with a hood*
imponer   *to impose*

reclamar   *to claim, demand*
las entrañas   *innermost part (fig.)*
las luchadoras   *fighters*
la cárcel   *jail*

Preparativos

¿Qué significa la libertad para Ud.? ¿Es Ud. libre? ¿Qué significa la represión? ¿En qué países hay gobiernos represivos?

Comprensión y discusión

A. Definiciones. En sus propias palabras describa los siguientes términos.

1. el genocidio   3. la represión   5. el asesino
2. la cárcel   4. el subversivo

B. ¿A quién se refiere? Lea Ud. las siguientes frases y diga si se refieren a Juana o a Mercedes.

1. Es la tesorera de la Asociación Madres de la Plaza de Mayo.
2. Dice que no quiere que se repita otro genocidio.
3. Su hijo era médico psicoanalista.
4. Le encapucharon a su hija delante de sus nietos.
5. Dijo que algunos de los militares les daban esperanzas falsas.
6. Explicó que al reclamar por sus hijos, los militares les decían que se olvidaran de que tuvieron hijos.
7. Explicó el origen del término Las Locas de la Plaza de Mayo.
8. Quiere la cárcel no la muerte para los asesinos de los hijos.
9. Cree que el padre no puede sentir lo que siente la madre por su hijo.
10. Dijo que las madres habían socializado la maternidad.

C. Las pinturas. Las madres pintan y venden sus obras para poder financiar su trabajo. Varias pinturas aparecen en el video. Descríbalas. ¿Cuáles son los temas principales? ¿Qué colores usan las madres? ¿Qué expresan los colores? ¿Qué imágenes usan las madres? ¿Qué representan? ¿Qué piensa Ud. de sus pinturas?

D. ¿Qué piensa Ud.? Conteste las siguientes preguntas.

1. ¿Qué es una dictadura? ¿Cuál es un ejemplo de una dictadura del pasado? ¿y en la actualidad? ¿Son buenas o malas las dictaduras? Explique. ¿Por qué existen? ¿Qué se puede hacer para evitar las dictaduras?
2. ¿Cuáles son algunos ejemplos de las violaciones de los derechos humanos? ¿Qué organizaciones hay para proteger los derechos humanos? ¿Cómo funcionan estas organizaciones? ¿Las apoya Ud.? Explique.
3. ¿Cree Ud. que lo que pasó en la Argentina puede pasar en los EE.UU.? ¿Por qué sí o no?
4. Las madres han sido nominadas para el Premio Nóbel de la paz. ¿Lo merecen? Explique.

Ferias, fiestas y festivales

Como de costumbre

PARA COMENZAR...

1. Con la ayuda del vocabulario en las págs. 401-402, describa el dibujo.
2. ¿Cuál es su religión? ¿Va Ud. a la casa de Dios todas las semanas? ¿Cuándo va? Describa Ud. el papel de la religión en su vida. ¿Es importante la religión para las familias en general? ¿Por qué? ¿Es importante que su esposo(a) sea de la misma religión que Ud.? ¿Por qué sí o por qué no?
3. En muchos países hispanos, la iglesia está situada en el centro del pueblo y sirve de centro de reuniones políticas, de escuela o de reuniones festivas. ¿De qué sirve su casa de Dios? ¿Va Ud. allí sólo para rezar?
4. ¿Qué es un pecado? ¿Cuáles son algunos pecados comunes? ¿Peca Ud.? ¿Cuál es su peor pecado? ¿Qué se siente Ud. después de pecar? Explique.

Como de costumbre

España, al igual que muchos países hispanos, es un país religioso. Se puede decir que la mayoría de los españoles (e hispanos en general) son católicos, aunque empieza a hacerse notar la existencia de otras religiones, como la judía y la protestante.

La juventud de hoy día es muy liberal. Cada vez es más raro ver a jóvenes en misa los domingos. La tradicional devoción que tenían sus abuelos y antepasados ya no existe. Por otra parte, por lo menos en España, este hecho también depende de la región. La parte sur de España, Andalucía, es la más religiosa de todas. Madrid, la capital, también es una ciudad religiosa. Sin embargo, Barcelona no lo es tanto. En general la religiosidad hispana se ve mucho más en las zonas rurales que en las zonas industriales, donde el trabajo y el ritmo de vida son mucho más acelerados. Otro factor es que existen grandes influencias del exterior y que la gente utiliza su tiempo para salir de la ciudad o descansar en casa.

Aunque la juventud no sea tan religiosa como antes, tanto las fiestas como las tradiciones católicas siguen celebrándose de la misma manera en que se han celebrado por muchos años. Por ejemplo, la primera comunión sigue siendo uno de los momentos más importantes de la infancia.

CONVERSEMOS

Refiriéndose a la lectura anterior, conteste Ud. las preguntas.

1. ¿Qué papel tiene la religión en la sociedad hispana? ¿Cuál es el estado del catolicismo en la España actual?
2. ¿Qué papel tiene la religión en la sociedad norteamericana? ¿Cuál es la relación entre el estado y la iglesia en los EE.UU.? Dé unos ejemplos.
3. ¿Cree Ud. en Dios? ¿Por qué? ¿Cómo es? Cuando Ud. era pequeño(a), ¿qué concepto tenía de Dios? ¿Ha cambiado su imagen de Dios? ¿En qué sentido?
4. ¿Por qué cree Ud. que hay tantas religiones? ¿Son realmente diferentes? Explique. ¿Ha presenciado Ud. alguna vez un servicio religioso de una religión diferente de la suya? Describa la experiencia.

VOCABULARIO

(NO)CREYENTES   *([Non]believers)*
el (la) agnóstico(a)   *agnostic*
el (la) ateo(a)   *atheist*
el (la) budista   *Buddhist*
el (la) católico(a)   *Catholic*
el (la) cristiano(a)   *Christian*
el (la) judío(a)   *Jew*
el musulmán   *Muslim*
la musulmana   *Muslim*
el (la) protestante   *Protestant*

LÍDERES RELIGIOSOS
el cura (el sacerdote)   *priest*
la monja   *nun*
el Papa   *Pope*
el pastor (el [la] ministro[a])   *minister*
el rabino   *rabbi*

VERBOS
alabar   *to praise*
arrodillarse   *to kneel*
bendecir (i)   *to bless*
condenar   *to condemn*
confesar (ie)   *to confess*

decir una oración   *to say a prayer*
pecar   *to sin*
predicar   *to preach*
rezar (orar)   *to pray*

EXPRESIONES
al parecer   *apparently*
de buena (mala) gana   *(un)willingly*
en manos de   *in the hands of*

EN LA CASA DE DIOS   *(In the house of worship)*
el altar   *altar*
el banco   *pew*
la bendición   *blessing*
la Biblia   *Bible*
el bien   *good*
la capilla   *chapel*
la congregación   *congregation*
el coro   *choir*
la creencia   *belief*
el crucifijo   *crucifix*
el diablo   *devil*
Dios   *God*

la fe *faith*
el himno *hymn*
la iglesia *church*
el mal *evil*
la mezquita *mosque*
el milagro *miracle*
la misa *mass*
el pecado *sin*
el pecador *sinner*
el sacrificio *sacrifice*

el sacrilegio *sacrilege*
sagrado *sacred*
el salmo *psalm*
el (la) santo(a) *saint*
la serenidad *serenity*
el sermón *sermon*
la sinagoga *synagogue*

LOS SABIOS DICEN
(Refiérase a las págs. 409-410.)

REPASEMOS EL VOCABULARIO

A. ¿Cuál no pertenece? Subraye Ud. la palabra que no está relacionada con las otras y explique por qué.

1. judío   católico   agnóstico   budista
2. santo   ministro   pastor   rabino
3. sermón   ateo   salmo   himno
4. rezar   orar   predicar   decir una oración
5. monja   Papa   sacerdote   cura

B. Relaciones. Termine Ud. las asociaciones según el modelo.

MODELO   sinagoga... judío   mezquita...
          mezquita... musulmán

1. altar... pastor   banco...
2. el bien... Dios   el mal...
3. condenar... pecador   alabar...
4. congregación... confesar   cura...
5. sacerdote... católico   ministro...

C. El *diccionario teológico*. Dé Ud. la palabra que corresponde a las siguientes definiciones.

1. ángel malo
2. niega la existencia de Dios
3. hombre que tiene la suma autoridad en la Iglesia Católica
4. transgresión de la ley divina
5. profanación de una cosa sagrada
6. ofrenda que, acompañada de ciertas ceremonias, se le hace a Dios
7. hecho sobrenatural atribuido al poder divino
8. sacrificio del cuerpo y sangre de Jesucristo que hace el cura católico en el altar

D. ¿Qué es... ? Dé Ud. una definición para las siguientes palabras.

1. una monja   3. la Biblia   5. un santo
2. un pastor   4. el coro   6. una mezquita

E. Sinónimos. Dé Ud. el sinónimo de las siguientes palabras subrayadas. Luego, conteste las preguntas.

1. Después de hablar con el cura, Antonio sintió una gran <u>tranquilidad</u>.
   ¿Dónde busca Ud. la paz? Explique.
2. El domingo pasado nuestro <u>pastor</u> predicó sobre la importancia de la educación.
   ¿Sobre qué otros temas suelen predicar los pastores?
3. Mi amiga Ada me pidió que <u>rezara</u> por su abuela.
   Defina Ud. «rezar». ¿Reza Ud.? Explique.
4. En la iglesia los cristianos <u>glorificaban</u> a Dios con sus himnos.
   ¿Qué más hace la gente cuando va a la iglesia?
5. La <u>comunidad</u> de la iglesia decidió buscar un nuevo director del coro.
   ¿Qué otras responsabilidades tienen los miembros de una iglesia?

GRAMÁTICA

The True Passive Voice (La verdadera voz pasiva)

FORM

> Subject + **ser** + past participle used as an adjective + **por** + agent

USE

1. In an active sentence, the subject performs the action of the verb. In a passive sentence, however, the subject receives the action.

   ACTIVE:
   El autor escribió[1] las novelas.   *The author wrote the novels.*

   PASSIVE:
   Las novelas fueron[1] escritas por el autor.   *The novels were written by the author.*

---

[1] Note that the verb **ser** will appear in the passive sentence in the same tense as the verb in the active sentence.

2. Note that the verb **ser** may be used in any tense in the passive sentence.

<table>
<tr><td rowspan="5">La cena</td><td>es</td><td rowspan="5">preparada por ella.</td><td rowspan="5">The meal</td><td>is</td><td rowspan="5">prepared by her.</td></tr>
<tr><td>será</td><td>will be</td></tr>
<tr><td>fue</td><td>was</td></tr>
<tr><td>sería</td><td>would be</td></tr>
<tr><td>ha sido</td><td>has been</td></tr>
</table>

3. Since the past participle is used as an adjective, it will agree in number and gender with the subject it modifies.

El premio fue ganado por Raúl.　　　*The prize was won by Raúl.*
Las elecciones fueron ganadas por mi　*The elections were won by my party.*
　partido.

4. Although **por** is generally used to introduce the agent, if the verb indicates emotion rather than action, **de** is used.

El pastor fue amado de su　　*The pastor was loved by his congregation.*
　congregación.

5. Although **estar** + past participle is another common construction, it is *not* the passive voice. This construction stresses the result of an action, not the action itself. The agent is unknown or unimportant.

La puerta está abierta.　　*The door is open.*

The result of a previous action is that the door is now open.

Substitutes for the True Passive Voice (Sustitutos por la verdadera voz pasiva)

1. If the agent is not known or expressed, the third person plural may be used.

Hablan español en esa iglesia.　*They speak Spanish (Spanish is spoken) in that church.*

Eligieron al senador ayer.　　*They elected the senator (The senator was elected) yesterday.*

2. If the agent is not known or expressed, the passive **se** construction may be used as an alternative to the third person plural construction.[2]

　a. If the subject is an inanimate object, incapable of performing the action of the verb, the following construction is used:

Se + verb in third person singular or plural + subject

---

[2] See Unit 3 for other uses of **se**.

Se vende perfume aquí.   *Perfume is sold here.*
Se venden boletos aquí.   *Tickets are sold here.*

Since tickets and other objects can not sell themselves, it is understood that they "are sold" by some unknown or unimportant agent.

b. If the subject is a person, capable of performing the action of the verb, the following construction is used:

> **Se** + direct object pronoun + verb in third person singular + **a** + direct object

Se le eligió al político.[3]   *The politician was elected.*
Se les eligió a los políticos.   *The politicians were elected.*

This construction is necessary because politicians (people) can elect themselves.

SUMMARY

Agent Expressed (Thing)	Agent Not Expressed (Thing)
True passive voice: El templo fue construido por los creyentes.	*Third person plural:* Construyeron el templo. *Passive **se** construction:* Se construyó el templo.
Agent Expressed (Person)	**Agent Not Expressed (Person)**
True passive voice: El cura fue respetado de todos.	*Third person plural:* Respetaron al cura. *Passive **se** + direct object pronoun construction:* Se le respetó al cura.

---

[3] In this construction, **le** and **les** are always used to refer to masculine nouns.

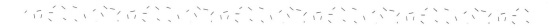

PRÁCTICA

A. El bautismo. Esta mañana la hija de los Flores-Bonilla fue bautizada. Después de la ceremonia hubo una reunión familiar en su casa. Conteste Ud. las preguntas usando la voz pasiva, según el modelo.

MODELO   ¿Quién preparó la comida? (la abuelita)
          La comida fue preparada por la abuelita.

1. ¿Quién hizo la torta? (la tía Luisa)
2. ¿Quién trajo las bebidas? (papá)
3. ¿Quién sirvió la comida? (la criada)
4. ¿Quién tocó la música? (el guitarrista)
5. ¿Quién hizo el vestido de la nena? (una modista francesa)
6. ¿Quién compró los regalos? (todos los parientes)
7. ¿Quién arregló las flores? (Carlitos)

B. **Edificios religiosos.** Cambie Ud. las frases de la voz pasiva a la voz activa.

MODELO   La iglesia fue renovada por el arquitecto.
          El arquitecto renovó la iglesia.

1. La mezquita de Córdoba fue diseñada por los moros.
2. Las sinagogas antiguas de Toledo fueron conservadas por los toledanos.
3. La catedral de Valencia sería pintada por un artista famoso si el cura recibiera las contribuciones.
4. El monasterio es decorado por las monjas cada Navidad.
5. Muchas misiones han sido fundadas por misioneros españoles.

C. **¿Activa o pasiva?** Cambie Ud. las frases siguientes de la voz activa a la voz pasiva, expresándolas de dos maneras, una vez con el agente expresado y la segunda vez sin agente (tercera persona plural).

MODELO   La congregación eligió a Susana.
          Susana fue elegida por la congregación.
          Eligieron a Susana.

1. José ha dicho una oración.
2. El criminal confesó su pecado.
3. El coro nombró a Julio director.
4. El público respeta a los sacerdotes.
5. Las monjas estudian la Biblia.

D. **Los domingos.** Llene Ud. cada espacio con la forma correcta de **ser** o **estar**.

Nuestra familia se reúne todos los domingos para comer juntos después de misa. La

paella siempre _____ cocinada por la abuela. El vino _____ traído por mi tío de su

pueblo. Los pasteles siempre _____ preparados por Luisa con mucho cuidado, porque

cuando la puerta del horno _____ abierta, se le caen las tortas. Me gustan mucho estas reuniones, sobre todo en el invierno cuando hace frío y las calles _____ cubiertas de

nieve. Cuando todo _____ preparado, nos sentamos a comer.

E. La iglesia nueva. Traduzca Ud. las frases siguientes al español.

1. The church was built last year. (two ways)
2. The money was contributed by the congregation.
3. The pastor was named yesterday. (two ways)
4. Everyone was invited by the minister to attend the sermon on Sunday.
5. Hymns were sung by the choir, and psalms were read by the pastor's wife.

Expressing To Become

In Spanish there are various ways to express the idea of *to become*.

1. **Llegar a ser** (literally, *to arrive at being*) + a noun or an adjective is used to imply that a lot of time, effort, and perhaps previous events or actions have preceded the outcome.

   Después de una larga campaña, Silvia   *After a long campaign, Silvia became*
      llegó a ser presidente.   *president.*

2. **Hacerse** (literally, *to make oneself*) + a noun or an adjective implies that the outcome has been achieved through a lot of personal effort. It indicates a change or the attainment of a new state or condition and is often used with professions.

   Juan se hizo médico y se hizo experto   *Juan became a doctor and became an ex-*
      en cirugía.   *pert in surgery.*

   Hacerse can also mean *to turn into*.

   El agua se hizo vapor.   *The water became steam.*

3. **Ponerse** + an adjective is often used to refer to a sudden change in a mental or physical condition.

   Pablo se puso rojo cuando María le dijo   *Pablo became (turned) red when María*
      que lo quería.   *told him that she loved him.*
   Al saber que iba a cantar en el coro,   *Upon finding out that she was going to*
      Paula se puso nerviosa.   *sing with the choir, Paula became*
                                                    nervous.

4. Volverse + an adjective indicates that no effort is implied on the part of the subject. It may be used to indicate that a sudden or drastic change has taken place.

El pobre se volvió loco cuando se enteró del incendio.   *The poor man went crazy when he found out about the fire.*

5. Convertirse en + a noun is used to express *to turn into*. It indicates an unexpected change.

El agua se convirtió en vino.   *The water turned into wine.*

PRÁCTICA

A. Cambios. Termine Ud. cada frase de una forma original, usando la forma correcta de **to become.**

1. Después de muchísmos años de duro trabajo, mi tío...
2. Laura se dio cuenta de su error y...
3. Poco después de graduarse, Felipe...
4. El campesino pobre ganó la lotería y...
5. Estudiaré mucho porque quiero...
6. Cuando la gente se duerme durante el sermón, el ministro...

B. Todos cambiamos. Para cada frase, elija un verbo de la segunda columna y luego termine la frase de una forma original.

1. En la Víspera del Año Nuevo yo siempre
2. Después de largos años de sacrificio, papá
3. Salió el sol y la nieve
4. Estudian química y biología porque quieren
5. Con la nueva promoción, mi marido
6. Paquito no quiso asistir a misa y mamá
7. Con un problema cardíaco es importante no
8. Heredaron de su tío rico y ellos
9. Anoche durante la ceremonia en la catedral yo

a. se convirtió en...
b. ponerse...
c. se hizo...
d. me puse...
e. me pongo...
f. hacerse...
g. se volvieron...
h. se puso...
i. llegó a ser...

C. Sus planes y acciones. Para practicar las formas apropiadas de **to become;** termine Ud. las frases siguientes de una forma original.

1. Una vez, me puse... cuando...
2. Creí que iba a volverme... porque...

3. Un día, llegaré a ser... si yo...
4. Si yo... , me habría hecho...

ASÍ SE DICE

Los sabios dicen...

From time immemorial, one way of passing on conventional wisdom has been the proverb, or **refrán**. Proverbs are an integral part of the oral tradition of all societies. Some can be readily translated from one language to another; others use totally different images to convey the same idea. The following are literal translations of some well-known Spanish proverbs.

1. No hay mejor espejo que los ojos ajenos.
There is no better mirror than another's eyes.

2. Mono de seda, mono se queda.
A monkey in silk is still a monkey.

3. Al que madruga, Dios le ayuda.
God helps him who gets up early.

4. En boca cerrada no entran moscas.
Flies don't enter a closed mouth.

5. Dime con quién andas, y te diré quién eres.
Tell me with whom you walk, and I'll tell you who you are.

6. El amor y la fe en las obras se ve.
Love and faith are seen in works (deeds).

7. Más se acierta en el callar que en el hablar.
Being quiet will succeed (hit the mark) more than speaking.

8. Quien todo lo quiere, todo lo pierde.
He who wants it all, loses it all.

9. Libro cerrado no saca letrado.
A closed book doesn't produce a learned person.

10. Caras vemos, corazones no sabemos.
Faces we see, hearts we can't know.

11. De tal palo, tal astilla.
From such a pole (tree), such chips.

12. Del dicho al hecho hay gran trecho.
From the word to the deed there is a great stretch (distance).

13. Adonde fueres, haz lo que vieres.
Wherever you may go, do what you see.

14. No es oro todo lo que brilla.
All is not gold that glitters.

15. Ver es creer.
Seeing is believing.

16. Al hierro caliente batir de repente.
Strike the hot iron quickly.

17. Antes que te cases, mira lo que haces.
Before you marry, think (about) what you're doing.

18. Más vale pájaro en mano que cien volando.
A bird in the hand is worth more than a hundred flying.

19. Más enseñan los desengaños que los años.
Disappointments teach more than years.

20. Hablando del rey de Roma y aquí se asoma.

Speaking of the king of Rome and here he is (appears).

21. Mientras que en mi casa estoy, rey soy.

While I am in my house, I am king.

PRÁCTICA

A. En otras palabras. Busque de la lista el refrán español equivalente.

1. Look before you leap.
2. Like father, like son.
3. All that glitters is not gold.
4. A bird in the hand is worth two in the bush.
5. Silence is golden.
6. You can't tell a book by its cover.
7. When in Rome, do as the Romans do.
8. Early to bed, early to rise, makes a man healthy, wealthy, and wise.
9. Speak of the devil . . .
10. A man is known by the company he keeps.
11. You can't make a silk purse out of a sow's ear.
12. Strike while the iron is hot.

B. Lo que nos enseña. Busque Ud. un refrán apropiado para las siguientes situaciones.

1. Un niño no quiere levantarse por la mañana. Su papá le dice...
2. Una alumna no quiere estudiar. Su profesor le dice...
3. El hijo de los vecinos es un matemático brillante como su papá. Ud. le dice...
4. Ud. entra en un restaurante japonés y ve que todos se quitan los zapatos. Ud. dice...
5. Una agencia de viajes le ofrece a una pareja un viaje gratis a París. Sus amigos les dicen...
6. Un compañero sufre un desastre económico cuando invierte su dinero. Ud. le dice...
7. Una jefa le promete a un empleado un aumento de sueldo. El empleado le dice...
8. El novio de una muchacha le propone matrimonio. Su mamá le dice...

C. Aprende por arte e irás adelante. Describa Ud. una situación en la cual emplearía los siguientes refranes.

1. El amor y la fe en las obras se ve.
2. No hay mejor espejo que los ojos ajenos.
3. Mono de seda, mono se queda.

Lección 23

El alma hispana

PARA COMENZAR...

1. Con la ayuda del vocabulario en las págs. 413-414, describa el dibujo.
2. ¿Ha asistido Ud. alguna vez a un funeral? Describa la experiencia. ¿Cómo se portó la gente? ¿Se vistió Ud. de negro?
3. El dibujo intenta representar la celebración del Día de los Muertos en México. Es una fiesta única en la cual la gente mexicana recuerda a sus queridos muertos de una manera muy especial. ¿Cómo se llama la fiesta de los

EE.UU. que es semejante al Día de los Muertos? ¿Cuándo se celebra? ¿En qué consiste la celebración? ¿Participa Ud.? Explique.

4. ¿Ha estado Ud. alguna vez en un cementerio? ¿Cuándo y por qué? En los EE.UU., ¿cuándo se suele visitar los cementerios?

 ## El alma hispana

Aunque la actitud hacia la muerte parezca diferente en los países hispanos, no lo es en muchos sentidos. La muerte en España es una cosa tan poco deseada como en cualquier otro país del mundo, pero los actos fúnebres son quizás más ceremoniosos. Es una despedida a una persona querida, en la que participan la familia y los amigos. Aunque antes era costumbre llevar a toda la familia al velorio o al funeral (incluso a los niños), hoy día un entierro no se considera como una cosa para niños. A menos que sean los hijos de la persona que van a enterrar, los niños se quedan en casa.

En el mundo hispano, la muerte se considera como el paso a una nueva vida — a una vida mejor que la terrenal. Es una idea que sirve como consuelo a los familiares y amigos que tienen que despedirse de alguien. En un país donde el catolicismo predomina, tanto las funciones religiosas como las fúnebres adquieren más importancia que en otros países.

Existen dos días festivos cuando se venera a los muertos. Son el Día de Todos los Santos, el primero de noviembre, y el Día de los Muertos, el 2 de noviembre. La gente va a los cementerios a rezar sobre las tumbas de sus familiares o van a misa. En México, en los cementerios mismos, hacen comidas al aire libre, hay vendedores de tacos y de varios refrescos, y los niños juegan mientras los ancianos vestidos de luto lloran la pérdida de un ser querido. En Andalucía es costumbre llorar en la capilla ardiente durante la primera noche.

CONVERSEMOS

Refiriéndose a la lectura anterior, conteste Ud. las preguntas.

1. En la cultura hispánica, ¿qué aspecto del velorio ha cambiado en los últimos años? Explique. Describa Ud. cómo se celebra el dos de noviembre en México. ¿Qué significa la muerte para muchos hispanos?

2. Compare Ud. el concepto hispánico de la muerte con el de Ud. ¿Cuáles son las diferencias? ¿y las semejanzas? ¿Se ve la presencia de la muerte en los EE.UU.? ¿Cómo? ¿Cuántos años tenía Ud. cuando asistió a un funeral por primera vez? ¿Cómo lo (la) afectó? ¿Cree Ud. que se debe proteger a los niños de la idea de la muerte? ¿Por qué?

3. ¿Existe una vida después de la muerte? ¿Cómo será? ¿Cómo quiere Ud. que sea? ¿Qué es el alma? ¿Qué le pasa al cuerpo después de morirse una persona? ¿y al alma?

4. Cuentan algunas personas que tuvieron accidentes en los cuales casi murieron que vieron una luz al fondo de un túnel. ¿Cree Ud. eso? ¿Qué significa esta imagen? ¿Cómo se explica el hecho de que más de una persona dice que ha visto esta luz?

5. ¿Qué es un fantasma? ¿Existen de verdad? ¿Ha visto Ud. alguna vez un fantasma? ¿Por qué cuenta la gente «cuentos de fantasmas»? ¿Por qué nos gusta tanto escucharlos? ¿Por qué nos asusta la idea de lo sobrenatural?

VOCABULARIO

SUSTANTIVOS

el alma   soul (f.)
el cementerio   cemetery
el cielo   heaven
el consuelo   consolation
el cuerpo   body
el (la) difunto(a)   dead person
el dolor   grief
el elogio   eulogy
el entierro   burial
el epitafio   epitaph
el espíritu   spirit
el esqueleto   skeleton
el fantasma   ghost
el funeral   funeral
el infierno   hell
la muerte   death
el (la) muerto(a)   dead person
el paraíso   paradise
el sepulcro   grave
el sufrimiento   suffering

la tumba   tomb, grave
el velorio   wake

VERBOS

asustar (espantar, dar miedo)   to scare
consolar (ue)   to console
elogiar   to eulogize
enterrar (ie)   to bury
lamentar   to regret, mourn
llorar   to cry
reflejar   to reflect
salvar   to save
sufrir (padecer)   to suffer

OTRAS PALABRAS Y EXPRESIONES

dar el pésame   to express one's condolences
el Día de los Muertos   All Souls' Day
estar de luto   to be in mourning
estar (ser) muerto   to be dead (killed)[1]

---

[1] **Estar muerto** means *to be dead*, but **ser muerto** usually means *to be killed*.

el más allá   *the beyond (afterlife)*
mientras tanto   *in the meantime,*
  meanwhile
mórbido (morboso)   *morbid*
sobrenatural   *supernatural*
transitorio   *transitory*

ultratumba   *beyond the tomb*
vestirse (i) de luto   *to dress in mourning*

**¡FELICITACIONES! / MI MÁS SINCERO
  PÉSAME.**
(Refiérase a las págs. 422-423.)

REPASEMOS EL VOCABULARIO

A. ¿Cuál no pertenece? Subraye Ud. la palabra que no está relacionada con las otras y explique
por qué.

1. difunto	muerte	muerto	muerta
2. pésame	dolor	entierro	sufrimiento
3. dar miedo	reflejar	asustar	espantar
4. cielo	cementerio	sepulcro	tumba
5. más allá	ultratumba	cuerpo	sobrenatural

B. Formando palabras. Dé Ud. el sustantivo que corresponde a los siguientes verbos.

1. morir	**4.** enterrar
2. consolar	**5.** elogiar
3. doler	**6.** velar

Ahora, busque Ud. el verbo que corresponde a los siguientes sustantivos.

1. salvación	**4.** susto
2. reflejo	**5.** vestido
3. lamento	**6.** sufrimiento

C. Charlando con mi abuelo. El abuelo de Paquito siempre le hablaba de temas religiosos. Complete Ud. las frases con el antónimo de las palabras subrayadas.

1. El ser humano es a la vez cuerpo y _____.

2. Para muchos, el velorio es una ocasión para reír y para _____.

3. El pastor nos enseñó sobre el paraíso y el _____.

4. Esta vida no es permanente. Al contrario, es _____.

5. Decía el abuelo: «Tengo los pies plantados en la <u>tierra</u>, pero mi corazón está en el _____».

D. Costumbres funerarias. En este país, ¿qué suele hacer la gente cuando...

1. está de luto?
2. va a un velorio?
3. le da el pésame a un familiar de un muerto?
4. resulta imposible asistir al funeral de un familiar de un amigo íntimo?

E. Composición. El abuelo de Paquito acaba de morir y el niño va a participar en los actos funerarios con los demás familiares. Con el fin de prepararlo para esta experiencia, su abuela le escribe una carta muy amorosa en la cual le explica lo siguiente: muerte, alma, cielo, funeral, cementerio, tumba. Escriba Ud. la carta, que empieza así:

«Mi querido Paquito... »

F. En parejas. Con un(a) compañero(a), escriban un elogio para una persona conocida por toda la clase.

G. En grupos. Inventen epitafios para los miembros del grupo. Pueden ser de hasta dos frases y deben resumir sus vidas. Pueden ser serios o cómicos.

GRAMÁTICA

The Use of the Infinitive (El uso del infinitivo)

The infinitive is used:

1. as a noun. The use of the definite article **(el)** is optional.

(El) nadar es buen ejercicio.	*Swimming is good exercise.*
(El) fumar es malo para la salud.	*Smoking is bad for one's health.*

2. after prepositions, instead of the present participle as in English.

Al entrar en la iglesia, Javier se quitó   *Upon entering the church, Javier took off*
   el sombero.   *his hat.*
Después de rezar, cantaron un himno.   *After praying, they sang a hymn.*

3. with verbs of perception[2] **(escuchar, oír, mirar, ver, sentir).**

Vimos acercarse al cura.   *We saw the priest approaching.*
Oí llorar mucho al viudo.   *I heard the widower crying a lot.*

4. with the verbs **mandar** and **hacer** to express the idea of *having something done.*

Yo hice venir al médico.   *I had the doctor come.*
Mandó hacer un traje en Hong Kong.   *He had a suit made in Hong Kong.*

5. with the verbs **mandar, hacer, invitar, dejar, (im)pedir, obligar a, aconsejar, permitir, prohibir,** and **ordenar** instead of the subjunctive.

Él deja que yo venga.⎫
Él me deja venir.   ⎭   *He allows me to come.*
Yo aconsejo que tú estudies.⎫
Yo te aconsejo estudiar.   ⎭   *I advise you to study.*

6. instead of the subjunctive with impersonal expressions. In this case, the subject of the second clause is expressed as the indirect object of the impersonal expression.

Es necesario que tú duermas un poco.⎫
Te es necesario dormir un poco.   ⎭   *It is necessary for you to sleep a bit.*

7. if there is no change of subject.

Espero poder asistir al funeral de tu   *I hope to be able to attend your grandfather's*
   abuelo.   *funeral.*

8. to express a general or public command that is not directed at a specific person, such as on a street sign.

No estacionar aquí.   *No parking.*
No fumar.   *No smoking.*

---

[2] The present participle is also used at times with verbs of perception.

9. after the preposition **a** to express a first person plural (**nosotros**) command.

Comamos.

Vamos a comer. }   *Let's eat.*

A comer.

The Use of the Present Participle (El uso del participio presente)

The present participle is used:

1. with the verb **estar** to form the progressive tenses. (See Units 1 and 2.)

2. as an adverb:

   a. to describe the conditions that were present when the action of the main verb took place.

Siendo muy pequeño, empezó a estudiar inglés.	*While very young, he began to study English.*
Hablando tanto, no se dio cuenta de la hora.	*Since he was talking so much, he didn't realize the time.*

   b. to express the method or manner in which something is done.

Viviendo en España, se aprende a hablar español fácilmente.	*By living in Spain, one learns to speak Spanish easily.*
José llegó a la fiesta cantando alegremente.	*José arrived at the party singing happily.*

   c. to indicate the result of a specific action.

Nos contaron de su muerte, entristeciéndonos mucho.	*They told us of his death, which saddened us greatly.*

3. after the verbs **continuar, seguir, andar, venir,** and **ir.**

Continuó (Siguió) llorando por horas.	*He continued crying for hours.*
Daniel anda buscando trabajo.	*Daniel goes around looking for work.*
Marta vino sonriendo.	*Marta came smiling.*
Él iba hablando de sus coches.	*He want around talking about his cars.*

Alternate adjectival forms that may be substituted for the English present participle are words ending in **-or, -ante, -ente, -iente,** and the past participle.

Papá es muy trabajador.	*Dad is very hard-working.*
A causa de la población creciente, hay mucho desempleo.	*Because of the growing population, there is a lot of unemployment.*
Este libro es aburrido.	*This book is boring.*

PRÁCTICA

A. El entierro. Una chica de diez años acaba de asistir a un funeral y le hace unas preguntas a su papá. Dé Ud. el infinitivo de los sustantivos subrayados según el modelo.

> **MODELO** ¿Es necesario *el sufrimiento?*
> Sí, (el) sufrir es una realidad.

1. ¿Se pone la gente muy triste en un entierro? Sí, _____ a un ser querido puede ser muy triste.

2. ¿Crees que la vida es preciosa? Sí, _____ feliz es lo más valioso.

3. ¿Te da miedo la muerte? Sí, _____ me da miedo de vez en cuando.

4. ¿Sabes darle consuelo a una persona? Sí, _____ requiere compasión.

5. ¿Te pone muy triste el pensamiento de perder a alguien querido? Sí, _____ en perder a alguien me entristece mucho.

B. El servicio funerario. Cambie Ud. las frases para poder usar el infinitivo en vez del subjuntivo.

> **MODELO** No permitieron que fumáramos en la iglesia.
> No nos permitieron fumar en la iglesia.

1. Le permitió que diera el elogio.
2. No dejaron que papá viera al difunto.
3. Ella mandó que yo me vistiera de negro.
4. Era necesario que nosotros pidiéramos muchas flores.
5. Les aconsejamos que asistieran al servicio religioso.
6. Esto hizo que yo creyera en Dios.
7. Era difícil que ellos no lloraran.
8. Papá permitió que los niños asistieran también.

C. El velorio. Estando enferma, Susana no pudo asistir al velorio de su tía. Al día siguiente habló con su mamá. Cambie Ud. las frases incorporando el infinitivo, según el modelo.

> **MODELO** ¿Lloraban mucho los hijos? (ver)
> Sí, los vi llorar mucho.

1. ¿Iban y venían amigos y familiares? (mirar)
2. ¿Consolaban los amigos al tío Luis? (oír)
3. ¿Bebía y comía mucha gente? (ver)

4. ¿Decía el doctor que murió sin sufrir? (escuchar)
5. ¿Contaba la abuela anécdotas de la niñez de la tía? (oír)

D. ¡No puedo llegar tarde al funeral! Susana no pudo asistir al velorio de su tía pero sí va a asistir al funeral. Complete Ud. el párrafo con la forma correcta del infinitivo o participio presente.

Ayer, antes de (sonar) _____ el despertador, me levanté y fui (correr) _____ al baño porque creí que era muy tarde. Tenía que (estar) _____ en la iglesia a las diez para (leer) _____ el elogio en el funeral de mi tía. Pensé en la hora tan tarde, seguí (vestirse) _____ rápido, y después de (haber) _____ escogido la ropa que quería (ponerse) _____, bajé la escalera (apresurarse) _____, todavía (creer) _____ que era muy tarde. Tenía miedo de (llegar) _____ muy tarde.

E. El participio presente. Usando los verbos en la lista, complete las frases lógicamente. Hay más de una posibilidad. Luego, explique el significado.

andar   ir   venir   seguir   entrar   salir   llegar

MODELO   El pobre hombre _____ (correr) del hospital.
El pobre hombre sale corriendo del hospital.

1. Mucha gente _____ (buscar) respuestas a las preguntas eternas.
2. Los padres _____ (esperar) que la enfermedad de su hijo no sea grave.
3. Todavía _____ (crecer) el número de cementerios en esta ciudad.
4. La familia _____ (llorar) en la iglesia.
5. Nosotros _____ (quejarse) del costo de un entierro.
6. Ella siempre _____ (hablar) de sus problemas.
7. Ellos _____ (consolar) a la familia.
8. Leonor _____ (decir) que el coche nos espera.

F. Descripciones. Escoja Ud. la palabra correcta y explique por qué.

1. La mujer (trabajadora, trabajando) ha cambiado la economía de su país.
2. En ese pueblo todavía hay viviendas sin agua (corriente, corriendo).
3. Don Tomás me leyó un cuento (aburriendo, aburrido) sobre los fantasmas de la región.

4. La semana (entrando, entrante) visitaremos la Capilla de Santa Ana.
5. Me ofreció su ayuda con una cara (sonriendo, sonriente).
6. Es el hombre más (comprendiendo, comprendedor) del mundo.

G. La viuda. Termine Ud. las frases siguientes de una forma original, empleando el infinitivo.

1. El marido de la señora Contreras murió sin...
2. Sus amigos asistieron al entierro para...
3. Los hijos del difunto insistieron en...
4. La viuda se quedará con su hermano hasta...
5. La hija mayor pasará una semana con su mamá antes de...
6. La viuda piensa viajar un poco después de...

H. Traducciones. *La muerte de un amigo.*

1. Yesterday, my boss died after suffering for many years.
2. Upon entering the synagogue, I saw many people I knew.
3. His former secretary was there. When she saw me, she began to cry.
4. They let his little children see the tomb. I didn't think that was necessary.
5. His mother went around talking about her grief.
6. I heard the rabbi try to console her.
7. It was difficult for us to accept his death.
8. But, after talking to the rabbi, we decided that remembering the good times we had together would be a great consolation.
9. By attending the funeral and meeting his family, I learned a lot more about him.

The Reciprocal Construction (La construcción recíproca)

The reciprocal construction is used to express the concept in English of *each other* or *one another*. It requires that two or more subjects carry out and receive the action of the verb mutually.

1. It is used with the first, second, and third person plural verb forms **(nos, os, se)**.

Nos vemos muy a menudo.	*We see each other very often.*
Se escriben con frecuencia.	*They write to each other frequently.*

2. Since the reciprocal and reflexive constructions are identical, the forms **el uno al otro, la una a la otra, los unos a los otros**, and **las unas a las otras** are used to clarify or emphasize reciprocity.[3] Compare the following sentences.

Se conocen bien.

Se conocen bien el uno al otro.

⎰ *They know each other well.*
⎱ *They know themselves well.*
They know each other well.

3. Unless both subjects are feminine, the masculine forms of clarification are used.

Carlos y María se miran apasionada-   *Carlos and María look at each other*
mente el uno al otro.   *passionately.*

4. The reflexive pronoun is omitted when *each other* is the object of a preposition and the verb is nonreflexive.

Van el uno con el otro.   *They go with each other.*

---

[3] The use of the definite article is optional with these expressions.

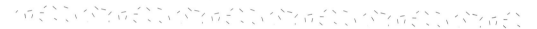

PRÁCTICA

A. La reunión familiar. Los miembros de la familia Robles se reúnen para una celebración. Hace meses que Carolina no ve a su prima y le hace muchas preguntas. ¿Qué le contesta? Use Ud. la construcción recíproca.

MODELO   ¿Ves a Pilar de vez en cuando? (todas las semanas)
Sí, nos vemos todas las semanas.

1. ¿Escriben tus hermanos a tu novio? (todos los meses)
2. ¿Quieres a Jaime? (mucho)
3. ¿Visitan tus padres a la familia de Jaime? (frecuentemente)
4. ¿Ayudas a tu amiga con sus estudios? (siempre)
5. ¿Extrañas a tus amigos del pueblo? (muchísimo)

B. El uno al otro. Conteste Ud. las frases siguientes con la forma enfática de la construcción recíproca.

1. Cuando salen Ud. y su novio(a), ¿se besan y se abrazan mucho?
2. ¿Se ayudan sus padres mucho con las tareas domésticas?

3. Cuando ve a un(a) amigo(a) en la calle, ¿se sonríen Uds.?
4. ¿Se escriben mucho Ud. y su mejor amigo(a)?
5. Cuando están solos(as) Ud. y su compañero(a) de cuarto, ¿qué se dicen?

ASÍ SE DICE

¡Felicitaciones! / Mi más sincero pésame.

1. There are several ways to congratulate a person in Spanish:

   ¡Felicitaciones!
   ¡Te (Lo, La) felicito! ⎫   *Congratulations!*
   ¡Enhorabuena!
   ¡Felicidades!   *Much happiness!*

2. Many holidays and other festive occasions have their own particular phrases. Some of the most common are:

   ¡Feliz cumpleaños! ⎫   *Happy birthday!*
   ¡Que lo cumplas feliz!
   ¡Que viva el santo!   *(greeting or cheer on a person's saint's day)*
   ¡Feliz Navidad!   *Merry Christmas!*
   ¡Próspero Año Nuevo!   *Happy New Year!*
   ¡Felices Pascuas!   *Happy Holidays! (often used at Christmas and Easter)*

3. To make a toast, you might say:

   ¡Salud!   *Cheers!*
   Salud, dinero y amor, ¡y el tiempo para   *Health, money, and love, and the time to*
     gastarlos!   *spend them!*
   Vamos a brindar...   *Let's toast . . .*

4. Unfortunately, there are also many sad occasions in life. To express your condolences to someone, you might use one of the following expressions:

   Mi más sincero pésame.
   La (Lo) acompaño en sus sentimientos. ⎫   *I'm so sorry; my condolences.*
   Mis profundos sentimientos.
   Que en paz descanse.   *May he (she) rest in peace.*
   Se hizo la voluntad de Dios.   *It was God's will.*
   ¡Qué tragedia!   *What a tragedy!*
   ¡Ay, Dios! (¡Dios mío!) ⎫   *Dear God! (My God!)*
   ¡Ave María purísima!

5. References to saints and a supreme being are more common and more accepted in everyday speech in Spanish than in English. Many common expressions (although some are now a bit antiquated) contain religious references. Some you might hear are:

pobre como un cura	*poor as a church mouse*
No está muy católico(a).	*He's (She's) not feeling well.*
Se me fue el santo al cielo.	*I lost my train of thought.*
en un santiamén	*in a twinkling (in a flash)*
en el quinto infierno	*out in the sticks*
desnudar un santo para vestir a otro	*rob Peter to pay Paul*
cada muerte de obispo	*once in a blue moon*
si Dios quiere	*God willing*

PRÁCTICA

A. Primeras reacciones. Busque Ud. una expresión apropiada para las siguientes situaciones.

1. Su vecino sacó el premio gordo *(won the grand prize in the lottery)* del Año Nuevo.
2. Ud. va a casa de los suegros el 25 de diciembre.
3. Su compañero(a) de cuarto le dice que va a casarse.
4. Va a la casa de una vecina cuyo esposo murió ayer.
5. Su compañero ganó un premio por los poemas que escribió.
6. Ud. acaba de escuchar las noticias del terremoto en México.

B. En otras palabras. Dé Ud. una explicación en español de las siguientes expresiones coloquiales.

1. No está muy católico(a).
2. Se me fue el santo al cielo.
3. Lo hizo en un santiamén.
4. Es pobre como un cura.
5. Ocurre cada muerte de obispo.
6. Vive en el quinto infierno.

C. Para decirte la verdad... Escriba Ud. un breve diálogo entre dos novios el 31 de diciembre (la Noche Vieja). Emplee Ud. expresiones de «Así se dice» (Lección 19) además de las de esta lección.

Lección 24

¡Celebremos!

PARA COMENZAR...

1. Con la ayuda del vocabulario en las págs. 426-427, describa Ud. el dibujo.
2. ¿Celebra Ud. la Navidad? ¿Cómo la celebra? ¿Cuáles son las tradiciones navideñas que se conservan en los EE.UU.? ¿Cuáles son sus tradiciones favoritas? ¿Sabe Ud. cuál es el origen de algunas de estas tradiciones? Descríbalo.
3. ¿Cuáles son algunas tradiciones navideñas de otros países? ¿Por qué cree Ud. que hay tantas maneras diferentes de celebrar la misma fiesta? ¿Qué otras fiestas se celebran en muchas partes del mundo? ¿Cómo se celebran en los EE.UU. y en otros países?

 ¡Celebremos!

Las fiestas religiosas más importantes durante el año son la Navidad y la Pascua. En España y en muchos países de Latinoamérica, los niños reciben sus regalos el Día de Reyes, Epifanía, que se celebra el 6 de enero. Se dice a los niños pequeños que los traen los Reyes Magos. Los niños ponen sus zapatos en el balcón y si son buenos, se llenan de dulces. Si son malos, se llenan de carbón.° El turrón y el pavo son típicos en esta época. En la Nochebuena todos van a la Misa del gallo.° En Puerto Rico los niños ponen cajitas con hierba debajo de sus camitas para dar de comer a los camellos. En Chile se abren los regalos el 25 de diciembre. Se dice que los trae el Viejito Pascuero, que se parece a Santa Claus, pero no anda en trineo. Quizás vaya a pie o tome un taxi. Nadie lo sabe. En Colombia y Venezuela se dice que el Niño Jesús trae los regalos en Nochebuena. Y lo típico de México son las posadas.° Todas las noches a partir del 16 de diciembre, un grupo de personas va de casa en casa con velas encendidas. Cuando llegan a una casa llaman a la puerta. Desde dentro alguien grita que no hay posada. Se canta una canción que dice que es José y que pide albergue° para María porque va a dar a luz al niño Jesús. Entonces la familia los deja entrar. La Noche Vieja se celebra con champaña y en muchos países hispanos existe la costumbre de comer una uva con cada una de las doce campanadas del reloj.

Aparte de celebrar los cumpleaños, los hispanos celebran también el día de su santo. Aunque no se celebra tanto como el cumpleaños, aún hay gente que lo celebra dando regalos. En ciertos días del año, se celebra con fiestas populares el día de algunos

coal

Misa... *Midnight Mass*

inns

shelter

santos. Por ejemplo, el día de San Jorge es también el día del libro
y del amor. Los días de San Pedro y San Juan se celebran de
modo especial, con verbenas donde es costumbre que en las fiestas haya fuegos artificiales.

CONVERSEMOS

Refiriéndose a la lectura anterior, conteste Ud. las preguntas.

1. ¿Quiénes son los Reyes Magos? ¿Qué papel desempeñan durante esta época? Describa Ud. una tradición navideña de España, de México y de Sudamérica. Además
de la Navidad, ¿cuáles son algunas fiestas principales en el mundo hispánico?
2. ¿Qué fiestas hispánicas son idénticas a las que se celebran en los EE.UU.? ¿Cuáles
son diferentes? Explique. ¿Cuáles se celebran en los EE.UU. y no en el mundo
hispánico?
3. ¿Hay en su pueblo o ciudad fiestas, ferias o festivales especiales? ¿Cuáles son?
¿Cómo se celebra la Navidad en su pueblo? ¿y el 4 de julio? ¿y la Noche Vieja? ¿Qué
hace Ud. a medianoche el 31 de diciembre?
4. ¿Cuál es su fiesta favorita? ¿Por qué? ¿Dónde prefiere Ud. celebrarla? ¿y con
quién(es)? Cuando Ud. era pequeño(a), ¿cuál era su fiesta preferida? ¿Cuáles fiestas
son más apreciadas por los niños? ¿y por los adultos?

VOCABULARIO

EN LA FIESTA
el (la) aguafiestas   *party pooper*
animado   *exciting*
el (la) cantante   *singer*
convidar   *to invite*
estimulante   *stimulating, exciting*
el globo   *balloon*
la grabadora   *tape recorder*
hacer una fiesta (festejar)   *to have a
party*
la invitación   *invitation*
el (la) invitado(a)   *guest*
juntarse   *to get together*
picar   *to snack, munch*
ser pesado   *to be dull, boring*

LA NAVIDAD   *(Christmas)*
el árbol de Navidad   *Christmas tree*
el balcón   *balcony*
Belén   *Bethlehem*
el belén   *nativity scene*
el camello   *camel*
dar de comer   *to feed*
¡Feliz Navidad!   *Merry Christmas!*
la Navidad   *Christmas*
la Nochebuena   *Christmas Eve*
el pesebre   *manger*
el Polo Norte   *the North Pole*
el reno   *reindeer*
los Reyes Magos   *the Three Wise Men*
San Nicolás   *Saint Nick (Santa Claus)*

el trineo   *sleigh*
el villancico   *Christmas carol*

SALUDOS

¡Enhorabuena!   *Congratulations!*
Felices Pascuas   *Merry Christmas*
¡Felicidades!   *Much happiness!*
   (Congratulations!)
feliz (cumpleaños, día del santo)   *happy*
   (birthday, saint's day)
Próspero Año Nuevo   *Happy New Year*

FIESTAS Y FESTIVALES

el aniversario   *anniversary*
el champaña   *champagne*
la Cuaresma   *Lent*
la despedida de soltero(a)   *bachelor party*
   (shower)
el espectáculo   *show*

la Noche Vieja   *New Year's Eve*
la Pascua   *Easter*
la procesión (el desfile)   *parade*
la quinceañera   *sweet 15*
el santo   *saint's day*
el santo patrón   *patron saint*
la tarjeta de Navidad   *Christmas card*
el traje típico   *typical costume*
el turrón   *almond Christmas candy*

EXPRESIONES

dentro de poco   *shortly, soon*
dicho y hecho   *no sooner said than done*
en aquel entonces   *at that time*
pasado mañana   *the day after tomorrow*
sano y salvo   *safe and sound*

PALABRAS PROBLEMÁTICAS

(Refiérase a las págs. 434-435.)

REPASEMOS EL VOCABULARIO

A. ¿Cuál no pertenece? Subraye Ud. la palabra que no está relacionada con las otras y explique por qué.

1. Pascua	Navidad	Año Nuevo	Cuaresma
2. reno	camello	trineo	Polo Norte
3. santo	quinceañera	cumpleaños	aniversario
4. grabadora	globo	invitado	balcón

B. Mis recuerdos navideños. Dé Ud. el sinónimo de las siguientes palabras y frases subrayadas.

   En esa época, nosotros <u>hacíamos una fiesta</u> con toda la familia. <u>Nos reuníamos</u> en la casa de mi abuela e <u>invitábamos</u> a todos los familiares y amigos íntimos. Los niños nos entretenían con sus dulces <u>canciones navideñas</u>, la conversación siempre era muy <u>animada</u> y a cada rato se oía: «¡Felices Pascuas!». El único <u>invitado pesado</u> que había era el tío Ernesto, quien se divertía solo en la sala mirando la tele.

C. ¡Hagamos fiesta! Varias personas hablan de las costumbres en sus países. Haga Ud. las actividades.

1. Complete Ud. los párrafos con la forma correcta de las siguientes palabras.

procesiones	Cuaresma	Santa	Navidad	Nochebuena
quinceañera	invitados	hacer una fiesta	árbol	champaña
turrón	belén	invitar	Magos	

«Cuando era niña, soñaba con tener mi fiesta de _____ en un gran hotel de lujo en la capital, con más de doscientos _____. Sin embargo, cuando cumplí los quince, mi familia me _____ en la sala de nuestra casa e _____ sólo a cincuenta personas. Comimos, bailamos y todos me brindaron con _____. Lo pasé de maravilla.»

«El 24 de diciembre, que es la _____, celebramos con una íntima cena familiar. Al día siguiente, el Día de _____, vamos de visita a las casas de nuestros familiares. En España, el dulce navideño más típico es el _____. No es Navidad si no lo hay en casa.»

«Soy de Antigua, Guatemala. Allí la culminación de la _____ es la celebración de Semana _____. El Viernes Santo es el día de las principales _____. Soldados romanos montados a caballo recorren la ciudad temprano en la mañana anunciando la sentencia de muerte. Centenares de hombres vestidos de morado *(purple)* llevan sobre sus hombros *(shoulders)* la enorme cruz de Jesucristo.»

«Hoy día en México es común tener un _____ de Navidad. Esta tradición no es de origen hispano, sino de países del norte de Europa. Llegó a Latinoamérica a través de los EE.UU. Pero, en mi casa siempre ponemos el _____ con sus pequeñas figuras de animales, de la Virgen, del Niño Dios y de los Reyes _____.»

2. Identifique Ud. ...

    a. una celebración española que es íntima y familiar.
    b. una costumbre que proviene de Alemania.
    c. un dulce que se come sin falta durante las Navidades.
    d. una fiesta que conmemora las últimas horas en la vida de Jesucristo.
    e. un cumpleaños muy especial.

D. Costumbres norteamericanas. Describa Ud. dos costumbres relacionadas a las siguientes celebraciones.

1. la Cuaresma
2. una boda
3. la Noche Vieja
4. el cumpleaños de un(a) niño(a) pequeño(a)
5. la Pascua
6. la despedida de soltera
7. la despedida de soltero

E. En parejas. Escríbales Ud. una carta a los Reyes Magos, contándoles por qué ha sido muy bueno(a). También dígales qué quiere para la Navidad. Un(a) compañero(a) va a contestar su carta. Empiece la carta con: «Queridos Reyes Magos».

F. Recuerdo... Cuénteles Ud. a sus compañeros del peor (mejor) cumpleaños que Ud. ha pasado en su vida y por qué fue así.

GRAMÁTICA

Review of the Subjunctive II (Repaso del subjuntivo II)

1. The subjunctive is used in an adjectival clause when

    a. the antecedent is undetermined.

Busca un regalo que le vaya a gustar a su novia.	*He's looking for a gift that will please his girlfriend.*
Quería encontrar una tienda que vendiera pulseras de oro.	*He wanted to find a store that sold gold bracelets.*

    b. the antecedent is negative.

No hay nada que sea mejor que la Navidad.	*There is nothing (that is) better than Christmas.*

    c. the antecedent is a superlative that expresses a nonverifiable opinion.

Éstos son los peores regalos que tú me hayas comprado.	*These are the worst presents you have (ever) bought me.*

2. The subjunctive is used in an adverbial clause with

    a. the following adverbial conjunctions:

a condición (de) que	**a menos que**	**en caso de que**
con tal que	**a no ser que**	**sin que**
a fin (de) que	**antes (de) que**	
para que	**de miedo (de) que**	

Iré a la fiesta con tal que (a condición [de] que) él me invite.	*I will go to the party provided that (on the condition that) he invites me.*

b. conjunctions that refer to future time.

Estaré lista para cuando tú me recojas.   *I'll be ready by the time you pick me up.*

c. **aunque** and **a pesar (de) que** to express doubt and **de modo (manera) que** to express intention.

Aunque llueva, la procesión seguirá.   *Although it may rain, the parade will continue.*

Levántame de modo que pueda ver el desfile.   *Lift me up so I can see the parade.*

d. expressions ending with **-quier(a)** or expressions with similar meanings.

Cualquier cosa que compres les va a gustar.   *Anything you buy will please them.*

3. The imperfect or past perfect subjunctives are used in a conditional **(si)** clause with

    a. a contrary-to-fact situation.

    Si hubiera sabido la fecha, te habría enviado una tarjeta para tu santo.   *If he had known the date, he would have sent you a card for your saint's day.*

    b. a hypothetical idea.

    Si me dieras tu coche, iría por champaña.   *If you gave (were to give) me your car, I would go for champagne.*

    c. the expression **como si**.

    Él celebra como si fuera la Noche Vieja.   *He celebrates as if it were New Year's Eve.*

PRÁCTICA

A. La buena fiesta. Los González son famosos por sus fiestas divertidas. Aquí comparten sus secretos. Dé Ud. la forma correcta del verbo.

1. El buen anfitrión planea bien para que sus invitados (divertirse) _____.

2. La fiesta al aire libre es buena idea a menos que (hacer) _____ mal tiempo.

3. Nosotros siempre invitamos a gente de diversas profesiones para que la conversación (ser) _____ estimulante.

4. Yo saludo personalmente a cada invitado en cuanto (llegar) _____.

5. Nunca hacemos una fiesta sin que (haber) ———— entretenimiento.

6. Mientras los invitados (bailar) ————, cantamos.

7. La fiesta no termina hasta que la última persona (irse) ————.

8. Cualquier fiesta puede ser un éxito con tal que Uds. (servir) ———— buena comida.

B. **La Nochebuena.** Llene Ud. cada espacio con la forma correcta del verbo.

1. ¿Hay alguien que (haber) ———— visto a Santa Claus alguna vez?

2. Conozco a alguien que les (haber) ———— dado de comer a sus renos.

3. Quiero encontrar calcetines que (ser) ———— grandísimos para colgar en mi chimenea.

4. No hay nadie que (haber) ———— sido mejor que yo.

5. Quiero comprar galletas que le (gustar) ———— a Santa Claus.

6. Compré un árbol de Navidad que (ser) ———— enorme y muy bonito.

7. No hay nada que (ser) ———— mejor que la torta navideña que prepara mi tía.

8. Cualquier regalo que Santa me (traer) ———— me va a gustar.

C. **Preparativos navideños.** Termine Ud. las frases siguientes de una forma original empleando el subjuntivo o el infinitivo.

1. Iré al centro para...
2. Decoraré toda la casa con ornamentos cuando...
3. Compraré muchas cosas en cuanto...
4. Mandaré todas las tarjetas de Navidad de modo que...
5. Esconderé los regalos sin que...
6. Dejaré mis zapatos en el balcón para que...
7. Envolveré todos los paquetes antes de...
8. No encenderemos un fuego en la hoguera en caso de que...
9. Visitaremos a nuestros amigos a condición de que...
10. Cantaremos villancicos después de...
11. Los niños se dormirán temprano por miedo de que...
12. No nos acostaremos hasta...

D. **Si...** Llene Ud. cada espacio con la forma correcta del verbo.

1. Si te invitan, tú (tener) ———— que llevar un regalo.

2. Si yo (ser) ———— Ud., yo no aceptaría la invitación.

3. Si Uds. no (picar) ————, habrían comido la cena.

4. Si él (ser) ———— menos pesado, tendría más amistades.

5. Si nosotros nos hubiéramos dado cuenta de la fecha, (celebrar) _____ su

cumpleaños.

E. Pero si... Termine Ud. las frases de una forma lógica, empleando el imperfecto o el pluscuam-perfecto[1] del subjuntivo y las formas apropiadas del condicional.

> MODELO   No quiero salir ahora, pero si...
> No quiero salir ahora, pero si Juan me invitara, saldría con él.

1. No me gusta bailar, pero si...   **4.** Ayer no tuve dinero, pero si...
2. Nunca van al médico, pero si...   **5.** Anoche no estudió, pero si...
3. No maneja bien, pero si...   **6.** No fuimos a la fiesta, pero si...

F. Observaciones. Aurelio es un gran observador de la gente, y por eso le gusta mucho asistir a las fiestas. Cambie Ud. el verbo entre paréntesis.

1. Ese hombre se comporta como si (tener) _____ miedo.

2. La chica morena sonríe como si (saber) _____ un secreto fantástico.

3. Los hermanos Torres tratan a sus novias como si (ser) _____ reinas.

4. La anfitriona anda como si le (doler) _____ los pies.

Ahora, termine Ud. las frases siguientes de una forma original.

5. Ella baila como si...   **7.** Los jóvenes comen como si...
6. Ese político habla como si...   **8.** Los músicos tocan como si...

G. Los nervios. Josefina se pone nerviosa en las fiestas grandes y por eso siempre le va mal.

> MODELO   Rompí el vaso. (poner / suelo)
> No habrías roto el vaso si no lo hubieras puesto en el suelo.

1. Decía muchas tonterías. (beber / champaña)
2. Me caí por la escalera. (usar / esos zapatos)
3. Me enfermé. (comer / demasiado)
4. Me llamó aquel hombre tan desagradable. (darle / número de teléfono)

Ahora, invente las acciones de Josefina que tuvieron estos resultados.

5. Me dolía mucho la cabeza.
6. Arruiné mi vestido favorito.

---

[1] **Pluscuamperfecto:** Past perfect (imperfect of **haber** + past participle).

Verbs of Obligation (Verbos que expresan obligación)

1. **Tener que** + infinitive expresses obligation and necessity. It is an expression that is commonly used in Spanish.

   ¿Por qué tengo yo que hacerlo?   *Why do I have to do it?*

2. **Haber de** + infinitive is used to express the idea of being expected or supposed to do something. It is less emphatic than **tener que** and is perhaps more literary or formal.

   Han de llegar muy pronto.   *They are to arrive very soon.*
   He de irme ahora mismo.   *I'm supposed to leave right now.*

3. **Hay (Había, Habrá, Habría) que** + infinitive is used to express the idea of *one must* or *it is necessary*. It is used in a more general or impersonal sense, since there is no specific subject.

   Hay que contestar cuanto antes.   *One must answer as soon as possible.*
   Había que aprenderlo de memoria.   *It was necessary to learn it by heart.*

4. **Deber de** + infinitive is used to indicate conjecture, probability, or likelihood.

   Debes de bailar bien porque siempre te   *You must (probably) dance well because*
     llevan a discotecas.   *they always take you to discotheques.*

   Deber + infinitive implies pure obligation (*should, must, ought to*).

   Debes bailar bien si quieres ser pri-   *You must (have to) dance well if you want to*
     mera bailarina con la compañía   *be prima ballerina with the ballet company.*
     de ballet.

   The imperfect of **deber** + **haber** + past participle means *should have done something*.

   Tú debías haber sabido que ayer fue mi   *You should have known that yesterday*
     aniversario.   *was my anniversary.*

PRÁCTICA

A. Semana Santa en Sevilla. Antonia es sevillana pero ahora vive en los EE.UU. Sus hijos van a pasar Semana Santa en Sevilla y ella les ofrece consejos. Cambie Ud. los mandatos a una construcción con **tener que, deber, haber de** o **hay que** + infinitivo.

1. Consigan a un buen guía en Sevilla.
2. Vayan a misa el Domingo de Resurrección.
3. Sáquenme fotos de las estatuas en las procesiones.
4. Vean las representaciones de la Pasión.
5. Prueben los postres típicos de la región.
6. Busquen el pueblo de su bisabuelo.
7. Visiten a los primos de su papá.
8. Asistan a una corrida de toros.

B. La Noche Vieja — cómo volver sano y salvo. Complete Ud. las frases de una forma original.

1. Antes de salir, hay que...
2. Al llegar a la fiesta, Uds. han de...
3. Cuando les ofrecen bebidas, deben...
4. Antes de sentarse a comer, tienen que...
5. A medianoche, hay que...
6. Cuando vuelvan a casa, deben...

PALABRAS PROBLEMÁTICAS

Estudie Ud. las palabras siguientes. Son palabras que los estudiantes norteamericanos de español suelen confundir.

1. **darse cuenta de**   *to become aware of, realize*
   realizar   *to accomplish, achieve, realize (an ambition)*

   Se dio cuenta de que había dejado su libro en casa.   *He realized he had left his book at home.*
   Por fin realicé mi sueño.   *I finally accomplished my dream.*

2. **caliente (cálido, caluroso)**   *hot (referring to temperature)*
   picante   *hot, spicy*

La sopa está demasiado <u>caliente</u>. No la comas todavía.

The soup is too hot. Don't eat it yet.

La paella no es muy <u>picante</u>.

Paella is not very spicy.

3. porque (conjunción)   *because, for the reason that*
a causa de (por) (preposición)   *because, on account of*

No fui a la reunión <u>porque</u> estaba nevando.

I didn't go to the meeting because it was snowing.

No fui a la reunión <u>a causa de (por)</u> la nieve.

I didn't go to the meeting on account of the snow.

4. trabajar   *to work, labor, toil*
funcionar   *to work, operate, function*
andar   *to work, run (a machine), walk*

Descansa un poco. <u>Trabajas</u> demasiado.

Rest a bit. You work too much.

El radio no <u>funciona</u>. Me lo van a arreglar.

The radio doesn't work. They are going to fix it for me.

Mi reloj nuevo <u>anda</u> muy bien.

My new watch works very well.

5. perder   *to miss (a bus, etc.), lose*
echar de menos (extrañar)   *to miss (a person or thing), feel a lack of*
añorar   *to long for*

Si no te das prisa, <u>perderás</u> el tren.

If you don't hurry, you'll miss the train.

<u>Echo</u> mucho <u>de menos</u> a mi perro Dino.

I miss my dog Dino a lot.

<u>Añoro</u> mi país natal.

I long for my native land.

6. la cita   *date, appointment*
la fecha   *date (date, month, year)*

Tiene una <u>cita</u> con Luis esta noche.

She has a date with Luis tonight.

¿Cuál es la <u>fecha</u> de hoy?

What is today's date?

PRÁCTICA

Escoja Ud. la palabra apropiada según el contexto.

1. No (me di cuenta de, realicé) la hora. ¿Es la una ya?
2. Sara (se dio cuenta de, realizó) sus sueños de viajar por Europa a caballo.
3. Prueba los tacos. No son nada (picantes, calientes).

4. No vayas descalzo porque la arena está (caliente, picante).
5. No fueron a la fiesta (porque, a causa de) la lluvia.
6. Juan llegó tarde (porque, a causa de) su coche no (trabaja, funciona) bien.
7. Miguel (funciona, trabaja) tanto (por, porque) necesidad.
8. Tuve una (fecha, cita) a las ocho con el dentista, pero (extrañé, perdí) el autobús y cuando por fin llegué a su oficina, (realicé, me di cuenta de) que me había equivocado.
9. Cielito, te (pierdo, echo de menos). Vuelve pronto.

Y EN RESUMEN...

A. **Conservando costumbres.** Escoja Ud. la palabra correcta o use la forma correcta del verbo entre paréntesis. Traduzca las palabras en inglés al español.

Es cierto que la Navidad (tener) _____ (numerosas tradiciones, tradiciones numerosas) _____ que se han (conservado, conservadas) _____ a través de los años. (Por, Para) _____ muchos hispanos, el belén es (one of the most important) _____. El belén (originarse) _____ en el siglo trece con San Francisco de Asís. Según lo que (is known) _____, (the saint) _____ (construir) _____ el (primer, primero) _____ belén (por, para) _____ (explicarse, explicarles) _____ a los pobres y humildes campesinos el misterio del nacimiento de Jesucristo. En (Christmas Eve) _____ del año 1223, San Francisco (representar) _____ el nacimiento de Cristo en una cueva en Italia. Él le (asked) _____ a uno de los campesinos que (llevar) _____ allí heno (hay), un buey y un burro vivos. Después de (terminar) _____ la representación, San Francisco (repartir) _____ el heno entre las personas que (attended) _____ a la representación.

(It is believed) _____ que la tradición de (mandar) _____ (Christmas cards) _____ (comenzar) _____ en la Roma clásica, donde (it used to be) _____ común intercambiar tarjetas (para, por) _____ mostrar generosidad y amistad. (The first) _____ tarjeta está (fechar) _____ 1476.

Las costumbres navideñas hispánicas varían de país en país. Sin embargo, para todos los padres hispanos es importante que (hacer) _____ todo lo posible para que sus hijos (recordar) _____ con (affection) _____ las tradiciones y las costumbres de esta época tan especial.

B. **Siempre equivocado.** Pobre Víctor. Nunca recuerda bien los hechos históricos. Corrija Ud. sus errores.

> MODELO   Leonardo da Vinci pintó la Capilla Sixtina.
> No es cierto. La Capilla Sixtina fue pintada por Miguel Ángel.

1. Hernán Cortés descubrió América.
2. Los españoles construyeron las pirámides de México.
3. Cervantes escribió *Romeo y Julieta*.
4. Los hermanos Wright inventaron el teléfono.
5. Jack Ruby mató al presidente Kennedy.
6. El sur ganó la Guerra Civil Estadounidense.
7. Mel Gibson firmó la Declaración de Independencia.
8. España regaló la Estatua de la Libertad.

C. **El niño y el hombre sospechoso.** Llene Ud. cada espacio con la forma correcta del infinitivo, participio presente o participio pasado.

El hombre que corría por la calle (acompañar) _____ por su perro tenía una expresión de horror en la cara. Vi a un policía (perseguirlo) _____.

El hombre continuó (huir) _____ sin (descansar) _____ hasta (dar) _____ con una pared. No podía (subir) _____ por miedo a (caerse) _____. Se quedó (mirar) _____ al policía, que ahora estaba (sentar) _____ en un banco (respirar) _____ fuerte. Yo quería (ayudar) _____ al pobre, pero (ser) _____ tan joven, no sabía qué (hacer) _____. Noté una puerta (abrir) _____ de una casa cercana y empecé a (gritar) _____. El hombre me oyó, y se fue (correr) _____ hacia la casa. Miré al policía, que ahora estaba (acostar) _____ en el banco, (soñar) _____ con los ángeles.

D. **Preposiciones.** Termine Ud. las frases de una forma original.

1. Al pensar en su querido esposo...
2. Después de escuchar las palabras del pastor...
3. Al ver a sus antiguos amigos...
4. Antes de salir para la iglesia...
5. Para llegar a la reunión...
6. Hasta terminar el sermón...

E. **Letreros.** ¿Cuál sería el comportamiento correcto en los siguientes lugares? Emplee Ud. el infinitivo y forme tres mandatos que correspondan a cada lugar.

> MODELO   un museo
> No tocar las obras de arte.

1. una catedral   3. una carretera
2. un cementerio   4. un aula

F. **Remordimientos.** La fiesta fue un fracaso total. ¿Por qué? ¿Qué opinan los anfitriones? Use Ud. el tiempo apropiado para terminar las frases siguientes.

1. Si hubiéramos...
2. Ojalá...
3. Antes de que...
4. La próxima vez buscaremos un músico que...

5. Si yo pudiera...
6. Los invitados se portaron como si...
7. A menos que yo...
8. Habría sido mejor si...

G. **Costumbres.** Explíquele Ud. a la gente indicada el significado de las siguientes fiestas. Describa también las costumbres y tradiciones relacionadas con cada una. Emplee frases con **hay que, tener que, deber** y **haber de**.

1. el día de acción de gracias / a los peregrinos de Massachusetts
2. la celebración del 4 de julio / a Jorge Washington
3. la celebración de Navidad / a Jesucristo
4. el 12 de octubre / a Cristóbal Colón

H. **Las muchas funciones de la iglesia.** Mire Ud. el anuncio y conteste las preguntas.

Iglesia Bautista Hispano-Americana de Boston

Servicios:
DOMINGOS: Escuela Bíblica 12:30 p.m.
CULTO DE PREDICACIÓN: 1:30 p.m.
MIÉRCOLES: Culto de Oración y Estudio Bíblico: 6:30

Rev. DR. MARCO ESPINOZA
Especializado en consejería individual y de familia

---

1. ¿Cuáles son algunos de los servicios que ofrecen en esta iglesia? ¿Aprovecharía Ud. alguno? ¿Cuál? ¿Por qué? ¿Cuáles ayudan más a la gente? ¿Cuáles son los problemas más comunes que tienen las personas que acuden al doctor Espinoza?
2. ¿Cuáles deben ser los propósitos principales de los líderes religiosos? ¿Qué tipo de educación, aparte de la educación religiosa, deben tener?

I. **Hoja de caridad.** Lea Ud. el artículo y conteste las preguntas.

«No prives al pobre del sustento, ni dejes en suspenso los ojos suplicantes.» (Eclesiástico, 4,1.)

Número 2.636. — Familia compuesta por ocho miembros, no trabaja ninguno, por ello no tienen ingresos fijos. Necesitan 30.000 pesetas para pagar recibos urgentes.

Número 2.637 — Esposa abandonada del marido, con dos hijos a su cargo, ambos impedidos, necesita 4.000 pesetas semanales para alimentar y cuidar a sus hijos; ella está enferma.

Número 2.638. — Madre viuda, con siete hijos a su cargo, todos menores de 8 años, necesitan unas 50.000 pesetas para pagar los gastos del piso que han tenido que alquilar, por haberles echado del que vivían por derribo. Son muy pobres.

---

1. De los tres casos mencionados en el artículo, ¿cuál es el más necesitado? ¿Por qué?
2. En el primer caso, ¿por qué no trabaja ninguno de los miembros de la familia? Para el tercer caso, invente Ud. más detalles sobre su situación económica.
3. Escoja uno de los casos y diga cuáles son algunas maneras, aparte del dinero, en que Ud. los puede ayudar.
4. ¿Debe la caridad ser la única función de la religión? ¿Por qué? ¿Qué función debe ser más importante? ¿Por qué? ¿Cómo pueden las organizaciones religiosas ayudar a los necesitados?

J. **¿Fiesta o peligro en las calles?** El siguiente artículo se refiere a una fiesta española muy única. Desafortunadamente, no es fuera de lo común leer sobre los muchos heridos o muertos como resultado de esta celebración. ¿La causa? Haber sufrido heridas por asta° de toro *horn* o haber sido atropellado° por la muchedumbre.° Lea Ud. el artículo y *trampled / crowd* haga las actividades.

Sólo Doce Heridos En Fiesta De San Fermín

PAMPLONA - La segunda fase de la Fiesta de San Fermín se desarrolló en forma rápida y dejó una docena de heridos leves, según informó la Policía.

Unos 1.200 participantes corrieron perseguidos por los toros, a lo largo de aproximadamente un kilómetro que separa los corredores de la Plaza de Toros en sólo dos minutos y 37 segundos.

Durante el recorrido no hubo ningún herido por asta de toro, pero se produjo frecuentes caídas de los corredores, aunque sin registrarse situaciones de peligro.

1. ¿Qué impresión le ha causado a Ud. el titular de este artículo? ¿Por qué? ¿Cuál es la ironía del titular?
2. ¿Qué opina Ud. de este espectáculo?
3. ¿Por qué motivo correrá la gente delante de los toros? ¿Correría Ud.? Explique.
4. ¿Hay alguna tradición de igual peligro en los EE.UU.? Descríbala.

K. Conversemos.

1. ¿Qué se entiende por «religión organizada»? ¿Cuáles son sus aspectos positivos y negativos? ¿Cuál es el aspecto más importante de una casa de Dios? ¿Cuáles son los beneficios espirituales y físicos de la religión? ¿Cuáles son los más importantes? Se dice que la religión puede servir de un apoyo o un escape emocional para algunas personas. ¿Está Ud. de acuerdo? Explique.
2. ¿Qué es lo que atrae a las personas a la religión? ¿Cuál es su preocupación religiosa más desconcertante? Las preguntas sin respuesta, ¿le hacen a Ud. desconfiar de la religión? ¿Por qué?
3. ¿Qué figuras o símbolos representan la muerte en la literatura? ¿en las películas? ¿Por qué han escogido tales imágenes?
4. ¿Cuáles son algunas cosas, aparte de dar el pésame, que solemos hacer para los amigos y familiares que han perdido a un ser querido?
5. ¿Teme Ud. la muerte? ¿Por qué?

 ### L. Debate.

1. Un Dios de amor habría (no habría) creado un infierno.
2. La religión es un detrimento (una ayuda) para la sociedad.
3. Los líderes religiosos deben (no deben) meterse en la política.

 M. Minidrama. Con un(a) compañero(a), escriban un diálogo en el cual Ud. le explica a su sobrino(a) el mito de Santa Claus y las costumbres relacionadas con él. Entonces él (ella) le hará muchas preguntas. Represéntenlo delante de la clase.

VIDEOCULTURA 8:
Ferias, fiestas y festivales

2:25:24-
2:28:19

EL DÍA DE REYES

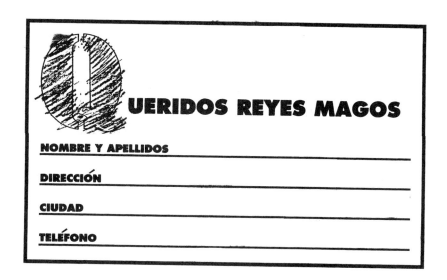

QUERIDOS REYES MAGOS

NOMBRE Y APELLIDOS _____

DIRECCIÓN _____

CIUDAD _____

TELÉFONO _____

En muchos países hispánicos además de celebrar la Navidad también se celebra el Día de Reyes, el seis de enero. Es el día cuando los Reyes Magos, Gaspar, Melchor y Baltasar, le trajeron regalos al niño Jesús. Haga las actividades preparativas, mire el video y haga las actividades que siguen.

Vocabulario útil

se remonta a   *dates back to*   el carbón   *coal*
la carroza   *float*   el haba (f.)   *bean*
el desfile   *parade*   la corona   *crown*

Preparativos

¿Celebra Ud. la Navidad? ¿Cómo y cuándo la celebra? ¿Celebra Ud. otra fiesta religiosa en esta época? ¿Cuál es? Describa las costumbres asociadas con la fiesta. ¿Cuáles son algunas actividades que se suelen hacer en los EE.UU. durante la época navideña?

Comprensión y discusión

A. ¿Cuál de los tres? Diga Ud. si la frase se refiere a Gaspar, Melchor o Baltasar.

1. Es negro.
2. Trae mejores regalos.
3. Tiene la barba blanca.
4. Se viste de amarillo.

5. Se viste de azul.
6. Es pelirrojo.
7. Va primero.
8. Va último.

B. ¿Qué recuerda Ud.? Escuche bien a la narradora y conteste las preguntas.

1. ¿Cuándo se celebra el Día de Reyes?
2. ¿Cómo se llaman los reyes?
3. ¿En qué se suben los reyes?
4. ¿Qué tiran los reyes desde sus carrozas?
5. ¿Quién más participa en el desfile?
6. ¿Qué pasa después del desfile?
7. ¿Dónde dejan los zapatos los niños?
8. ¿Qué pasa al día siguiente?
9. ¿Qué es el roscón de reyes?

C. El cuarto rey. Con una pareja, invente al cuarto rey. ¿Cómo se viste? Describa su aspecto. ¿Cuáles son otras de sus características?

D. ¿Qué piensa Ud.? Conteste las siguientes preguntas.

1. ¿Qué le parece esta celebración? Por qué no se celebra en los EE.UU.? ¿Debemos celebrarlo aquí? Explique.
2. ¿Cómo afectaría esta celebración la economía de los EE.UU.?
3. ¿En general, son las fiestas demasiado comerciales? Explique. ¿Le gustaría cambiar nuestro sistema actual? ¿Cómo?
4. ¿Debe de haber celebraciones nacionales para fiestas religiosas en los EE.UU.? Explique.

2:28:20-
2:31:14

LAS FIESTAS DE SAN FERMÍN

Corriendo con los toros en Pamplona.

El hombre frente a la naturaleza. Para muchos, éste es el simbolismo de las fiestas de San Fermín, celebradas desde el 6 hasta el 15 de julio en Pamplona, España. Vamos a participar en las festividades. Haga las actividades preparativas, mire el video y haga las actividades que siguen.

Vocabulario útil

el cohete *rocket*
el ayuntamiento *town hall*
lograr *to achieve*
el encierro *enclosure*

la embestida *attack*
las cornadas *thrust with a bull's horn*
atropellado *trampled*

Preparativos

¿Ha oído o leído Ud. de esta fiesta? Explique. Ernest Hemingway ha escrito mucho sobre esta fiesta. ¿Cuáles son algunas de esas obras?

Comprensión y discusión

A. ¿En qué orden? Escuche con cuidado el video y observe bien. Arregle las siguientes actividades en el orden apropiado.

_____ Hay una corrida profesional.

_____ Muchos se caen en el camino.

_____ Los hombres corren delante de los toros.

_____ Muchas personas compiten en diversos eventos.

_____ Empiezan a tocar música y a bailar.

_____ Se lanza el chupinazo.

_____ Todos llegan a la Plaza de Toros.

_____ Los toros empiezan a correr por las calles.

B. Detalles. Conteste Ud. las preguntas.

1. ¿Cuál es el traje típico de la fiesta?
2. ¿Qué son las peñas y qué hacen?
3. ¿Por dónde se pasean los muñecos grandes?
4. ¿Cuáles son algunos eventos cómicos?
5. ¿Cuáles son algunas de las competiciones que se ofrecen?
6. ¿Cuál es el destino final de los toros?

 C. Otras fiestas famosas. Con una pareja, inventen la versión estadounidense de esta fiesta. Incluyan el traje típico, las actividades, las fechas de la celebración y la comida tradicional relacionada con la fiesta.

D. ¿Qué piensa Ud.? Conteste las siguientes preguntas.

1. ¿Qué opina Ud. de esta fiesta? ¿Por qué motivo correría una persona delante de un toro?
2. ¿Le gustaría participar en esta celebración? ¿Por qué sí o no?
3. ¿Por qué piensa Ud. que los hombres rezan antes de participar?
4. Tradicionalmente las mujeres no pueden correr delante de los toros. Comente Ud. esto.

Appendices

Appendix A

Accentuation

1. A word that carries a written accent is always stressed on the syllable that contains the accent.

página   ca**pí**tulo   **fá**cil   o**rí**genes   can**ción**

2. If a word has no written accent and ends with a vowel, **n,** or **s,** the stress is on the second-to-last syllable.

o**ri**gen   cumple**a**ños   pe**di**mos   pre**gun**ta   consi**de**ro

3. If a word has no written accent and ends in a consonant other than **n** or **s,** the stress is on the last syllable.

pa**pel**   obli**gar**   pa**red**   re**loj**   fe**liz**

Capitalization

Capital letters are used less in Spanish than in English. Capital letters are *not* used:

1. with the subject pronoun **yo** *(I)* unless it begins a sentence.

Ellos quieren leer pero yo quiero bailar.   *They want to read, but I want to dance.*

2. with days of the week and months of the year.

Hoy es lunes, 25 de mayo.   *Today is Monday, May 25.*

3. with names of languages or adjectives and nouns of nationality.

Son colombianos y por eso hablan español.   *They are Colombians, and therefore, they speak Spanish.*

4. with words in a title, except the first word and proper nouns.

Historia de la isla de Cuba   *History of the Island of Cuba*
Lo que el viento se llevó   *Gone with the Wind*

5. to express **usted, ustedes, señor, señora,** and **señorita,** except in their abbreviated forms: **Ud(s)., Vd(s)., Sr., Sra., Srta.**

Appendix B

Collectives: Agreement in Number

1. The collective noun usually requires a singular verb, especially if the verb follows the noun.

La gente va a trabajar a las ocho.	*The people go to work at eight o'clock.*
La mayoría no votó en las elecciones.	*The majority did not vote in the elections.*

2. When the collective noun is followed by **de** + a plural noun, the verb is plural.

Un grupo de niños jugaban en el parque.	*A group of children were playing in the park.*
La mayor parte de los alumnos estudian un idioma extranjero.	*The majority of students study a foreign language.*

3. If the predicate noun is plural, the verb must be plural.

La mayoría parecían turistas.	*The majority seemed to be tourists.*

4. Two or more neuter subjects require a singular verb.

Lo que quiero y lo que necesito es más tiempo libre.	*What I want and what I need is more free time.*

5. Since the infinitive is considered neuter, two or more infinitives used as a subject require a singular verb.

Nos gusta cantar y bailar.	*We like to sing and dance.*
Nadar y tomar el sol es divertido.	*Swimming and sunbathing are fun.*

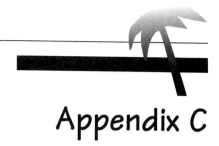

Appendix C

Days of the Week

el lunes	*Monday*	el viernes	*Friday*
el martes	*Tuesday*	el sábado	*Saturday*
el miércoles	*Wednesday*	el domingo	*Sunday*
el jueves	*Thursday*		

Months

enero	*January*	julio	*July*
febrero	*February*	agosto	*August*
marzo	*March*	se(p)tiembre	*September*
abril	*April*	octubre	*October*
mayo	*May*	noviembre	*November*
junio	*June*	diciembre	*December*

Seasons

| la primavera | *spring* | el otoño | *autumn* |
| el verano | *summer* | el invierno | *winter* |

Expressing the Date

¿Cuál es la fecha?
¿A cuántos estamos? *What is the date?*

Hoy es martes, 2 de octubre. *Today is Tuesday, October 2.*
Hoy es miércoles, primero de julio de 1996. *Today is Wednesday, July 1, 1996.*

Appendix D

Cardinal Numbers

0	cero	31	treinta y uno(a)
1	uno(a)	40	cuarenta
2	dos	50	cincuenta
3	tres	60	sesenta
4	cuatro	70	setenta
5	cinco	80	ochenta
6	seis	90	noventa
7	siete	100	cien, ciento
8	ocho	101	ciento uno(a)
9	nueve	120	ciento veinte
10	diez	200	doscientos(as)
11	once	201	doscientos uno(a)
12	doce	300	trescientos(as)
13	trece	400	cuatrocientos(as)
14	catorce	500	quinientos(as)
15	quince	600	seiscientos(as)
16	dieciséis (diez y seis)	700	setecientos(as)
17	diecisiete (diez y siete)	800	ochocientos(as)
18	dieciocho (diez y ocho)	900	novecientos(as)
19	diecinueve (diez y nueve)	1,000	mil
20	veinte	2,000	dos mil
21	veintiuno(a) (veinte y uno[a])	100,000	cien mil
22	veintidós (veinte y dos)	500,000	quinientos(as) mil
30	treinta	1,000,000	un millón

1. **Uno(a)** agrees in gender with the noun it modifies. The final **o** is dropped before a masculine noun.

Hay veintiún muchachos y veintiuna muchachas.	*There are twenty-one boys and twenty-one girls.*
¿Cuántos libros tienes, uno o dos?	*How many books do you have, one or two?*

2. Cien is used instead of **ciento** before a noun and before **mil** and **millones.** It is used alone as a pronoun.

Ojalá tuviera cien mil dólares. *I wish I had a hundred thousand dollars.*
Quedan cien boletos pero necesito *There are a hundred tickets left, but I*
ciento cincuenta. *need a hundred and fifty.*

3. The even-hundred numbers 200 through 900 agree in gender with the nouns they modify.

Hay quinientos escritorios y setecientas *There are five hundred desks and seven*
sillas. *hundred chairs.*

4. All other cardinal numbers are invariable.

Tengo cuatro tazas y cinco platillos. *I have four cups and five saucers.*

5. Millón and **millones** require the preposition **de** before a noun.

Hay más de 2 millones de personas en *There are more than 2 million people in*
Nueva York. *New York.*

6. Cardinal numbers are used in dates, except to express *the first.*

Hoy es el 3 de enero. *Today is January 3.*
Mañana es el primero de junio. *Tomorrow is June 1.*

Ordinal Numbers

primero   cuarto   séptimo   décimo
segundo   quinto   octavo   undécimo
tercero   sexto   noveno   duodécimo

1. Ordinal numbers agree in number and gender with the noun they modify or replace.

Es la primera vez que ella maneja un *It's the first time she's driven a car.*
coche.
Vive en el sexto piso. *He lives on the sixth floor.*

2. Primero and **tercero** drop the **o** before a masculine singular noun.

El primer capítulo es aburrido pero el *The first chapter is boring, but the third*
tercer capítulo es fascinante. *chapter is fascinating.*

3. Ordinal numbers may be placed before or after the noun. However, they always follow the noun when they refer to sovereigns and popes.

Felipe Segundo	*Philip the Second*
Carlos Quinto	*Charles the Fifth*

4. Generally, ordinal numbers are not used after 10.

el siglo diecinueve	*the nineteenth century*
el capítulo trece	*the thirteenth chapter*
Luis Catorce	*Louis the Fourteenth*

Fractions

1/2 un medio	1/7 un séptimo
1/3 un tercio	1/8 un octavo
1/4 un cuarto	1/9 un noveno
1/5 un quinto	1/10 un décimo
1/6 un sexto	1/100 un centésimo

Medio(a) is used for a half in expressions of the time and measurement. Otherwise, **la mitad (de)** is used.

medio kilo de jamón	*half a kilo of ham*
media hora	*half an hour*
la mitad de la clase	*half of the class*
la mitad de tu sandwich	*half of your sandwich*

Appendix E

Expressing To Like and To Love

There is no verb in Spanish that is the direct equivalent of *to like*. Students of Spanish therefore have a tendency to misuse the verbs **querer** and **amar.** Study the following chart:

caer bien	*to suit, be becoming* (The subject is a thing.) El traje le cae bien.	*The suit is becoming to him.*
	to seem nice, likable (The subject is a person.) Susana me cae muy bien.	*Susana seems nice to me. (I like her.)*
gustar	*to be pleasing* Me gustan los dulces.	*Sweets are pleasing to me. (I like sweets.)*
	Tú me gustas.	*You are pleasing to me. (I like you.)*
querer	*to love, want* (The object is a person.) Quiero un médico. Quiero mucho a mi abuela.	*I want a doctor.* *I love my grandmother a lot.*
	to want (The object is a thing.) Quiero leer el periódico. Quiero dos pasteles.	*I want to read the newspaper.* *I want two pastries.*
amar	*to love* (**Amar** is used mainly with people. It expresses deep love and nowadays is used either in literature or in jest. It is used, however, to express love of God, of country, or of an abstract ideal.) Amo mi patria y la libertad.	*I love my country and freedom.*

Appendix F

Review of Pronouns

Subject pronouns	Direct object pronouns	Indirect object pronouns	Reflexive pronouns	Prepositional pronouns
yo	me	me	me	mí (yo)[3]
tú	te	te	te	ti (tú)[3]
él, ella, Ud.	lo, la, le[1]	le (se)[2]	se	él, ella, Ud. (sí)[4]
nosotros, nosotras	nos	nos	nos	nosotros, nosotras
vosotros, vosotras	os	os	os	vosotros, vosotras
ellos, ellas, Uds.	los, las, les[1]	les (se)[2]	se	ellos, ellas, Uds. (sí)[4]

1. **Le** and **les** are used in Spain when the direct object pronoun refers to a masculine person or persons.
2. **Se** is used when the direct and indirect objects appear together and are both third person. **Él *le* escribe la carta a María, Él *se* la escribe.**
3. **Yo** and **tú** are used instead of **mí** and **ti** after **según, menos, salvo, excepto, entre,** and **incluso.**
4. **Sí** is used when the object of the preposition is reflexive (*himself, herself, themselves,* and so on).

Appendix G

Stem-Changing Verbs

1. First class: **-ar, -er (e → ie, o → ue)**.

PENSAR

present indicative: pienso, piensas, piensa, pensamos, pensáis, piensan
present subjunctive: piense, pienses, piense, pensemos, penséis, piensen
imperative: piensa tú, pensad vosotros

VOLVER

present indicative: vuelvo, vuelves, vuelve, volvemos, volvéis, vuelven
present subjunctive: vuelva, vuelvas, vuelva, volvamos, volváis, vuelvan
imperative: vuelve tú, volved vosotros

Other verbs in this category:

acertar	contar	forzar	rogar
acordar(se)	costar	helar	sentar(se)
acostar(se)	defender	llover	soler
almorzar	demostrar	manifestar	sonar
aprobar	despertar(se)	mostrar	soñar
atravesar	devolver	mover	temblar
calentar	empezar	negar	tropezar
cerrar	encender	perder	volar
colgar	encontrar	probar	
comenzar	entender	recordar	
confesar	envolver	regar	

2. Second class: **-ir (e → ie** and **i, o → ue** and **u**).

SENTIR

present indicative: siento, sientes, siente, sentimos, sentís, sienten
present subjunctive: sienta, sientas, sienta, sintamos, sintáis, sientan

preterite: sentí, sentiste, sintió, sentimos, sentisteis, sintieron
imperfect subjunctive: sintiera, sintieras, sintiera, sintiéramos, sintierais, sintieran
　　　　　　　　　　　　sintiese, sintieses, sintiese, sintiésemos, sintieseis, sintiesen
imperative: siente tú, sentid vosotros
present participle: sintiendo

DORMIR

present indicative: duermo, duermes, duerme, dormimos, dormís, duermen
present subjunctive: duerma, duermas, duerma, durmamos, durmáis, duerman
preterite: dormí, dormiste, durmió, dormimos, dormisteis, durmieron
imperfect subjunctive: durmiera, durmieras, durmiera, durmiéramos, durmierais,
　　　　　　　　　　　　durmieran
　　　　　　　　　　　　durmiese, durmieses, durmiese, durmiésemos, durmieseis
　　　　　　　　　　　　durmiesen
imperative: duerme tú, dormid vosotros
present participle: durmiendo

Other verbs in this category:

advertir	convertir	hervir	preferir
arrepentirse	divertir(se)	mentir	referir(se)
consentir	herir	morir(se)	sugerir

3. Third class: **-ir (e → i)**.

PEDIR

present indicative: pido, pides, pide, pedimos, pedís, piden
present subjunctive: pida, pidas, pida, pidamos, pidáis, pidan
preterite: pedí, pediste, pidió, pedimos, pedisteis, pidieron
imperfect subjunctive: pidiera, pidieras, pidiera, pidiéramos, pidierais, pidieran
　　　　　　　　　　　　pidiese, pidieses, pidiese, pidiésemos, pidieseis, pidiesen
imperative: pide tú, pedid vosotros
present participle: pidiendo

Other verbs in this category:

competir	despedir(se)	perseguir	seguir
concebir	elegir	reír(se)	servir
conseguir	impedir	reñir	vestir(se)
corregir	medir	repetir	

Verbs with Orthographic Changes

1. Verbs that end in **-car** (**c → qu** before **e**).

BUSCAR

preterite: busqué, buscaste, buscó, buscamos, buscasteis, buscaron
present subjunctive: busque, busques, busque, busquemos, busquéis, busquen

Other verbs in this category:

acercar(se)	comunicar	explicar	sacar
atacar	dedicar	indicar	secar
colocar	evocar	marcar	tocar

2. Verbs that end in **-gar** (**g** → **gu** before **e**).

PAGAR

preterite: pagué, pagaste, pagó, pagamos, pagasteis, pagaron
present subjunctive: pague, pagues, pague, paguemos, paguéis, paguen

Other verbs in this category:

colgar	llegar	obligar	rogar
jugar	negar	regar	

3. Verbs that end in **-zar** (**z** → **c** before **e**).

GOZAR

preterite: gocé, gozaste, gozó, gozamos, gozasteis, gozaron
present subjunctive: goce, goces, goce, gocemos, gocéis, gocen

Other verbs in this category:

alcanzar	cazar	cruzar	forzar
almorzar	comenzar	empezar	rezar
avanzar			

4. Verbs that end in **-cer** and **-cir** preceded by a vowel (**c** → **zc** before **a** and **o**).

CONOCER

present indicative: conozco, conoces, conoce, conocemos, conocéis, conocen
present subjunctive: conozca, conozcas, conozca, conozcamos, conozcáis, conozcan

Other verbs in this category:

agradecer	crecer	nacer	parecer
aparecer	establecer	obedecer	pertenecer
carecer	merecer	ofrecer	producir
conducir			

(*Exceptions:* hacer, decir)

5. Verbs that end in **-cer** and **-cir** preceded by a consonant (**c** → **z** before **a** and **o**).

VENCER

present indicative: venzo, vences, vence, vencemos, vencéis, vencen
present subjunctive: venza, venzas, venza, venzamos, venzáis, venzan

Other verbs in this category:

convencer   ejercer

6. Verbs that end in **-ger** and **-gir** (**g** → **j** before **a** and **o**).

COGER

present indicative: cojo, coges, coge, cogemos, cogéis, cogen
present subjunctive: coja, cojas, coja, cojamos, cojáis, cojan

Other verbs in this category:

corregir   elegir   exigir   proteger
dirigir   escoger   fingir   recoger

7. Verbs that end in **-guir** (**gu** → **g** before **a** and **o**).

SEGUIR

present indicative: sigo, sigues, sigue, seguimos, seguís, siguen
present subjunctive: siga, sigas, siga, sigamos, sigáis, sigan

Other verbs in this category:

conseguir   distinguir   perseguir

8. Verbs that end in **-uir** (except **-guir** and **-quir**).

HUIR

present indicative: huyo, huyes, huye, huimos, huís, huyen
preterite: huí, huiste, huyó, huimos, huisteis, huyeron
present subjunctive: huya, huyas, huya, huyamos, huyáis, huyan
imperfect subjunctive: huyera, huyeras, huyera, huyéramos, huyerais, huyeran
                         huyese, huyeses, huyese, huyésemos, huyeseis, huyesen
imperative: huye tú, huid vosotros
present participle: huyendo

Other verbs in this category:

atribuir	contribuir	distribuir	influir
concluir	destruir	excluir	instruir
constituir	disminuir	incluir	sustituir
construir			

9. Some verbs change unaccentuated **i** → **y**.

LEER

preterite: leí, leiste, leyó, leímos, leísteis, leyeron
imperfect subjunctive: leyera, leyeras, leyera, leyéramos, leyerais, leyeran
                           leyese, leyeses, leyese, leyésemos, leyeseis, leyesen
present participle: leyendo
past participle: leído

Other verbs in this category:

caer(se)	creer	oír	poseer

10. Some verbs that end in **-iar** and **-uar** (except **-guar**) have a written accent on the **i** and **u** in the singular forms and third person plural in some tenses.

ENVIAR

present indicative: envío, envías, envía, enviamos, enviáis, envían
present subjunctive: envíe, envíes, envíe, enviemos, enviéis, envíen
imperative: envía tú, enviad vosotros

Other verbs in this category:

acentuar	confiar	espiar	variar
actuar	continuar	graduar	
ampliar	criar	situar	

(*Exceptions:* cambiar, estudiar, limpiar)

11. Verbs that end in **-guar** (**gu** → **gü** before **e**).

AVERIGUAR

preterite: averigüé, averiguaste, averiguó, averiguamos, averiguasteis, averiguaron
present subjunctive: averigüe, averigües, averigüe, averigüemos, averigüéis, averigüen

Appendix H

Simple Tenses: HABLAR, COMER, VIVIR

Infinitive	Present participle Past participle	Imperative	Indicative		
			Present	Imperfect	Preterite
hablar	hablando hablado	habla hablad	hablo hablas habla hablamos habláis hablan	hablaba hablabas hablaba hablábamos hablabais hablaban	hablé hablaste habló hablamos hablasteis hablaron
comer	comiendo comido	come comed	como comes come comemos coméis comen	comía comías comía comíamos comíais comían	comí comiste comió comimos comisteis comieron
vivir	viviendo vivido	vive vivid	vivo vives vive vivimos vivís viven	vivía vivías vivía vivíamos vivíais vivían	viví viviste vivió vivimos vivisteis vivieron

Compound Tenses: HABLAR

Compound infinitive	Compound present participle	Present perfect	Indicative		
			Past perfect	Preterite perfect	Future perfect
haber hablado	habiendo hablando	he hablado has hablado ha hablado hemos hablado habéis hablado han hablado	había hablado habías hablado había hablado habíamos hablado habíais hablado habían hablado	hube hablado hubiste hablado hubo hablado hubimos hablado hubisteis hablado hubieron hablado	habré hablado habrás hablado habrá hablado habremos hablado habréis hablado habrán hablado

Indicative		Subjunctive		
Future	Conditional	Present	Imperfect (ra)	Imperfect (se)
hablaré	hablaría	hable	hablara	hablase
hablarás	hablarías	hables	hablaras	hablases
hablará	hablaría	hable	hablara	hablase
hablaremos	hablaríamos	hablemos	habláramos	hablásemos
hablaréis	hablaríais	habléis	hablarais	hablaseis
hablarán	hablarían	hablen	hablaran	hablasen
comeré	comería	coma	comiera	comiese
comerás	comerías	comas	comieras	comieses
comerá	comería	coma	comiera	comiese
comeremos	comeríamos	comamos	comiéramos	comiésemos
comeréis	comeríais	comáis	comierais	comieseis
comerán	comerían	coman	comieran	comiesen
viviré	viviría	viva	viviera	viviese
vivirás	vivirías	vivas	vivieras	vivieses
vivirá	viviría	viva	viviera	viviese
viviremos	viviríamos	vivamos	viviéramos	viviésemos
viviréis	viviríais	viváis	vivierais	vivieseis
vivirán	vivirían	vivan	vivieran	viviesen

Indicative	Subjunctive		
Conditional perfect	Present perfect	Past perfect (ra)	Past perfect (se)
habría hablado	haya hablado	hubiera hablado	hubiese hablado
habrías hablado	hayas hablado	hubieras hablado	hubieses hablado
habría hablado	haya hablado	hubiera hablado	hubiese hablado
habríamos hablado	hayamos hablado	hubiéramos hablado	hubiésemos hablado
habríais hablado	hayáis hablado	hubierais hablado	hubieseis hablado
habrían hablado	hayan hablado	hubieran hablado	hubiesen hablado

Irregular Verbs

Infinitive	Present participle / Past participle	Imperative	Indicative		
			Present	Imperfect	Preterite
andar *to walk; to go*	andando andado	anda andad			anduve anduviste anduvo anduvimos anduvisteis anduvieron
caber *to fit; to be contained in*	cabiendo cabido	cabe cabed	quepo cabes cabe cabemos cabéis caben		cupe cupiste cupo cupimos cupisteis cupieron
caer *to fall*	cayendo caído	cae caed	caigo caes cae caemos caéis caen		caí caíste cayó caimos caísteis cayeron
conducir *to lead; to drive*	conduciendo conducido	conduce conducid	conduzco conduces conduce conducimos conducís conducen		conduje condujiste condujo condujimos condujisteis condujeron
dar *to give*	dando dado	da dad	doy das da damos dais dan		di diste dio dimos disteis dieron

Indicative		Subjunctive		
Future	*Conditional*	*Present*	*Imperfect (ra)*	*Imperfect (se)*
			anduviera	anduviese
			anduvieras	anduvieses
			anduviera	anduviese
			anduviéramos	anduviésemos
			anduvierais	anduvieseis
			anduvieran	anduviesen
cabré	cabría	quepa	cupiera	cupiese
cabrás	cabrías	quepas	cupieras	cupieses
cabrá	cabría	quepa	cupiera	cupiese
cabremos	cabríamos	quepamos	cupiéramos	cupiésemos
cabréis	cabríais	quepáis	cupierais	cupieseis
cabrán	cabrían	quepan	cupieran	cupiesen
		caiga	cayera	cayese
		caigas	cayeras	cayeses
		caiga	cayera	cayese
		caigamos	cayéramos	cayésemos
		caigáis	cayerais	cayeseis
		caigan	cayeran	cayesen
		conduzca	condujera	condujese
		conduzcas	condujeras	condujeses
		conduzca	condujera	condujese
		conduzcamos	condujéramos	condujésemos
		conduzcáis	condujerais	condujeseis
		conduzcan	condujeran	condujesen
		dé	diera	diese
		des	dieras	dieses
		dé	diera	diese
		demos	diéramos	diésemos
		deis	dierais	dieseis
		den	dieran	diesen

Continued

Irregular Verbs — Continued

Infinitive	Present participle / Past participle	Imperative	Indicative		
			Present	Imperfect	Preterite
decir	diciendo	di	digo		dije
to say, tell	dicho	decid	dices		dijiste
			dice		dijo
			decimos		dijimos
			decís		dijisteis
			dicen		dijeron
estar	estando	está	estoy		estuve
to be	estado	estad	estás		estuviste
			está		estuvo
			estamos		estuvimos
			estáis		estuvisteis
			están		estuvieron
haber	habiendo	he	he		hube
to have	habido	habed	has		hubiste
			ha		hubo
			hemos		hubimos
			habéis		hubisteis
			han		hubieron
hacer	haciendo	haz	hago		hice
to do, make	hecho	haced	haces		hiciste
			hace		hizo
			hacemos		hicimos
			hacéis		hicisteis
			hacen		hicieron
ir	yendo	ve	voy	iba	fui
to go	ido	id	vas	ibas	fuiste
			va	iba	fue
			vamos	íbamos	fuimos
			vais	ibais	fuisteis
			van	iban	fueron
oír	oyendo	oye	oigo		oí
to hear	oído	oíd	oyes		oíste
			oye		oyó
			oímos		oímos
			oís		oísteis
			oyen		oyeron

Indicative		Subjunctive		
Future	Conditional	Present	Imperfect (ra)	Imperfect (se)
diré	diría	diga	dijera	dijese
dirás	dirías	digas	dijeras	dijeses
dirá	diría	diga	dijera	dijese
diremos	diríamos	digamos	dijéramos	dijésemos
diréis	diríais	digáis	dijerais	dijeseis
dirán	dirían	digan	dijeran	dijesen
		esté	estuviera	estuviese
		estés	estuvieras	estuvieses
		esté	estuviera	estuviese
		estemos	estuviéramos	estuviésemos
		estéis	estuvierais	estuvieseis
		estén	estuvieran	estuviesen
habré	habría	haya	hubiera	hubiese
habrás	habrías	hayas	hubieras	hubieses
habrá	habría	haya	hubiera	hubiese
habremos	habríamos	hayamos	hubiéramos	hubiésemos
habréis	habríais	hayáis	hubierais	hubieseis
habrán	habrian	hayan	hubieran	hubiesen
haré	haría	haga	hiciera	hiciese
harás	harías	hagas	hicieras	hicieses
hará	haría	haga	hiciera	hiciese
haremos	haríamos	hagamos	hiciéramos	hiciésemos
haréis	haríais	hagáis	hicierais	hicieseis
harán	harían	hagan	hicieran	hiciesen
		vaya	fuera	fuese
		vayas	fueras	fueses
		vaya	fuera	fuese
		vayamos	fuéramos	fuésemos
		vayáis	fuerais	fueseis
		vayan	fueran	fuesen
		oiga	oyera	oyese
		oigas	oyeras	oyeses
		oiga	oyera	oyese
		oigamos	oyéramos	oyésemos
		oigáis	oyerais	oyeseis
		oigan	oyeran	oyesen

Continued

Irregular Verbs — Continued

Infinitive	Present participle / Past participle	Imperative	Indicative		
			Present	Imperfect	Preterite
oler *to smell*	oliendo olido	huele oled	huelo hueles huele olemos oléis huelen		
poder *to be able*	pudiendo podido		puedo puedes puede podemos podéis pueden		pude pudiste pudo pudimos pudisteis pudieron
poner *to put*	poniendo puesto	pon poned	pongo pones pone ponemos ponéis ponen		puse pusiste puso pusimos pusisteis pusieron
querer *to want*	queriendo querido	quiere quered	quiero quieres quiere queremos queréis quieren		quise quisiste quiso quisimos quisisteis quisieron
reír *to laugh*	riendo reído	ríe reíd	río ríes ríe reímos reís ríen		reí reíste rió reímos reísteis rieron
saber *to know*	sabiendo sabido	sabe sabed	sé sabes sabe sabemos sabéis saben		supe supiste supo supimos supisteis supieron
salir *to go out*	saliendo salido	sal salid	salgo sales sale salimos salís salen		

Indicative		Subjunctive		
Future	*Conditional*	*Present*	*Imperfect (ra)*	*Imperfect (se)*
		huela		
		huelas		
		huela		
		olamos		
		oláis		
		huelan		
podré	podría	pueda	pudiera	pudiese
podrás	podrías	puedas	pudieras	pudieses
podrá	podría	pueda	pudiera	pudiese
podremos	podríamos	podamos	pudiéramos	pudiésemos
podréis	podríais	podáis	pudierais	pudieseis
podrán	podrían	puedan	pudieran	pudiesen
pondré	pondría	ponga	pusiera	pusiese
pondrás	pondrías	pongas	pusieras	pusieses
pondrá	pondría	ponga	pusiera	pusiese
pondremos	pondríamos	pongamos	pusiéramos	pusiésemos
pondréis	pondríais	pongáis	pusierais	pusieseis
pondrán	pondrían	pongan	pusieran	pusiesen
querré	querría	quiera	quisiera	quisiese
querrás	querrías	quieras	quisieras	quisieses
querrá	querría	quiera	quisiera	quisiese
querremos	querríamos	queramos	quisiéramos	quisiésemos
querréis	querríais	queráis	quisierais	quisieseis
querrán	querrían	quieran	quisieran	quisiesen
		ría		
		rías		
		ría		
		riamos		
		riáis		
		rían		
sabré	sabría	sepa	supiera	supiese
sabrás	sabrías	sepas	supieras	supieses
sabrá	sabría	sepa	supiera	supiese
sabremos	sabríamos	sepamos	supiéramos	supiésemos
sabréis	sabríais	sepáis	supierais	supieseis
sabrán	sabrían	sepan	supieran	supiesen
saldré	saldría	salga		
saldrás	saldrías	salgas		
saldrá	saldría	salga		
saldremos	saldríamos	salgamos		
saldréis	saldríais	salgáis		
saldrán	saldrían	salgan		

Continued

Irregular Verbs — Continued

| Infinitive | Present participle / Past participle | Imperative | Indicative | | |
			Present	Imperfect	Preterite
ser *to be*	siendo sido	sé sed	soy eres es somos sois son	era eras era éramos erais eran	fui fuiste fue fuimos fuisteis fueron
tener *to have*	teniendo tenido	ten tened	tengo tienes tiene tenemos tenéis tienen		tuve tuviste tuvo tuvimos tuvisteis tuvieron
traer *to bring*	trayendo traído	trae traed	traigo traes trae traemos traéis traen		traje trajiste trajo trajimos trajisteis trajeron
valer *to be worth*	valiendo valido	val(e) valed	valgo vales vale valemos valéis valen		
venir *to come*	viniendo venido	ven venid	vengo vienes viene venimos venís vienen		vine viniste vino vinimos vinisteis vinieron
ver *to see*	viendo visto	ve ved	veo ves ve vemos veis ven	veía veías veía veíamos veíais veían	

Indicative		Subjunctive		
Future	*Conditional*	*Present*	*Imperfect (ra)*	*Imperfect (se)*
		sea	fuera	fuese
		seas	fueras	fueses
		sea	fuera	fuese
		seamos	fuéramos	fuésemos
		seáis	fuerais	fueseis
		sean	fueran	fuesen
tendré	tendría	tenga	tuviera	tuviese
tendrás	tendrías	tengas	tuvieras	tuvieses
tendrá	tendría	tenga	tuviera	tuviese
tendremos	tendríamos	tengamos	tuviéramos	tuviésemos
tendréis	tendríais	tengáis	tuvierais	tuvieseis
tendrán	tendrían	tengan	tuvieran	tuviesen
		traiga	trajera	trajese
		traigas	trajeras	trajeses
		traiga	trajera	trajese
		traigamos	trajéramos	trajésemos
		traigáis	trajerais	trajeseis
		traigan	trajeran	trajesen
valdré	valdría	valga		
valdrás	valdrías	valgas		
valdrá	valdría	valga		
valdremos	valdríamos	valgamos		
valdréis	valdríais	valgáis		
valdrán	valdrían	valgan		
vendré	vendría	venga	viniera	viniese
vendrás	vendrías	vengas	vinieras	vinieses
vendrá	vendría	venga	viniera	viniese
vendremos	vendríamos	vengamos	viniéramos	viniésemos
vendréis	vendríais	vengáis	vinierais	vinieseis
vendrán	vendrían	vengan	vinieran	viniesen

Spanish-English Vocabulary

This vocabulary follows the Spanish style of alphabetization. Exact or reasonably close cognates of English, most proper nouns, and words well within the mastery of second-year students have been omitted. Stem-changing verbs are indicated by (**ie**), (**ue**), or (**i**) following the infinitive.

The gender of nouns is given except for masculine nouns ending in **-o** and feminine nouns ending in **-a**, **-dad**, **-tad**, **-tud**, or **-ión**. In most cases, only the masculine noun is given, unless the English and Spanish correspondents are different words (for example, *mother* and *father*). Adjectives are given only in the masculine singular form.

The following abbreviations have been used:

abbr.	abbreviation	*f.*	feminine	*pl.*	plural
adj.	adjective	*inf.*	infinitive	*p.p.*	past participle
adv.	adverb	*m.*	masculine	*prep.*	preposition
conj.	conjunction	*n.*	noun	*sing.*	singular

A

abierto *p.p.* open; opened
abogado *n.* lawyer
abordar to board
a bordo on board
abrazar to hug
abrigo *n.* overcoat
abrir to open
abuela *n.* grandmother
abuelo *n.* grandfather
aburrido *adj.* boring; bored
aburrirse to become bored
acabar to finish; **acabar de** + *inf.* to have just done
acampar to camp
acera *n.* sidewalk
acercarse a to approach
aconsejar to advise
acostarse (ue) to go to bed; to lie down
actitud *n.* attitude
actriz *n. f.* actress

actual *adj.* current, present-day, recent
actuar to behave, act
acusar to tattle, accuse
adelantado *adj.* ahead of schedule
adelgazar to lose weight
adivinar to guess
adolescencia *n.* adolescence
adquirir (ie) to acquire
aduana *n.* customs
afeitarse to shave
aficionado *n.* fan, supporter
afuera *adv.* outside, outdoors
agradable *adj.* pleasant, agreeable
agradar to please
agradecer to be grateful for, thank for
agregar to add

agua *n.* water
aguacero *n.* downpour
aguafiestas *n. sing.* party pooper
ahijada *n.* goddaughter
ahijado *n.* godson
ahora *adv.* now
ahorrar to save money
ajedrez *n. m.* chess
alabar to praise
alcachofa *n.* artichoke
alcoba *n.* bedroom
alegrar to make happy
alegre *adj.* happy, glad
alemán *n. m. and adj.* German
algo *adv.* somewhat
algodón *n. m.* cotton
alistarse to get ready
allí *adv.* there
alma *n.* soul
almacén *n. m.* department store

almeja *n.* clam

almohada *n.* pillow

almorzar (ue) to eat lunch

alojarse to lodge, stay

alrededor *adv.* around

alto *adj.* tall, high

alumno *n.* student

ama de casa *n.* housewife, housekeeper

amable *adj.* kind

amanecer to dawn; *n. m.* dawn

amar to love

ambiente *n. m.* environment, atmosphere

ambos *adj.* both

amistad *n.* friend

amo *n.* owner

amor *n. m.* love

amueblar to furnish

ancho *adj.* wide, broad

andar to walk

anejar to annex

anfitrión *n. m.* host

anillo *n.* ring

animado *adv.* exciting

anoche *adv.* last night

anochecer to become dark at nightfall

anotación *n.* score

antepasado *n.* ancestor

antes *adv.* before; **antes de** *prep.* before

antiguo *adj.* old, ancient, former

anuncio *n.* announcement, advertisement

añadir to add

aparecer to appear

apasionado *adj.* passionate

apellido *n.* last name

apenas *adv.* scarcely

apoyar to support

aprender to learn; **aprender de memoria** to learn by heart

aprobar (ue) to approve

apropiado *adj.* appropriate, correct

aquí *adv.* here

árbitro *n.* umpire, referee

árbol *n. m.* tree

arbusto *n.* bush

arco iris *n.* rainbow

arena *n.* sand

arete *n. m.* earring

argumento *n.* plot

armario *n.* clothes closet

arreglar to fix, repair; to arrange

arrestar to arrest

asado *adj.* roasted

ascensor *n. m.* elevator

así *adv.* so, thus, like this

asignatura *n.* subject

asistencia *n.* attendance

asistir a to attend

aspiradora *n.* vacuum cleaner

asustar to scare

atender (ie) to attend to, wait on

ateo *n.* atheist

aterrizaje *n. m.* landing

aterrizar to land

atestado *adj.* crowded

atraer to attract

atreverse a to dare

aumentar to increase

aún *adv.* still, yet

aunque *conj.* although, even if

ausentarse to be absent

avenida *n.* avenue

avión *n. m.* airplane

ayer *adv.* yesterday

ayuda *n.* help, assistance

ayudar to help, aid

ayuntamiento *n.* city hall

azafata *n.* flight attendant

azúcar *n. m.* sugar

azul *adj.* blue

B

bachillerato *n.* high school degree

bailar to dance

bailarín *n. m.* dancer

bajar to lower; to get out of

bajo *adj.* short, low; *adv.* under

banco *n.* bench, pew, bank

banquero *n.* banker

bañar to bathe; **bañarse** to take a bath

barato *adj.* inexpensive, cheap

barra *n.* bar

barrio *n.* neighborhood

bata *n.* bathrobe

batear to bat

beber to drink

bebida *n.* drink, beverage

beca *n.* scholarship

bendición *n.* blessing

besar to kiss

biblioteca *n.* library

bibliotecario *n.* librarian

biftec *n. m.* steak

bilingüe *adj.* bilingual

billete *n. m.* ticket

billetera *n.* billfold

bisabuela *n.* great-grandmother

bisabuelo *n.* great-grandfather

blanco *adj.* white

boca *n.* mouth

boda *n.* wedding

boleto *n.* ticket

bolígrafo *n.* ballpoint pen

bolsa *n.* bag, purse

bolsillo *n.* pocket

bombero *n.* firefighter

boricua *n.* and *adj.* Puerto Rican

borracho *adj.* drunk

borrasco *n.* storm, tempest

bosque *n. m.* forest

bostezar to yawn

bota *n.* boot

botella *n.* bottle

bracero *n.* day laborer

brindar to toast

brindis *n. m.* toast

buscar to look for

butaca *n.* armchair; theater seat

buzón *n. m.* mailbox

C

caballero *n.*   gentleman

caber   to fit

cada *adj. (invariable)*   each, every

cadena *n.*   channel, network; chain

caer   to fall; **caerse**   to fall down

caja *n.*   box; **caja fuerte** strongbox; safe

cajero *n.*   cashier

calefacción *n.*   heating

calentador *n. m.*   heater

caliente *adj.*   hot

callado *adj.*   silent, quiet

callarse   to be quiet

calle *n. f.*   street

calor *n. m.*   heat

caluroso *adj.*   hot

cama *n.*   bed

camarera *n.*   waitress

camarero *n.*   waiter

cambiar   to change

cambio *n.*   change

caminar   to walk

camión *n. m.*   truck

camisa *n.*   shirt

camiseta *n.*   T-shirt

campeón *n. m.*   champion

campesino *n.*   peasant, country person

camping *n. m.*   campsite; **hacer camping (acampar)**   to go camping

campo *n.*   country; field

canal *n. m.*   channel

canción *n.*   song

cansado *adj.*   tired; tiresome

cantante *n. m./f.*   singer

cantar   to sing

cantidad *n.*   quantity

capacitado *adj.*   capable

capaz *adj.*   capable

capilla *n.*   chapel

caprichoso *adj.*   capricious

carbón *n. m.*   coal

cárcel *n. f.*   jail

cariñoso *adj.*   affectionate

carne *n. f.*   meat

caro *adj.*   expensive

carrera *n.*   career; race

carta *n.*   letter, card, menu

cartel *n. m.*   poster

cartero *n.*   letter carrier

casarse con   to get married to

casi *adv.*   almost

castigo *n.*   punishment

catedral *n. f.*   cathedral

catedrático *n.*   university professor

cebolla *n.*   onion

célebre *adj.*   famous

celoso *adj.*   jealous

cena *n.*   supper

cenar   to eat supper

centro *n.*   center, downtown

cerca (de) *adv.*   near, close

cerdo *n.*   pork

cerrar (ie)   to close

cerveza *n.*   beer

césped *n. m.*   lawn

chaleco *n.*   vest

chaqueta *n.*   jacket

charlar   to chat

chica *n.*   girl

chico *n.*   boy

chisme *n. m.*   gossip

chismear   to gossip

chiste *n. m.*   joke

chubasco *n.*   downpour

cielo *n.*   sky, heaven

científico *n.*   scientist

cierto *adj.*   certain, sure

cine *n. m.*   movie theatre

cinturón *n. m.*   belt; **cinturón de seguridad**   seat belt

circo *n.*   circus

cirujano *n.*   surgeon

cita *n.*   date, appointment

ciudad *n.*   city

ciudadano *n.*   citizen

clima *n. m.*   climate

cobertizo *n.*   dugout

cobija *n.*   blanket

cobrar   to charge

cocina *n.*   kitchen

cocinar   to cook

cocinero *n.*   cook

coche *n. m.*   car

coco *n.*   coconut

coger   to grasp, seize, catch

cola *n.*   line; tail

coleccionar   to collect

collar *n. m.*   necklace

comadre *n. f.*   close family friend; godmother

comedor *n. m.*   dining room

comenzar (ie)   to begin, start

comer   to eat

comerciante *n. m./f.* merchant

comida *n.*   food, meal

como *conj.*   as, since

cómodo *adj.*   comfortable

compadre *n. m.*   close family friend; godfather

compañero de clase *n.* classmate; **c. de cuarto** roommate

compartir   to share

competencia *n.* competition

competir (i)   to compete

complaciente *adj.*   willing

comportamiento *n.* behavior

comportarse   to behave

comprar   to buy

comprender   to understand

comprobar (ue)   to prove

comprometerse con   to become engaged to

conducir   to drive; to lead

conferencia *n.*   lecture

confianza *n.*   confidence

conjunto musical *n.*   band

conocer   to know; to meet

conquistar   to conquer

conseguir (i)   to get; to obtain

consejero *n.*   counselor, adviser

consejo *n.*   advice

conservar   to keep maintain

construir   to build

contabilidad *n.*   accounting

contador *n. m.* accountant
contar (ue) to tell; to count
contestar to answer
contra *prep.* against
convertirse (ie) en to turn into
convidar to invite
copa *n.* wine glass; **tomar una copa** to have a drink
coqueta *adj.* flirtatious
corazón *n. m.* heart
corregir (i) to correct
correo *n.* post office
correr to run
corresponsal *n. m.* correspondent
cortar to cut
corte *n. f.* court
corto *adj.* short, brief
cosa *n.* thing
cosecha *n.* crop
costumbre *n. f.* custom, habit
crear to create
creencia *n.* belief
creer to believe, think
crepúsculo *n.* dusk
creyente *n. m./f.* believer
criada *n.* maid
criado *n.* servant
crisol *n. m.* melting pot
cruz *n. f.* cross
cruzar to cross
cuaderno *n.* notebook
cuadra *n.* block
cuadro *n.* picture
cualquier, cualquiera *adj. and pron.* any
cuánto *adj.* how much; **en cuanto** *adv.* as soon as
cuarto *n.* room; *adj.* fourth
cubierto *p.p.* covered
cubrir to cover
cuchara *n.* spoon
cuchillo *n.* knife
cuenta *n.* check, bill; **darse cuenta de** to realize
cuento *n.* story; **cuento de hadas** fairy tale

cuero *n.* leather
cuestión *n.* question; matter
cuidado *n.* care; **tener cuidado** to be careful
cuidar to care for, take care of
culpa *n.* guilt
culpabilidad *n.* guilt
culpable *adj.* guilty
cumpleaños *n. m. sing.* birthday
cumplir con to fulfill
cuñado *n.* brother-in-law
cura *n. m.* priest
curso *n.* course

D

daño: hacer daño to do harm
dar to give; **dar a** to face; **dar a luz** to give birth; **dar asco** to disgust; **dar una conferencia** to give a lecture; **dar un paseo** to take a walk
debajo (de) *prep.* under, below
deber *n. m.* duty; *v.* should, ought to
débil *adj.* weak
decano *n.* dean
decidir to decide; **decidirse a** to make up one's mind to
decir to say, tell
dejar to leave behind; to allow; **dejar de** + *inf.* to stop
delantal *n. m.* apron
delante (de) *prep.* before, in front of
delgado *adj.* thin
demasiado *adj. and adv.* too, too much
dependiente *n. m./f.* clerk
dentro (de) *prep.* in, within
deporte *n. m.* sport
deprimido *adj.* depressed
derecha *n.* right

derecho *n.* right, privilege; law; *adv.* straight ahead
desaparecer to disappear
desarreglado *adj.* messy
desarrollar to develop
desayunar to have breakfast
desayuno *n.* breakfast
descansar to rest
descubierto *p. p.* discovered
descubrir to discover
desde *adv.* since; *prep.* from
desear to desire, want
desempleo *n.* unemployment
deseo *n.* desire
desigualdad *n.* inequality
desilusión *n.* disappointment
despacho *n.* office
despacio *adv.* slowly
despedida *n.* farewell, parting; dismissal
despedirse (i) to say goodbye
despejado *adj.* clear (weather)
despertarse (ie) to wake up
después de *prep.* after
desterrado *adj.* exiled
destierro *n.* exile
destruir to destroy
desván *n. m.* attic
detalle *n. m.* detail
detrás de *prep.* behind, in back of
devolver (ue) to return, give back
día *n. m.* day; **hoy día** nowadays
diario *adj.* daily
dibujo *n.* sketch, drawing
dicho *n.* saying; *p.p.* said
difícil *adj.* difficult
dineral *n. m.* large sum of money
dinero *n.* money
Dios *n.* God

dirigirse a to address oneself to

disco *n.* record

disfrutar de to enjoy

disponible *adj.* available

distinto *adj.* different

divertido *adj.* amusing

divertirse (ie) to have a good time

doblar to turn a corner; to fold

doler (ue) to hurt; to grieve

dolor *n. m.* pain; grief

domicilio *n.* address

domingo *n.* Sunday

dormir (ue) to sleep; **dormirse** to fall asleep

dormitorio *n.* bedroom

ducharse to take a shower

dudar to doubt

dudoso *adj.* doubtful

dueño *n.* owner

dulce *adj.* sweet

durante *prep.* during

duro *adj.* hard, difficult

E

echar to throw; **echar de menos** to miss

edad *n.* age

edificio *n.* building

EE.UU. *abbr.* USA

eficaz *adj.* efficient

ejemplo *n.* example

elegir (i) to elect; to choose

elogiar to praise

embarazada *adj.* pregnant

embarazo *n.* pregnancy

emborracharse to get drunk

embotellamiento *n.* traffic jam

emocionante *adj.* exciting

empezar (ie) to begin, start

empleado *n.* employee

empleo *n.* job, work

enamorarse de to fall in love with

encantador *adj.* charming

encantar to delight, fascinate

encargado de *adj.* in charge of

encinta *adj.* pregnant

encontrar (ue) to find

enfadarse to become angry

enfermarse to become sick

enfermedad *n.* illness, disease

enfermero *n.* nurse

enfermo *adj.* sick, ill

engordar to gain weight, get fat

enojarse to become angry

enriquecer to enrich

enseñanza *n.* education; teaching

enseñar to teach

ensuciar to get something dirty; **ensuciarse** to get dirty

entender (ie) to understand

enterarse de to find out about

enterrar (ie) to bury

entierro *n.* burial

entonces *adv.* then

entrada *n.* entrance; ticket

entre *prep.* between, among

entregar to hand in

entrenador *n. m.* trainer

entrenamiento *n.* training

entrenar to train

entrevista *n.* interview

entrevistar to interview

entusiasmado *adj.* excited

enviar to send

envolver (ue) to wrap up

época *n.* time, age, epoch

equipaje *n. m.* luggage

equipo *n.* team

escala *n.* stopover

escalar to climb, scale

escaparate *n. m.* store window

esclavizar to enslave

esclavo *n.* slave

escoba *n.* broom

escoger to choose

esconder to hide

escribir to write; **escribir a máquina** to type

escrito *p.p.* written

escritor *n. m.* writer

escritorio *n.* desk

escuchar to listen to

especializarse en to major in

espectador *n. m.* spectator

espejo *n.* mirror

esperanza *n.* hope

esperar to wait for; to expect; to hope

espíritu *n. m.* spirit

esposas *n. pl.* handcuffs

esposo *n.* spouse, husband

esquiar to ski

esquina *n.* corner

estación *n.* station; season

estadidad *n.* statehood

estadio *n.* stadium

estadísticas *n. pl.* statistics

estante *n. m.* bookcase, shelf

estar to be

estereotipar to stereotype

estrecho *adj.* narrow, close

estudiante *n. m./f.* student

estudiar to study

estupendo *adj.* stupendous, wonderful

evitar to avoid

exigente *adj.* demanding

exigir to demand, require

éxito *n.* success; **tener éxito** to be successful

exitoso *adj.* successful

explicar to explain

explotar to exploit

extranjero *n.* foreigner; *adj.* foreign, alien

extrañar to miss, long for

extraño *adj.* strange

F

fábrica *n.*   factory
fabricante *n. m.*
   manufacturer
fácil *adj.*   easy
facturar   to check (luggage)
facultad *n.*   school
   department
falda *n.*   skirt
faltar   to be lacking; to miss
familiar *n.*   relative, family
   member; *adj.* pertaining to
   the family
fantasma *n. m.*   ghost
farmacéutico *n.*
   pharmacist
farmacia *n.*   pharmacy
fascinante *adj.*   fascinating
fascinar   to fascinate
fastidiar   to upset, irk,
   annoy
fe *n. f.*   faith
fecha *n.*   date
felicitar   to congratulate
feliz *adj.*   happy
feo *adj.*   ugly
fichero *n.*   card catalog
firma *n.*   signature
firmar   to sign
física *n.*   physics
flojo *adj.*   light; weak; lazy
flor *n. f.*   flower
foca *n.*   seal
fomentar   to encourage,
   foster
formidable *adj.*   terrific
fracasar   to fail
franela *n.*   flannel
frase *n. f.*   sentence, phrase
fregar (ie)   to scrub
fresa *n.*   strawberry
frío *n. and adj.*   cold; **tener
   frío**   to be cold
frito *adj.*   fried
frontera *n.*   frontier, border
fuego *n.*   fire
fuerte *adj.*   strong
fumar   to smoke
funcionar   to work, function, run

G

gafas *n. pl.*   eyeglasses
galleta *n.*   cookie
gamba *n.*   shrimp
ganar   to earn; to win
ganas: tener ganas de   to
   feel like, have the desire
gaseosa *n.*   soda
gastar   to spend; to use; to
   waste
gasto *n.*   expense; waste
gemelo *n.*   twin
gente *n. f.*   people
gira *n.*   tour
globo *n.*   balloon
gobernador *n. m.*   governor
gobierno *n.*   government
golpe *n. m.*   blow; **golpe de
   estado**   coup d'état
gordo *adj.*   fat
grabadora *n.*   tape recorder
grado *n.*   degree
granizar   to hail
granizo *n.*   hail
gratis *adj.*   free of charge
gratuito *adj.*   free of charge
grave *adj.*   serious
gris *adj.*   gray
gritar   to shout, yell
guante *n. m.*   glove
guapo *adj.*   handsome,
   attractive
guardar   to keep, save
guerra *n.*   war
guía *n. m./f.*   guide
gustar   to be pleasing
gusto *n.*   taste

H

haber   to have (*auxiliary
   verb*)
habitación *n.*   room
hacer   to do, make; **hacer
   autostop**   to hitchhike
hacia *prep.*   toward
hada *n.*   fairy
hamaca *n.*   hammock
hambre *n. f.*   hunger; **tener
   hambre**   to be hungry

harto: estar harto de   to be
   fed up with
hasta *prep.*   until, up to
hay *v.*   there is, there are
hecho *n.*   fact, event; *p.p.*
   done, made
helado *n.*   ice cream
helar (ie)   to freeze
heredero *n.*   heir
herencia *n.*   inheritance;
   heritage
herir (ie)   to wound
hermana *n.*   sister
hermano *n.*   brother
hermoso *adj.*   beautiful
hervir (ie)   to boil
hielo *n.*   ice
hígado *n.*   liver
hija *n.*   daughter
hijastra *n.*   stepdaughter
hijastro *n.*   stepson
hijo *n.*   son; *pl.* children
hispanoparlante *adj.*   Spanish-speaking
historia *n.*   history; story
hogar *n. m.*   home
hombre *n. m.*   man
hora *n.*   hour, time
horario *n.*   schedule
hormiga *n.*   ant
hoy *adv.*   today
huelga *n.*   strike
huésped *n. m./f.*   guest
huracán *n. m.*   hurricane

I

idioma *n. m.*   language
iglesia *n.*   church
igual *adj.*   equal, same
igualdad *n.*   equality
imagen *n. f.*   image
impaciente *adj.*   impatient
impedir (i)   to prevent,
   impede
impermeable *n. m.*
   raincoat
imponer   to impose
importar   to import; to be
   important

impresionante *adj.* impressive

impresionar to impress

impuesto *n.* tax

incendio *n.* fire

incluir to include

incluso *prep.* including

incómodo *adj.* uncomfortable

indígena *n. m./f.* native person; *adj. (invariable)* indigenous

inesperado *adj.* unexpected

infancia *n.* childhood

infeliz *adj.* unhappy

influir en to influence

ingeniería *n.* engineering

ingeniero *n.* engineer

ingresar to enroll

intentar to try, attempt

íntimo *adj.* close, intimate

inundación *n.* flood

inútil *adj.* useless

invierno *n.* winter

invitado *n.* guest

ir to go

isla *n.* island

isleño *n.* islander

izquierda *adj.* left

J

jabón *n. m.* soap

jardín *n. m.* garden; **jardín zoológico** zoo

jefe *n. m.* boss

jornada *n.* working day

joven *n. m./f.* young person; *adj.* young

joyería *n.* jewelry store

judío *n.* Jew; *adj.* Jewish

jueves *n. m.* Thursday

juez *n. m./f.* judge

jugador *n. m.* player

jugar (ue) to play

jugo *n.* juice

juguete *n. m.* toy

juntar to join; **juntarse** to get together

junto *adj.* together

juntos *adv.* together

juventud *n.* youth

L

lado *n.* side; **al lado de** *prep.* next to

ladrillo *n.* brick

ladrón *n. m.* thief, burglar

lámpara *n.* lamp

lana *n.* wool

langosta *n.* lobster

lanzador *n. m.* pitcher

lanzar to throw

lápiz *n. m.* pencil

largo *adj.* long

lástima *n.* pity, shame

lavabo *n.* washbasin, bathroom sink

lavaplatos *n. m./f.* dishwasher

lavar to wash; **lavarse** to get washed

leche *n. f.* milk

lechuga *n.* lettuce

lectura *n.* reading

leer to read

legumbre *n. f.* vegetable

lejos *adv.* far

lengua *n.* language

lento *adj.* slow; *adv.* slowly

leña *n.* firewood

levantar to raise, pick up; **levantarse** to get up

ley *n. f.* law

libre *adj.* free

librería *n.* bookstore

licenciatura *n.* bachelor's degree, master's degree

limpiar to clean

limpio *adj.* clean

liquidación *n.* sale

listo *adj.* clever, smart; ready

llamar to call; **llamarse** to be called

llave *n. f.* key

llegar to arrive; **llegar a ser** to become

llenar to fill

lleno *adj.* full

llevar to carry, take, wear; **llevarse** to carry off, take away; **llevar una vida (feliz)** to lead a (happy) life

llorar to cry

llover (ue) to rain

lloviznar to drizzle

lluvia *n.* rain

locutor *n. m.* announcer

lograr to achieve; to succeed; to attain

luchar to fight

luego *adv.* later, then

lugar *n. m.* place

lujo *n.* luxury

luna de miel *n.* honeymoon

luz *n. f.* light

M

madera *n.* wood

madrastra *n.* stepmother

madre *n. f.* mother

madrina *n.* godmother

maduro *adj.* mature; ripe

maestría *n.* master's degree

maleta *n.* suitcase

maltrato *n.* mistreatment, abuse

manchar to stain

mandamiento *n.* commandment

mandar to order, command; to send

manejar to drive

manifestación *n.* protest, demonstration

mano *n. f.* hand

manta *n.* blanket

mantel *n. m.* tablecloth

mantener to maintain, support

manzana *n.* apple; block

maquillaje *n. m.* makeup

marca *n.* brand

marcador *n. m.* scoreboard

marciano *n.* Martian

marido *n.* husband
martes *n. m.* Tuesday
matar to kill
matrícula *n.* tuition
matricularse to register, enroll
matrimonio *n.* matrimony; married couple
mayor *adj.* older, oldest; greater, greatest
mayoría *n.* majority
mecedora *n.* rocking chair
medianoche *n. f.* midnight
medias *n. pl.* stockings
medio *n.* middle; half; *adj.* average
medir (i) to measure
mejor *adj.* better, best
mejorar to improve
menor *adj.* younger, youngest; smaller, smallest
mentir (ie) to lie
mentira *n.* lie
menudo: a menudo *adv.* often
merecer to deserve
merienda *n.* snack
mes *n. m.* month
meteorólogo *n.* weatherman
meter to put into
mezcla *n.* mixture, combination
mezclar to mix, combine
miedo *n.* fear; **tener miedo** to be afraid
miel *n. f.* honey
mientras *adv.* while; **mientras que** *conj.* while
miércoles *n. m.* Wednesday
milagro *n.* miracle
mimado *adj.* spoiled
minoritario *adj.* minority
mirar to look at, watch
misa *n.* Mass
mismo *adj.* same
mitad *n.* half
mito *n.* myth
mochila *n.* knapsack

moda *n.* fashion, style
modo *n.* way, manner
mojarse to get wet
molestado *adj.* annoyed
molestar to bother, annoy
molestia *n.* annoyance
monja *n.* nun
mono *n.* monkey; *adj.* cute
morir (ue) to die
mostrador *n.* counter
mostrar (ue) to show
mudanza *n.* move, change of residence
mudarse to move, change residence
muerte *n. f.* death
muerto *n.* dead person; *adj.* dead
mujer *n. f.* woman
multa *n.* fine; traffic ticket
muñeca *n.* doll
músico *n. m./f.* musician
musulmán *n. m.* and *adj.* Moslem

N

nacer to be born
nacimiento *n.* birth
nadar to swim
naturaleza *n.* nature
Navidad *n.* Christmas
neblina *n.* mist
necesitar to need
negar (ie) to deny; **negarse a** to refuse to
negocio *n.* business
nevada *n.* snowstorm
nevar (ie) to snow
niebla *n.* fog
nieta *n.* granddaughter
nieto *n.* grandson; *pl.* grandchildren
nieve *n. f.* snow
niñera *n.* nursemaid, babysitter
niñez *n. f.* childhood
nivel *n. m.* level
noche *n. f.* night
nota *n.* grade

noticias *n. pl.* news
novia *n.* girlfriend, fiancée
novio *n.* boyfriend, fiancé
nublado *adj.* cloudy
nuevo *adj.* new; **de nuevo** *adv.* again

O

obedecer to obey
obligar a to oblige
obra *n.* work (of art)
obrero *n.* worker
obtener to get
odiar to hate
ofrecer to offer
oír to hear
ojalá I hope that
orar to pray
orgullo *n.* pride
orgulloso *adj.* proud
oro *n.* gold
oscurecer to grow dark
oso *n.* bear
otro *adj.* other, another

P

padrastro *n.* stepfather
padre *n. m.* father; *pl.* parents
país *n. m.* country
paisaje *n. m.* landscape, countryside
pájaro *n.* bird
palabra *n.* word
pan *n. m.* bread
pana *n.* corduroy
pantalones *n. m. pl.* pants
papel *n. m.* paper; role; **hacer un papel** to play a role
paquete *n. m.* package, pack
par *n. m.* pair
paraguas *n. m. sing.* umbrella
paraíso *n.* paradise
pararse to stop

parecer to seem; **parecerse a** to look like, resemble

pared *n. f.* wall

pareja *n.* pair, couple; partner

pariente *n. m./f.* relative

párrafo *n.* paragraph

particular *adj.* private

partido *n.* (political) party; game, match

parto *n.* childbirth, labor

pasaje *n. m.* ticket; passage

pasajero *n.* passenger, traveler

paso *n.* step

pastel *n. m.* pastry, cake

pastor *n. m.* minister

patear to kick

patinar to skate

pato *n.* duck

patria *n.* country, fatherland

paz *n. f.* peace

peatón *n. m.* pedestrian

peca *n.* freckle

pecado *n.* sin

pecar to sin

pedazo *n.* piece

pedir (i) to ask for, request, order (food)

peinado *n.* hairdo

pelear(se) to fight

película *n.* movie, film

peligro *n.* danger

peligroso *adj.* dangerous

pelirrojo *adj.* redheaded

pelota *n.* ball

pensar (ie) to think; **pensar + *inf.*** to plan to; **pensar de** to have an opinion about; **pensar en** to think about, have in mind

peor *adj.* worse, worst

pepino *n.* cucumber

pequeño *adj.* small

perder (ie) to lose; to miss

pérdida *n.* loss

perezoso *adj.* lazy

periódico *n.* newspaper

periodista *n. m./f.* journalist

pertenecer to belong

pesar to weigh; **a pesar de** *prep.* in spite of

pescar to fish

pez *n. m.* fish

picante *adj.* spicy

piel *n. f.* skin; fur

pieza *n.* room

piloto *n.* pilot

pintar to paint

pintor(a) *n. m. f.* painter

pintura *n.* painting

piña *n.* pineapple

piscina *n.* swimming pool

piso *n.* floor (of a building)

pista *n.* dance floor

pizarra *n.* blackboard

plancha *n.* iron

planchar to iron

planta *n.* plant; floor of a building

plata *n.* silver

plato *n.* plate, dish

playa *n.* beach

plomero *n.* plumber

población *n.* population

pobre *adj.* poor, unfortunate

pobreza *n.* poverty

poder (ue) to be able to

poderío *n.* power, authority

política *n.* politics

político *n.* politician

poner to put, place; **ponerse** to put on (clothing); to become

portarse to behave

portero *n.* doorman

posponer to postpone

postre *n. m.* dessert

precio *n.* price

preciso *adj.* necessary

predicar to preach

preferir (ie) to prefer

prejuicio *n.* prejudice

premio *n.* prize

prensa *n.* press

preocuparse to worry

prestar to lend; **prestar atención** to pay attention

primavera *n.* spring

primo *n.* cousin

prisa *n.* haste; **tener prisa** to be in a hurry

probador *n. m.* dressing room

procedente de *prep.* coming from

procurar to try

producir to produce

profesorado *n.* faculty

prognosis *n. f.* weather forecast

promedio *n.* average

prometer to promise

pronosticar to forecast the weather

pronóstico *n.* weather forecast

propina *n.* tip

propio *adj.* appropriate; one's own

propósito *n.* purpose

próspero *adj.* prosperous

proteger to protect

próximo *adj.* next

psicólogo *n.* psychologist

psiquiatra *n. m./f.* psychiatrist

puesto *n.* job; *p.p.* placed, put

punto *n.* point

puro *adj.* pure; *n.* cigar

Q

quedar to have left; **quedarse** to stay, remain

quehacer *n. m.* chore

queja *n.* complaint

quejarse de to complain about

quemar to burn

querer (ie) to want, wish; to love

queso *n.* cheese

química *n.* chemistry

químico *n.* chemist
quinto *adj.* fifth
quiosco *n.* newsstand
quitar to take away, remove; **quitarse** to take off

R
rabino *n.* rabbi
raíz *n. f.* root
rana *n. f.* frog
rápido *adv.* quickly
raptar to kidnap
raqueta *n.* racket
raro *adj.* strange, odd
rascacielos *n. m. sing.* skyscraper
rayuela *n.* hopscotch
raza *n.* race
razón *n. f.* reason
razonable *adj.* reasonable
realizar to accomplish, carry out
recado *n.* message
rechazar to reject
recibir to receive, get
recién *adv.* recently
reclamar to claim
recoger to pick up, gather
recordar (ue) to remember, recall
recreo *n.* recreation
recuerdo *n.* souvenir
red *n. f.* net
redactor *n. m.* editor
referirse (ie) to refer
reflejar to reflect
refugiado *n.* refugee
regalar to give a gift
regalo *n.* gift, present
regañar to quarrel; to reprimand
regar (ie) to water
regatear to bargain, haggle
regla *n.* rule
regresar to return
reina *n.* queen
reír(se) (i) to laugh
relámpago *n.* lightning
reloj *n. m.* watch, clock

remedio *n.* solution
remordimiento *n.* remorse
reno *n.* reindeer
renunciar to give up
reñir (i) to quarrel
requerir (ie) to require
requisito *n.* requirement
residencia estudiantil *n.* dormitory
resolver (ue) to solve
respetar to respect
respeto *n.* respect, admiration
respuesta *n.* answer
resultado *n.* result
resumen *n. m.* summary
retrasado *adj.* delayed
retrete *n. m.* toilet
reunión *n.* meeting
reunir to unite; **reunirse** to get together
revisar to inspect
revista *n.* magazine
rey *n. m.* king
rezar to pray
río *n.* river
robo *n.* robbery
rodeado *adj.* surrounded
rogar (ue) to beg, plead
romper to break, tear
ropa *n.* clothing
ropero *n.* clothes closet
ruido *n.* noise
ruidoso *adj.* noisy

S
sábado *n.* Saturday
sábana *n.* sheet
saber to know; to find out
sacar to take out; **sacar una foto** to take a picture; **sacar prestado un libro** to check out a book
saco de dormir *n.* sleeping bag
sacrificar to sacrifice
sagrado *adj.* sacred
sala *n.* room; **sala de espera** waiting room

salado *adj.* salty
salida *n.* departure; exit
salir to leave, go out
salud *n. f.* health
salvo *prep.* except
sangre *n. f.* blood
sano *adj.* health, fit
satisfecho *adj.* satisfied
secadora *n.* (clothes) dryer
secuestrar to hijack
sed *n. f.* thirst
seda *n.* silk
seguir (i) to follow, continue
según *prep.* according to
seguro *adj.* certain, sure; safe
semana *n.* week
sembrar to sow
semejante *adj.* similar
semejanza *n.* similarity
semilla *n.* seed, nut
sencillo *adj.* simple
sensible *adj.* sensitive
sentarse (ie) to sit down
sentido *n.* sense, meaning
sentimiento *n.* emotion, feeling
sentir (ie) to feel, regret
señal *n. f.* sign, gesture
señalar to point out
sequía *n.* drought
ser to be
servilleta *n.* napkin
servir (i) to serve
siempre *adv.* always
siglo *n.* century
significar to mean, signify
siguiente *adj.* following
silla *n.* chair
sillón *n. m.* armchair
simpático *adj.* nice
sin *prep.* without; **sin embargo** nevertheless
sino *conj.* but, rather
sitio *n.* place, location
sobornar to bribe
sobre *prep.* over; about, regarding

sobrecargo *n.* flight attendant

sobrepoblación *n.* overpopulated

sobrepoblado *adj.* overpopulated

sobresaliente *adj.* outstanding

sobresalir to excel

sobrevivir to survive

sobrina *n.* niece

sobrino *n.* nephew

sobrio *adj.* sober

sociedad *n.* society

sol *n. m.* sun

solamente *adv.* only

soler (ue) to be in the habit of

solo *adj.* alone

sólo *adv.* only

soltero *n.* bachelor

someter to submit; to subdue

sonar (ue) to sound, ring

sonido *n.* sound

sonreír (i) to smile

sonriente *adj.* smiling

sonrisa *n.* smile

soñar (ue) to dream; **soñar despierto** to daydream

soplar to blow

soportar to bear, endure

sorpresa *n.* surprise

sostener (ie) to support, sustain

sótano *n.* basement

subir to go up, climb

suceder to happen

sucio *adj.* dirty

suegra *n.* mother-in-law

suegro *n.* father-in-law

sueldo *n.* salary

suelo *n.* floor

sueño *n.* dream; **tener sueño** to be sleepy

suerte *n. f.* luck; **tener suerte** to be lucky

suéter *n. m* sweater

sufrimiento *n.* suffering

sufrir to suffer

sugerencia *n.* suggestion

sugerir (ie) to suggest

sujeto *n.* subject

sumiso *adj.* submissive

superar to overcome

suplicar to beg

surgir to appear

suspender to suspend, fail

sustantivo *n.* noun

T

tabaco *n.* tobacco

tal *adv.* so; *adj.* such

tardar (en) to take time, delay

tarde *n. f.* afternoon; *adv.* late

tarea *n.* homework; task

tarjeta *n.* card

tasa *n.* rate

tasca *n.* tavern

taza *n.* cup

té *n. m.* tea

techo *n.* roof

técnica *n.* technique

tejado *n.* roof

telenovela *n.* soap opera

televisor *n. m.* television set

tema *n. m.* theme

temblar (ie) to shake, tremble

temer to fear, be afraid of

tender (ie) to tend

tenedor *n. m.* fork

tener to have, possess, hold; **tener en cuenta** to keep in mind; **tener que** + *inf.* to have to

tercero *adj.* third

ternera *n.* veal

terremoto *n.* earthquake

tesis *n. f.* thesis

testigo *n.* witness

tiburón *n. m.* shark

tiempo *n.* tense; time; weather

tienda *n.* store; **tienda de campaña** *n.* tent

tierra *n.* land, earth

tía *n.* aunt

tío *n.* uncle; *pl.* aunt and uncle

tirar to throw, fling

título *n.* title; degree

tiza *n.* chalk

toalla *n.* towel

tocador *n. m.* dressing table

tocar to touch; to play

todavía *adv.* still, yet

todo *adj.* all, every; *n.* everything

tomar to drink, eat; to take; **tomar apuntes** to take notes

tonto *adj.* stupid, foolish

trabajador *n. m.* worker; *adj.* hard-working

trabajar to work

trabajo *n.* job, work

traducir to translate

traer to bring

trago *n.* gulp, drink

traje *n. m.* suit, outfit

trasladar(se) to move, transfer

tratado *n.* treaty

tratar to treat; **tratar de** + *inf.* to try; **tratar de** + *noun* to deal with

travieso *adj.* mischievous

tren *n. m.* train

tribu *n. f.* tribe

trineo *n.* sleigh

triste *adj.* sad

trueno *n.* thunder

U

último *adj.* last

único *adj.* only, sole, unique

unido *adj.* united, close

unirse to join

universidad *n.* university

universitario *adj.* pertaining to the university

útil *adj.* useful

utilizar to use, utilize
uva *n.* grape

V

vaca *n.* cow
vacío *adj.* empty
valer to be worth
valioso *adj.* valuable
valor *n. m.* value
varios *adj.* various, several
vaso *n.* glass
vecindad *n.* neighborhood
vecino *n.* neighbor
vejez *n. f.* old age
vela *n.* candle
velorio *n.* wake
vencer to defeat, expire
vendedor *n. m.* seller, salesman
vender to sell
venir (ie) to come
venta *n.* sale
ventana *n.* window
ventisca *n.* blizzard
ver to see
verano *n.* summer
verdad *n.* truth; **de verdad** really

verdadero *adj.* true, genuine
verde *adj.* green
vergüenza *n.* shame, embarrassment
verter (ie) to spill
vestíbulo *n.* lobby
vestido *n.* dress
vestirse (i) to get dressed
vez *n. f.* time, instance; **a veces** at times; **en vez de** instead of; **tal vez** perhaps
viajar to travel
viaje *n. m.* trip; **hacer un viaje** to take a trip
viajero *n.* traveler
vida *n.* life
viejo *adj.* old; *n.* old person
viento *n.* wind
viernes *n. m.* Friday
villancico *n.* Christmas carol
vino *n.* wine
violar to violate, rape
vista *n.* view; **punto de vista** point of view
viudo *n.* widower

vivienda *n.* housing, dwelling
vivir to live
volar (ue) to fly
voluntad *n.* will, wish, desire
volver (ue) to return, come back; **volverse** to become
voz *n. f.* voice
vuelo *n.* flight
vuelta *n.* return

W

water *n. m.* toilet

Y

ya *adv.* already; right away; **ya no** no longer; **ya que** since

Z

zanahoria *n.* carrot
zapatilla *n.* slipper, sneaker
zapato *n.* shoe

PHOTO CREDITS

Index